공동자원 공동체 지역혁신

홍성태 지음

진인진

공동자원 공동체 지역혁신

초판 1쇄 발행 | 2021년 6월 30일

지 은 이 | 홍성태
편　　 집 | 배원일, 김민경
발 행 인 | 김태진
발 행 처 | 진인진
등　　 록 | 제25100-2005-000003호
주　　 소 | 경기도 과천시 별양상가 1로 18 614호(별양동 과천오피스텔)
전　　 화 | 02-507-3077-8
팩　　 스 | 02-507-3079
홈페이지 | http://www.zininzin.co.kr
이 메 일 | pub@zininzin.co.kr

ⓒ 진인진 2021
ISBN 978-89-6347-474-8 93300

* 책값은 표지 뒤에 있습니다.
* 이 책은 2017년 대한민국 교육부와 한국연구재단의 지원을 받아 수행된 연구임(NRF-2017S1A3A2067220).

목차

머리말   5

제1장	생태위기의 지옥에서 벗어나기 위해	9
제2장	공동체 문화와 지역 혁신	17
제3장	공동자원과 공동체 활성화	25
제4장	마을의 복귀와 위기 - 공동체와 공동재, 그리고 민주주의 -	33
제5장	생태전환을 위한 생태마을의 가치	59
제6장	공동자원과 지역의 생태적 전환	81
제7장	공동체와 개발국가의 생태적 전환	113
제8장	공동자원론의 가치 - 개발주의와 신자유주의를 넘어서 -	141
제9장	지역 혁신의 연구와 전개	165
제10장	지역 혁신과 지역 쇠퇴 - 지역 혁신의 '문화적 전환'을 위해 -	209
제11장	지역 발전과 공동체 문화	239
제12장	혁신도시와 지역혁신	255
제13장	해양도시 재생의 의의와 방향	279
제14장	해양 유산과 생태문화사회	305
제15장	북한의 바다와 지속가능성	333
제16장	접경지역과 한반도 혁신	343
제17장	생태복지국가를 향하여	363

머리말

"우리의 앞으로의 과제는, 폭력과 경쟁을 가지고 하는 것이 아니라, 투쟁을 가지고 하는 것이 아니라, 비협력과 비폭력으로써 스스로 적극적으로 해나가는 일입니다."
- 장일순, 1992. (『나락 한알 속의 우주-무위당 장일순의 이야기 모음』, 녹색평론사, 1997, 98쪽)

"인간에 대한 배려는 인간 자체와 인간공동체의 물질적 지적 구성에 대한 인지적 인식과 판단에 이어 바로 도덕적 인식과 판단이 따라야만 가능할 것이다. 이 도덕적 인식과 판단을 단순하게 계급의 권력관계에 환원할 수 있는 것은 아니다."
- 김진균, 1998. ('사람을 귀중하게 받드는 것', 『김진균 평전』, 진인진, 2004, 284쪽.)

공동체는 중요하다. 이 당연한 사실이 21세기 지구화 시대에 새삼 크게 주의를 끌고 있다. 그러나 사실 공동체에 관한 관심은 오랜 연원을 갖고 있다. 근대화의 발상지인 서구에서도 이미 그 초기부터 지금까지 공동체를 지키고 만드는 운동들이 적극 실천되어 왔다. 국내에서도 1960년대부터 원주의 장일순과 지학순을 중심으로 새로운 공동체 운동이 적극 추구되었고, 그 결과 1986년에 '한살림'이라는 새로운 형태와 내용의 공동체 운동이 시작되었고, 1990년대에는 더욱 다양한 공동체 운동들이 전국에서 펼쳐지게 되었다. 우리의 공동체 운동은 그 자체로 중요한 인류적 자산이다.

그런데 세계적으로 공동체가 새롭게 큰 주의를 끌게 된 것은 2008년에 미국에서 발생한 금융위기가 직접적인 원인이었다. 이 사건으로 미국에서 삽시간에 수십만 명의 사람들이 실업자가 되었고, 수백만 명의 사람들이 생계의 고통을 겪게 되었다. 많은 기업들이 커다란 위기에 빠졌고, 정부도 적절한 조치를 취하지 못했다. 이때 다양한 공동체들이 어려움에 처한 사람들에게 큰 도움이 되었다. 어려운 처지에 빠진 사람들이 공동체를 만들어 서로 도우며 어려움을 극복했다. 이렇게 공동체의 복귀가 이루어졌다. 2009년에 오랫동안 공동체를 연구해 온 엘리너 오스트롬이 노벨 경제학상을 수상한 것도 이 때문이었다.

오래 전 초기 사회학자들은 근대화에 따라 공동체는 해체되어 사라진다고 주장했다. 그러나 현실은 그렇지 않았다. 공동체는 사회의 기초로서 또는 기초적 사회로서 결코 사라지지 않는다. 물론 근대화에 따라 공동체가 아니라 국가와 기업이 사회를 주도하게 되었다. 근대화에 따라 공동체는 분명히 크게 약화되었다. 그러나 공동체는 결코 사라지지 않았고, 많은 곳에서 여전히 존재하고 있으며, 2008년 이후 세계적으로 적극 활성화되고 있다. 사실 공동체는 가족에서 비롯되는 것이어서 결코 사라질 수 없다. 공동체는 한계가 크지만 중요한 장점을 갖고 있고, 우리는 공동체의 장점을 잘 지키고 살려야 한다.

공동체는 단순히 의지로 유지되지 않는다. 공동체가 유지되기 위해서는 여러 자원들이 필요하다. 공동체가 공동으로 소유-이용하는 공동자원이 공동체의 운영에 반드시 필요하다. 공동체의 활성화는 공동체가 공동자원을 확보하고 있어야 잘 될 수 있다. 따라서 이를 위한 제도나 정책이 잘 마련되어야 한다. 우리가 살아가는 데 필요한 모든 것이, 자연의 것과 인공의 것을 막론하고, 공동자원이 될 수 있다. 공동자원은 자원의 종류가 아니라 그 소유-이용방식을 뜻하는 것이다. 그 주체인 공동체가 명확히 확립되고 올바로 운영되는 것이 공동자원이 올바로 관리되고 유지되기 위한 전제조건이다.

 21세기에 들어와서 '국가균형발전'이 한국의 최고 발전과제로 제기되었다. '국가균형발전'은 경제, 사회, 문화, 생태 등의 여러 차원에 걸쳐 지역이 자립적인 특화 발전을 이루는 것이다. 이런 점에서 '국가균형발전'의 실현 방식은 '지역 혁신'으로 제시되었고, '지역 혁신'은 지역 대학들을 핵으로 하는 '지역 혁신체계'를 형성해서 이루어지는 것으로 제시되었다. 그런데 여기서도 공동체의 가치가 새롭게 적극 제기되고 있다. '지역 혁신체계'의 작동에서 공동체 문화가 중요하고, '지역 혁신체계'에 지역의 공동체들이 적극 참여하는 게 중요하다. 이런 점에서 공동체의 혁신이 적극 추구되어야 한다.

 이 책은 2014년 9월부터 제주대 SSK 연구단의 공동연구원으로 참여한 이래 쓴 글들을 모은 것이다. 여러 자리에서 여러 목적으로 발표된 글들이지만 그 바탕에는 제주대 SSK 연구단의 연구가 놓여 있다. 제주대 SSK 연구단은 1950년대 초에 미국에서 시작되어 발전되어 온 공동자원론(common resources)을 기초로 현대 사회의 위기를 극복하는 방안에 대해 연구해 왔다. 제주대 SSK 연구단은 사회학, 인류학, 경제학, 행정학, 법학, 철학, 사학 등을 두루 결합해서 연구를 진행해 왔다. 나는 50살에 제주대 SSK 연구단에 공동연구원으로 참여해서 엘리너 오스트롬을 훨씬 넘어 아주 많은 공부를 할 수 있었다. 기존 연구에 대한 독서와 토론만이 아니라 현장 조사를 통해서 많은 것을 배웠다. 우리는 제주도를 비롯해서 국내의 여러 현장들을 살펴봤고, 일본, 대만, 중국 등 외국의 여러 현장들도 살펴봤다. 그 결과 동아시아의 여러 국가들에서 공동체가 큰 차이를 보이는 것을 확인할 수 있었다. 이 차이는 자유주의 대 사회주의의 체제적 차원, 소유제를 중심으로 한 제도적 차원, 보존과 개발에 관한 행위적 차원 등 여러 차원에서 탐구될 필요가 있다.

현대 사회의 위기에서 가장 넓고 깊은 것은 바로 지구 자체의 파멸 위기라고 할 수 있는 생태위기(eco-crisis)이다. 그리고 사람들이 가장 자주 쉽게 접하는 위기는 바로 경제위기(eco-crisis)이다. 영어에서 생태와 경제의 어간은 eco로 같다. 이 말은 본래 '집'을 뜻하는 말로 넓게는 모든 생물의 집인 '지구'를 뜻한다. 생태위기의 시대에 경제위기의 극복은 생태위기를 악화하는 것이 아니라 완화하는 방향으로 이루어져야 한다. 생태적 전환(eco-transition)의 핵심은 바로 이것이고, 그 기초는 핵발전-화석발전의 폐기와 햇빛발전의 보편화이다. 햇빛발전은 산, 들, 호소 등 자연을 훼손-파괴하는 것이 아니라 건물, 시설, 도로, 철도, 교량 등을 이용해서 이루어져야 한다. 모든 도시들은 물론 아파트 단지들은 햇빛발전소 단지가 되어야 한다. 이런 역사적 변화에서 가장 중요한 주체는 정부이지만 공동체가 그 기초로서 큰 역할을 수행할 수 있다. 공동체의 생태민주적 혁신으로 생태복지국가는 더욱 더 빠르게 우리의 현실이 될 것이다. 나는 희망한다.

2021년 3월 19일
북한산 비봉 아래 은민재에서
홍성태

제1장 생태위기의 지옥에서 벗어나기 위해

1.

오늘날 인류는 풍요사회에서 살고 있다. 그러나 이와 함께 인류는 생태위기에 직면하게 되었다. 인류는 풍요를 누리며 파멸을 향해 질주하고 있는 것이다. 생태위기는 모든 생물의 절멸 위험이라는 점에서 인류가 처한 가장 근원적인 위험이다. 그런데 생태위기는 인위적인 위험이라는 점에서 완화-저지할 수 있는 위험이며, 또한 인류의 존속을 위한 책임윤리의 면에서 반드시 완화-저지해야 하는 위험이다. 그러나 그것은 결코 쉽지 않다. 지구는 분명히 하나이지만 그 안의 세계는 수많은 갈등과 대립으로 갈라져 있기 때문이다. 더욱이 풍요사회의 소비에 도취된 주체는 더 많은 소비를 추구할 뿐 이런 갈등과 대립에 무관심하며 지구가 하나뿐이라는 사실은 전혀 생각하지 않는다.

사실 소비는 모든 생물의 근원적 활동이다. 생물은 생산하지 않아도 살 수 있지만 소비하지 않으면 살 수 없다. 그러나 잘못된 소비는 개체를 병들게 하거나 죽게 하고, 나아가 세상을 망치게 된다. 그런데 오늘날 잘못된 소비는 어떤 특별한 소비가 아니라 바로 일상의 소비 그 자체이다. 여기에 문제의 심각성이 있다. 이런 상황에서 생태적 각성과 실천을 위한 문화·예술의 역할은 중요하다. 그러나 '치약 파동'으로 이어진 '가습기 살균제 대참사'에서 잘 드러났듯이 문제를 올바로 인식하고 대응하는 것은 대단히 어려운 일이다. 문화·예술은 이 점에 초점을 맞춰서 생태위기에 맞서는 노력을 더욱 더 강화해야 한다.

2.

가치를 가격으로 또는 질적인 것을 양적으로 것으로 전환하는 것은 심각한 문제를 안고 있다. 결코 전환될 수 없는 것을 전환할 때 근원적인 파괴와 파멸의 위험이 생기기 때문이다. 생태학을 무시한 경제의 문제도 여기에 뿌리를 두고 있다. 생태학은 영어 ecology가 잘 보여주듯이 지구라는 집에 대해 연구하는 학문이고, 경제는 영어 economy가 잘 보여주듯이 지구라는 집을 이용하는 방식이다. 두 단어의 어간인 eco는 집을 뜻하는 그리스어 oikos에서 온 말인데, 그것은 숱한 생물들이 살아가는 지구를 뜻하는 것이기도 하다.

지구라는 집을 잘 이용하기 위해서는 우선 그에 대해 잘 알아야 했는데 인류는 그렇게 하지 않았다. 그 결과 산업혁명 이후 불과 250년의 시간이 지나고 인류는 대파멸의 위기에 처하게 되었다. 그 핵심은 지구 온난화이다. 2016년 9월에 세계 대기의 이산화탄소 농도가 400ppm을 돌파했다. 이로써 금세기의 기온 상승을 산업혁명 이전에 비해 2도로 억제하는 것은 어렵게 되었다. 기온이 2도 상승하게 되면 지구 생물종의

30% 이상이 멸종하게 될 것이다. 지구 생태계가 인류의 활동으로 말미암아 너무나 급격히 파괴되고 있다.

지구 온난화와 방사능 오염은 생태위기의 양대 핵심이다. 인류를 비롯한 생물종의 대멸종 위험을 함의하는 새로운 지질 시대 개념으로서 '인류세'(Anthropocene)도 두 문제에 초점을 맞춘다. 이 개념은 노벨 화학상을 수상한 네덜란드의 대기화학자 파울 크뤼천(Paul Crutzen, 1933~2021)이 2000년에 처음 제안했는데, 2016년 1월 24명의 다국적 학자들이 〈사이언스〉 지에 '인류세' 개념을 공식적으로 제안하는 논문을 발표했다. 지구 온난화가 지진을 일으켜서 핵발전소 폭발 사고가 잇따르게 되면 '헬영남', '헬조선'을 훨씬 뛰어넘어 '헬지구'가 될 수 있다.

지구 온난화와 방사능 오염은 직관적으로 이해할 수 없는 비가시적인 문제라서 대응하기 더 어렵기도 하다. 그런데 가시적인 문제도 계속 빠르게 악화되고 있다. 해양 쓰레기는 그 좋은 예이다. 1997년 미국의 찰스 무어 선장은 태평양 한가운데서 거대한 플라스틱 쓰레기 섬을 발견했다. 그 크기가 무려 한국 면적의 14배에 이른다. 다행히 '오션 클린업'과 같은 대응책이 적극 추진되고 있기도 하다. 그러나 결코 낙관할 수 없다. 설령 청소 계획이 성공한다고 해도 지구 온난화와 방사능 오염이 계속 진행되면 깨끗한 죽은 바다가 될 수 있다.

공기와 물은 생물이 생존하기 위한 양대 기반이다. 공기를 깨끗하게 하기 위한 활동은 유엔을 중심으로 지구적 차원에서 적극 실행되고 있다. 그러나 물의 경우는 사정이 훨씬 나쁘다. 예컨대 미국은 탈댐 정책으로 강의 재자연화를 적극 추진하고 있지만, 한국은 이명박-박근혜 토건 비리 정권에 의해 상수원의 95%를 차지하는 4대 강이 대대적으로 파괴됐다. 지금 한국은 지구 온난화 속도가 세계 평균의 2배에 이르고, 활성단층 위에 핵발전소들이 밀집해 있으며, 말 그대로 생명의 젖줄인 강들이 대대적으로 파괴된 참담한 상태이다.

3.

애덤 스미스는 자본주의를 자발적인 효율과 협업에 의한 풍요의 경제체제로 생각했다. 그가 1776년에 발간된 『국부론』에서 제시한 '보이지 않는 손'은 이런 것이었다. 그러나 현실은 그렇지 않았다. 자본주의는 자본이라는 큰 돈을 중심으로 작동하는 경제체제를 뜻한다. 자본을 많이 가진 자일수록 자본주의를 지배할 수 있게 되고, 자본주의에서 사람들은 자본을 위한 수단으로 파악된다. 결국 자본주의는 비인간적인 경제체제로 확립되었다. 맑스는 자본주의에서 사람들의 관계가 상품들의 관계로 물신화된다고 설명했고, 루카치는 자본주의에서 아예 사람들의 존재와 의식이 사물화된다고 파악했다.

자본주의의 문제는 생태위기에서도 명확히 확인된다. 자본주의는 본질적으로 노동과 자연에 대한 '이중의 착취'를 통해 형성되어 번성했다. 2차 세계대전이 치러지던 1942년 말에 처칠이 〈비버리지 보고서〉에서 제안한 '복지국가'를 영국의 발전목표로 채택하면서 자본주의에서 노동의 착취가 크게 완화될 수 있는 길이 활짝 열렸다. 이것은 전쟁이라는 극한상황의 영향이 크게 작용한 결과이기는 했지만 민주주의라는 평등의 정치체제가 자본주의라는 불평등 경제체제를 통제하고 '현실적인 유토피아'를 만든 인류 역사상 가장 위대한 성과였다. 그러나 복지국가에서 자연의 착취는 더욱 더 강화되었다.

1917년 10월 혁명을 통해 역사적 현실로 나타난 사회주의는 사실상 복지국가의 형성을 이끌었다. 그러나 사회주의의 종주국 소련의 현실은 지독한 독재국이었고, 이 때문에 '노멘클라투라'(신계급)와 같은 비판이 강력히 제기되었다. 사회주의자였던 조지 오웰은 『1984』를 써서 사회주의를 대표했던 스탈린의 소련을 강력히 비판했다. 그것은 스탈린의 소련이 인권을 강력히 억압한 지독한 독재국이었기 때문이었다. 그런데 아랄해 소멸이라는 역사상 최대의 자연 파괴와 체르노빌 핵발전소 폭발 사고는 모두 소련에서 일어난 것이었다. 소련은 인권 억압과 자연 파괴의 양 면에서 최악의 상태였던 것이다.

사회주의의 문제는 오늘날 중국의 문제에서 가장 강력히 확인된다. 중국은 이미 2004년부터 미국을 제치고 세계 최대 이산화탄소 배출국이 되었다. 2014년에 중국의 이산화탄소 배출량은 미국의 2배를 넘었다. 중국은 세계에서 대형댐을 가장 많이 갖고 있는 나라이기도 하다. 미국은 탈댐과 강의 재자연화를 적극 추진하고 있지만 중국은 전혀 그렇지 않다. 싼샤댐은 장강 전체에 커다란 악영향을 미치고 있으며, 남중국해와 제주해에까지 악영향을 미친다. 중국은 여전히 사회주의 국가로서 강력한 독재적 방식으로 반생태적 경제성장을 추구한다. 여기에 자본주의 방식이 가미되면서 문제는 더욱 더 급격히 악화되고 있다.

자본주의와 사회주의는 근대의 경제-사회체제로서 둘 다 물질적 풍요를 내걸고 공업을 통해 성장을 적극 추구한다는 공통점을 갖고 있다. 생태위기의 면에서 중요한 것은 바로 이 공통점이다. 인류는 공업과 성장의 생태적 혁신을 통해 생태적 풍요를 추구하는 생태복지국가를 향해 나아가야 할 것이다. 이것을 널리 알리는 것은 인문학 전체의, 문화·예술 전체의 중대한 역사적 과제이다. 생태위기는 이미 위기를 넘어서 파국의 단계에 들어섰다.

4.

민주주의에서는 누구나 시민으로 태어나지만 누구나 시민답게 살아가는 것은 아니다. 민주주의는 시민의 참여로 형성되고 운영된다. 민주주의의 시민은 주권자로서 민주주의를 지킬 권리와 의무를 동시에 갖는다. 생태위기의 시대에 그 핵심은 생태정치의 활성화로 생태적 전환을 이루는 것이다. 울리히 벡은 독일을 모델로 해서 현대 서구 사회를 '위험사회'(risk society)로 규정하고 그 문제를 '활화산 위에 선 문명'으로 제시했다. 한국은 독일보다 훨씬 열악한 사회로서 각종 비리로 말미암아 온갖 사고들이 계속 방조되는 '사고사회'(accident society)이다. 그런 만큼 한국에서 시민성은 더욱 더 중요하다.

    소비사회는 사람들의 관계를, 나아가 사람 자체를 소비하는 사물의 면에서 인식하게 하기 쉽다. 너무나 많은 물자들이 그야말로 널려 있기 때문에 사람들이 사라지고 마는 것이다. 베블렌, 갤브레이드, 보드리야르 등으로 이어지는 소비사회론의 계보에서도 이 문제는 줄곧 강조되었다. 생태위기의 시대에 이 문제는 더욱 더 큰 의미를 가질 수밖에 없다. 민주주의의 주체로서 시민은 사람들이 불의에 맞서서 자신을 지키는 것으로 나타났다. 생태위기의 시대에 그것은 자연을 지키는 것으로 확장되지 않을 수 없다. 그리고 사실 우리는 자연 속의 한 존재이기 때문에 자연을 지키는 것은 우리를 지키는 것이다.

    한스 요나스(1903-1993)는 『책임의 원칙-기술 시대와 생태학적 윤리』(1979)에서 에른스트 블로흐(1885-1977)의 『희망의 원리』(1954-59)를 거세게 비판했다. 요나스는 블로흐의 맑스주의 유토피아를 헛된 꿈으로 여기고 현실의 공포를 직시하고 책임을 각성하는 것이 옳다고 생각했다. 그러나 공포만 바라보면 거기서 빠져나올 수 없을 것이다. 영화 '안토니아스 라인'의 염세주의자 크룩펭거처럼. 인간에게는 물처럼 희망이 필요하다. 공포에 질식하지 않아야 하고, 희망에 익사하지 않아야 한다. 책임만 강조하면 꼰대 같고, 희망만 말하면 사기꾼 같다. 책임을 져야 할 자들이 올바로 책임을 지게 하는 것에서 현실의 희망이 만들어질 것이다. 다시 영화 '안토니아스 라인'의 안토니아처럼.

참고자료

최종덕(2016), 『비판적 생명철학』, 당대
홍성태(2004), 『생태사회를 위하여』, 문화과학사
홍성태(2017), 『사고사회 한국』, 진인진
홍성태(2019), 『생태복지국가를 향하여』, 진인진

Bloch, Ernst(1938/1954), 박설호 옮김(1995), 『희망의 원리1』, 솔
Hamilton Clive(2017), 정서진 역(2018), 『인류세』, 이상북스
Jonas, Hans(1979), 이진우 옮김(1993), 『책임의 원칙』, 서광사
Lukács, György(1923), 박정호·조만영 옮김(1986), 『역사와 계급의식』, 거름
Mark, Karl(1867), 김영민 옮김(1987), 『자본I』, 이론과실천
Moore, Charles(2011), 이지연 옮김(2013), 『플라스틱 바다』, 미지북스
Smith, Adam(1776), 유인호 역(1979), 『국부론』, 동서문화사

Gorris, Marleen(1995), *Antonia(Antonia's Line)*

제2장 공동체 문화와 지역 혁신

1. 공동체와 공동체 문화

오늘날 우리는 공동체라는 말을 쉽게 듣고 쓰고 있다. 그러나 사실 이 말은 그렇게 오래 된 말이 아니다. 『조선왕조실록』을 보면 '공동체'(共同體)라는 말은 한번도 나오지 않는다. 조선에서는 사용되지 않던 말인 것이다. '공동'(共同)이라는 말은 어떨까? 이 말도 조선에서는 거의 사용되지 않았다. 1898년 3월에 열린 '만민공동회'(萬民共同會)가 이 땅에서 '공동'(共同)이라는 말이 본격 사용되기 시작한 역사적 계기였다. 그러나 '공동체'라는 말은 그 뒤로도 20년 정도 더 지나서 나타나게 되었다.

'공동체'라는 말은 1900년대 초에 일본에서 처음 만들어진 말이다. 일본의 '국립 의회도서관 사이트'에서 검색해 보면 1885년에 '공동'(共同)이 처음 사용된 예가 나타난다. '共同獸醫談話會'라는 게 그것으로 수의사들이 얘기를 나눈 것이다. 그런데 '공동'은 본래 중국에서 쓰던 말을 일본에서 그대로 갖다가 쓴 것이다. 여기에 '체'(體)를 붙여서 '공동체'를 만든 것인데, '체'는 독일어 Körper(몸, 체)를 번역한 것이라고 한다. 이렇게 해서 20세기 초에 일본에서 '공동체'라는 말이 만들어졌다. 그러나 당시 이 말은 거의 사용되지 않았다.[1]

공동체라는 말이 널리 퍼진 것은 서구에서 공동체에 관한 연구가 본격화되고 그것이 일본으로 전해진 결과다. 이와 관련된 사회학 연구의 효시는 독일의 사회학자 페르디난드 퇴니스(Ferdinand Tönnies, 1855-1936)가 1887년에 출판한 *Gemeinschaft und Gesellschaft*인데 이 제목을 직역하면 '공동성과 결사성'이다. 그 뒤 막스 베버(Max Weber, 1864-1920)는 1910년대에 Gemeinschaften(보통 '공동체들'로 번역)에 대해 썼다. 베버는 퇴니스의 구분을 받아들이는 동시에 수정했는데, 공동체의 특징을 감정적인 것으로 파악한 것이다.[2]

지금 보통 공동체로 번역되고 때로 지역사회로 번역되는 것은 community라는 말인데, 이 말이 서구에서 널리 쓰이게 된 것은 미국의 사회학자 로버트 매키버(1882-1970)가 1917년에 발표한 community and association이라는 논문에 의해서다. '공동체와 결사체'로 번역되는 이 논문이 발표된 뒤로 공동체라는 말이 비로소 널리 쓰이게 되었다. 그러니까 community나 공동체나 널리 쓰이게 된 게 이제 100년 정도 된 말

1 　三保元(1994), '共同体と村: 日本語のなかのコミュ…ニティと共同体一', 〈社会科学ジャーナル〉32, 1994, 9-10.
2 　막스 베버는 개인의 행위와 의도를 사회의 기본으로 파악했다. 이에 따라 베버는 공동성(공동체)의 기초에는 정념과 같은 주관적 감정이 있고 결사성(사회)의 기초에는 계약과 같은 합리적 동의가 있는 것으로 생각했고, 또한 공동성(공동체)와 결사성(사회)이 항상적인 행위의 과정에 있는 것으로 여겨서 공동성화(공동체화, Vergemeinschaftung)와 결사성화(사회화, Vergesellschaftung)를 제시했다. Hatmust Rosa et al.(2010), 곽노완·한상원 옮김(2017), 『공동체의 이론들』, 라움, 47.

인 것이다. 그리고 공동체는 본래 community의 번역어로 만들어진 말이 아니었다.

community는 마을을 뜻하는 commune에 추상화 접미사 ity가 붙어서 된 말이니 직역하면 '마을성', 즉 '마을다움'이다. 그런데 commune은 라틴어 com(함께)과 munis(봉사)의 합성어로 '서로 돕는다'는 뜻이다.[3] 이런 점에서 community는 '상보체' 또는 '상생체'로 번역될 수 있는데, 공동체는 '함께' 또는 '서로'를 강조한 것이라고 할 수 있다. 두 말은 19세기 이래로 이른바 근대화에 의해 급속히 사라지고 있던 전통 마을의 기본적 특성을 가리키기 위해 20세기 초에 사실상 만들어졌다.[4]

전통 마을은 구성원들이 대체로 혈연 관계로서 서로를 보호하며 유지됐다. 그러나 전통 마을은 신분제에 바탕을 두고 있었고, 개인은 마을에 복속해야 하는 존재였다. 근대화는 사람들이 마을에서 벗어나서 살 수 있게 했고, 신분제를 타파하고 개인 주체의 민주주의를 이루었다. 이렇게 공동체의 해체와 현대 사회의 형성이 진행되었다. 그러나 현대 사회에서도 공동체는 사라지지 않았다. 현대 사회에서도 공동체는 호혜적 자구적 경제체로서 필요하며 큰 구실을 하기 때문이다. 물론 현대의 공동체는 민주성과 개방성을 전제로 한다.

공동체 문화는 호혜적 문화다. 우리는 많은 사람들과 다양한 관계를 맺고 살아간다. 현대의 공동체는 마을로 대표되는 지역 공동체와 협

---

[3] 마을을 뜻하는 영어로 더 널리 사용되는 것은 village이다. 이 말은 농가를 뜻하는 villa에서 온 말로 여러 농가들이 모여 있는 곳을 뜻한다.

[4] commune(코뮨, 마을)에서 communism과 community가 비롯됐다. 영어에서 communism은 1840년에, community는 14세기 말에 처음 나타났다. *Online Etymology Dictionary* 참고. 1870년대 일본에서 communism을 공산주의로 번역했다.

동조합으로 대표되는 사회 공동체로 크게 나뉘는데, 둘은 모두 공동체로서 경쟁과 배제의 원리가 아닌 호혜와 포용의 원리에 의해 사회를 저변에서 지탱한다. 1997년의 IMF 사태, 2008년의 금융위기 등을 계기로 공동체가 적극 활성화된 것은 이 때문이었다. 여기서 나아가 공동체 문화는 지역 쇠퇴를 넘어서기 위한 지역 혁신의 기초로도 대단히 중요하다.

2. 지역 혁신의 전개

오늘날 지역 혁신이라는 말도 대단히 쉽게 듣고 쓰는 말이 되었다. 그러나 그 뜻은 아주 혼란스럽다. 혁신은 특히 개발 또는 발전과 잘 구별되지 않는다. 종래에 지역 개발 또는 지역 발전이라고 하던 것을 이제는 지역 혁신이라고 하는 것으로 보이는 경우가 많다. 그런데 사실 혁신은 학문적으로 살펴보면 엄밀한 독자적 뜻을 갖고 있다. 이 점을 올바로 이해하는 것은 올바른 지역 혁신을 위해서 당연히 기본적 과제라고 할 수 있다.

지역 혁신의 핵심은 혁신에 있다. 이 말은 영어 innovation의 역어로서 이 영어는 새로운 것을 도입하거나 만드는 것을 뜻한다. 그 핵심은 새로운 기술의 개발이다. 그런데 이 말에 학문적 의미를 부여한 사람은 헝가리 출신의 미국 경제학자였던 요세프 슘페터[5](1883-1950)였다. 그는 1911년에 독일에서 출판한 『경제 발전의 이론』에서 처음으로 혁신의 의미를 학문적으로 규정했다. 그는 새로운 생산물, 새로운 생산과정, 새로운 시장, 새로운 원료, 새로운 조직 등 다섯 가지 혁신을 제시했다. 그것은 부분적일 수도 있고, 전면적일 수도 있다.

---

[5] 영어 식으로는 '조지프 슘페터'로 부른다.

슘페터의 혁신 이론은 경제 성장을 위한 경제 혁신의 이론이다. 슘페터의 혁신은 칼 마르크스(Karl Marx, 1818-1883)가 주장한 혁명(revolution)이나 칼 폴라니(Polányi Károly, 1886-1964)가 설파한 변환(transformation)과 크게 다른 것이다. 마르크스는 생산수단의 사적 소유를 부정하는 공산주의 혁명을 주장했고, 폴라니는 시장 경제를 부정하고 공동체의 강화를 주장했다. 이에 비해 슘페터의 혁신 이론은 기존의 자유 경제를 전제로 해서 지속적인 경제 성장을 이루는 것이다. 가장 중요한 것은 경제 혁신을 추동하는 최고 동력이 바로 새로운 기술이라는 것이다. 기술 혁신이 기본이다. 그 주체는 돈만 추구하는 사업가가 아니라 혁신을 추구하는 기업가다. 기술 혁신과 기업가가 슘페터의 혁신 이론에서 두 축을 이룬다.

1980년대 초에 슘페터의 제자였던 영국의 경제학자 크리스토퍼 프리만을 중심으로 슘페터의 혁신 이론(기술 혁신을 기초로 한 경제 혁신)과 체계 이론의 결합이 추구되었다. 체계는 여러 요소들이 특정한 질서에 따라 결합되어 형성되는 새로운 실체를 뜻한다. 프리만의 이론은 개별 요소 중심에서 전체 체계 중심으로 혁신의 기본을 바꾼 것이다. 프리만은 특히 국가 차원의 노력을 강조해서 '국가 혁신 체계'(NIS, National Innovation System)를 제창했다. 이 NIS 이론은 모든 국가의 기본 정책으로 확립되었다.

그런데 1990년대 초에 영국의 지리경제학자 필립 쿠크가 NIS를 비판하고 '지역 혁신 체계'(RIS, Regional Innovation System)을 주장하고 나섰다. 이것은 국가적 차원에서 경제 성장이 이루어지더라도 지역적 차원에서 격차와 쇠퇴의 문제가 악화되는 현실에 대한 올바른 인식의 결과였다. 또한 이것은 사회주의의 몰락을 배경으로 한 세계적인 자유 경제의 강화로, 즉 지구화(globalization)로 지역이 경제 주체가 되는 지역화(regionalization)가 강화되는 변화의 산물이었다. 여기서 가장 중요한 것은 사회 인식에서 지역을 그 실체로 생각하는 '지역적 전회'(regional turn)가 이루어진 것이었다.

 2003년 2월에 출범한 노무현 대통령의 참여정부는 국가 균형발전을 최고의 국정 목표로 설정하고, 이를 위해 행정수도와 혁신도시들의 건설, 그리고 지역혁신체계의 형성을 최고의 정책 과제로 추진했다. 이에 따라 국내에서 지역의 자립을 위한 지역혁신체계가 본격적으로 추진되기 시작했다. 그리고 이로부터 지역 혁신이라는 말이 독립되어 널리 사용되기 시작했다. 이것은 지역을 중심으로 혁신을 추구한다는 점에서 좋은 변화였지만, 이로써 혁신의 의미가 크게 모호해졌다는 문제를 안고 있었다.

 지역 혁신은 지역의 차원에서 슘페터식 혁신, 즉 기술 혁신을 기초로 한 경제 혁신을 추구하는 것이며, 그것은 개별 기업가를 훨씬 넘어선 지역 대학을 중심으로 한 체계를 형성해야 한다. 그런데 21세기에 들어와서 물리학에서 비롯된 체계는 너무 기계적이어서 생태적 체계, 즉 생태계로 전환해야 한다는 주장이 널리 퍼졌다. 그리고 2008년의 금융위기를 계기로 신자유주의의 파탄과 공동체의 활성화가 이루어지면서 지역 혁신에서도 공동체가 강조되기 시작했다. 호혜의 공동체 문화가 지역 혁신의 기초로 파악된 것이다.

3. 사회 혁신을 위해

사회 혁신(social innovation)이라는 말은 1900년대 초에 만들어졌으나 오랫동안 거의 사용되지 않았다. 이 말이 오늘날처럼 널리 사용되게 된 것은 2008년의 금융위기 이후이다. 이에 대해서는 2017년에 발표된 EU의 연구보고서 *Social Innovation as a Trigger for Transformations*를 참고할 필요가 있다. 사회 혁신은 19세기 초의 공동체 운동을 모태로 한다. 대표적인 예는 오웬(Robert Owen, 1771~1858)과 푸리에(François Marie Charles Fourier, 1772~1837)의 새로운 협동적 마을 운동을 들 수 있는데, 이로부터 마을과 협동조합을 대표로 하는 현대의 공동체 운동/활동이 시작되었다.

경제 혁신은 영리를 추구한다. 사회 혁신은 경제 혁신과 달리 영리가 아니라 호혜를 추구한다. 그러나 사회 혁신도 경제 혁신과 마찬가지로 기술을 중시한다. 교통-통신-정보 기술의 발달은 경제 혁신은 물론 사회 혁신도 적극 추동했다. 사람들이 쉽게 교류하고 소통할 수 있는 것은 경제 혁신의 기초이자 사회 혁신의 기초이다. 오늘날 고도로 발달된 정보-통신-교통 기술(ICTT, Informaion-Communication-Transportation Technology)에 힘입어 경제 혁신과 마찬가지로 사회 혁신도 더욱 활발히 추구될 수 있다.

지역 혁신은 경제 혁신과 사회 혁신을 두 축으로 한다. 둘 다 혁명이니 변환이니 하는 것이 아니라 기술 혁신에 기초를 두고 있는 것이지만, 전자는 성장과 영리를 추구하는 것이고, 후자는 협동과 호혜를 추구하는 것이다. 그런데 2008년의 금융위기를 계기로 공동체의 가치가 다시금 확실히 인식되었고, 공동체 문화의 핵심인 협동과 호혜가 혁신의 기본조건이라는 사실이 널리 확인되었다. 공동체를 사회적으로 확대하는 사회 혁신이 경제 혁신의 기초이기도 한 것이다. 이기적 인간의 이타적 행위가 중요하다.

그런데 미국의 정치학자 로버트 퍼트넘 교수가 주장하듯이 공동체는 민주주의의 기초이면서 비리의 온상일 수도 있다. 이 점에서 현대의 공동체가 전제하는 민주성과 개방성은 너무나 중요하다. 공동체가 올바로 운영되고 공동체 문화가 올바로 확산되기 위해서는 국가와 사회의 개혁이 가장 강력한 구조적 조건으로 작동한다. 비리 세력이 지배하는 국가와 사회에서는 공동체는 파괴되고 왜곡되기 십상이다. 이 사실을 직시하고 명심해야 한다.

참고자료

홍성태(2007), 『개발주의를 비판한다』, 당대

Owen, Robert(1814), 하승우 옮김(2012), 『사회에 관한 새로운 의견』, 지만지
Polányi, Károly(1944), 박현수 옮김(1991), 『거대한 변환』, 민음사
Schumpeter, Joshep(1911/1934), *The Theory of Economic Development*, Harvard Univ. Press.

제3장 공동자원과 공동체 활성화

1. 공유자원의 시대?

공유자원에 대한 관심이 계속 커지고 있다. 전국의 모든 곳에서 공유자원에 관한 논의와 실천이 이어지고 있다. 자전거, 자동차, 땅, 집, 전기, 지식 등 그 대상도 계속 확대되고 있다. 무형재와 유형재, 소모재와 내구재, 자연재와 인공재 등 재화의 차이를 떠나서 모든 재화가 공유자원의 대상으로 여겨지게 되었다. 공유자원을 중심으로 공동체의 활성화가 추구되고, 이를 통해 사회가 크게 바뀌고 있는 것 같다. 공유 경제를 칭송하는 찬가가 곳곳에서 크게 불리고 있다. 이로써 영리 경쟁을 중심으로 작동하던 사회가 협동 공생을 중심으로 하는 사회로 바뀌어 가는 것 같다. 그런데 과연 그런가?

2008년 9월 미국의 거대 투자은행인 리먼 브라더스가 파산함으로써 세계 금융 위기가 발발했다. 사실 이 위기는 2007년에 시작되어 2008년에 폭발한 것이었다. 세계 금융 위기는 바로 심각한 경제 불황으로 이어졌다. 미국에서도 많은 사람들이 실업의 고통으로 내몰렸다. 이런 시대적 상황을 배경으로 2008년에 하버드 대학의 법학 교수인 로버트 레식(Robert Lessig, 1961~)은 '공유 경제'(Sharing Economy)의 개념을 제시했다. 사람들이 갖고 있는 재화를 공유함으로써 어려운 처지의 사람들이 경제 불황을 이길 수 있고, 나아가 영리 경쟁의 사회를 협동 공생의 사회로 바꾸어 갈 수 있다는 것이었다.

2009년 10월 노벨 경제학상 수상자로 올리버 윌리엄슨(Oliver Williamson, 1931~2020) 교수와 엘리너 오스트롬(Elinor Ostrom, 1933~2012) 교수가 공동으로 선정됐다. 오스트롬 교수는 사실 경제학자가 아니라 행정학자였으나 공동체의 경제적 기능과 존속을 제도론적 차원에서 입증한 공로를 크게 인정받았다. 사실 여기에도 2008년 9월에 폭발한 세계 금융 위기가 큰 영향을 미쳤다. 금융을 중심으로 한 주류 경제는 영리 경쟁을 원리로 하기에 수많은 사람들을 파탄으로 몰아갈 수 있고, 이에 반해 협동 공생의 공동체는 어려운 처지의 사람들을 구제하는 경제적 기능을 할 수 있다. 이런 점에서 공동체의 역할과 가치를 천착한 오스트롬 교수의 연구는 중요하다.

이렇게 2008년의 세계 금융 위기를 계기로 공유와 공동체가 주류 경제의 문제를 치유하거나 보완하거나 심지어 대체하는 것으로 여겨지게 되었다. 놀라운 변화가 아닐 수 없다. 공유와 공동체는 전근대 사회의 특징으로서 근대화와 함께 사라지는 것으로 여겨졌다. 그러나 현실은 그렇게 되지 않았다. 2008년 이후로 세계적 차원에서 공유와 공동체는 다시 크게 강화되고 있다. 자못 놀라운 반전이 아닐 수 없다. 그러나 여기에는 상당한 문제가 있다. 이 점에 유의해서 공유와 공동체의 발전을 추구해야 한다.

2. 공유 대 공용

공동체는, 그것이 지역 공동체이건 사회 공동체이건, 공유자원을 필요로 한다. 공동체가 활성화되기 위해서는 공동체가 공유자원을 잘 확보할 수 있어야 한다. 이 점에서 공유자원이 공동체 활성화의 핵심으로 떠오른 것은 중요하다. 그런데 사실 공유자원이 무엇인가에 대해서 커다란 혼란이 있는 것으로 보인다. 공유자원의 운동과 정책을 위해서 이 혼란을 올바로 인식하고 시정해야 한다. 혼란의 근원은 바로 공유라는 개념이다. 과연 공유는 무엇인가? 그것은 어떻게 실현되는가?

공유는 대체로 영어 sharing의 번역어인 것 같다. 그런데 본래 sharing은 잘라내는 것, 나누어 갖는 것을 뜻하고, 또 함께 사용하는 것을 뜻한다. 그러니까 sharing은 소유의 면에서는 나누어 갖는 것, 즉 분유(分有)를 뜻하고, 사용의 면에서는 함께 쓰는 것, 즉 공용(共用)을 뜻한다. 이런 점에서 보자면 로렌스 레식 교수가 제안한 sharing economy는 내용으로 보건대 '공용 경제'로 번역되는 게 옳을 것이다.

공유자원은 영어로 commonly owned resources일텐데 사실 영어로 잘 쓰는 말이 아니다. 영어로는 보통 common resources(공동 자원)를 쓰고, 다시 이것은 이론적 차이에 따라 common property resources(공동 재산 자원)와 common pool resources(공동 이용 자원)로 나뉘어 있다. 둘의 차이에 올바로 주의해야 한다. 한편 요즘은 commons도 공유자원으로 번역되는 것 같다. commons가 널리 퍼진 것은 노벨 경제학상을 수상한 엘리너 오스트롬 교수의 대표 저서가 *Governing the Commons*이기 때문인 것 같다. 그런데 commons는 본래 전근대 영국에서 농노들이 공동으로 사용하는 경작지를 뜻하는 말이었다. 이 땅을 보통 공유지라고 번역했는데 사실 정확한 것은 아니었다.

공유는 소유의 한 방식으로서 법적으로 명확한 의미를 갖는다. 따라서 정책의 차원에서는 공유라는 말을 그냥 써서는 안 된다. 법적으로 소유는 다음과 같이 구분된다. 공유(公有, public owning)는 '국유재산법'과 '공유재산법'에서, 사유(私有, private owning)는 '민법'에서 규정하고 있다.

  공유(公有, public owning) - 국유(國有, 중앙정부 소유)
                공유(公有, 지자체 소유)
  사유(私有, private owning) - 개별소유(개유, 個有)
                공동소유(공유, 共有: 공유, 합유, 총유)

이처럼 공동소유는 사유, 즉 사적 소유의 한 방식이고, 그것은 다시 세 방식으로 나뉜다. 공유(共有, co-owning)는 각자가 지분을 갖는 식으로 공동소유하는 것으로 각자는 자신의 지분을 자유롭게 처분할 수 있다.[1] 합유는 공동목적을 수행하기 위한 법인 조직을 만들어서 공동소유하는 것으로 구성원은 지분을 갖지만 그 처분은 제한된다. 총유는 비법인 조직이 공동소유하는 것으로 구성원의 지분이 인정되지 않는다.

  공유자원이 진정 공유자원이기 위해서는 2인 이상의 사람들이 그것을 공유, 합유, 총유 중 하나의 방식으로 공동소유해야 한다. 이 중에서 조직의 유지와 구성원의 이익을 가장 잘 구현할 수 있는 방식은 합유이고, 조직을 가장 강력히 유지할 수 있는 방식은 총유라고 할 수 있다.

---

[1] 이런 점에서 공유(共有, co-owning)는 사실상 개유(個有)와 같은 것이며, 합유(合有, joint owning)와 총유(總有, collective owning)가 공동소유의 방식이라고 할 수 있다. 법적으로 보아서 기업이 공유를 대표한다. 특히 주식회사가 그렇다. 수많은 사람들이 하나의 회사를 공유할 수 있다. 그러나 그 운영은 지분에 의해 결정된다.

공동체라는 조직이 공유자원을 갖는 방식은 합유와 총유의 두 가지이다. 법인 조직인 조합이 합유의 방식으로, 비법인 조직인 마을이 총유의 방식으로 공유자원을 소유한다. 이렇듯 공유는 그 주체와 방식이 명확히 규정된다. 이런 명확한 법적 차이를 무시하고 무턱대고 공유를 말하는 것은 혼란을 초래해서 문제를 일으키기 쉽다.

3. 공용의 중요성

이렇게 소유의 면에서 보자면 사태가 명확해진다. 우버(Uber)나 에어 비앤비(Air B&B)는 결코 공유자원이 아니고 사유재를 유료로 공용(共用)하는 것이다. 사실 이것은 기존의 경제재를 이용하는 것과 전혀 다르지 않다. 한편 공유 자전거, 공유 주차장 등은 공유(共有)가 아니라 공유(公有)의 재화를 공용(共用)하는 것이다. 공유(公有)의 재화, 즉 국공유 재산은 정부가 소유하는 재산으로서 법에 의해 그 소유/이용/처분이 엄격히 규정되어 있다. 또한 사유재이건 공유(公有)재이건 공용(共用)은 유료나 무료로 시행될 수 있다. 그런데 사유재는 공용(共用)도 보통 영리의 방식으로 시행되기에 공동체의 활성화를 위해서는 공유(公有)재의 공용(共用)이 중요하다.

    공동체는 구성원의 이익을 추구한다는 점에서는 회사와 마찬가지이지만 구성원의 평등을 추구한다는 점에서 회사와 다르고, 공동체들의 공생을 통한 사회 전체의 이익 향상을 추구한다는 점에서 정부와 마찬가지이다. 공동체는 사적 조직이지만 공적 이익을 실현할 수 있다. 이런 점에서 정부는 공동체를 적극 지원할 필요가 있다. 오스트롬 교수는 사적 조직인 공동체의 공적 역할에 대해서 경제적 차원과 생태적 차원을 중심으로 잘 설명해 주었다. 정부가 모든 사람들을 돌보고 모든 자연을 지키는 것은 우선 비용의 면에서 불가능하다. 공동체는 정부를 충실히 보완할 수 있고, 정부는 공동체를 적극 지원해야 한다.

공동체는 공용자원, 즉 자원을 공용하는 것으로 활성화될 수 있다. 그 방식은 두 가지이다. 하나는 공유해서 공용하는 것이고, 다른 하나는 소유와 무관하게 공용하는 것이다. 어떤 공동체는 공유할 능력이 있으나 어떤 공동체는 그렇지 않다. 그러므로 공유를 공용의 전제로 여기면 공동체는 위축되고 약화되기 쉽다. 공동체의 활성화를 위해서는 공유에 비해 공용이 더 중요하다. 오스트롬 교수가 common pool resources(공동 이용 자원)를 결정적인 개념이라고 평생 강조했던 이유는 바로 이 때문이다. 공동체의 경제적-생태적 가치를 올바로 인식한다면, 공동체가 공적 자원을 공용할 수 있도록 적극 지원해야 한다.

공적 자원의 공용은 사실 내력이 오래 된 것으로 현재도 어촌은 이 방식으로 유지되고 있다. 연안과 연해는 공적 자원이고 어촌은 정부의 허가를 받아서 그것을 공용하는 것이다. 정부가 가진 많은 공적 자원들을 이렇게 공용 자원으로 활용하고 공동체를 활성화할 수 있다. 여기서 핵심은 이용 주체인 공동체에 대한 평가이다. 전통 사회에서 이것은 마을의 거주 연한/기여 정도에 따라 자원의 이용권을 부여하는 '입호제'(立戶制)를 통해 이루어졌다. 현재는 영국의 '로컬리즘 액트'(Localism Act 2011)을 참고해서 공동체가 공유재는 물론 사유재의 공용도 적극 추구할 수 있도록 할 필요가 있다.[2]

---

2 공동자원론의 면에서 보자면, 이것은 '공동 이용 자원'이 아니라 '공동 재산 자원'에 입각한 것으로서 지역의 주민들이 만든 공동체가 공동체 가치를 갖고 있으나 개발로 훼손될 상황에 처한 지역의 토지나 건물을 우선적으로 구입해서 공유할 수 있게 한다. 영국은 개인들이 돈을 모아 자연과 역사를 지키는 시민운

참고자료

김재선(2017), '영국 공동체 가치자산법(Asset of Community Value Act)에 관한 연구', 『강원법학』 52권, 2017.10.
라현윤(2019), '600개 공동체 연합조직 로컬리티', 〈이로운넷〉 2019.7.25.
은수정(2011), '영국의 지역공동체 사례와 로컬리티', 〈전북일보〉 2011.10.24.

동의 전통이 강하다. '국민신탁운동'(National Trust Movement)이 바로 그것이다. '로컬리티'(Locality)라는 시민운동단체가 주도해서 제정된 '로컬리즘 액트'는 '국민신탁운동' 방식, 즉 시민들의 모금과 공유에 바탕을 둔 지역 분권운동의 중요한 산물이다.

제4장 마을의 복귀와 위기
- 공동체와 공동재, 그리고 민주주의 -

1. 머리말

마을은 무엇인가? 마을은 전근대의 주거지를 뜻하는 것이 아닌가? 이런 점에서 마을은 사실상 오래 전에 해체되어 사라진 것이 아닌가? 그런데 오늘날 현대 사회의 위기를 극복할 주체이자 장소로서 마을의 중요성이 크게 강조되고 있다(이나미, 2016; 김기성, 2017). 여기서 현대 사회의 위기는 정치적, 경제적, 문화적, 생태적 위기를 모두 망라하는 것이다. 마을이 가히 현대 사회의 총체적 대안으로 제기되고 있는 것이다. 그러나 과연 마을은 이런 힘을 갖고 있는가? 마을은 대체 무엇인가? 우리는 마을을 어떻게 이해해야 하나?

    2010년대에 들어와서 마을에 관한 연구, 정책, 운동이 대단히 활발히 전개되고 있다. 아마도 그 뿌리는 1990년대의 '귀농 운동'인 것으로 보인다. 지금은 농촌을 넘어 도시를 포함해서 전국적인 마을 만들기 운동/정책, 마을 활성화 운동/정책 등이 활발히 펼쳐지고 있다. 관련된 정부 기관들과 민간 단체들도 상당히 많다. 제정된 마을 관련 법령은 '농어촌마을 주거환경 개선 및 리모델링 촉진을 위한 특별법', '서울특별시 마을공동체 만들기 지원 등에 관한 조례' 정도이지만 2016년에 이른바 '마을 기본법'을 둘러싸고 전국적인 차원의 논의를 거쳐서 2017년 2월에 '마을공동체 기본법'이 발의되었다.[1] '협동조합 기본법'이 제정된 것에 이어 '사회적 경제 기본법'과 '마을공동체 기본법'이 제정되면 '공동체'에 관한 주요 기본법들이 모두 제정되는 셈이다.

이렇듯 마을에 관한 논의와 활동은 대체로 '공동체'에 초점을 맞추고 진행되어 왔다. 사실상 마을은 공동체와 등치되어 이해되고 있다(이종수 편, 2008; 여관현, 2013; 김상민, 2016; 최승범·최준호, 2017). 그러나 여기에는 상당한 문제가 있다. 가장 기본적인 문제는 마을과 공동체가 모두 상식적으로 쉽게 다가오는 것이지만 명확하게 규정하기 쉽지 않은 것이라는 사실이다. 또한 마을은 여러 사람들이 모여 사는 곳이라는 점에서 공동체를 이루기 쉽다. 그러나 그 정도는 대단히 다양하다. 주민들의 생활을 강력히 규제하는 마을도 있지만 그저 공동의 소속만을 유지하는 마을도 있다. 마을을 공동체와 등치하는 것은 옳지 않다. 가장 큰 문제는 마을의 사회적 관계인 공동체(commune)만 중시하고 마을의 물질적 기반인 공동재(commons)는 무시하는 것이다. 마을은 단순히 여러 개인들과 그 사적 재산의 결합으로 형성되지 않고 공동체를 만들고 공동재를 필요로 한다.

이 글에서는 탈근대화라는 역사적 전환의 관점에서 마을에 대해 살

---

[1] 그 내용은 '정부입법지원센터' 홈페이지에서 볼 수 있다. 이 법도 전적으로 '공동체'의 지원에 초점을 맞추고 있으며 '공동재'에 관해서는 어떤 언급도 없다.

펴보고자 한다. 글의 순서는 다음과 같다. 2절에서는 마을의 복귀에 대해 간략히 살펴본다. 마을의 역사와 가치에 대해 생각해 보고, 반근대화가 아닌 탈근대화로서 마을의 복귀를 파악한다. 3절에서는 마을과 공동체에 대해 살펴본다. 여기서는 공동체의 위치와 한계에 대해서도 검토할 것이다. 4절에서는 마을과 공동재에 대해 살펴본다. 공동재가 보존되지 않으면 마을은 해체되기 십상이다. 여기서는 총유제를 중심으로 공동재를 지키기 위한 방안에 대해 검토한다. 5절에서는 마을의 위기에 대해 살펴본다. 마을의 위기는 내적 위기와 외적 위기로 크게 나뉘는데, 이에 대해 역사-구조적 관점에서 살펴보고 민주주의의 중요성을 제기한다.

2. 마을의 복귀와 탈근대화

마을은 사람들이 모여 사는 곳으로 그 기초 시설은 바로 집이다. 이런 점에서 마을은 집들이 모여 있는 곳이다. 물론 마을은 대체로 하나의 식수원을 공유하는 작은 규모의 지역이니 모여 있는 집들도 대체로 많아야 수십 채를 넘지 않는다. 전근대의 마을은 적은 수의 사람들이 모여 사는 곳이었고, 또한 매일 생활을 함께 해서 서로 잘 알게 되어 사는 곳이었다. 전근대에도 마을의 규모와 형태는 다양했지만 그 내용은 대체로 비슷했다. 그것은 적은 수의 사람들이 함께 일하며 살아서 서로 잘 아는 사이로 사는 곳이었다. 마을은 이처럼 소규모, 대면성, 친밀성 등의 특징을 가진 주거지를 뜻했다.

　마을은 어원으로 살펴서 물을 뜻하는 믈에서 비롯된 말이라고도 하고, 사람이 모여 사는 곳을 뜻하는 말과 슬의 두 말이 합쳐서 된 말이라고도 한다(최규성, 2016). 이런 점에서 보자면, 적당한 땅과 물이 있어서 오랜 옛날부터 사람들이 자연스레 모여 살게 된 곳을 뜻하는 말이 마을인 것이다. 한편 한자 촌(村)은 나무를 일정하게 심어 놓은 곳을 뜻하고, 리(里)는 땅에 밭을 일구어 놓은 곳을 뜻한다(김기홍, 2014). 중국에서는 마을이 주변에 나무를 심어 밖과 경계를 설정하고, 땅을 일구어 농사를 짓고 사는 곳을 뜻했던 것이다.[2] 이렇듯 마을은 자연에 의지해서 형성되고 유지되는 주거지를 뜻했다.

그런데 지금 우리 말에서는 마을보다 '동네'라는 말을 더 일상적으로 쓰고 있다. 동네는 '동내'(洞內)가 변해서 된 말인데, 동(洞)은 같은 물을 마시는 곳을 뜻한다('동네', 〈위키낱말사전〉). 마실 물을 쉽게 구할 수 있는 곳에 사람들이 모여 살았던 것을 가리키는 말이 바로 동네인 것이다. 오늘날 동(洞)은 리(里)와 함께 최소 기초행정구역을 뜻하는 말로 사용되고 있다. 두 한자는 사실 전근대 마을의 특징을 잘 담고 있는 말인데 근대 행정의 확립과 함께 그 기초용어로 확립된 것이다.[3] 동네와 마을은 둘 다 우리의 삶과 긴밀히 연결되어 있는 대단히 친근한 말인데 마을이 동네보다 훨씬 더 오래 된 느낌을 갖고 있다.

---

[2] 영어로 마을은 village인데 그 어원은 라틴어 villa이다. 한국에서 villa는 보통 고급 주택이나 고급 별장을 뜻하는데 라틴어 villa는 본래 '시골 집'을 뜻했으나 17세기 초부터 '고대 로마의 시골 저택'을 뜻하게 됐다(villa, *Online Etymology Dictionary*).

[3] 일제 강점기에 '부락'(部落)이라는 말이 널리 사용되게 되었다. 그런데 사실 이 말은 일본 말이 아니라 〈조선왕조실록〉에도 나오는 말이다. 그 뜻은 마을과 같다. 그런데 일본에서 부락(部落)은 '최하층민'이 사는 곳을 뜻한다. 이들은 보통 부락민이라고 불리는 데, 일본에서 이들에 대한 차별은 현재적 문제이다. 이 때문에 일본에서 부락(민)은 일종의 금기어에 해당된다. 이런 점에서 조선을 강점한 일제가 조선을 천시하기 위한 목적으로 부락이라는 말을 널리 사용했을 가능성이 있다.

어원이 잘 보여주듯이, 전근대 시대의 마을은 대체로 사람들이 자연에 의지해서 모여 사는 곳을 뜻했다. 그 범위는 대체로 마실 수 있는 물의 존재와 농사지을 수 있는 땅에 의해 규정되었다. 그런데 전근대 시대에 도시에서도 마을이라는 말은 사용되었으나 행정적으로는 그렇지 않았다. 예컨대 조선 시대의 한성을 보면, 부-방-계로 지역 단위 행정체계가 이루어졌는데, 이 과정에서 기존의 마을 이름이 한자로 바뀌거나 기존의 마을 구역이 행정에 의해 변경되었다. 이렇듯 전근대 시대의 도시에서부터 행정이 마을을 제압하게 되었던 것이다. 그리고 이 변화는 근대에 들어와서 모든 곳으로 확산되었다.[4] 이로써 물리적 차원을 넘어 사회적 차원에서 마을의 상실이 이루어졌는데, 그 내용은 사람답게 살기 위한 기초들의 상실이라고 있는 것이다. 그것은 크게 세 가지로 파악될 수 있다.

첫째, 마을의 기반인 '자연의 상실'이다. 공업화와 도시화를 물질적 축으로 하는 근대화에 의해 자연이 대대적으로 파괴되고 마침내 지구적 차원의 생태위기에 이르렀다. 지구 온난화는 산과 숲과 바다의 파괴로 인류의 생존 자체를 위협하며, 이로써 자연 속에서 운영됐던 마을의 재생을 중대한 현실의 과제로 만들었다. 둘째, 마을의 기본활동인 '생활의 상실'이다. 마을의 가장 중요한 특징은 실제 삶이 이루어지는 지역 단위라는 것이다. 그것을 마을로 부르건, 동네로 부르건, 이 말들이 가리키는 공간은 단순히 집이 있는 곳이 아니라 먹고 자고 사는 활동이 총체적으로 이루어지는 곳을 가리켰다. 행정의 제압에도 불구하고 여전히 마을이

---

[4] 1938년에 발표된 미국의 사회학자 루이스 워스의 '도시적 생활양식'에 관한 논문은 전근대와 근대를 농촌과 도시로 오인한 면이 있다(Savage and Warde, 1993). 그러나 전근대 시대에도 농촌과 도시의 차이는 확실히 있었다.

어떤 깊은 울림을 갖고 사람들에게 다가가는 것은 무엇보다 이 때문일 것이다. 셋째, 마을의 운영원리인 '자치의 상실'이다. 마을에서 주민들의 삶은 대체로 자치에 의해 이루어졌다. 이런 점에서 마을은 외부 행정의 개입과 간섭을 넘어서 내부 주민들이 자유롭게 판단하고 결정하는 자치에 대한 갈망을 담고 있기도 하다.

근대화의 과정에서 마을의 상실은 당연한 역사적 과정으로 여겨졌다. 그러나 그것은 결코 당연한 과정이 아니었고 권력과 기업에 의한 악독한 약탈과 추방과 파괴의 과정이었다. 이 때문에 마을의 상실은 마을에 대한 향수를 넘어 그 복귀에 대한 열망을 키웠다.[5] 오늘날 전국적으로 널리 추구되고 있는 마을의 복귀는 단순히 사라진 마을을 되살리는 것이 아니라 사람답게 살 수 있는 기초로서 마을을 현대에 맞게 되살리는 것이다. 이런 점에서 마을의 복귀는 '반근대화'(antimodernization)가 아닌 '탈근대화'(postmodernization)여야 한다. 반근대화는 근대화를 부정하고 전근대로 회귀하는 것을 추구하는 것이라면, 탈근대화는 전근대의 가치도 포용해서 근대화의 성과를 지키고 그 한계를 넘어서 시대의 요구에 걸맞은 사회를 추구하는 것이다.

근대화는 공업화와 민주화를 두 축으로 하는 거대한 사회적 변화를 가리킨다. 인류는 공업화와 민주화를 통해 유사 이래 최대의 물질적 풍요와 정치적 평등을 누리고 살 수 있게 되었다. 전근대는 대다수의 사람들이 궁핍과 억압에 시달리며 살아야 했다. 근대화는 유사 이래 계속되어 온 이 암울한 상황을 상당한 정도로 타파했다. 그러나 근대화는 또 다른 문제를 낳았고, 심지어 두 차례의 세계대전마저 초래했다. 이 무서운

---

[5] 박정희 독재의 '새마을' 운동은 이 점을 강력히 이용한 국가 동원 정책이었다. 박정희 독재는 막강한 군사력을 동원해서 마을들을 없애는 동시에 '새마을' 운동으로 마을을 갈구하는 국민들을 포섭했던 것이다.

상황은 2차 세계대전의 와중에 영국에서 처칠 수상과 보수당 정권의 주도로 확립된 '복지국가'를 통해 극복될 것으로 보였다. 그러나 현실은 그렇지 않았다.[6] 국가가 모든 것을 할 수도 없고 해서도 안 된다. 국가에 의한 마을의 보호와 마을을 통한 국가의 개혁이 함께 이루어져야 한다. 복지국가는 마을의 활성화를 통해 민주적으로 생태적으로 유지될 수 있다.

3. 마을과 공동체

전근대의 마을에서처럼 작은 곳에서 적은 수의 사람들이 모여 살게 되면 서로 잘 알게 된다. 그리고 전근대의 마을에서 사람들은 주변의 자연을 공유해서 생활을 이루어야 했다. 이런 점에서 전근대의 마을은 강한 공동체를 이루게 될 수밖에 없었다. 전근대의 마을은 주민 공동체의 자치로 마을을 운영해서 자연을 지키고 생활을 했다. 물론 전근대에도 마을은 완전히 주민 공동체의 자치로만 운영되지 않았다. 그 시대에도 국가의 규제와 개입은 있었다. 그러나 그 한계는 대단히 컸고, 일상적인 마을의 운영은 거의 전적으로 주민 공동체에 의해 이루어졌다.

    이런 역사 때문에 마을은 보통 공동체와 직결되어 연상된다. 마을은 단순히 집들이 모여 있는 곳이 아니라 공동체가 작동하는 곳이었다. 이런 사정으로 마을의 복귀는 어디서나 공동체의 복귀와 연결되어 논의된다. 공동체는 중요하다. 무엇보다 그것은 개인을 보호할 수 있다. 정부와 기업이 할 수 없는 세심한 보호를 공동체가 할 수 있다. 정부와 기업은 개인의 복리를 위해 존재해야 하지만 오히려 '리바이어던'이 되어 개

---

6   탈냉전 지구화로 더욱 명확해진 신자유주의 불평등, 지역 분쟁의 격화, 테러의 만연, 생태위기의 악화, 위험사회의 격화 등의 문제를 직시해야 한다.

인을 괴롭힐 수 있다. 따라서 개인들이 서로 도와서 정부와 기업의 한계를 극복할 뿐만 아니라 그 문제를 해결하기 위해 애써야 하는 것이다. 이렇듯 공동체는 개인들의 자발적-자구적 노력의 결집체로서 중대한 사회적 의미를 갖는다.

그러나 공동체의 복귀가 그냥 전근대 공동체의 복귀를 뜻하는 것은 아니다. 마을의 복귀는 탈근대화로 추구되어야 한다. 그 핵심에 공동체의 복귀가 놓여 있다. 사실 전근대 공동체는 내부자들에 대해 억압적이고 외부자들에 대해 폐쇄적이었다. 이런 내적 억압성과 외적 폐쇄성은 반민주적인 것으로서 용인될 수 없는 것이다. 마을의 복귀는 자연, 생활, 자치의 복귀를 뜻하고, 그 주체로서 공동체의 복귀를 뜻해야 한다. 그러나 이 공동체는 인권의 주체인 개인들의 판단과 선택에 따라 자유롭게 형성되고 작동되는 것이어야 한다. 탈근대 공동체는 민주적으로 결정된 투명하고 합리적인 제도에 의거해야지 개인의 자의적인 선의나 지혜에 의거해서는 절대 안 될 것이다.

그런데 탈근대 공동체의 추구에서 여러 혼란이 나타나고 있는 것으로 보인다. 그 중에서 가장 근원적인 것은 공동체를 국가와 시장을 넘어서는 제3의 것으로 제시하는 것이다. 이런 주장은 공동체를 열심히 만들면 국가와 시장의 문제가 해소될 수 있는 것처럼 보이게 한다. 그러나 이것은 대단히 심각한 오류이다. 공동체는 크게 지역 공동체와 사회 공동체로 나뉜다. 전자는 마을 공동체를 뜻하고, 후자는 협동조합으로 대표된다. 마을 공동체는 말할 것도 없고 협동조합을 다 합해도 사실 국가와 시장의 기능을 대체할 수 없다. 탈근대 공동체는 국가와 시장을 넘어서는 것이 아니라 그 한계를 보완하고 문제를 해결하기 위한 시민들의 자구적 노력이어야 한다.

탈근대 공동체 운동의 활성화와 함께 확산된 이런 혼란은 '국가-시장-시민사회'의 3분론을 '국가-시장-공동체'의 3분론으로 대체한 것이라고 할 수 있다. 그러나 탈근대 공동체는 주권자인 시민들의 자발적 활동이 펼쳐지는 자유로운 사회 영역을 뜻하는 시민사회의 한 부분이지 시민사회를 대체하는 것이 아니다. 시민사회는 주로 시민단체를 중심으로 작동된다. 시민단체의 가장 기본적인 특성은 독립성이다. 시민단체는 재정, 인사, 활동의 모든 면에서 국가와 시장에서 독립해서 시민들의 자발적인 참여로 운영돼야 한다. 시민사회의 가장 큰 역할은 국가와 시장을 감시하고 개혁해서 시민들의 안전과 복지를 확보하는 것이기 때문이다.[7] 탈근대 공동체는 이런 시민사회의 활동이 생활의 장으로 확대되어 적극 추구되는 것이다.

또 다른 중요한 혼란은 공과 사에 대한 오해의 산물이다. 본래 공(公, public)은 국가를 뜻하고, 사(私, private)은 개인을 뜻한다. 국가는 권력이

---

7 이런 점에서 정부나 기업의 지원에 의지하는 단체는 시민단체의 탈을 쓴 관변단체나 이익단체일 뿐이고 심지어 그저 청부단체일 뿐이다. 자유총연맹, 새마을운동회, 바르게살기회, 어버이연합, 엄마부대, 박사모, 고엽제 전우회, 재향경우회, 재향전우회, 일베 등이 그 예이다. 특히 어버이연합, 엄마부대, 박사모 등은 상습적 폭력의 문제를 일으켰으며, 자유총연맹은 청와대의 지시로 이 단체들을 사주한 사실이 드러났다. '자유총연맹, 어버이연합 잔치에 돈 지원했다', 〈미디어오늘〉 2014.10.24. '어버이연합과 전경련, 청와대 '검은 커넥션' 의혹 총정리', 〈한겨레〉 2016.4.22. '대통령 비서실장이 자유총연맹에 국정교과서 찬성집회 지시', 〈뉴스타파〉 2017.1.27. 자유총연맹, 새마을운동회, 바르게살기회는 아예 법으로 정부의 막대한 지원을 받고 있는데, 박정희-전두환-노태우 독재의 유산인 이 법을 폐지해서 관변단체의 문제를 철저히 개혁해야 한다. 또한 불법 폭력 범죄의 '돈줄' 역할을 한 전경련은 재벌들의 이익단체를 넘어 심각한 범죄단체가 된 것이니 폐지해야 하는 것은 물론이고 전면적인 수사로 그 임원과 주요 직원들을 모두 엄벌해야 한다. '靑, 전경련으로 70억 수금해 '친정부 단체' 지원', SBS 2017.2.1. '전경련, 주중에 돈 입금하면→보수단체, 주말에 '집회'', Jtbc 2017.2.7.

라는 합법적 강제력을 이용해서 주권자인 개인들의 안전과 복지를 추구한다. 공동체는 공과 사를 넘어서는 제3의 것이 아니라 사에 속하는 것이다. 사는 개인을 뜻하는데 개인은 혼자 있거나 여럿이 함께 있을 수 있다. 이런 점에서 사는 개(個)와 공(共)으로 이루어지는 것이다. 민주주의 사회에서는 공(公)도 공(共)도 모두 개인에서 출발하며 개인의 안전과 복지를 위해 존재해야 한다. 그런데 공(公)은 권력의 행사자라는 특별한 지위를 갖고 있으나, 공(共)은 개인들의 선택에 의한 자의적 존재이다. 공(共)은 대부분의 개인들에게 필수적이지만 자의적 존재이기 때문에 취약하다. 이 때문에 그 존속과 발전을 위해 국가의 적극적 지원이 필요하다.

공동체는 중요하다. 그러나 공동체는 그 자체로 선이 아니다. 1983년 칸 영화제의 그랑프리 수상작인 일본 영화 '나라야마 부시코'(楢山節考)는 전근대 공동체의 억압성을 잘 보여준다. 주민들은 척박한 환경 속에서 계속 살아가기 위해 70살이 된 노인들을 '나라야마'의 계곡에 갖다 버리며, 춘궁기에 종자 곡식을 훔쳐 먹은 한 가족을 생매장해서 죽여 버림으로써 공동체를 지키고자 한다. 끔찍한 폭력이 자행되는 것이지만 누구도 이 공동체의 규율을 어길 수 없다. 비슷한 상황이 남부 이탈리아에

표 1 공-사의 구도와 공동체

```
공 - 국가 → 국회, 정부, 법원, 지방정부, 공기업
      ↑ ↓
사 - 개인 → 사익(私益) → 회사
        → 공익(共益) → 공동체(조합, 사단, 임의조직)
        → 공익(公益) → 시민단체[8]
```

---

[8] 시민단체는 '공익'(公益), 즉 국가적 차원의 이익을 추구하지만 그 존재와 활동은 '결사의 자유'에 따른 사적 시민의 자발적 선택에 의한 것이다.

서 오랫동안 전개됐다. 이곳의 가난한 주민들은 지배자의 폭력과 약탈에 맞서서 어둠의 공동체를 만들었다. 바로 '마피아(mafia)'다. 그 결과 로버트 퍼트남 교수가 20년의 연구를 통해 잘 밝혔듯이 남부 이탈리아는 공공성 인식과 사회적 자본이 대단히 취약한 '후진 사회'가 되어 버렸다(Putnam, 1993; Fukuyama, 1995).

오늘날 한국에서 가장 활성화된 '마을 공동체'는 서울의 아파트 단지 부녀회라고 한다. 많은 아파트들에서 '마을'을 내걸고 있지만 그것은 사실 마을의 향수에 호소하는 상술에 불과하고, 그곳의 '마을 공동체'는 아파트 가격을 어떻게든 올리기 위한 강력한 사익 조직인 경우가 많다. 마을이 마을답기 위해서는 자연과 역사와 주민을 존중해야 하고, 공동체가 공동체답기 위해서는 사회 전체의 차원에서 호혜적이어야 한다. 이런 정언적 요청에 비추어 부박한 현실을 직시하고 문제의 현상과 원인을 올바로 정리해서 실질적 해결을 추구해야 한다. 탈근대 공동체는 선의와 헌신을 넘어 대단히 어려운 현실적 과제의 해결을 통해 비로소 이루어질 수 있다.

4. 마을과 공동재

마을은 거의 언제나 공동체로 연결되어 논의되는데 공동재는 그렇지 않다. 이것은 대단히 심각한 문제이다. 공동체는 사실 공동재를 이용하는 한 방식이라고 할 수 있다. 공동재가 없다면 사실상 공동체는 있을 수 없고, 마을은 그저 여러 사람들이 모여 사는 곳이 될 뿐이다. 공동체가 마을의 운영방식이라면, 공동재는 마을의 운영내용이다. 마을의 유지를 위해 공동재가 필요하며, 또한 공동재의 유지를 통해 마을이 존속될 수 있다. 공동재는 공동체의 물질적 기반이니 공동체는 언제나 공동재와 함께 논의되어야 한다. 마을은 이 사실을 잘 보여준다.

마을은 단순히 집들로 이루어지는 것이 아니라 도로, 수로 등을 비롯한 여러 시설들이 필요하고, 나아가 집과 시설보다 훨씬 더 큰 입체적 자연이 필요하다. 마을이 공동체로서 기능하는 것은 마을이 이 시설들과 자연을 공동으로 관리하고 이용하는 것을 뜻한다. 물론 필요한 시설과 자연은 마을의 장소에 따라 달라진다. 도시와 비도시 지역이 다르고, 비도시 지역에서도 농촌과 어촌이 다르다. 그러나 어디에서나 공동체는 공동재를 필요로 한다. 그러므로 마을이 공동체로 유지되기 위해서는 공동재를 어떻게 관리하고 이용해야 하는가에 관한 자치 규약이 명확해야 한다. 이를 위해서는 공동재의 목록을 세밀히 작성하고 그에 관한 책임과 권한을 명확히 작성해야 한다.[9]

여기서 공동재(commons)에 관해 조금 더 살펴보자. commons는 보통 '공유지'로 번역된다. 이것은 미국의 생물학자 가렛 하딘의 논문 The Tragedy of the commons에서 비롯된 것이다. 이 논문에서 하딘은 공유지의 자유로운 이용은 공유지의 과이용으로 이어져서 공유지의 파괴를 야기하게 되기 때문에, 결국 세제를 활용한 권력의 규제가 필요하다

그림 1   마을과 공동재의 관계

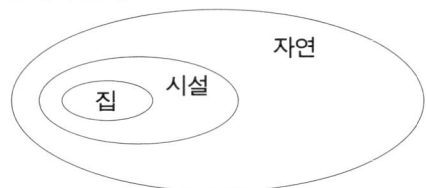

---

9   현재 마을 공동재는 보통 '마을 공동재산'으로 불리고 있는데 그 소유와 이용을 둘러싸고 각종 분쟁이 빈발하고 있다. 이에 대해 경남 창녕군은 2012년부터 '마을 공동재산 관리 서비스'를 시행해서 큰 호응을 받았다. 지자체에서 전국 모든 마을의 '마을 공동재산'을 조사하고 관리하는 서비스를 제공할 필요가 있다.

고 주장했다(Hardin, 1968). 이에 대해 엘리너 오스트롬은 오랜 세월에 걸친 방대한 이론연구와 실증연구를 통해 국가의 개입이 아니라 공동체의 관리를 통해 공유지를 비롯한 공동재의 유지가 가능하다는 것을 밝혔다(Ostrom, 1990). 이로써 오스트롬은 하딘의 비관을 넘어서 공동체의 가치를 강력히 제시했다(이명석, 2006; 장수환, 2008; 옥동석 외, 2011; 김경덕 외, 2013; 이순태, 2015).

공동재는 땅만이 아니라 물, 숲 등과 그곳의 생물 등의 자연재와 수로, 관개시설 등의 인공재를 포괄한다. 그것은 경제학의 재화 구분에 따르면 경합성은 있으나 배제성은 없는 재화로 구분된다. 그러나 이 경우에 공동재는 결국 '무임승차'에 의한 무분별한 사용으로 완전한 파괴나 고갈의 위험에 처할 수 있다. 이런 점에서 빈센트 오스트롬과 엘리너 오스트롬은 공동재를 공동체가 관리하는 공동-이용 자원(common-pool resources, CPRs)이어야 한다고 제시했다.[10] 공동재의 보존적 이용을 위해 CPRs의 개념은 중요하다. 이 개념은 공동체가 호혜의 수사나 선의에 의해서가 아니라 외적 제한과 내적 규제를 위한 명확히 규정된 제도를 통해 공동재를 지킬 수 있다는 것을 제시한다.

공동체가 공동재를 보존하며 이용하는 것은 그것에 대한 소유권을 확보하고 있을 때 가장 강력히 안정될 수 있다. 소유권은 가장 강력한 제도인 법으로 규정되어 있으며, 반드시 법에 의거해서 논의가 진행되어야 한다. 현재 한국의 소유는 공유와 사유로 크게 나뉘며, 전자는 '국유재산

---

10 개념에 관련된 논의와 국내의 관련 연구는 최현·따이싱셩(2015)를 참고. 경제학에서 재화의 구분에 관한 논의는 20세기 초 칼 멩거의 사물과 재화의 구분으로 거슬러 올라갈 수 있으며(Bychkova, 2008), 경합성과 배제성을 기준으로 재화를 구분하는 것은 머스그레이브의 1969년 논문으로 시작되었다(Tremblay, 2014).

표 2   법적 소유제의 종류

```
공유(公有) - 국유=국가 소유
           공유(公有)=지방 정부, 공기업

사유(私有) - 개유=개별 소유
           공유(共有)=공동 소유: 공유, 합유, 총유[11]
```

법'과 '공유재산법'에 의해, 후자는 '민법'에 의해 규정되어 있다.

　공동재는 민법 제3절에서 규정하고 있는 '공동 소유'에 의해 소유되어야 한다. 그것은 공유, 합유, 총유의 셋으로 이루어지며, 그 핵심 내용은 다음과 같다.

> 제262조(물건의 공유) ①물건이 지분에 의하여 수인의 소유로 된 때에는 공유로 한다.
>
> 제271조(물건의 합유) ①법률의 규정 또는 계약에 의하여 수인이 조합체로서 물건을 소유하는 때에는 합유로 한다. 합유자의 권리는 합유물 전부에 미친다.
>
> 제275조(물건의 총유) ①법인이 아닌 사단의 사원이 집합체로서 물건을 소유할 때에는 총유로 한다.

　'공유'는 단순히 여러 사람들이 나눠 갖고 각자 소유권을 행사하는 것이기 때문에 불안정하다. 이런 점에서 공동재는 합유나 총유로 소유되

---

[11]   영어로는 co-ownership=common ownership, oint ownership, collective ownership으로 구분된다(윤진수, 2014). 한국의 총유제에 관해서는 류창호(2005), 전경운(2010), 윤진수(2014) 등을 참고.

어야 한다. 합유는 개인의 소유권이 인정되되 전체의 동의에 의해 행사되며, 총유는 개인의 소유권이 인정되지 않고 단체의 소유권만 인정된다.[12] 이런 점에서 공동체와 공동재의 보존에서 가장 안정적인 것은 총유제이다.[13] 총유는 마을의 구성원들이 조직을 결성해서 총유 재산으로 등기하는 것으로 이루어진다.

　　근대화에서 나타난 마을 공동체의 해체는 마을 공동재를 공공재(국가)나 개유재(개인, 기업)로 전환하는 것이었다.[14] 마을 공동체의 복귀는 부당하게 박탈된 마을 공동재의 복귀를 요청하며, 또한 시대의 변화에 따라 필요해진 새로운 마을 공동재의 확보를 요청한다. 엘리너 오스트롬이 밝혔듯이 마을 공동체는 마을 공동재의 보존적 이용을 통해 생태 위기를 완화/극복할 수 있는 능력을 갖고 있다. 이런 점에서 국가의 정책은 마을 공동체와 마을 공동재의 복귀를 향해 전환되어야 하며, 유엔 차원에서 이 노력을 더욱 강화해서 지속가능발전의 핵심으로 삼아야 한다.[15] 마을이 유엔의 핵심 의제로 확립된다면, 국가의 정책은 더욱 빠르

12　일본의 민법에는 '총유제'가 규정되어 있지 않은데 지역과 도시에 관한 원로 연구자이자 변호사인 이가라시 타카요시 교수를 중심으로 총유제를 통해 난개발과 과소화에 대응하는 '현대 총유제 운동'이 전개되고 있다(五十嵐敬喜 外, 2014).

13　전근대 시대에 마을은 대체로 많은 공동재를 총유 재산으로 소유하고 있었다. 그러나 일제에 의해 식민지 근대화가 강행되면서 마을의 공동재는 대거 공공재(국공유재)나 사유재(개유, 공유)로 약탈되었다. 이 문제는 박정희 독재의 대대적인 국토 개발과 '새마을 운동'을 통해 재연되었다.

14　한국에서 이 과정은 일제와 박정희 독재에 의해 극히 부당한 수탈로 강행되었다. 이런 점에서 마을 공동재의 복귀는 일제와 박정희 독재의 문제를 해결하는 것이기도 하다.

15　유엔의 지속가능발전 구상은 1992년의 리우 환경회의를 통해 확정되었는데, 그 기본은 각국 정부가 국가 정책의 방향을 보존적 이용 쪽으로 전환하도록

고 올바로 변할 수 있을 것이다.

5. 마을의 위기와 민주주의

2001년 8월에 '마을만들기 전국 워크샵'이 열린 이래 마을만들기 운동이 전국적으로 본격화되었고, 2011년 10월에 박원순이 서울시장에 당선된 이래 서울시는 마을 만들기를 서울시의 중요 정책으로 추진하게 되었다. 이런 사실에 비추어 보자면 '마을의 복귀'가 강력히 추진되며 큰 성과를 거두고 있는 것으로 보인다(마을만들기 전국네트워크, 2013, 2014). 그러나 이 과정에서도 '마을의 위기'가 계속 악화되었다 곳곳에서 계속 마을들이 없어지고 있는 것을 보면 현재 한국에서는 '마을 만들기'보다 '마을 지키기'가 훨씬 더 긴박한 과제라고 하지 않을 수 없다.

'마을의 위기'는 내적 위기와 외적 위기로 나누어 살펴볼 수 있다. 첫째, 내적 위기는 마을의 내부 요인들에 의해 발생하는 위기를 뜻한다. 이것은 다시 마을의 구성이 변화해서 발생하는 위기와 마을의 운영에서 발행하는 위기로 나누어 살펴볼 수 있다. 마을의 구성 위기는 고령화와 과소화에 따른 마을의 해체 위기로 대표된다. 젊은이들이 마을에서 살지 않게 되고 적은 수의 노인들만이 살게 되면서 마을이 낙후되고 소멸되어 가는 것이다. 이 문제는 특히 비도시 마을에서 많이 나타나고 있다.

하는 것이며, 그 핵심은 지구 온난화를 완화하기 위한 저탄소 배출 정책이라고 할 수 있다. 만일 세계 전역에서 생태적 삶을 지키고 있는 마을 공동체와 그 물적 기반인 마을 공동재를 올바로 유지하고 확대할 수 있다면, 지구 온난화의 완화와 지속가능발전은 정말 명료하게 실현될 수 있을 것이다. 이것은 생태적 인권과 문화적 인권을 동시에 실현하는 것이기도 하다.

한편 마을의 운영 위기는 투명하고 합리적인 토론에 의한 운영이 이루어지지 않는 것으로, 이 문제는 일부 주민들이 다른 주민들을 속이고 이익을 취하는 범죄로 이어지기 쉽다. 2016년에 제주도의 한 마을에서 일부 주민들이 백종원의 회사에 마을회관을 불법매각해서 1억원씩을 사취한 것은 그 좋은 예이다.[16] 마을은 그냥 좋은 곳이 결코 아니다.

둘째, 외적 위기는 외부의 다양한 요인들에 의해 발생하는 위기를 뜻한다. 마을의 위기를 가져오는 외부의 요인들은 마을의 땅을 노리는 개별 투기꾼부터 마을의 생태적 기반을 망치는 지구 온난화까지 대단히 다양하다. 그런데 한국의 경우는 도시와 비도시를 떠나서 마을의 외적 위기는 대체로 국가와 자본의 개발에서 비롯된다. 그 뿌리는 박정희-전두환의 군사개발독재에 있는 것이지만 민주화 이후의 20년을 보더라도 새만금 개발, 행정수도 개발, 4대강 사업, 핵발전소, 밀양 송전탑, 평택 미군 기지, 제주 강정 해군기지, 뉴타운 개발(한양주택, 교남동, 북아현동 등) 등 엄청난 개발사업들이 끝없이 이어졌고 이 과정에서 수없이 많은 마을들이 완전히 파괴되어 영원히 사라졌다. 특히 2008-2017년 동안 이명박-박근혜 비리개발정권에 의해 토건국가 문제가 극도로 악화되어 토건 비리세력이 막대한 혈세를 먹기 위해 완전히 불필요하고 터무니없는 생명의 젖줄 파괴사업인 '4대강 죽이기' 사업조차 강행됐다.

한국에서 마을의 위기는 내적 요인보다 외적 요인에 의해 압도적으로 주도되고 있다. '과소 이용'보다 '과잉 개발'이 훨씬 큰 문제이며, 개인보다 국가와 자본이 훨씬 큰 문제이고, 자본보다 국가가 훨씬 큰 문제

---

16 마을 주민들이 협동해서 좋은 일을 할 수도 있고 나쁜 일을 할 수도 있다. 탈근대적 마을은 투명하고 합리적인 토론과 운영을 기본으로 해야 한다. '백종원에 판 제주 마을재산, 1억원씩 나눠먹었다', 〈노컷뉴스〉 2016.11.8.

이다. 한국에서 마을의 위기는 숱한 사례들을 통해 쉽게 확인할 수 있듯이 민주주의의 문제와 직결되어 있는 것이다.[17] 특히 2008-2017년 동안 이명박-박근혜 비리개발정권이 반민주 독재화의 일환으로 저지른 각종 비리개발들은 이 사실을 말 그대로 극명하게 입증했다. 이렇게 국가권력이 국민들을 보호하는 것이 아니라 고통을 주며 각종 비리개발들을 강행한 결과로 국가 자체가 비리로 작동되는 '비리 국가'가 되었고 마을의 파괴와 불평등-불안정의 악화가 동시에 진행되어 극심한 불평등-불안정 사회가 되었다. '이명박 비리개발정권'과 '박근혜-최순실 게이트'는 마을의 위기와 무관한 것이 아니라 그것의 가장 강력한 원인이다.

한국에서 마을의 위기를 넘어서 마을의 복귀를 올바로 이루기 위해서는 3중의 과제를 추구해야 할 것으로 생각한다. 첫째, 마을의 역량을 강화하는 것이다. 이것은 대체로 마을의 운영을 투명하게 하고, 시대의 요구에 부응하는 발전 계획을 추구하는 것으로 이루어진다. 그런데 여기서 나아가 총유제로 공동재를 확보해서 마을을 물적으로 안정화하는 것

---

17 박근혜-새누리 비리 정권의 사드 기지 강행으로 갑자기 최악의 군사적 위험지역이 된 경북 성주의 주민들은 "우리가 골짜기에 산다고 사람 취급도 하지 않는 것이냐"고 절규했다. 아마 그 주민들은 산골의 작은 마을이니 국가 권력 같은 것은 자신들과 아무런 관계도 없다고 생각했을 지도 모른다. 그들이 박근혜와 새누리당(자유한국당, 바른정당)을 적극 지지했던 것에는 이익에 대한 기대, 뿌리깊은 '연고주의', 그리고 현실에 대한 오인이 큰 영향을 미쳤을 것이다. 그러나 나쁜 권력은 약자들에게 더 나쁘다. 이승만 학살독재정권이 수십만 명의 양민 학살 범죄를 저지른 곳도 모두 산골의 작은 마을들이었다. 어떤 마을도 혼자 좋은 곳으로 남아 있을 수 없다. 그런 곳은 말 그대로의 의미에서 '유토피아', 즉 '존재하지 않는 곳'이다. 민주주의가 제대로 작동해야 비리가 척결되고 인권이 올바로 보장되어 마을이 좋은 곳이 될 수 있다. 유럽의 산골 마을들이 좋은 곳일 수 있는 것은 유럽의 국가들이 청렴하고 인권을 존중하는 선진 민주주의 국가이기 때문이다.

이 대단히 중요하다. 둘째, 국가에 의한 마을의 파괴를 보장하는 제도들을 전면적으로 개혁해야 한다. 강제 수용제(공적 수용제, 공용 수용제)와 보상금 제도가 그 대표적인 예이다(이호준, 2015). 두 제도는 마치 채찍과 당근처럼 곳곳에서 마을을 파괴하는 핵심 기제로 작동하고 있다. 셋째, 국가 차원에서 민주주의의 심화를 이루어야 한다. 여기서 가장 중요한 것은 비리 세력이 선출되지 않도록 하는 것이다(홍성태, 2009). 이를 위해 비리 범죄자의 처벌 강화, 언론의 자유와 공정성의 확보 등이 대단히 중요하지만, 궁극적으로 마을에서부터 주권자의 각성과 실천이 제대로 이루어지는 것이 무엇보다 중요할 것이다.[18]

탈근대적 마을은 마을의 차원에서 민주주의가 확립되는 것을 넘어서 국가적 차원에서 민주주의의 심화로 비로소 형성될 수 있다. 인간적인 수사로 마을을 치장하는 것으로는 공허한 결과에 이르기 십상이다. 국가의 지원을 기다리는 것이 아니라 마을의 역량을 실질화하는 것에 힘을 쏟아야 하며, 그 핵심에 여러 공동재를 충실히 확보하는 것이 놓여 있다. 마을 공동체는 마을 공동재를 필요로 하며, 마을 공동재는 마을 공동체를 지탱한다. 이를 위해 한국에서 유행하고 있듯이 협동조합을 만들거나, 일본의 경우처럼 '총유 사단'을 만들거나, 대만의 경우처럼 '공법인'을 만들거나, 여러 방식으로 마을을 공동체-공동재의 실제 소유-관리-이용의 주체로 확립하는 것이 중요할 것이다. 그 구체적인 실행을 위해서는 관련 법들을 세밀히 검토해서 계획을 수립해야 한다.

마을이 아주 좋은 곳이고 강한 곳이었다면, 수많은 마을들이 그렇

---

18 이 점에서 '마을 민주주의'에 대한 관심이 커지는 것은 중요한 변화이다. 삶의 자리가 좋은 곳이 되어야 삶이 좋아질 수 있다. '마을 민주주의'가 추구하는 마을의 민주적 발전은 국가 차원에서 지역주의와 개발주의에 기반한 비리와 매수의 정치를 타파해야 올바로 이루어질 수 있다.

게 무력하게 사라지지 않았을 것이다. 마을에 여러 문제와 한계가 있었고, 또한 마을이 약했기에, 그렇게 되고 말았을 것이다. 마을에 관한 관심이 커지고 있는 지금도 상황은 별로 다르지 않다. 최근에도 토건족은 '4대강 죽이기 사업'(김정욱, 2010; 홍성태, 2010)의 일환으로 불필요한 영주댐을 건설해서 수백년 된 '금강 마을'을 영원히 없애 버렸다.[19] 마을에 대한 관심이 커지는 이유는 그것이 단지 우리의 본원적 주거방식일 뿐만 아니라 기본적 생활방식이기 때문이다. 마을은 결코 사라지지 않으며 계속 새로운 모습으로 나타나게 된다. 그러나 마을이 탈근대화의 핵심 장소가 되기 위해서는 무엇보다 민주주의에 주의해야 한다. 정치적 민주화는 사회적 합리화로 이어져서 좋은 나라를 만들게 되고, 근대적 마을의 위기가 탈근대적 마을의 복귀로 전환될 수 있는 길은 여기에 있다.

6. 맺음말

마을은 '고향의 상실'로 표상되는 전근대적 향수를 떠올리게 하는 말이다. 그러나 그것이 담고 있는 자연, 생활, 자치의 가치는 사회를 주도하는 양 축인 국가와 기업의 문제가 심각해질수록 더욱 더 중요해진다. 근대화는 전근대의 궁핍과 억압을 넘어 풍요와 자유를 이루었다. 그러나 그것은 국가와 기업의 '괴물화'를 통해 또 다른 궁핍과 억압을 사회적으로 확산시키고 있다. 생태위기는 근대화가 만든 가장 거대한 문제이다. 이런 상황에서 마을은 탈근대화를 위한 핵심적 장소로 새롭게 사유되고

---

[19] '400년 된 금강마을, 곧 사라집니다', 〈한겨레〉 2013.11.12. '금강사와 금강마을의 비극', 〈영주시민신문〉 2015.8.7.

실천되고 있다. 그러나 그 실현은 대단히 어려운 과제이다.

지속가능성과 민주주의의 심화를 핵심으로 하는 탈근대화가 이루어지기 위해서는 공(公)을 지배하는 국가의 민주화와 사(私)를 지배하는 기업의 민주화가 실질적으로 충실히 이루어져야 한다. 여기서 개인의 각성과 실천이 가장 근원적인 동력이다. 그리고 마을이 그 조직과 실천의 핵심적 장소가 되어야 한다. 개인들이 호혜롭고 평화롭게 거주하는 장소로서 마을을 넘어서 마을이 시민사회와 함께 생태적 민주적 탈근대의 지평을 열어가는 것이다. 마을에서 세계를 추구하고, 세계는 마을을 보호한다. 이로써 자치가 확대되어 국가와 기업의 민주화가 심화되고, 자연과 공존하는 생활을 추구하는 생태화가 실현된다.

그런데 탈근대는 어떤 것이어야 하는가? 마을은 어떤 탈근대를 추구해야 하는가? 그것은 노자의 '小國 寡民'(소국 과민, 작은 나라 적은 국민)이 아니라 마을을 중심으로 개인들이 국가와 기업의 민주화를 촉진하는 것이고, 근대의 생태위기와 경제위기를 동시에 극복하는 것이어야 한다. 이런 점에서 그것은 마을이 세계를 재구성하는 역할을 하는 것이고, 이를 위해 마을은 생태민주주의와 생태복지국가의 거시적 목표를 명확히 제시할 필요가 있다.[20] 일찍이 맥루한이 말한 '지구촌'이 정보화를 통해

---

20 생태민주주의는 생태위기에 적극 대응하기 위해 민주주의의 대상은 물론 주체를 자연으로 확장하는 것이다. 2017년 3월 뉴질랜드에서 제정된 '지구법'은 그 좋은 예이다. 비슷한 입법이 여러 나라에서 추진되고 있으며, 한국에서는 헌법에 모든 생명을 존중한다는 내용을 담자는 의견이 제기되었다('뉴질랜드, 자연 훼손하면 상해죄…'지구법', 한국은?', 〈중앙일보〉 2017.4.17). 민주주의는 자유 민주주의로 시작되어 사회 민주주의를 거쳐 생태 민주주의로 나아간다. 이런 변화에 부응해서 사회 민주주의의 복지국가는 생태 민주주의의 생태복지국가로 전환된다. 이로써 근대화의 핵심인 개발주의와 성장주의를 폐기하고 지속가능성의 실현을 향한 탈근대화가 적극 추구되는 것이다. 생태복지국가는 정부조직

실제로 구현되고 있으며, 이것은 마을이 세계를 재구성하는 핵심 장소가 될 수 있다는 것을 뜻한다.

앞으로 개헌이 추진될 때, 생태민주주의와 생태복지국가가 새 헌법에 담기고, 마을이 그 핵심 장소로서 새 헌법에 제시되도록 해야 한다(홍성태 외, 2017). 마을이 공동체와 공동재로 활력을 얻더라도 그것이 지속되기 위해서는 반드시 마을이 탈근대적 국가 개혁/사회 개혁의 핵심 동력으로 정립돼야 할 것이다. 지금의 한국처럼 개발주의와 성장주의의 문제가 토건국가의 차원에까지 이른 곳에서 마을은 언제나 거대한 구조적 위기에 시달리게 마련이다. 이런 곳에서는 '마을 만들기'에 앞서서 '마을 지키기'가 더욱 중요하다. 마을이 그 본래 가치를 제대로 실현하기 위해서 마을을 지키고 만드는 지역의 실천이 구조의 개혁을 지향할 필요가 있다. 탈원전, 탈토건, 탈탄소의 탈근대 사회는 마을이 담고 있는 본래 가치를 실현하는 것과 뗄 수 없이 연결되어 있다. 우리는 마을을 세계사적 전환의 관점에서 파악하고 헌법과 법률을 중심으로 하는 제도적 접근을 통해 그 가치를 실현해야 한다.

참고자료

김경덕 외(2013), 〈농촌지역 공유자원의 운영실태와 개선방안 연구〉, 한국농촌경제연구원

과 재정구조를 전환하는 것으로 구현될 수 있다. 예컨대 한국에서 그것은 수자원공사, 토지주택공사, 도로공사 등 거대한 개발공사들을 축소통폐합하고 생태적 전환과 복원을 위한 공사들을 신설하는 것으로 실현될 수 있다(홍성태, 2007, 2019).

김기성(2017), '오래된 미래, 마을의 감성적 근대성', 〈인문학연구〉 53호
김기홍(2014), 『마을의 재발견: 작은 정치·경제·복지로 더 나은 세상 만들기』, 올림
김상민(2016), '주민자치와 협력적 마을 만들기', 〈한국지방자치학회보〉 제28권 제1호
김성균·이창언(2015), 『함께 만드는 마을, 함께 누리는 삶 한국형 마을만들기의 역사 이론 실제』, 지식의 날개
김정욱(2010), 『나는 반대한다: 4대강 토건공사에 대한 진실 보고서』, 느린 걸음
류창호(2005), '동아시아의 문화전통과 한국 민법의 발전', 〈아시아법제연구〉 제3호
마을만들기 전국네트워크(2013), 『마을만들기 중간지원 - 마을만들기 지원센터의 전국적 현황과 전망』, 국토연구원
마을만들기 전국네트워크(2014), 『마을만들기 네트워크』, 국토연구원
안현찬 외(2016), 『마을 공동체』, 서울연구원
여관현(2013), '마을 만들기를 통한 공동체 성장과정 연구'. 〈도시행정학보〉, 26(1)
오마이뉴스 특별취재팀(2013), 『마을의 귀환: 대안적 삶을 꿈꾸는 도시공동체 현장에 가다』, 오마이 북
옥동석 외(2011), 〈한국 어촌사회와 공유자원〉, 인천학연구원
윤진수(2014), '공동소유에 관한 민법 개정안', 〈民事法學〉 第68號
이나미(2016), '기후변화로 인한 사회적 위기와 공동체의 대응', 〈人文科學〉 Vol.60.
이명석(2006), '제도, 공유재 그리고 거버넌스', 〈행정논총〉 제44권 2호
이순태(2015), 〈자연자원의 관리와 이용에 관한 법제 연구〉, 한국법제연구원
이종수 편(2008), 『한국사회와 공동체』, 다산출판사
이호준(2015), '현행 공용수용제도의 문제점과 개선방안', 〈부동산 포커스〉 Vol.85.
장수환(2008), '자연자원 이용에 대한 공유자산체제와 소유권에 대한 논의', 〈環境論叢〉 第47卷
전경운(2010), '우리 민법상 總有에 관한 一考察', 〈土地法學〉 第26-1號
최규성(2016), 『사음동은 말음골이 아니다』, 유페이퍼
최승범·최준호(2017), '마을공동체재생 거버넌스를 위한 주민학습체계', 〈한국지방자치연구〉, Vol.18 No.4,
최현·다이싱성(2015), '공동자원론과 한국 공동자원 연구의 현황과 과제', 〈경제와 사회〉 제108호/2015년 겨울호
홍성태(2004), 『생태사회를 위하여』, 문화과학사

홍성태(2007), 『개발주의를 비판한다』, 당대
홍성태(2009), 『민주화의 민주화』, 현실문화
홍성태(2010), 『생명의 강을 위하여』, 현실문화
홍성태(2011), 『토건국가를 개혁하라』, 한울
홍성태(2014), 『위험사회를 진단한다』, 아로파
홍성태(2019), 『생태복지국가를 향하여』, 진인진
홍성태 외(2017), 『공동자원론, 생태헌법을 제안한다』, 진인진

Bychkova, Olga(2008), Categories of Goods in Economics and Public Choice Literature, Oleg Kharkhordin and Risto Alapuro eds.(2011), *Political Theory and Community Building in Post-Soviet Russia*, Routledge

Crook, Stephen, Jan Pakulski and Malcom Waters(1992), *Postmodernization - Change in Advanced Society*, SAGE Publications

Desmarais-Tremblay, Maxime(2014), On the Definition of Public Goods - Assessing Richard A. Musgrave's contribution, ftp://mse.univ-paris1.fr/pub/mse/CES2014/14004.pdf

Fukuyama, Francis(1995), 구승회 옮김(1996), 『트러스트』, 한국경제신문사

Hardin Garrett(1968), The Tragedy of the Commons, Science Vol. 162, Issue 3859/ 13 Dec 1968

Ostrom, Elinor(1990), 윤홍근·안도경 옮김(2010), 『공유의 비극을 넘어서』, 랜덤하우스

Putnam, Robert(1993), 안청시 외 옮김(2000), 『사회적 자본과 민주주의』, 박영사

Savage, Michael and Alan Warde(1993), 김왕배 옮김(1996), 『자본주의 도시와 근대성』, 한울

五十嵐敬喜 外(2014), 최현 외 옮김(2016), 『현대 총유론』, 진인진
井上真 外(2009), 최현 외 옮김(2014), 『공동자원론의 도전』, 경인문화사
田村明(1987), 강혜정 옮김(2005), 『마을 만들기의 발상』, 소화
藻谷浩介·NHK 廣島 取材 team(2013), 김영주 역(2015), 『숲에서 자본주의를 껴안

다』, 동아시아

藤吉雅春(2015), 김범수 옮김(2016),『이토록 멋진 마을』, 황소자리

제5장 생태전환을 위한 생태마을의 가치

1. 생태마을의 의미와 제도

1) 생태마을의 의미

인류는 생태위기라는 거대한 시대적 위기에 처해 있다. 지구 온난화는 그 대표적인 예이다. 한국은 빠른 경제 성장과 함께 심각한 생태위기를 맞게 되었다. 한국의 지구 온난화는 세계 평균보다 빠르게 진행되고 있으며,[1] 수도권의 미세먼지 오염으로 매년 30살 이상 성인 중 15000명 정도가 조기 사망하는 것으로 추정되고 있다.[2] 생태위기는 먼 곳의 미래의

---

1 '한반도 기후 변화 추세와 대책은?', 〈YTN 사이언스〉 2015.2.24. 관련 자료는 기상청(2012), 〈한반도 기후변화 전망 보고서〉와 관계부처 합동(2015), 〈2014 이상기후 보고서〉 등을 참고.

2 '대기오염 사망, 수도권서 한해 1만5000명', 〈한겨레〉 2015.4.20. 관련 연구는 한국환경정책평가연구원(2013), 〈대기오염 위해성 관리를 위한 정책방향 설정 연구〉, 환경부를 참고. 한국의 대기오염은 중국에서 오는 오염물질보다 한국

일이 아니라 지금 여기에서 벌어지고 있는 무서운 현실이다. 생태마을에 대한 관심은 단순히 '웰빙'을 넘어서 이런 생태적 인식에 뿌리를 두고 있다.

생태마을(eco-village)은 단순히 멋진 자연 속에 존재하는 마을이 아니다. 그것은 생태계에 의해 운영되는 마을이며, 따라서 생태계의 한 요소로서 존재하는 마을이다. 생태마을에 대한 생태학적 관점을 정립하지 않으면 생태마을의 조성은 결코 성공할 수 없다. 생태학적 관점은 이 세상이 생물과 비생물이 어우러져 순환하며 서로 영향을 미치고 공진화(co-evolution)하는 복잡한 체계(복잡계, complex system)라는 사실을 올바로 인식하는 것이다. 이 세상은 유한하지만 생물과 비생물의 순환에 의해 무한히 유지될 수 있다(홍성태, 2004).

이런 상황에서 생태마을의 조성은 중요한 시대적 과제이다. 물론 생태마을의 조성은 새로운 과제가 아니며, 2001년부터 정부의 정책으로 시행되어 왔다. 그러나 그 동안 생태위기는 더욱 더 악화되었으며, 생태마을을 생태학의 관점에서 정립할 필요가 더욱 더 커졌다. 생태마을을 생태성의 개념에 기초해서 올바로 정의하고 그 조성을 더욱 적극적으로 추진해야 하는 것이다.

거대한 공업화와 도시화의 추세에 비추어 보자면 생태마을은 너무나 미약해 보인다.[3] 그러나 당연한 시대의 변화라는 관점에서 보자면 생

에서 발생하는 오염물질이 더 중요하다. 특히 수도권의 대기오염이 심각한데 화력발전소, 공장, 자동차 등이 3대 오염원이며, 화력발전소가 건강을 크게 위협하는 미세먼지의 최대 오염원이다. 2015년 11월 영국 정부는 2025년까지 모든 석탄화력발전소를 폐기할 계획을 발표했다. 한국도 영국처럼 석탄화력발전소를 모두 폐기하고 햇빛발전으로 전환해야 한다. 햇빛발전은 소비지에서 시행될 수 있어서 극심한 송전탑-송전선, 전봇대-전깃줄 공해도 크게 줄일 수 있다.

3 유엔 인구국이 2014년 7월에 발표한 〈세계 도시화 전망〉에 따르면, 한국의 도시화는 82.4%, 세계의 도시화는 54%였다. 2050년에 이 비율은 각각 88%

태마을은 그렇게 미약하지 않다. 현재의 반생태적 공업화와 도시화는 결코 지속될 수 없다. 당연한 시대의 변화에서 가장 근본적인 것은 바로 생태화이다. 이런 점에서 생태마을은 현재의 문제에 대응하는 것인 동시에 미래의 기초를 닦는 것이다. 이런 생태적 전환(ecological turn)의 관점에서 생태마을을 새롭게 검토하고 그 원칙과 요건을 구체적으로 제시할 필요가 있다.

2) 생태마을의 원칙

생태마을은 무엇이며, 어떻게 조성돼야 하는가? 생태마을의 가치, 정의, 조성의 원칙은 다음과 같이 제시될 수 있다.

첫째, 생태마을의 가치. 생태위기의 현실에서 생태마을은 커다란 사회적 가치를 지닌다. 이 점을 우선 명확히 확립하지 않고 생태마을의 조성을 단지 기술적으로만 다루는 것은 문제이다. 생태마을의 조성은 당장 기술적으로 어렵더라도 계속 적극 추구하지 않으면 안 되는 사회적 가치를 갖고 있기 때문이다. 생태마을의 가치는 크게 현재적 가치와 미래적 가치로 나뉜다. 현재적 가치는 우선 생태적 주거를 제공하는 것으로 나타나지만, 이것을 통해 생태위기에 적극 대응하는 의미를 지닌다. 미래적 가치는 자원의 소모에 따른 공업화의 쇠퇴에 대응해서 공업화 이후의 생태적 기반을 마련하는 것이다.

둘째, 생태마을의 정의. 생태마을은 생태적으로 조성되고 운영되는 마을을 뜻한다. 그런데 이렇게 되기 위해서는 집들과 시설들을 생태적으로 조성하고 운영하는 것과 함께 사람들의 삶이 생태적으로 이루어져야

와 66%로 오를 것으로 전망됐다. '도시로 도시로…끝없는 행렬 언제 멈출까', 〈한겨레〉 2014.7.14. 자세한 내용은 *World Urbanization Prospects-The 2014 Revision*을 참고.

한다. 이 연구는 집들과 시설들의 생태적 조성과 운영에 초점을 맞추는데, 여기서 중요한 것은 배후의 자연을 올바로 지키는 것이다. 생태마을은 집들과 시설들을 넘어서 그것을 담고 있는 주변의 자연을 포괄해야 한다. 주변의 자연이 올바로 지켜지지 않는다면 생태마을은 유지될 수 없기 때문이다. 생태마을은 주변의 자연에 의지해서 조성되고 운영되며, 이런 점에서 그것은 주변의 자연과 통합된 체계를 이루어야 한다. 생태마을은 자연 속에 투입된 또는 외삽된 쾌적한 주거가 아니다.

셋째, 생태마을의 조성. 공간적으로 생태마을은 크게 집들과 시설들, 그리고 배후의 자연으로 구분될 수 있다. 생태마을은 집들과 시설들을 생태적으로 조성하고, 햇빛과 바람으로 전기를 생산하며, 배후의 자연에서 충분한 물을 얻어야 한다. 생태마을은 자연의 모든 것들이 그렇듯이 폐기물은 새로운 생산물이 될 수 있도록 '요람에서 요람으로'(C to C) 방식으로 조성되고 운영되어야 한다. 이와 관련해서 분야별로 많은 기술들이 개발되어 있으며, 이 기술들을 적절히 배치하고 활용하는 것이 중요하다. 이렇게 해서 생태마을의 기술적 요건과 기준을 제시할 수 있으며, 구현되는 생태성의 수준에 따라 1~5등급으로 평가하는 것도 가능하다. 따라서 이것을 근거로 '생태마을 조성 지침'을 작성해서 실제 생태마을의 조성에 적용할 수 있을 것이다.

3) 생태마을의 제도

생태마을도 관련 제도의 규제와 지원을 받는다. 다른 모든 경우와 마찬가지로 제도의 집행을 담당하는 공무원들과 제도의 규정을 받으며 살아가는 주민들의 협력이 생태마을의 조성에서도 대단히 중요하다.

우리는 미국, 영국, 독일, 프랑스, 일본 등의 사례에서 많은 것을 배울 수 있으며 배워야 한다. 그러나 '귤화위지'(橘化爲枳, 귤이 탱자가 된다)

라는 말이 있듯이 '선진국'의 사례는 단순히 이식되는 것이 아니다. 관련 제도와 주체의 변화가 이루어져야 비로소 '선진국'의 사례가 제대로 살아날 수 있다.

한편 단순히 개별 사실들이 아니라 그것들이 형성되고 작동되는 전체 체계의 관점을 올바로 세우는 것이 중요하다. 요컨대 '체계적 접근'(system approach)의 방법을 명확히 해야 하는 것이다.

환경부 주관의 생태마을 정책은 2001년부터 본격적으로 시행되었으며, 2004년 12월의 〈자연환경보전법〉 개정에서 '생태마을' 조항을 추가하는 것으로 법제화되었다.[4] 실제 생태마을을 어떻게 규정하고 있는가는 '생태마을 업무지침'의 '생태마을 평가표'를 통해 확인할 수 있다. 여기서 드러나는 일차적인 문제는 '체계적 접근'이 결여되어 여러 항목들의 나열적 제시로 생태마을을 규정하고 있다는 것이다.

'01.04 : 생태마을 및 복원우수사례 선정 사업계획 수립
        - 2010년까지 100개 마을 선정 계획 마련
'04.12 : 자연환경보전법에 '생태마을' 제도 신설('06.1.1 시행)[5]

○ 자연환경보전법 제42조 및 같은 법 시행규칙 제26조 내지 제27조

제42조(생태마을의 지정 등) ① 환경부장관 또는 지방자치단체의 장은 다음 각 호의 어느 하나에 해당하는 마을을 생태마을로 지정할 수 있다.
  1. 생태·경관보전지역 안의 마을
  2. 생태·경관보전지역 밖의 지역으로서 생태적 기능과 수려한 자연경관

---

[4] 환경부, '생태마을의 지정·관리 및 지원에 관한 업무지침', 2011.12.
[5] 양병이 외(2004), 『생태마을 활성화 방안 연구』, 녹색사회연구소-환경부를 참고.

을 보유하고 있는 마을. 다만, 산림기본법 제28조의 규정에 의하여 지정된 산촌진흥지역의 마을을 제외한다.

②환경부장관 또는 지방자치단체의 장은 제1항의 규정에 의하여 생태마을을 지정한 때에는 공공시설 등 당해 지역주민을 위한 편의시설의 설치 및 주민소득증대 방안을 우선적으로 강구·시행하여야 한다.

③제1항 및 제2항의 규정에 의한 생태마을의 지정기준·지정절차 및 해제 등에 관하여 필요한 사항은 환경부령으로 정한다.

참고

생태마을 평가표

☐ 자연생태 우수마을

   ○ 신청 마을명 : OOO마을

항목	평가내용	평가 기준	점수
지역환경 여건 (75점)	지역 자연환경 생태적 가치 (25점)	○ 생태계보전지역, 습지보호지역, 특정도서, 공원지역(국립, 도립, 군립포함) 포함 여부(0, 10) ○ 마을주위의 숲, 하천, 습지, 동식물 서식지, 철새도래지 등의 생태적 가치(1~10) ○ 기존 지형을 훼손하지 않고 주변 환경과 조화(1~5)	
	경관/녹지 공간 확보 (25점)	○ 마을 주변 충분한 녹지(7등급 이상) 확보 여부(1~5) ○ 자연자원을 활용한 마을조성(나무울타리, 수목식재, 법면 녹화, 공동 녹지공원 등) (1~6) ○ 마을 내 소생물권(마을주위에 생태계 보호를 위한 생태연못, 동·식물 서식지, 조림지역 등)의 보유(1~7) ○ 지자체 선정 대표 경관 보유 등 주변에 수려한 경관지역이 있는지 여부(1~7)	
	친환경 생활양식 (25점)	○ 취락구조, 마을 시설물 배치 등 주변환경과 조화로운 환경친화적 마을 조성(1~5) - 일조권(4시간 이상), 남향, 경사지주택배치여부, 조망권 등 ○ 돌담, 흙벽, 나무 등 친환경적 자재사용 건축물 시공(1~5) ○ 태양열 등 신재생에너지 이용(1~5) ○ 오리, 무농약 등 무공해 친환경 농법사용(1~5) ○ 마을 하수처리시설, 폐기물처리시설, 재활용시설 설치 등 오염물질 적정처리 여부(1~5)	
주민활동/ 지역문화 (25점)	주민활동 (15점)	○ 마을 환경보전 주민협의체 구성 및 운영 여부(0, 5) ○ 무공해 농산물 공동생산·판매 등 주민 공동체 활동 여부(0, 5) ○ 마을 환경보전 관련 표창 여부(0, 5)	
	지역문화 (10점)	○ 마을굿 등 전통 문화 보유 여부(0, 5) ○ 환경보전 관련 축제 개최 여부(0, 5)	
기 타(5)			
합 계(100점)			

□ 자연생태복원 우수마을

항목	평가내용	평가기준
복원 효과 (70점)	복원계획/목표 달성 여부 (40점)	○ 복원 계획의 수립(1~20) - 전문적인 복원업의 설계에 의한 체계적인 복원계획 수립 - 지역 여건을 고려한 복원 목표종 설정 - 마을주민 또는 사회단체의 체계적인 참여 ○ 복원 목표 달성(1~20) - 복원 이후 생태계가 주변 생태계와 조화롭게 변화(1~10) - 복원 이후 목표종 이입, 생물종의 증가(1~10)
	생태계 복원 변화 (30점)	○ 복원 이후 생태계 변화 효과도 - 사회·경제적인 측면에서 효용성 증가(1~15) - 생태계 복원 표종 이입, 생물종의 증가(1~15)
활용 효과 (30점)	운영 관리 실태 (30점)	○ 복원지역 탐방 이용객 수(1~5) ○ 복원 관리 프로그램 개발 활용(1~3) ○ 지역주민, 환경단체 등의 자율참여(1~5) ○ 복원 후 지속적인 관리체계 유무(1~7) ○ 타 지역에서의 활용 가능성 및 활용 사례 등(1~5)
기 타(5)		
합 계(100점)		

2. 생태마을의 가치, 구성, 조성

1) 생태마을의 가치

세계 곳곳에서 생태마을의 조성이 추진되고 있다.[6] 아직 그 규모가 작고 수가 많지 않다고 해도 이 변화는 중요한 의미를 지니고 있다. 그것은 현대 문명으로 말미암아 지구 전체가 심각한 '생태위기'(eco-crisis)에 처했기 때문이다. 지구 가열로 대표되는 '생태위기'는 '생태계의 파멸 위기'를 뜻한다. 생태 위기가 계속 진행되어 결국 생태 파국(eco-catastrophe)에 이르게 된다면, 지구라는 별은 계속 존재해도 이 별에 생명은 더 이상 존재하지 않게 될 것이다. 지구는 40억 년 전에 첫 생명체가 만들어진 뒤로 생물과 비생물의 공진화를 통해 현재와 같은 생태계를 이루게 되었다. 그러나 인류는 250년 전에 공업혁명을 시작한 이래 지구의 자연을 계속 대대적으로 파괴해서 더 이상 지구의 생태계가 유지되기 어려운 지경에 이른 것이다.

현대 문명의 생태적 전환은 인류의 절박한 생존 과제이다. 현대 문명은 영화 〈매드 맥스〉와 같은 파괴와 자멸의 길을 갈 것인가, 〈미래소년 코난〉과 같은 생태적 전환의 길을 갈 것인가의 중대한 갈림길에 서 있다. 영화 〈매드 맥스〉는 핵전쟁인 3차 대전 뒤 극소량의 석유를 둘러싸고 맬더스적 투쟁이 극단화된 지옥 같은 지구를 묘사해서 공업문명의 절망을 대표하게 됐으며, 애니 〈미래소년 코난〉은 마찬가지로 핵전쟁인 3차 대전 뒤 파괴적인 공업문명을 버리고 생태적인 햇빛발전과 농업문명을 새롭게 일구는 상태를 묘사해서 탈공업의 희망을 제시했다.[7] 고대의 메소

---

6   Global EcoVillage Network을 참고.

7   〈미래소년 코난〉은 일본의 만화가 미야자키 하야오(宮崎 駿)의 텔레비전 방

포타미아 문명의 몰락이 잘 보여주듯이 자연의 파괴는 문명의 파괴로 귀결된다. 자연을 지키는 것은 우리 자신을 지키는 것이다. 생태위기는 인위적 위기이다. 바로 여기에 희망이 있다. 우리가 생태전환을 이룬다면 생태위기를 극복할 수 있는 것이다.

생태(生態)는 생태학(ecology) 또는 생태계(ecosystem)에서 비롯된 말로서 생물이 자연의 본래 상태대로 살아가는 것을 뜻한다. 이런 점에서 생태성은 결국 자연성을 뜻하는 것이다. 인간의 생활과 관련해서 중요한 것은 생태성의 정도에 대한 인식이다. 생태성은 자연성이므로 자연을 그대로 두는 것으로 가장 잘 구현될 수 있으며, 인간은 다양한 정도로 생태성을 훼손하면서 자연을 이용해서 살아간다. 생태학을 뜻하는 영어 ecology와 경제를 뜻하는 영어 economy의 어간은 eco로서 같다. eco는 본래 '집'을 뜻하는 그리스 말 오이코스(oikcs, οἶκος)에서 온 말인데, eco는 그냥 사람이 살아가는 집이 아니라 생명이 살아가는 지구 또는 자연도 뜻한다. 이런 점에서 ecology는 '자연에 대한 학문'을 뜻하며, economy는 '자연을 이용하는 방법'을 뜻한다. 현재의 생태위기는 자연을 파괴하며 성장을 추구한 경제의 결과이다. 이제 인류는 생태학에 입각한 경제, 즉 생태 경제(eco-economy)를 추구해야 하며, 나아가 사회의 모든 면에서 생태학적 전환을 이루어야 한다. 생태학적 전환(ecological turn)은 생태학에 의거해서 우리의 인식과 생활을 모두 개혁하는 것을 뜻한다(홍성태, 2004).

일찍이 칼 폴라니(Karl Polanyi, 1886~1964)[8]가 『거대한 변환』(1944)

송 연속 애니메이션으로 1978년에 발표되었고, 〈매드 맥스〉는 호주의 영화감독 조지 밀러의 묵시론적 액션 연속 영화로 1979년에 1편이 발표됐으나 1981년에 발표된 2편에서 핵전쟁 이후의 종말론적 상황을 묘사해서 높은 평가를 받았다.

8 칼 폴라니는 헝가리 인으로 영국을 거쳐 미국으로 이주한 경제사학자이다.

에서 지적했듯이, 현대는 사회의 한 요소였던 경제가 사회 전체를 지배하게 되어 사회를 크게 망가뜨려 버린 시대이다. 그런데 이 과정에서 자연에 대해 잘 모르는 상태에서 자연을 마구 이용한 결과로 자연이 크게 훼손되어 본래 상태를 유지하기 어렵게 되었고 심각한 생태위기가 초래되었다는 사실을 올바로 깨달아야 한다. 경제의 번성으로 물질적 풍요를 누리게 되었으나 사회와 자연이 모두 크게 망가지고 만 것이다. 이런 맥락에서 울리히 벡(Ulich Beck, 1944~2015)이라는 독일의 사회학자는 '선진사회'를 가리켜 '위험사회'라고 주장하게 되었다.[9] 이런 연구에 근거해서 독일은 절대적인 위험시설인 핵발전소를 완전히 폐기하기로 했고, 영국은 이산화탄소와 미세먼지 배출의 주요 원천인 석탄화력발전소를 모두 폐기하기로 했다.

'생태위기'는 생태학으로 파악된 위기를 뜻하는 생태학적 위기를 줄인 말인 데, 모든 생명의 절멸 위기로서 경제 위기나 사회 위기보다 훨씬 더 근본적이고 보편적인 위기이다. 이 위기에 올바로 대처하는 것은 선진 사회와 후진 사회를 구분하는 핵심적인 기준이다. 유엔은 이에 대응해서 이미 1987년에 '지속가능한 발전'을 인류의 과제로 제시했고, 1992년에 브라질의 리우에서 열린 '지구 정상 회의'[10]는 '지속가능한 발전'을

헝가리는 동양계의 마자르 족이 세운 나라로 우리처럼 성을 먼저 쓴다. 따라서 그의 이름을 폴라니 카로이(Polányi Károly 폴라니 카로이)로 부르는 게 맞다.

9 Beck, Ulich(1992), 홍성태 옮김(1997), 『위험사회』, 새물결. 또한 '위험사회'의 이론적 한계와 개선에 대해서는 홍성태(2007), 『대한민국 위험사회』, 당대와 홍성태(2014), 『위험사회를 진단한다』, 아로파를 참고.

10 보통 '리우 회의'(Rio Summit) 또는 '지구 정상 회의'(Earth Summit)로 불리는 이 회의는 환경 문제에 대한 대응을 위해 열린 최초의 각국 정부 정상들의 회의로서 정식 명칭은 '환경 및 개발에 관한 유엔 회의'(UNCED, United Nations Conference on Environment and Development)이다.

각국의 정책 과제로 채택했다. '생태위기'는 우주의 우연으로 지구가 형성된 이래 40억 년의 공진화를 통해 형성된 생태계가 항상성을 유지하지 못하고 파멸할 수 있는 상태에 처한 것으로, 여기에 올바로 대처하지 못하면 결국 '생태파국'(eco-catastrophe)으로 진척되어 지구의 모든 생물들이 절멸할 수 있다. '생태위기'는 수억 명의 사람들이 삽시간에 죽게 되고, 지구가 아예 죽음이 별이 될 수 있는 무서운 위기이다.

그러나 '생태위기'는 인간이 만든 인위적 위기로서 인간의 힘으로 극복할 수 있다. '생태위기'는 극복되어야 하며, 극복될 수 있다. 인간은 자연의 산물이지만 자연을 적극 가공해서 살아가는 유일한 존재이다. 그 방식은 크게 자연을 파괴하는 것과 자연을 존중하는 것으로 대별된다. 전근대 시대에 인간은 대체로 자연을 존중하는 방식으로 살았으나, 근대에 들어와서 인간은 자연을 크게 파괴하는 방식으로 살게 되었다. 그 결과 미증유의 '생태위기'가 초래되었으며, 이제 생태전환을 서둘러 실천해야 한다. 그것은 정부, 기업, 개인 등 모든 주체들의 적극적인 참여로 이루어질 수 있다. 우리는 바로 이런 관점에서 생태마을을 바라봐야 한다. 생태마을은 단순히 자연 속에서 쾌적하게 사는 마을이 아니라 생태성을 올바로 지켜서 '생태위기'를 극복하기 위한 노력의 일환으로서 중요한 사회적 가치를 지닌다. 이런 점에서 국가적 차원에서 생태마을의 조성과 운영에 큰 관심을 기울이고 적극 지원해야 할 필요가 있다. 작은 생태마을에서 크나큰 희망이 자라나는 것이다.

2) 생태마을의 구성

생태마을은 자연을 존중하는 방식으로 조성되고 운영되는 마을을 뜻한다. 이것은 크게 전통 생태마을과 신규 생태마을로 나뉠 수 있다. 전통 생태마을은 전근대의 생태적인 마을이 지속되고 있는 것이며, 신규 생태마을은 현대에 새로 조성된 생태적인 마을을 뜻한다.[11] 또한 생태마을은 크게 도시 생태마을과 농촌 생태마을로 나뉠 수 있다. 이미 세계의 도시화는 50%를 넘었고, 한국의 도시화는 80%를 넘었다. 이런 상황에서 도시 생태마을과 도시 농업을 통한 도시의 생태적 전환은 생태위기의 극복을 위해 대단히 중요한 과제가 되었다.

　　생태마을은 종종 생태공동체와 함께 제시된다. 그런데 보통 '영성'이 생태공동체의 핵심으로 제시되는 데서 알 수 있듯이 사실 생태공동체는 종교적 차원이 강한 공동체를 뜻한다. 그러나 생태마을은 생태공동체와 별개로 조성되고 운영될 수 있다. 생태마을의 확산을 위해서는 구성원들이 공동체를 이루어 마을을 공동운영하되 개인의 자유 생활을 보장하는 약한 공동체로 운영하는 것이 좋을 것이다.[12] 어느 경우에나 생태마을은 명확한 규약과 주민들의 토의를 통해 민주적으로 운영되어야 하며, 마을 산/숲/물과 같은 공동으로 이용해야 하는 자원은 '총유제'의 공동소유로 하는 것이 좋다.[13]

11　세계적으로 신규 생태마을은 1962년에 스코틀랜드의 핀드혼(Findhorn)에 설립된 핀드혼 생태마을로부터 시작되었다. 김귀순(2003), 국중광 외(2003), 국중광 외(2007), Liz Walker(2005), Karen Litfin(2013), Findhorn Community(1975) 등을 참고.

12　대안학교인 '간디학교'에 뿌리를 두고 1999년에 조성되기 시작한 경남 산청의 '안솔기 마을'은 도시형 생태마을로서 약한 공동체 방식으로 운영된다. '산청 안솔기 생태마을'을 아시나요?', 〈오마이뉴스〉 2002.4.22. '도시형 생태마을 경남 산청 안솔기 마을', 〈한겨레〉 2003.5.15.

13　공동자원의 소유와 관리는 마을의 유지에서, 그리고 그에 의거한 자연의 관리에서 대단히 중요하다. '총유제'는 민법에서 규정한 공동소유의 한 방식으로서 여러 사람들이 참여해서 하나의 조직(법인이 아닌 사단)을 만들고 이 조직이 소유하는 방식이며 참여한 개인의 개별 소유권은 인정되지 않는다. 제주도의 '가시리' 마을은 '총유제'로 주민들이 마을 목장을 공동소유해서 공동관리하

생태성을 올바로 지키며 자연을 이용하기 위해서는 '생태적 수용성' 또는 '생태적 수용능력'(eco-capacity)을 올바로 인식하고 존중해야 한다. 이것은 생태계가 어느 정도의 변형이나 훼손에는 항상성을 유지할 수 있는 능력을 가리킨다. 이것을 넘어서서 변형이나 훼손이 계속되면 생태계의 파괴가 진행되고 파국에 이를 수 있다. 고대 메소포타미아 문명의 멸망은 그 역사적인 예이다. 따라서 생태적 수용성을 올바로 파악하고, 그에 입각해서 이용을 추진하는 것이 중요하다.

생태적 수용성은 물의 공급으로 쉽게 확인할 수 있다. 지역에서 우리가 상시로 사용할 수 있는 물(지표수, 지하수)의 양은 크게 제약되어 있다. 이 한계를 극복하기 위해 저수지와 정수장을 만드는 것은 본래의 생태성을 훼손하는 것이 될 수 있다. 이처럼 물에서 쉽게 알 수 있듯이 생태적 수용성은 생태마을의 규모와 지속을 규정하는 일차적 조건이다. 다시 말해서 생태적 수용성을 존중하는 것은 생태마을의 일차적 요건이다. 그것을 훼손하는 정도와 방식도 생태적 원리에 따라 엄격히 통제되어야 한다.

생태마을은 그 지역의 생태적 수용성에 대한 면밀한 파악에 의거해서 조성되고 운영되어야 한다. 생태성은 자연성을 뜻하며, 이런 점에서 생태마을은 그 지역의 생태적 수용성 안에서 그 지역의 자연을 활용해서 조성되고 운영되는 마을을 뜻한다. 예컨대 최상의 의미에서 생태마을은 모든 주택과 시설을 그 지역의 생태적 수용성 안에서 그 지역의 자연

고 있다. '가시리' 마을의 조성에 대해서는 2010년 7월에 〈프레시안〉에 발표된 김정헌의 '제주도 표선면 가시리와 신문화공간 조성사업'(1)과 (2)를 참고. 엘리너 오스트롬은 공동자원에 관한 오랜 연구로 2009년에 노벨 경제학상을 받았다(Ostrom, 1990). 공동자원에 관한 여러 연구와 실천에 대해서는 井上真 外(2009), 최현 외(2017ㄱ, 2017ㄴ) 등을 참고.

을 활용해서 조성하고 운영해야 하며, 전기/물/식량 등의 기본재를 자급해야 하며, 모든 폐기물을 그 안에서 재생하고 재활용해서 순환을 최대한 실현해야 한다.[14]

공간적으로 개략해 보자면, 생태마을은 직접 생활이 이루어지는 주택, 주변의 여러 시설과 농지. 배후의 자연 지역으로 이루어진다. 이 공간적 구성은 사실 생태마을에서 생활이 이루어지는 생태적 공간 구성이기도 하다. 즉 생태적으로 보아서, 생태마을에서 생활은 주변의 농지에 의지하고, 나아가 배후의 자연에 의지해서 이루어지는 것이다. 따라서 이런 생태적 공간 구성을 염두에 두고 생태마을의 조성을 추진해야 한다. 생태마을을 단지 주택들의 집적지로 생각하는 것은 잘못이다.

배후 자연은 생태마을의 유지에서 가장 중요하다. 이곳에서 무엇보다 물을 공급하기 때문이다. 배후 자연은 대체로 산인데, 산은 물을 제공할 뿐만 아니라 연료와 식료를 공급하는 자원의 저장소와 같다. 이 때문에 배후 자연은 소중히 관리되어야 한다. 이것을 잘 보여주는 중요한 사례로 일본의 '사토야마'(里山, 마을 산)을 들 수 있다.[15] 잘 관리된 인공 숲으로 이루어진 '사토야마'는 엘리너 오스트롬 교수가 말하는 공동자원으

---

[14] kbs의 '환경스페셜'은 2001년 3월에 '베를린은 녹색혁명 중'이라는 프로그램으로 베를린이 '생태도시'로 거듭나기 위해 생태전환을 실행하고 있는 것을 다양한 사례들로 잘 보여주었다. 여기서 소개된 생태마을과 생태건축은 좋은 참조대상이다. 도시 차원에서 가장 중요한 것은 전면적인 햇빛발전의 추진인 데, 이에 대해서는 이필렬(1999)를 참고.

[15] '마을 산'으로 번역될 수 있는 '사토야마'는 350년 전부터 국가 차원에서 적극 보호되고 관리되어 왔다. 현재 일본의 환경성은 '사토야마'를 세계적으로 알리는 활동을 적극 펼치고 있으며, 일본의 환경운동과 조합운동도 '사토야마'에 크게 주의하고 있다. 이에 대해 藻谷浩介·NHK 廣島 取材 team(2013), 김영주 역(2015), 『숲에서 자본주의를 껴안다』, 동아시아를 참고.

그림 1   생태마을의 생태적 공간 구성

로서 공동체의 생태적 기반이다. 이렇듯 생태마을은 그것을 지탱하는 배후 자연을 포함해서 구성되어야 한다.

3) 생태마을의 조성

한국에서 생태마을의 조성과 운영이 정부의 정책으로 본격 추진된 것도 어느덧 20년에 이르게 되었다. 이제 그 동안의 성과에 비추어 새로운 발전을 추구해야 할 때이다. 이를 위해 생태마을의 원칙에 대해 더욱 깊이 살펴볼 필요가 있다. 그 동안 생태위기가 더욱 더 악화된 것을 염두에 두면 생태마을의 원칙을 깊이 살펴볼 필요는 더욱 더 커진다. 생태마을이 파괴적 개발의 명목으로 악용되는 문제도 있기 때문이다.[16] 이런 관점에서 보자면 생태마을의 원칙을 올바로 정립하는 방식으로 생태마을의 발전을 추구하는 것이 무엇보다 중요하다.

생태마을의 발전은 그 조성과 운영으로 크게 나누어 살펴볼 수 있다. 여기서 조성은 물리적 차원을 가리키는 것이고, 운영은 제도적 차원을 가리키는 것이다. 먼저 조성은 물리적 실체로서 생태마을을 만드는

---

16   경기도의 소리산 마을, 하번천 마을 등의 문제를 보도한 '3600억 원 들인 산촌 생태마을, 잡초만 무성'(SBS 뉴스 2013.5.6.)을 참고. 또한 경기도 서후리의 문제를 보도한 '서후1리 산촌생태마을 불법·파행 운영'(《양평 시민의 소리》 2014.11.6.)도 참고.

것으로서 조성 이후의 유지관리를 포함하며, 주택, 시설, 농지, 배후 자연의 생태적 공간 구성에 따라 그 요건에 대해 살펴볼 수 있다. 생태마을의 생태성은 그 상태에 따라 등급을 매길 수 있다. 다음에 운영은 전통적인 마을 공동체(마을회, 법인이 아닌 사단) 방식에서 협동조합, 사회적 기업(조합, 법인인 사단) 등 여러 방식으로 행해지고 있다.[17]

  생태마을의 발전에서 조성과 운영을 모두 깊이 검토해야 하지만 그 기초는 역시 물리적 실체이다. 생태마을의 조성이 생태마을의 발전을 위한 물리적 기초를 이룬다. 생태마을의 조성에 관해 생태적 공간 구성에 따라 그 요건을 제시하는 방식으로 생태마을의 발전을 위한 과제를 살펴볼 수 있다. 핵심은 가능한 한 요건을 상세히 제시하고, 요건들 간의 관계를 체계적으로 정리하며, 충족할 수 있는 적정기술을 찾는 것이다.

(1) 주택
- 생태마을의 주택은 최대한 그 지역의 자연을 활용하고, 최대한의 전력을 생산하고, 최소한의 에너지를 써서 유지되고, 상수의 사용을 최소화할 수 있고, 하수의 부분 정화를 할 수 있고, 유기 쓰레기(분뇨, 음식물 등)를 자체 처리할 수 있어야 한다. 에너지를 극소량 사용하는 패시브 하우스(passive house), 제로 에너지 하우스를 넘어서 주택이 생태성을 최대한 구현하는 시설이 되어야 한다.

---

[17] 제주도 가시리 마을은 '공동목장'의 소유는 마을 주민들의 '총유'로 하고, 그 운영은 사회적 기업을 만들어서 마을 주민들과 전문가들이 함께 하고 있다. '총유'는 민법에서 규정하고 있는 공동소유의 한 방식으로 마을의 공동자원을 지키기 위한 가장 중요한 소유제이다. 생태마을에서 모든 토지는 '총유'를 원칙으로 하고 일부만 개별 구성원의 소유로 할 필요가 있다.

(2) 시설

- 생태마을의 시설은 주민들이 공동으로 관리하고 사용하는 시설로서 물(상수)와 불(전기)의 자급을 위한 시설이 가장 중요하다. 지표수와 지하수의 철저한 공동관리, 하수의 최대한 순환, 건물과 시설을 활용한 햇빛발전이 생태마을의 기본이다. 또한 납골당이나 수목장으로 마을 안에 사자의 장소를 마련해서 마을의 경계 안에서 삶과 죽음이 함께 공존하고 존중되는 것이 좋을 것이다.

(3) 농지

- 생태마을의 농지는 화학 비료와 화학 농약을 쓰지 않아야 할 것이다. 도시의 생태마을은 농지를 갖지 않는 대신에 자연농이나 유기농으로 재배된 농작물의 섭취를 원칙으로 해야 할 것이다. 그런데 사실 자연농과 유기농은 대단히 어렵다. 그 활성화를 위해서는 정부의 정책이 크게 강화되어야 한다.

(4) 배후 자연

- 생태마을은 배후 자연에 의지해서 유지된다. 배후 자연은 생태마을의 근원이며 원천이다. 생태마을의 존속은 배후 자연을 잘 돌보는 것에 달려 있고, 배후 자연의 보존은 생태마을의 존재이유이다. 도시의 생태마을은 배후 자연이 귀하기에 이런 성격을 더욱 더 강하게 갖고 있다. 나아가 도시의 생태마을은 자연을 살리는 생태 장소가 되도록 해야 한다.

참고자료

1. 법 자료
- 생태마을 지정: '자연환경보전법' 42조, 시행령 26조, 27조
- 환경부(2011), '생태마을의 지정·관리 및 지원에 관한 업무지침'
- 환경부(2014), '생태마을 지정 현황', 자연정책과
- 산림청(2008), '산촌 생태마을 사업 매뉴얼'

2. 보고서
양병이 외(2004), 『생태마을 활성화 방안 연구』, 녹색사회연구소-환경부
서정원 외(2013), 『산촌생태마을 - 유형별 수준별 운영 프로그램 개발』, 국립산림과학원
서정원 외(2015), 『산촌생태마을 운영·관리체계 개발 및 제도 개선』, 국립산림과학원
산림청(2008), 『산촌생태마을 사업 매뉴얼』, 산림청
산림청(2014), 『산촌생태마을 보고서』, 산림청
김의경 외(2013), 『산촌생태마을 운영·관리 체계 개발 및 제도개선 - 산촌 휴양자원과 산촌 생태마을 연계 프로그램 개발』, 국립산림과학원
국립산림과학원(2009), 『유럽 산촌지역의 현황 및 제도분석』, 국립산림과학원

3. 논문
곽경호 외(2011), '산촌생태마을 운영프로그램 실태분석', 한국산림휴양복지학회, 『한국산림휴양학회지』, 2011, vol.15, no.2, pp. 77-84 (8 pages)
박성우 외(2013), '시나리오 기반의 생태마을 계획 및 설계 지원 도구 개발 GIS', 『한국생태환경건축학회 논문집』 v.13 n.3 (2013.6)
최영호·심우갑(2004), '생태마을의 물질순환체계에 관한 연구', 『한국생태환경건축학회 논문집』, v.4 n.2(통권 12호) (2004-06)
임혜진·박준모·김옥규(2008), '국내외 생태마을 생태건축기술 비교연구', 『전국 대학생 학술발표대회 논문집』 (200811)
전원식·조영욱·황희연(2008), '친환경 생태마을 조성 사례분석', 『대한국토도시계

획학회 춘계학술대회 논문집』: 제2회 (200806)
최정은·서동구·오덕성(2008), '지속가능한 개발 관점에서 본 독일 및 네덜란드 생태주거단지의 계획요소 및 국내 적용가능성 분석', 『대한건축학회논문집』계획계 : v.24 n.12 (200812)
나하영·천득염(2007), '생태마을의 계획요소 적용 현황 분석에 관한 연구', 『한국주거학회논문집』: v.18 n.6 (200712)

4. 단행본

국중광 외(2003), 『새로운 눈으로 보는 독일 생태공동체』, 월인
국중광 외(2007), 『한국 생태공동체의 실상과 전망』, 월인
국토연구원 도시재생지원센터(2014), 『마을만들기 네트워크』, 국토연구원
김귀순(2003), 『세계의 생태마을을 찾아서』, 누리에
이필렬(1999), 『에너지 대안을 찾아서』, 창비
임상훈 외(2005), 『생태건축 마을』, 고원
천득염(2009), 『생태마을 Crystal Waters』, 기문당
최현 외(2017ㄱ), 『공동자원론, 오늘의 한국 사회를 묻다』, 진인진
최현 외(2017ㄴ), 『동아시아의 공동자원』, 진인진
홍성태(2004), 『생태사회를 위하여』, 문화과학사
홍성태(2005), 『생태문화도시 서울을 찾아서』, 현실문화
홍성태(2007), 『개발주의를 비판한다』, 당대
홍성태(2014), 『위험사회를 비판한다』, 아로파
홍성태(2019), 『생태복지국가를 향하여』, 진인진

Beck, Ulich(1992), 홍성태 옮김(1997), 『위험사회』, 새물결
Findhorn Community(1975), 조하선 옮김(2001), 『핀드혼 농장 이야기』, 씨앗을 뿌리는 사람들
Karen Litfin(2013), 강경이 옮김(2015), 『에코빌리지, 지구 공동체를 꿈꾸다』, 시대의 창
Liz Walker(2005), 이경아 옮김(2006), 『이타카 에코빌리지』, 황소걸음

Ostrom, Elinor(1990), 윤홍근·안도경 옮김(2010), 『공유의 비극을 넘어서』, 랜덤하우스
WCED(1987), 조형준·홍성태 옮김(1994), 『우리 공동의 미래』, 새물결

井上真 外(2009), 최현 외 옮김(2014), 『공동자원론의 도전』, 경인문화사
上甫木 昭春(2009), 『地域生態学からのまちづくり―共生環境のマネジメント』, 学芸出版社
藻谷浩介·NHK 廣島 取材 team(2013), 김영주 역(2015), 『숲에서 자본주의를 껴안다』, 동아시아
吉村 元男(2004), 『森が都市を変える―野生のランドスケープデザイン』, 学芸出版社

5. 각종 자료

kbs 환경스페셜, '베를린은 녹색혁명 중', 2001.3.21.

* 特定非営利活動法人日本エコビレッジ研究会 (일본 에코빌리지 연구회)
  http://www.ecov.jp/
* NPO法人 エコ村ネットワーキング (에코마을 네트워크)
  http://www.eco-mura.net/
* '都市の低炭素化の促進に関する法律'(略称：エコまち法)
  http://www.mlit.go.jp/toshi/city_plan/eco-machi.html

* Global Ecovillage Network

제6장 **공동자원과 지역의 생태적 전환**

1. 머리말

'생각은 지구적으로, 행동은 지역적으로!'(Think Globally, Act Locally!) 이 유명한 구호는 르네 듀보(René Dubos, 1901~1982)[1]가 1972년 6월 5일 ~16일에 스웨덴의 수도 스톡홀름에서 열린 '유엔 인간환경회의'를 위해 제안한 것이다(Gough, 2002). 지역은 사람들이 실제로 살아가는 곳이다. 국가 개혁이나 사회 개혁이 실제로 실현되는 곳은 지역이다. 이런 점에서 우리는 지역을 중심으로 국가 개혁이나 사회 개혁을 생각하고 추구해야 한다. 요컨대 우리의 인식과 실천에서 '지역적 전환'이 이루어져야

---

[1] 르네 듀보는 프랑스에서 태어난 미국의 미생물학자로 여러 차례 노벨상 후보로 선정되었고 1950년대 후반부터 환경운동에 적극 참여해서 많은 활동을 했다. 그는 '유엔 인간환경회의'를 위한 전문가 자문단에 참여해서 영국의 경제학자인 바바라 워드(Barbara Ward, 1914~1981)와 함께 '유엔 인간환경회의'에 제출된 비공식 보고서인 *Only One Earth*를 썼다.

하는 것이다.

　생태적인 면에서 보았을 때 지역을 중심으로 국가와 사회를 생각하는 것은 당연한 것이라고 할 수 있다. 국가와 사회의 생태적 실체는 수많은 지역들이기 때문이다. 생산-소비-폐기의 전 과정이 지역에서 이루어진다. 생태위기는 지역에서 시작되어 지구 전체로 확대되었다. 생태위기를 완화/해소하기 위해서는 필요한 활동을 지역에서 적극 실천해야 한다. 지역을 지키지 않는 것은 지구를 지키지 않는 것이다. 르네 듀보가 제안한 구호는 이런 사실을 명료하게 압축해서 제시해 보였다.

　세계적으로 보아서 지역적 전환은 경제적인 차원에서 더욱 적극 실행되었다. 1980년대 초에 미국은 일본에 의해 대대적인 경제 공격을 받게 되었다. 그 결과 세계 최대의 철강-자동차 공업지역이었던 미국의 북동부 지역이 이른바 '러스트 벨트'(rust belt, 쇠녹 지역)로 바뀌었다. 그러나 미국은 '실리콘 밸리'(silicon valley)를 기반으로 해서 세계 최대 경제국의 지위를 계속 유지했다. 세계 최대의 공업 도시들을 제치고 스탠포드 대학교 근처의 소도시가 세계 경제를 지배하는 놀라운 변화가 이루어졌다. 이런 극적인 변화에 따라 국가가 지역들로 구성되고 지역들이 국가를 이끈다는 생각이 커져서 '지역 혁신론'이 제기되었다(Porter, 1990). 그리고 1995년에 세계무역기구(WTO)가 출범하게 되어 국가의 산업 지원이 어렵게 되자 각국의 경제 정책은 산업 지원에서 지역 지원으로 바뀌었다. 이렇게 해서 지역적 전환이 세계적 차원에서 확립되었다.

　르네 듀보의 구호가 잘 보여주듯이 지역적 전환은 생태적인 차원에서 먼저 주창되었다. 실천의 면에서 보더라도 그렇다. 예컨대 1961년에 시작된 스코틀랜드의 핀드혼(Findhorn) 공동체는 지역에서 생태적 전환을 실현한 선구적 사례이다. 그러나 지역적 전환을 주도하는 것은 생태적인 차원이 아니라 경제적인 차원의 정책이다. 1972년의 '유엔 인간환경회의'가 1982년의 나이로비 유엔 환경계획 특별회의를 거쳐 1992년 리우 유엔 환경-발전회의(리우 회의, 지구 정상회의)로 이어졌고, '리우 회의'에서 마침내 '지속가능 발전'과 그것을 실현하기 위한 '의제 21'을 채택했고, '의제 21'은 '지방의제 21'을 규정해서 지역에서 생태적 전환을 추구하는 과제를 확립했다. 이렇게 유엔의 주도로 지역의 생태적 전환이 이미 1990년대 초부터 적극 추진되기 시작했으나 그 성과는 여전히 크지 않고 생태위기는 계속 악화되고 있다. 우리는 어떤 상태에 있는가?

    이 글에서는 정부의 지역 정책을 중심으로 지역의 생태적 위기와 생태적 전환에 대해 살펴보고자 한다.[2] 유엔의 '지속가능 발전' 정책 이후 정부의 지역 정책은 국토 정책과 환경 정책을 기본으로 하는 것으로 변화했다. 그러나 그 내용과 운영은 여전히 개발국가의 문제를 크게 안고 있는 것으로 파악된다. 미흡한 공장의 오염 관리, 불필요한 토건 사업의 지속, 탈핵 정책의 난조 등은 그 뚜렷한 증거이다. 이런 상황에서 문제를 자각한 사람들의 자구적 노력으로서 공동체 운동의 중요성이 계속 커지고 있다. 그런데 공동체 운동은 구조 개혁을 통해 안정성을 확보할 수 있다. 따라서 국가와 공동체를 대립/대체적 관계가 아니라 상보적 관계로 파악할 필요가 있다. 이 글에서는 이런 관점에서 공동자원론을 제시하고자 한다.

---

[2] 생태적 전환(ecological transition, eco-transition)은 생태학에 의거해서 현대 사회의 전환을 추구하는 것이다. 현대 사회는 '풍요 사회'이나 그것은 자연의 특성과 한계를 무시한 것이어서 거대한 생태 위기(eco-crisis)를 맞게 되었다. 생태적 전환은 우리의 인식과 생활방식, 사회구조의 전면적인 개혁을 뜻하며, 그 핵심은 생태복지국가(eco-welfare state)를 이루는 것, 즉 복지국가의 생태적 전환을 이루는 것이다(홍성태, 1998, 2019).

2. 지역의 법적 구성

지역은 흔히 지방과 혼용된다. 그러나 둘의 의미는 크게 다르다. 지역은 전국과 대비되는 지리적 개념으로 전국은 수많은 지역들로 이루어져 있고, 이에 비해 지방은 중앙과 대비되는 행정적 개념으로 수도가 아닌 지역들을 가리킨다.[3] 또한 사회적 특성의 면에서 보자면, 지역은 크게 도시 지역과 비도시 지역으로 나뉜다. 도시 지역은 많은 사람들이 모여 살며, 이 때문에 각종 시설과 건물들이 많이 만들어져 있다. 이에 비해 비도시 지역은 사람들이 흩어져서 살며, 따라서 각종 시설과 건물들도 많이 만들어져 있지 않다.

표 1 지역의 네 범주

	도시	비도시
수도권	①	②
비수도권	③	④

지역은 이렇듯 크게 네 범주로 나뉠 수 있다. 한국의 지역 구분에서 가장 중요한 것은 수도권[4] 대 비수도권의 구분이고, 다음으로 중요한 것은 도시 대 비도시의 구분이다. 전자를 보면, 국토의 0.6%인 서울에 인구의 20% 정도인 1000만 명 정도가 살고 있고, 국토의 11% 정도인 수

---

3 '지방자치법'에 따르면 수도에도 많은 지방 자치체들이 있다. 여기서 잘 알 수 있듯이, 지방은 지리적 개념이 아니라 행정적 개념이며, 그것도 중앙에 종속되는 행정적 개념이다.

4 '수도권정비계획법 시행령'에 따르면, 법적으로 수도권은 서울, 인천, 경기도를 뜻한다. 이에 따라 경기도는 각종 개발의 규제를 강하게 받고 있지만 심각한 난개발 문제가 계속 일어나고 있다.

도권에 인구의 50% 정도인 2500만 명 정도가 살고 있다. 후자를 보면, 통계청 통계로는 85% 정도이고, 국토부 통계로는 90%를 넘었다.[5] 이렇듯 한국은 세계에서 가장 과밀한 수도권 국가이자 세계에서 가장 고도로 진행된 도시화 국가이다.

그런데 법적으로 지역은 어떻게 규정되어 있는가? 2015년 1월에 제정된 '지역 개발 및 지원에 관한 법률'(지원개발지원법)의 '적용 범위'는 다음과 같다. 이에 따르면 법적으로 지역은 수도권과 제주도를 제외한 곳으로 규정된다.[6]

> 제4조(적용 범위) 이 법은 수도권(「수도권정비계획법」 제2조 제1호에 따른 수도권을 말한다. 이하 같다) 및 제주특별자치도 외의 지역에 적용한다. 다만, 수도권 중 낙후지역은 이 법의 적용범위에 포함한다.

이런 법적 지역 개념에 기초해서 여러 지역 정책들이 시행되고 있다. 그리고 이 지역 정책들은 거대한 국토 체계 속에 놓여 있다. 이 체계는 크게 '국토계획'과 '국토이용계획'으로 이루어져 있다. 지역은 이 국토 체계에 의해 법적 정책의 대상으로 규정되고 구성된다.

국토 체계에서 전국의 모든 지역은 도시지역, 관리지역, 농림지역, 자연환경보전지역 등 네 가지의 용도지역으로 구분되어 있다.[7] 국가는

---

[5] 전자는 행정구역을 기준으로, 후자는 토지이용을 기준으로 한다. 따라서 후자가 지역의 상태를 더 실제적으로 제시한다.

[6] 2006년에 '제주 특별자치도 설치 및 국제 자유도시 조성을 위한 특별법'이 제정되어 제주도는 정부의 지역 정책 대상에서 벗어나서 자율적으로 각종 개발을 추진하게 되었다.

[7] 실제 토지의 이용은 지목(地目)에 의해 규정된다. 지목은 전, 답 등 모두 28가지로 되어 있다.

그림 1　국토이용계획 체계

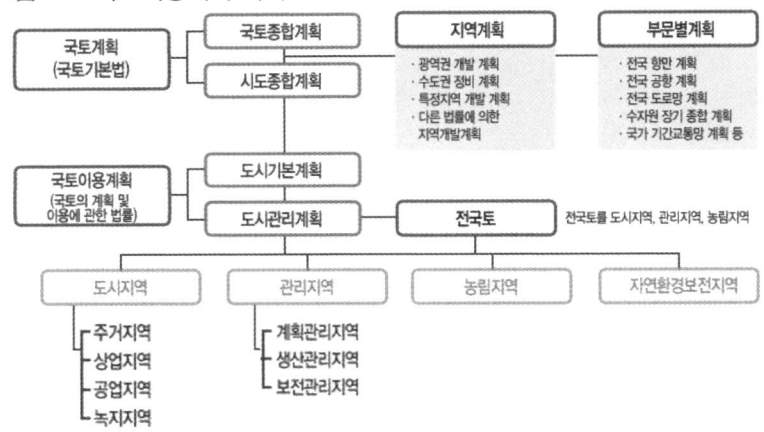

출처: 국토환경정보센터

표 2　용도지역의 구분과 면적

(면적 단위: km^2)

구분	계		육지		해면	
	면적	비율	면적	비율	면적	비율
합계	106,136.4	100.0	100,469.9	100.0	5,666.5	100.0
도시지역	17,317.3	16.3	16,368.9	16.3	948.4	16.7
관리지역	25,603.3	24.1	25,602.7	25.5	0.554	0
농림지역	50,688.7	47.8	50,688.7	50.5	-	-
자연환경 보전지역	12,527.2	11.8	7,809.7	7.8	4,717.5	83.3

출처: 국토환경정보센터

　국토를 기반으로 하고 있고, 국토는 수많은 지역들로 이루어져 있다. 그런데 지역에서 개별적으로 국토의 이용을 추구하면 심각한 국토의 훼손을 초래할 수 있기에 국토를 용도지역으로 구분해서 관리하는 것이다.

　지역의 생태적 상태에서 가장 중요한 것은 '자연환경보전지역'이다. 현재 전체 국토의 11.8%(12,527.2km^2)가 지정되어 있다. 이와 연관된 것으로 유엔의 결정으로 1948년에 설립된 국제자연보존연맹(IUCN)의 '세계 보호지역' 정책에 따른 '한국 보호지역'이 있다. 5개 정부 부·청에서 관리하는 2,071개의 보호지역[8]이 있는데, 그 면적은 전체 16,854.8km² 이고, 육상 11,599.3 km²(11.57%)·해양 5,255.5km²(1.40%)이다. '보호지역'의 면적이 '자연환경보전지역'의 면적보다 훨씬 더 넓다.[9]

지역의 법적 구성은 국토의 이용이라는 경제적 목적을 우선해서 이루어진 것으로, 그 기본은 '제9장 경제'의 두번째 조인 헌법 120조에 규정되어 있다.

> 제120조 ①광물 기타 중요한 지하자원·수산자원·수력과 경제상 이용할 수 있는 자연력은 법률이 정하는 바에 의하여 일정한 기간 그 채취·개발 또는 이용을 특허할 수 있다.
> ②국토와 자원은 국가의 보호를 받으며, 국가는 그 균형있는 개발과 이용을 위하여 필요한 계획을 수립한다.

그런데 1992년의 '리우 회의'를 계기로 세계 각국이 '지속가능 발전'을 수용하게 되면서 지역/국토 정책에서 생태적 가치가 경제적 목적을 규정하게 되었다. 그러나 현실은 그렇지 않다. 이제 이에 대해 살펴보자.

3. 지역의 개발과 위기

한국의 지역은 일단 수도권 지역과 비수도권 지역으로 크게 나뉘고, 다시

---

[8] 중복을 무시하고 보면, 5개 정부 부·청의 15개 법에 의한 17개 유형 2,320개의 보호지역이 지정되어 있다('우리나라 보호지역 지정 현황').

[9] '한국 보호지역 통합 DB관리시스템'에서 지도의 형태로 자세한 내용을 제공하고 있다. 한국의 육상 보호지역 면적은 12.6%로 OECD 평균인 22%에 크게 미달한다(관계부처 합동, 2015: 8).

두 지역은 도시지역, 관리지역, 농림지역, 자연환경보전지역 등 네 가지의 용도지역으로 나뉘어 관리되고 있다. 그런데 용도지역은 불변의 것이 아니라 여러 방식으로 변형된다. 여기서 가장 중요한 것은 정부의 지역개발이다. 정부는 가장 거대한 지역개발의 주체로서 공적 지역개발을 주도하며, 또한 기업과 개인의 사적 지역개발을 강력히 촉진/규제할 수 있다.

지역개발을 규정하는 최상위 법은 '헌법'이다. '헌법'에 '지역'은 123조 ②에 단 한 번 나오는데 그 내용은 다음과 같다.

> 제123조
> ②국가는 지역간의 균형 있는 발전을 위하여 지역경제를 육성할 의무를 진다.

이 조항은 제120조 ②에서 규정된 국토의 균형 있는 개발과 이용을 지역으로 바꿔서 제시한 것이라고 할 수 있다. 두 조항에 의해 국토와 지역은 균형 있는 개발과 이용의 대상으로서 사실상 동일시되는 것이다.

이렇듯 헌법에서 지역은 무엇보다 개발과 이용의 대상으로 규정되고 있다. 그 실제 내용을 규정하는 최상위 법은 '국토기본법'과 '국토계획법'이다. 국토기본법은 2002년 2월에 제정되었는데, 그 목적은 '국토에 관한 계획 및 정책의 수립·시행에 관한 기본적인 사항을 정함으로써 국토의 건전한 발전과 국민의 복리향상에 이바지함'이며, 이를 위해 '국토종합계획'의 수립을 규정하고 있다. 제2조(국토관리의 기본 이념)는 '국토는 모든 국민의 삶의 터전이며 후세에 물려줄 민족의 자산'으로 규정하고, 제3조(국토의 균형 있는 발전)와 제4조(경쟁력 있는 국토 여건의 조성)는 지역개발의 방향을 규정한다. 그리고 제5조는 '환경친화적 국토관리'라는 제목으로 생태적 가치를 적극 규정하고 있다.

> 제5조(환경친화적 국토관리) ①국가와 지방자치단체는 국토에 관한 계획 또

는 사업을 수립·집행할 때에는 「환경정책기본법」에 따른 환경보전계획의 내용을 고려하여 자연환경과 생활환경에 미치는 영향을 사전에 검토함으로써 환경에 미치는 부정적인 영향이 최소화될 수 있도록 하여야 한다. 〈개정 2016. 12. 2.〉
② 국가와 지방자치단체는 국토의 무질서한 개발을 방지하고 국민생활에 필요한 토지를 원활하게 공급하기 위하여 토지이용에 관한 종합적인 계획을 수립하고 이에 따라 국토 공간을 체계적으로 관리하여야 한다.
③ 국가와 지방자치단체는 산, 하천, 호수, 늪, 연안, 해양으로 이어지는 자연생태계를 통합적으로 관리·보전하고 훼손된 자연생태계를 복원하기 위한 종합적인 시책을 추진함으로써 인간이 자연과 더불어 살 수 있는 쾌적한 국토 환경을 조성하여야 한다.
④ 국토교통부장관은 제1항에 따른 국토에 관한 계획과 「환경정책기본법」에 따른 환경보전계획의 연계를 위하여 필요한 경우에는 적용범위, 연계 방법 및 절차 등을 환경부장관과 공동으로 정할 수 있다.

국토계획법은 2002년 2월에 국토기본법과 함께 제정되었는데, 그 목적은 '국토의 이용·개발과 보전을 위한 계획의 수립 및 집행 등에 필요한 사항을 정하여 공공복리를 증진시키고 국민의 삶의 질을 향상시키는 것'으로, 이를 위해 국토를 4개 용도지역으로 구분해서 이용방식을 규정했다. 제3조에서 생태적 가치를 적극 규정하고 있다.

제3조(국토 이용 및 관리의 기본원칙) 국토는 자연환경의 보전과 자원의 효율적 활용을 통하여 환경적으로 건전하고 지속가능한 발전을 이루기 위하여 다음 각 호의 목적을 이룰 수 있도록 이용되고 관리되어야 한다. 〈개정 2012. 2. 1.〉
1. 국민생활과 경제활동에 필요한 토지 및 각종 시설물의 효율적 이용과 원활한 공급
2. 자연환경 및 경관의 보전과 훼손된 자연환경 및 경관의 개선 및 복원
3. 교통·수자원·에너지 등 국민생활에 필요한 각종 기초 서비스 제공
4. 주거 등 생활환경 개선을 통한 국민의 삶의 질 향상

5. 지역의 정체성과 문화유산의 보전
6. 지역 간 협력 및 균형발전을 통한 공동번영의 추구
7. 지역경제의 발전과 지역 및 지역 내 적절한 기능 배분을 통한 사회적 비용의 최소화
8. 기후변화에 대한 대응 및 풍수해 저감을 통한 국민의 생명과 재산의 보호

이렇듯 국토기본법과 국토계획법은 지역개발에서 경제적 목적과 함께 생태적 가치를 명확히 제시하고 있다. 그러나 현실에서 생태적 가치가 과연 제대로 지켜지고 있는가? '지속가능 발전 기본법', '환경 정책 기본법' 등 생태적 가치를 위한 법이 아니라 '국가 균형발전 특별법', '지역 개발 및 지원에 관한 법률'(지역개발 지원법) 등 경제적 목적을 위한 법이 현실을 규정하고 있지 않은가?[10]

여기서 '국토종합계획'에 대해 살펴보자. 이것은 경제적 목적을 우선한 개발주의의 문제를 시정하기 위해 '국토종합개발계획'을 바꾼 것이다. 개발은 그 자체로 발전이 아니다. 개발은 파괴는 물론 쇠퇴를 야기할 수도 있다. 이런 개발의 문제가 널리 인식되어 국토 계획의 기본이 바뀌게 된 것이다. 그러나 그 내용은 여전히 경제적 목적이 우선하고 있다. '제5차 국토종합계획 2020~2040'을 위한 전문가 조사에서도 국토의 지속가능한 발전, 개발과 환경의 조화가 잘 이루어지지 않은 것으로 평가[11]

---

10 지속가능발전기본법은 2007년 8월에 제정되었으나 이명박 정부에 의해 2010년 1월에 지속가능발전법으로 격하되었다. 국가균형발전특별법은 2004년 1월에 제정되었으나 이명박 정부에 의해 2009월 4월 개정되어 국가균형발전위원회가 지역발전위원회로, 국가균형발전계획이 지역균형발전계획으로 격하되었다. 2018년 3월 문재인 정부는 국가균형발전특별법을 개정해서 본래대로 환원했다.

11 국토를 경제성장을 위한 개발의 대상으로 여기는 것은 개발국가(developmental state)의 핵심적인 특징이다. 이런 점에서 한국은 여전히 개발국가의

받았다(국토연구원, 2018: 6~7).

경제성장은 국토/지역의 개발을 통해 이루어진다. 이 과정에서 당연히 국토/지역의 파괴가 이루어진다. 개발은 기존 상태를 변형하는 것이기 때문이다. 급속한 경제성장은 대체로 급속한 파괴를 야기한다. 국토/지역은 우리와 후손의 삶터이므로 그 파괴는 대단히 심각한 문제가 아닐 수 없다. '국토종합계획'은 이런 인식에서 출발한다. 이런 점에서 '국토종합계획'은 중요한 정책의 발전이라고 할 수 있다.

그러나 이 계획은 정권에 의해 심각하게 악용될 수도 있다. 이명박 정권은 2011년에 '제4차 국토종합계획'의 '재수정계획'을 발표했다. 이 '재수정계획'은 '자연적이고 안전한 국토공간 조성'을 위해 '강·산·해 통합 국토관리네트워크 구축'을 제시했다. 그 핵심적인 내용은 다음과 같다(대한민국 정부, 2011: 57~61).

그림 2   국토종합계획의 연혁

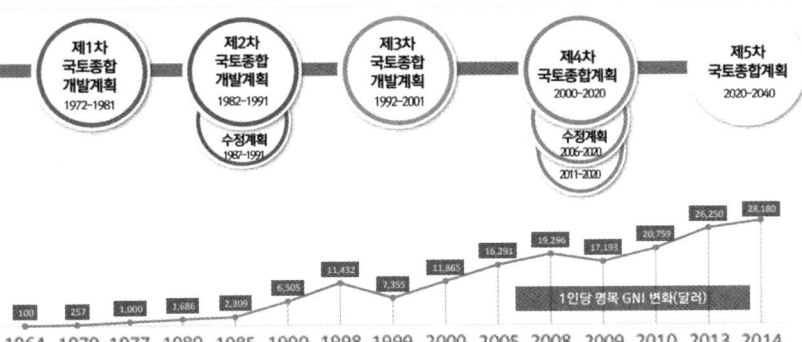

출처: 국토연구원(2018), 5쪽.

면모가 강하다고 할 수 있다. 또한 개발국가의 바탕에는 개발을 발전과 동일시하는 개발주의(developmentalism)가 자리하고 있다(홍성태, 2007).

○ 국토의 생태적 특성을 고려하지 않고 효율성과 경제성에 치중함으로써 강·산·해 등 주요 국토생태망의 단절 초래
○ 개발에 따른 자연환경 훼손에 대한 사전적 조치 및 사후관리체계 미흡
○ 점적·산발적으로 무분별하게 이루어지는 해양의 개발행위 대규모 간척·매립사업 등으로 인해 해양환경의 변화가 가속화
○ 국토는 산에서 강이 발원하고 바다로 유입되는 하나의 통합된 시스템으로서 강·산·해 통합관리를 통해 국토관리의 효율성 제고
○ 강·산·해 통합 국토관리네트워크 구축을 통해 녹색성장의 기반 형성
  - 국토의 주요한 생태적 자원을 핵심국토생태축 광역생태축 도시·연결생태축 및 연안·해양생태축으로 구분하고 각 생태축에 대한 역할 및 공간영역 설정

그러나 이 올바른 진단과 처방은 실은 '4대강 살리기 사업'을 강행하고, 그것을 중심으로 대대적인 국토/지역의 개발을 강행하기 위한 알리바이로 제시된 것이었다. 강과 산과 바다는 하천을 통해 연결되어 있다. 그러나 강과 산과 바다는 크게 다른 생태적·사회적·경제적 특성을 갖고 있기 때문에 별도로 관리되지 않으면 안 된다. 그런데 이명박 정부는 '강·산·해 통합 국토관리네트워크'라는 미명으로 강과 산과 바다를 통합해서 경제적 이용을 용이하게 하려고 했던 것이다.[12] 그 내용은 다음과 같다(대한민국 정부, 2011: 57~61).

---

[12] 이명박 정부는 '한반도 대운하'를 가능한 한 쉽게 강행할 수 있게 하기 위해 국토부, 해양부, 산림청을 하나로 통합하려 했다. 결국 이명박 정부는 출범한 직후인 2008년 2월 29일 국토교통부와 해양수산부를 통합해서 국토해양부를 만들었다. 이명박 정부는 2008년 6월 국민들의 저항에 '한반도 대운하'를 포기한다고 발표했으나 실제로는 '4대강 살리기 사업'으로 이름을 바꿔서 계속 강행했다(홍성태, 2010; 뉴스타파, 2017ㄱ, 2017ㄴ). 국토해양부는 박근혜 정부의 출범 직후인 2013년 3월에 원래대로 국토교통부와 해양수산부로 환원됐다.

□ 강을 중심으로 한 품격있는 국토 개조
○ 4대강 살리기 사업, 지류 정비 등을 통해 홍수 피해와 물 부족을 근본적으로 해결
○ 수질 개선과 하천 복원으로 생명이 살아숨쉬는 수생태계 조성
○ 4대강 등 주요 주변지역을 체계적으로 보전활용

□ 산을 휴양 및 경제공간의 거점으로 활용
○ 백두대간을 녹색 국토관리네트워크로 보전하고, 이외의 지역은 도시민의 여가수요에 대응한 휴양공간으로 조성
○ 보전가치가 낮은 구릉지·산지를 계획적으로 활용하여 산지의 경제적 잠재력 극대화
○ 백두대간의 효율적 관리와 비무장지대 생태계의 통합적 관리

□ 바다를 국민의 고품격 휴식처로 개선
○ 육지와 바다의 연접지역인 연안지역을 친환경적인 해양공간으로 조성
○ 바다를 친환경적인 해양공간으로 개발
○ 인프라 개발 및 접근성 증대를 통한 풍부한 섬자원의 활용 제고

이 중에서 가장 강력히 진행된 것은 '4대강 살리기 사업'이었으나 산지와 바다의 개발도 적극 추진되었다. '강·산·해 통합 국토의 파괴적 개발'이 강행되었던 것이다. 감사원은 '4대강 살리기 사업'을 '총체적 부실'로 규정했다. '4대강 살리기 사업'은 막대한 혈세를 탕진해서 강을 망치고 지역을 망친 희대의 파괴적 개발 사업이었다. 4대강은 핵심 상수원으로서 대다수 국민들이 삶을 의지하는 생명의 원천이다. '4대강 살리기 사업'이 극명하게 입증하듯이, 파괴적 개발 사업에 의해 지역의 생태적 위기는 계속 악화되고 있다.

4. 지역의 생태적 전환

생태적 전환은 비생태적 사회를 생태적 사회로 바꾸는 것이다. 그것은 생명의 기반인 공기, 물, 흙을 가능한 한 자연의 상태로 복원/보존하고, 다른 생물들이 최대한 자유롭게 살아갈 수 있게 하는 것이다. 그런데 이렇게 하기 위해서는 현대 사회의 모든 것을 바꿔야 할 것이다. 자연을 무한대로 변형/파괴할 수 있는 공업을 폐기해야 할 것이고, 사람들의 자유를 최대한 보장하는 자유주의를 포기해야 할 것이다. 이런 점에서 보자면 생태적 전환은 대단히 어려운 변화이다. 그것은 '기득권 세력'의 반대는 물론이고 모든 사람들의 삶에 크나큰 영향을 미치기 때문이다.

여기서 생태적 전환이 이루어지는 과정에 대해 생각해 볼 필요가 있다. 우리는 이곳에서 저곳으로 어떻게 가게 되는가? 생태적 전환은 다른 모든 변화와 마찬가지로 변화의 범위와 속도를 기준으로 네 가지로 나누어 살펴볼 수 있다.

생태적 전환은 ①에서 ③으로 가는 과정으로 이루어질 것이다. 그것은 사실상 생산과 생활의 모든 것을 바꾸는 것이기 때문이다. 이렇게 모두의 모든 것을 바꾸는 변화는 우리의 의지를 떠나서 부분에서 전면으로 점진적인 과정으로 이루어질 수밖에 없다.

생태적 전환은 비생태적인 것을 없애는 것과 생태적인 것을 만드는 것의 두 가지로 이루어진다. 예컨대 에너지의 생태적 전환은 비생태적인 핵발전을 폐기하고, 생태적인 햇빛발전을 확대하는 것을 핵심으로 한다. 전자의 면에서는 격렬한 '기득권 세력'의 반대에 부딪히게 되고, 후자의 면에서는 기술의 향상이 계속 이루어져야 한다.[13] 사실 반대하는 것

---

13 생태적 전환은 전근대 상태로 회귀하는 것이 아니다. 생태적 전환은 기술

표 3 생태적 전환의 과정

	점진	급진
부분	①	②
전면	③	④

은 '기득권 세력'만이 아니다. 많은 사람들이 전기를 풍족하게 쓰는 생활에 익숙해져서 핵발전의 폐기에 우려한다. 그런데 햇빛발전의 기술은 일순간에 크게 향상되는 것이 아니어서 우려하는 사람들을 바로 안심시킬 수 없다. 이렇듯 생태적 전환은 우리의 의지를 떠나서 내용이 과정을 규정하며, 따라서 우리는 장기적인 전망을 갖고 지속적인 노력을 기울여야 한다.[14]

지역의 면에서 보자면, 생태적 전환은 비생태적 지역을 생태적 지역으로 바꾸는 것이다. 사회가 공간 안에서, 즉 지역 안에서 존재한다는 점에서 보자면, 사회의 생태적 전환은 지역의 생태적 전환을 통해 실현되는 것이다. 지역은 우리가 실제로 살아가는 곳이고, 모든 것이 실제로 존재하는 곳이다. 따라서 국가나 사회의 생태적 전환은 반드시 지역의 생태적 전환을 통해 실현된다. 지역은 넓고 다양하다. 어떤 곳은 극히 비생태적 상태에 있고, 어떤 곳은 아주 좋은 생태적 상태에 있다.[15] 요컨대 수도

의 포기가 아니라 기술의 향상을 요청한다. 위험의 면에서도 그렇다. 핵발전의 완전한 폐기는 무려 수만 년 동안 고도의 과학기술을 필요로 한다. 우리는 과학기술을 포기하면 거대한 위험에 빠질 수밖에 없는 상황 속에 있다. 따라서 우리가 해야 하는 것은 최대한 생태적 기술을 개발해서 선용하는 것이다.

14 독일이 햇빛을 비롯한 신재생에너지의 이용에서 최고 모범국인 것은 단지 그 이용률이 높아서가 아니라 정부와 국민이 모두 에너지 전환을 위한 장기적인 전망을 갖고 지속적인 노력을 기울이고 있기 때문이다.

15 그러나 오늘날 어떤 곳도 지구 온난화를 비롯한 생태위기에서 자유로운 곳은 없다. 45억 년 전에 생겨난 이래 지구는 어디나 아름답고 깨끗한 생태적 장소였으나, 공업혁명 이후 250년이 지나고 이제 지구는 어디나 비생태적 문제를

권보다 비수도권이 낫고, 도시보다 비도시가 낫다. 여기서 쉽게 알 수 있듯이 생태적 전환은 오염과 개발을 줄이는 것으로 시작되어 그것을 없애는 것으로 완료될 수 있으나 그것은 대단히 복잡하고 어려운 과제이다.

지역의 차이는 대단히 중요하다. 수도권과 도시 지역은 많은 사람들이 모여 살고 있으나 비생태적 문제가 커서 주거에 좋지 않다. 더욱이 이곳의 비생태적 문제가 비수도권과 비도시 지역으로 확산된다. 따라서 수도권과 도시 지역의 생태적 전환이 관건적 과제이다. 또한 수도권과 도시 지역은 대기 오염을 주도하는 동시에 물과 식량과 폐기물 처리를 비수도권과 비도시 지역을 통해 해결하면서 심각한 지역 불의(regional injustice) 또는 공간 불의(spacial injustice)의 문제도 일으킨다. 수도권과 도시 지역의 생태적 전환은 이미 국가적 또는 사회적 차원의 긴요한 혁신 과제이다. 오늘날 사회 혁신의 최대 과제는 바로 생태적 전환을 이루는 것이고, 특히 수도권과 도시 지역의 생태적 전환을 이루는 것이다.[16]

주체의 면에서 지역의 생태적 전환은 정부의 차원과 주민의 차원으로 나누어 살펴볼 수 있다. 전자는 정부의 정책으로 전국에 걸쳐 생태적 전환을 시행하는 것이고, 후자는 주민의 노력으로 각자의 지역에서 생태적 전환을 실천하는 것이다. 전자는 후자를 강력히 촉진할 수 있고, 후자는 전자를 올바로 구현할 수 있다. 정부는 주민의 노력을 유도하고 강화하기 위한 여러 생태적 전환의 정책을 시행하고 있다. 예컨대 '생태마

안게 되었다.

16 혁신은 존속적 혁신(sustaining innovation)과 단절적 혁신(disruptive innovation)으로 나뉠 수 있다. 슘페터의 '창조적 파괴'를 구현하는 혁신은 후자다(Bower and Christensen, 1995). 생태적 전환은 현대 사회의 전체에서 단절적 혁신을 이루고 새로운 발전의 길을 여는 것이다

을' 정책은 그 좋은 예이다.[17] 이런 정책은 정부가 추진하는 것이지만 실제 실행은 주민에 의해 이루어진다. 이런 점에서 지역의 생태적 전환을 위한 정부의 정책은 크게 정부 실행 정책과 주민 실행 정책의 두 가지로 이루어져 있다.

이런 실행 정책은 방대한 환경법 체계에 의해 규정되고 있다. 이 환경법 체계는 1990년 8월의 '환경정책기본법' 제정으로 형성되기 시작해서 2002년 2월의 '국토기본법' 제정으로 일단락되었다.

'국토기본법'의 제정으로 환경법 체계의 형성이 일단락된 것은 국토계획과 환경계획의 연동이 법적으로 규정되었기 때문이다. 이것은 지역의 생태적 상태를 유지/개선하기 위한 중요한 법적 진전이라고 할 수 있다.

그러나 이렇게 환경법 체계가 형성되고 여러 '생태마을' 정책이 시행되었어도 생태위기는 계속 악화되었다. 지역의 생태적 전환이 아니라

표 4 생태적 전환의 법적 기반

제정 연월	법과 계획
1990년 8월	환경정책기본법 - 국가환경종합계획 → 지자체 환경보전계획
	수질환경보전법(2017년 1월 '물환경보전법' 개정) - 물환경관리기본계획
1991년 12월	대기환경보전법 - 대기환경개선종합계획
	자연환경보전법 - 자연환경보전기본계획
1995년 1월	토양환경보전법 - 토양보전기본계획
1999년 2월	습지보전법 - 습지보전기본계획
	연안관리법 - 연안통합관리계획
2002년 2월	국토기본법 - 국토종합계획 → 지자체 국토계획
2003년 12월	수도권 대기환경개선에 관한 특별법 - 수도권 대기환경관리기본계획
2004년 2월	야생 동식물 보호법(2011년 7월 '야생생물 보호 및 관리에 관한 법률' 개정) - 야생생물 보호 기본계획

---

17 정부의 생태마을 정책은 환경부 생태마을, 산림청 산촌생태마을, 행안부 평화생태마을 등 세 종류로 시행되고 있다.

지역의 생태적 악화가 계속되었다.[18] '4대강 살리기 사업'은 그 최악으로 꼽히는 것이지만 새만금 간척 사업, 핵발전소, 핵폐기장, 고압 송전선-송전탑, 신도시-택지 개발, 도로, 댐, 그리고 풍력 발전과 햇빛 발전 등 다양한 오염과 개발에 의한 지역의 생태적 악화는 계속되고 있다. 현실에서 우리가 목도하고 있는 것은 법 정책의 정비와 생태적 악화의 지속이라는 모순적 상황이다. 이런 모순적 상황은 어떻게 해서 만들어진 것인가? 가장 중요한 것은 역시 정치의 문제이다. 반생태적 세력이 민주적으로 권력을 잡고 합법적으로 생태적 개악을 강행했던 것이다. 요컨대 이명박-박근혜 정권은 각종 비리를 저질렀을 뿐만 아니라 생태적 개악도 강행했다. 그 대표적인 정책은 '4대강 살리기 사업'이지만 이와 함께 지속가능발전 정책의 개악이 이루어진 것도 주의해야 한다.

지속가능발전 정책은 유엔이 지구의 생태적 안정을 위해 세계 각국에 요청한 것으로, 1987년에 『우리 공동의 미래』라는 유엔 보고서를 통해 처음 제시되었고, 1992년에 '리우 회의'에서 세계 각국이 기본 정책으로 채택했다. 한국의 환경법 체계가 1990~2002년에 정비된 것도 이런 유엔 차원의 변화에 대응해서 이루어진 것이다. 한국에서 지속가능발전 정책은 김대중-노무현 민주 정부에 의해 확립되었다. 김대중 정부 때인 2000년에 '대통령 자문 지속가능발전위원회'가 설치된 것을 시작으로 노무현 정부 때인 2007년 8월에 '지속가능발전기본법'이 제정되었다. 그런데 2008년 2월에 출범한 이명박 정부는 2010년 1월 '저탄소 녹색성

---

18 정부의 자료에 따르면, 자연생태, 자원이용, 생활환경 등 여러 면에서 많은 활동들이 전개되고 있으나 여전히 미흡하거나 부족한 실정이다(관계부처 합동, 2015: 7~15). 물론 지역 간에 차이가 있고, 같은 지역에서도 개선된 것도 있다. 이런 점에서 보자면 차이를 구분해서 파악하는 '모자이크 관점', '스펙트럼 관점'이 중요하다. 그러나 전체 상황을 인식하는 데는 평균의 방식이 유용하다.

그림 3   국토계획과 환경계획의 연동제

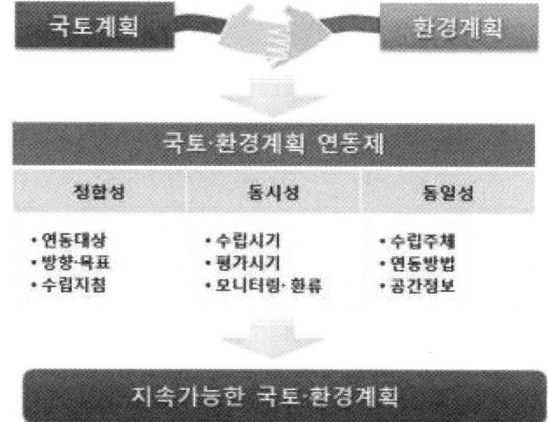

출처: 권영섭 외(2016), 228쪽.

장기본법'을 제정하고 '지속가능발전기본법'을 '지속가능발전법'으로 격하했다.[19]

법 제도가 만들어진다고 해서 그 자체로 변화가 보장되는 것은 아니다.[20] 민주주의는 주권자들이 잘못된 선택을 해서 합법적으로 잘못된 정권을 만들 수 있는 내적 취약성을 갖고 있다(Levitsky and Ziblatt, 2018; Mounk, 2018). 예컨대 반생태적 의식을 가진 다수의 국민들이 민주적으

---

[19] 이명박 정부는 교토의정서 이후 국제 지구 온난화 정책에 대응하기 위해 '저탄소 녹색성장법'을 제정했다고 주장했다. 그러나 이것은 지속가능발전의 핵심과제이다. 문재인 정부는 출범한 직후인 2017년 5월에 지속가능발전위와 녹색성장위를 합쳐서 대통령 직속 지속가능위를 만들겠다고 발표했으나 이행되지 않고 있다.

[20] 로버트 퍼트남이 이탈리아의 지자체 연구를 통해 밝혔듯이 사회가 후진적인 상태에서는 선진적인 제도도 제 기능을 하지 못한다(Putnam, 1993). 그리고 독재/권위주의 정권은 자신을 정당화하기 위해 민주주의 제도를 형식적으로 적극 활용한다(Kendall-Taylor, 2015).

그림 4 국가 지속가능발전 전략과 변화전망

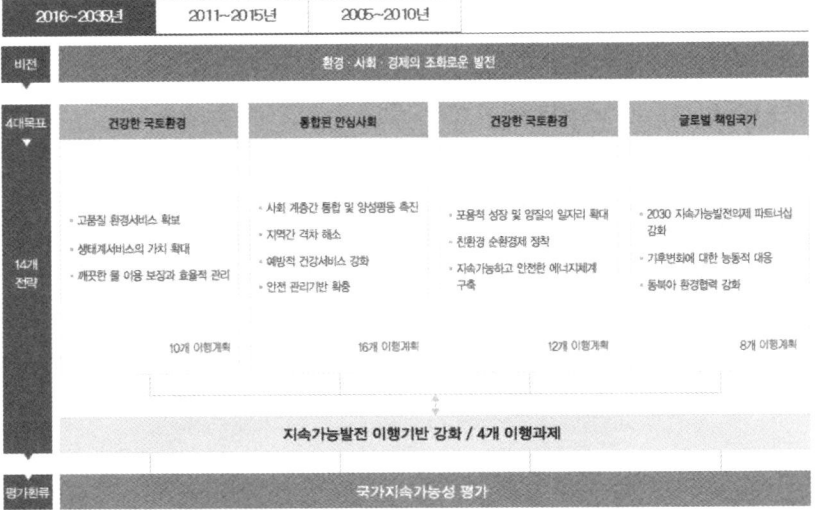

출처: 지속가능포털, 2018년 11월 12일

로 합법적으로 반생태적 정권을 만들고 반생태적 국가를 만들 수 있다. 이렇게 되면 아무리 잘 정비된 환경법 체계도 무력화되고 심지어 악용될 수 있다. 국가/사회의 생태적 전환을 위해 정치의 생태적 전환은 대단히 중요하다. 그리고 민주주의에서 정치의 개혁을 위해서는 시민의 각성과 실천이 무엇보다 중요하다.

5. 공동자원의 관점

생태적 전환을 위한 시민의 노력은 시민운동을 통해 가장 강력하게 나타난다. 시민단체를 결성해서 시민들의 힘을 모아 정부/정치와 기업/경제의 문제를 밝히고, 정부/정치와 기업/경제가 올바로 활동하도록 비판/견인하는 것이다. 그리고 여기서 더 나아가 시민이 직접 사회적 개혁의 주체가 될 수 있다. 예컨대 생태적 전환의 경우에 시민이 직접 생산과 생활의 변화를 실천하는 것으로 사회적 개혁의 주체가 될 수 있다. 이런 노력은 지역 공동체 운동으로 대표된다.[21] 엘리너 오스트롬의 공동자원론은 그 중요성을 강력히 제시했다. 그녀의 공동자원론은 전통적인 합리적 선택론과는 다른 '신제도주의 합리적 선택론'으로 불완전한 정보 상황에서 집단의 주체들이 토론과 합의를 통해 제도를 형성하고 진화시켜 집단과 환경을 유지할 수 있다는 것을 입증했다(Ostrom, 1990; 최현 외, 2017).

엘리너 오스트롬의 발견은 두 가지로 요약할 수 있는데, 하나는 국가와 시장이 자연을 지키기 위해 모든 것을 할 수는 없다는 것이고, 다른 하나는 공동체가 자연을 지키는 역할을 잘 할 수 있다는 것이다.[22] 이에 관한 논쟁은 1950년대 미국에서 시작되어 1960년대에는 '공유지의 비극'이 주장되기에 이르렀다. 요컨대 자연 자원을 개인들이 그냥 자유롭

---

21 이와 관련해서 주민운동과 시민운동의 차이에 주의할 필요가 있다. 이 차이는 1960-70년대에 일본에서 적극 제기되었는데, 주민운동은 특정 지역에 거주하는 주민들이 자신들의 이익을 지키기 위한 사회운동이고, 시민운동은 지역을 떠나서 시민들이 사회의 공익을 지키기 위한 사회운동이다(McKean, 1983; 홍성태, 2016). 주민은 어느 지역에 거주하는 사람을 뜻한다. 시민은 본래 도시에 거주하는 사람을 뜻했으나 현대 민주주의 사회에서 주권자를 뜻하게 되었다. 여기에는 시민이 민주화를 주도한 역사가 담겨 있다. 공동체는 본래 작은 지역에서 적은 수의 주민들이 호혜적 관계를 이루고 살아가는 것을 뜻했으나, 현대에서는 지리적으로 멀리 떨어져 있는 많은 사람들이 호혜적 관계를 이루고 살아갈 수 있다. 이런 점에서 지역 공동체와 사회 공동체를 구분하는 것이 유용하다.

22 여기서 국가는 권력의 행사주체를 뜻하고, 시장은 자유로운 경제활동의 영역을 뜻하며, 공동체는 주변의 자연에 의지해서 유지되는 지역 공동체를 뜻한다. 지역 공동체는 자연 마을이 대표적이지만 조합을 비롯한 여러 호혜적 조직의 형태로 존재할 수도 있다.

게 이용하게 해서는 남용과 파괴의 문제를 피할 수 없으므로 국가가 나서서 자연 자원을 개인의 재산으로 전환해서 지키거나 자연 자원의 이용에 세금을 적극 부과해야 한다는 주장이 제기되었던 것이다(Gordon, 1954; Scott, 1955; Hardin 1968). 이런 주장에 대해 엘리너 오스트롬은 20년이 넘는 기간 동안 수행한 지구적 차원의 대규모 사례연구에 의거해서 공동체가 주변의 자연을 공동자원으로 삼고 합의와 토론을 통해 그 보존적 이용을 지속할 수 있다는 사실을 제시했다(이명석, 1995; 홍성만·주재복. 2003; 김은희, 2006; 강은숙·김종석, 2010; 김경돈·류석진, 2011; 박계옥, 2013; 강영웅, 2016; 최현 외, 2017).

엘리너 오스트롬의 핵심적인 주장은 세 가지로 압축될 수 있는데 그 중에서 가장 널리 알려진 것은 '설계 원리'라고 불리는 것이다. 이 원리는 다음과 같이 8가지로 제시되었는데, 8번째 것은 부가적인 것이어서 사실상 7가지로 파악할 수 있다.[23] 7가지는 명확한 경계 및 구성원, 적합한 규칙들, 집합적 선택 영역, 감독 활동, 누진 제재, 갈등 해소 기제, 인정된 조직권 등이다. '설계 원리'가 중요한 이유는 세계 각지의 5천여 공동체들에 대한 엘리너의 연구를 통해 이것을 잘 지키면 공동체가 공동자원의 보존적 이용을 지속할 수 있는 것으로 밝혀졌기 때문이다. 엘리너는 세계 각지에서 공동체들의 자발적 노력으로 그 주변의 공동자원이 오랜 기간 잘 유지되고 있는 사실을 발견했다. 이 사실은 국가와 시장을 넘어서 시민들의 자발적 노력으로 생태위기를 극복할 수 있는 것을 보여준 것으로 여겨졌다. 이로써 엘리너 오스트롬의 연구는 국가와 시장의 이분법을 넘어서 공동체를 제3의 사회적 주체로 정립하는 데 성공했

---

23 8번째 원리는 '중첩된 주체'로서 공동자원이 더 큰 체계의 부분일 때 관련된 여러 주체들을 고려해야 한다는 것이다.

표 5   장기적으로 지속하는 CPR 제도들의 디자인 원리들

1. Clearly defined boundaries
   Individuals or households who have rights to withdraw resource units from the CPR must be clearly defined, as must the boundaries of the CPR itself.
2. Congruence between appropriation and provision rules and local conditions
   Appropriation rules restricting time, place, technology, and/or quantity of resource units are related to local conditions and to provision rules requiring labor, material, and/or money.
3. Collective-choice arrangements
   Most individuals affected by the operational rules can participate in modifying the operational rules.
4. Monitoring
   Monitors, who actively audit CPR conditions and appropriator behavior, are accountable to the appropriators or are the appropriators.
5. Graduated sanctions
   Appropriators who violate operational rules are likely to be assessed graduated sanctions (depending on the seriousness and context of the offense) by other appropriators, by officials accountable to these appropriators, or by both.
6. Conflict-resolution mechanisms
   Appropriators and their officials have rapid access to low-cost local arenas to resolve conflicts among appropriators or between appropriators and officials.
7. Minimal recognition of rights to organize
   The rights of appropriators to devise their own institutions are not challenged by external governmental authorities.

For CPRs that are parts of larger systems:

8. Nested enterprises
   Appropriation, provision, monitoring, enforcement, conflict resolution, and governance activities are organized in multiple layers of nested enterprises.

출처: Ostrom(1990), *Governing the Commons*, Cambridge University Press, 90.

다.[24]

---

24 그런데 현실에서는 시장과 공동체는 사적 영역으로서 공적 영역인 국가의 안에서 국가의 영향을 받으며 존재한다. 현대 사회는 국가가 법에 의거해서 합법적 강제력으로 통제하는 '국가 사회'(state society)로서 국가로부터 자유로운 존재는 없다. 따라서 공동체의 존속과 안정을 위해서는 그것이 놓여 있는 국가의 상태가 대단히 중요하다. 민주 국가일수록 공동체에 유리하다. 따라서 공동체도 민주 국가를 위해 적극 노력할 필요가 있다. 그런데 이렇게 본다면 결국

그런데 '설계 원리'는 공동체의 구성과 운영을 규정하는 제도의 설계에 관한 것으로 공동체의 외부에서 공동체를 규정하는 거시적 구조를 배제하고 공동체 내부의 미시적 작동을 설명한다. 따라서 '설계 원리'에만 초점을 맞추는 것은 큰 문제를 안고 있다. 공동체의 제도 설계가 아무리 충실히 되어 있다고 해도 외부의 거시적 구조에 의해 공동체는 쉽사리 파괴될 수 있기 때문이다. 이 점을 무시하고 '설계 원리'에만 초점을 맞추는 것은 공동체를 사회적 중력에서 벗어나서 존재하는 것으로 파악하는 허구적 유토피아 논리가 될 수 있다. 이 문제에 관해 엘리너 오스트롬은 분명히 인식하고 있었다. 그녀는 이 문제를 '다층적 수준 분석'(multiple levels of analysis)으로 설명했다. 작동적(operational), 집합적(collective), 헌법적(constitutional) 수준을 구분해서 규칙들의 위계적 연관을 살펴봐야 한다는 것이다.

> 작동적 선택에 영향을 미치는 규칙들은 집합적 선택 규칙들의 조합 안에서 만들어지는데, 집합적 선택 규칙들은 헌법적 선택 규칙들의 조합 안에서 만들어진다. 미시적 상태를 위한 헌법적 선택 규칙들은 더 큰 관할권을 갖는 집합적 선택과 헌법적 선택의 규칙들에 의해 영향을 받는다(Ostrom, 1990: 50).

CPRs[25]의 이용에서 취해지는 행위와 획득되는 결과에 축적적으로 영

민주주의가 중요하다는 것으로 귀결되고 정치적 순환논리가 될 수 있을 것이다. 이와 관련해서 공동체는 개인 주체들의 직접적인 실행의 장으로서 거시적 전환을 위한 미시적 기초가 되는 것으로 파악할 수 있다.

25 엘리너 오스트롬은 공동체가 함께 이용하는 자원, 즉 공동자원(common resources)의 개념을 재정립하기 위해 스승이자 남편으로 평생 함께 연구했던 빈센트와 함께 1960년대 후반부터 애썼다(Vincent, 1967). 1950~60년대의 연구를 통해 공동자원은 공동재산자원(common property resources, CPRs)으

향을 미치는 세 수준의 규칙들을 구분하는 것이 유용하다. … 전유, 규정, 감독, 시행의 과정은 작동적 수준에서 일어난다. 정책 결정의 정책 수립, 관리, 판결의 과정은 집합적 선택의 수준에서 일어난다. 헌법적 결정의 형성, 협치, 판결, 수정은 헌법적 수준에서 일어난다(52).

다음의 **그림 5**는 '다층적 수준 분석'을 통해 드러나는 규칙들의 연계를 제시한 것이다. 여기서 우선 주의해야 할 것은 세 수준의 연계가 위계적 연계라는 사실이고, 다음에 주의해야 할 것은 하나의 조직은 더 큰 조직과 위계적 연계를 이룬다는 사실이다. 요컨대 공동체의 작동은 그것을 외부에서 규정하는 더 큰 조직, 즉 지역과 국가의 영향에서 결코 자유로울 수 없다. 공동체를 외적으로 규정하는 법률과 헌법이 공동체를 무시하고 있다면, 공동체는 내적으로 아무리 규칙들을 잘 만들어도 유지되기 어렵다.

엘리너 오스트롬은 공동체의 자발적 노력으로 공동자원을 지속적

그림 5   규칙들과 분석 수준의 연계

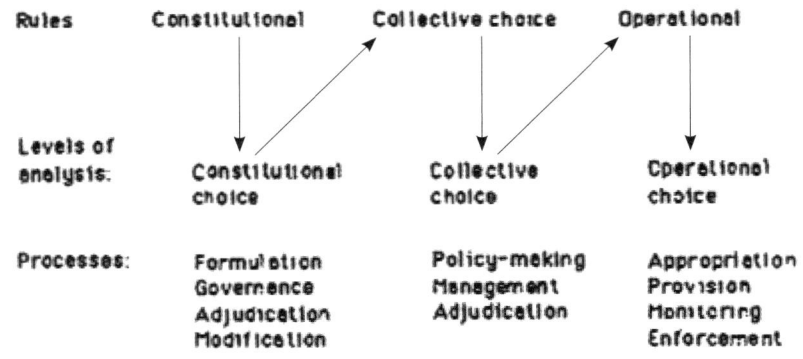

출처: Ostrom(1990), *Governing the Commons*, Cambridge University Press, 53.

로 정립되었는데, 이에 대해 빈센트와 엘리너는 공동이용자원(common pool resources, CPRs)을 제시했다. 전자는 공동소유를 강조하지만 후자는 공동이용을 강조한다. 현실에서 전자는 후자의 한 유형일 뿐이며, 전자를 내세우면 후자가 배제되어 공동자원 정책이 크게 왜곡될 수 있다.

으로 유지할 수 있다는 사실을 밝혔다. 공동자원은 자연적인 것과 인공적인 것으로 나뉜다. 공동자원을 지속적으로 유지할 수 있다는 것은 자연을 지속적으로 유지할 수 있다는 것이다. 그러나 이렇게 하기 위해서는 공동체가 '설계 원리'를 충실히 구현해야 한다. 그런데 이것만으로는 사실 크게 부족하며, 반드시 '다층적 수준 분석'의 위계적 연계에 주의해야 한다. 이것은 결국 공동체를 중시하는 민주주의를 요청하는 것이라고 할 수 있다.

> 현대 세계에서 대부분의 CPRs는 고립된 상태로 발견되지 않는다. CPR이 다른 경제적 활동의 중심에 가까울수록, 근처의 CPRs에서 지역의 인구, 자원 단위의 가치, 전유자들의 활동은 주요 CPR에서 획득되는 결과에 불리하게 영향을 미치는 방식으로 변화할 것이다. 멀리 떨어져 있지 않은 곳들에서는, 지배적인 정치체제의 정향이 지역의 전유자들이 자신들의 제도들을 공급할 것인가 자신들의 문제들을 해결하기 위해 외적 권위에 의존할 것인가에서 실질적인 차이를 만들 수 있다.
> 개인들은 무관심한 상태에서는 새로운 규칙들을 공급할 수 없지만 실질적인 지방 자치를 허용하고, 시행기관들에 투자하고, 일반화된 제도적 선택과 갈등 해소 영역을 제공하는 정치체제에서는 새로운 규칙들을 채택하는 데 성공할 수 있다. 다른 말로 해서, 지방정부와 중앙정부가 효과적인 제도 설계에 개입하는 지역 전유자들의 능력을 향상하기 위한 장치들을 제공하는 적극적인 역할을 흘 수 있다(Ostrom, 1990: 212).

한국의 경우를 보자면, 독재 시대에 공동체의 자기결정은 사실상 불가능했고, 민주화에 따라 공동체의 자기결정은 비로소 가능해졌다. 그러나 민주화가 되었어도 장기에 걸친 독재가 만든 개발국가의 문제는 해결되지 않았다. 개발국가는 개발을 발전과 같은 것으로 제시하며 수많은 개발 사업들을 강행한다. 그 결과 개발국가는 어디서나 계속해서 수

많은 공동체들을 파괴한다. 이 점에서 한국의 민주화는 국가를 독재적 개발국가에서 민주적 개발국가로 바꾸었을 뿐이라는 심각한 비판적 평가를 받을 수 있다.[26] 그 바탕에는 선진국에서는 시행되지 않는 '토지 강제 수용제'가 놓여 있다. 무려 110개의 법률이 '토지 강제 수용제'를 시행할 수 있으며, 이에 따라 전국 곳곳에서 언제나 공동체와 공동자원이 합법적으로 파괴되고 있다(이호준, 2015). 한국에서는 '토지 강제 수용제'를 비롯한 개발국가의 문제를 개혁해야 공동체와 공동자원이 지속될 수 있는 기반이 다져질 수 있는 것이다.

6. 맺음말

현대 사회의 생태적 전환을 위한 노력은 1960년대 초에 서구에서 시작되었다. 1962년에 발표된 레이첼 카슨의 『고요한 봄』은 그 중요한 계기였다. 1960년대에 생태적 전환은 정부의 노력보다 시민의 노력으로 추구되었다. 시민의 노력은 시민운동과 주민운동의 방식으로 크게 나뉘었는데, 전자는 국가와 기업의 개혁을 적극 추구하는 것이었다면, 후자는 지역에서 생태적인 생산과 생활을 추구하는 것이었다. 전자를 대표하는 것이 '그린피스'(GreenPeace)와 같은 생태운동체였다면, 후자를 대표하는 것은 '핀드혼'(Findhorn) 공동체와 같은 생태공동체였다.

이런 노력에 의해 1968년대 말부터 유엔 차원의 노력이 시작되었다. 그 결과 1987년에 '지속가능한 발전'을 인류의 과제로 제시한 〈우리 공동의 미래〉가 발표되었다. 『고요한 봄』의 발표로부터 따지자면 25년

---

26 그러나 이명박-박근혜 반민주화 정권의 '4대강 사업'이 잘 보여주었듯이 독재 국가와 민주 국가의 사이에는 거대한 차이가 있다.

의 세월이 흘러서 인류는 현대 사회의 지속불가능성을 분명히 직시하게 되었던 것이다. 그리고 그로부터 5년 뒤에 열린 '세계환경정상회의'는 '지속가능한 발전'을 세계의 모든 정부가 추구해야 할 정책목표로 제시했다. 그러나 그 뒤로도 지구의 생태위기는 계속 악화되었다. 지구 온난화가 계속 심해졌고, 미세먼지와 미세 플라스틱 문제도 계속 심해졌다.

생태적 전환을 어떻게 규정할 것인가? '오염 방지'를 비롯한 자연 훼손 대책의 실시로 본다면 19세기로 거슬러 올라갈 수 있다. 자연의 보존으로 보더라도 그렇다. 그런데 오염 방지와 자연 보존을 넘어서 현대 사회의 반생태성을 직시하고 생태적 개혁을 추구하는 것으로 본다면, 1960년대 초에 서구에서 제기되어 1992년에 유엔이 각국 정부에게 요청한 '지속가능한 발전'으로 본격화되었다고 할 수 있다. 정부는 법적 제도의 주체로서 가장 중요한 역할을 해야 하고 실제로 많은 정책들을 펼치고 있으나 현실은 개선되지 않았다. 이런 상황에서 기업과 정부를 넘어서 공동체의 중요성이 다시 크게 부각되었다.

엘리너 오스트롬의 연구는 공동체가 공동자원을 잘 지키고 유지될 수 있다는 사실을 밝혔다.[27] 이로써 그녀는 공동체가 주변의 자연을 잘

---

[27] 현재 공동자원에 관한 연구나 운동은 대체로 '커먼스'(commons)라는 개념을 중심으로 이루어지고 있다. 이 개념은 이른바 '공유 경제'(sharing economy)의 확산에 따라 급속히 지구 전체로 퍼졌다. 역사적으로 보아서 이 개념은 본래 영국에서 전근대 시대에 농민들의 공동경작지를 뜻했다. 이에 대해 현대적 사회과학 연구는 1950년대 미국에서 어장을 중심으로 이루어지기 시작했다. 그 뒤 1960-80년대를 거치며 세 개의 패러다임이 정립되었다. 먼저 가렛 하딘의 '공유지의 비극'론이다. 공유지는 공동체나 기업에 의해서는 오남용으로 파괴되기 때문에 정부가 개입해서 보호해야 한다는 것이다. 이에 대해 공동체 운동 쪽에서 오랜 동안 실증 연구를 시행했고, 그 결과 '공동체 자율관리'론이라고 부를 수 있는 입장이 형성되었다. 공동체가 자율적으로 공유지를 유지할 수 있다는

지킬 수 있다는 것을, 즉 기업과 정부가 아닌 공동체가 자연을 지키는 중요한 주체일 수 있다는 것을 밝혔다. 그러나 공동체의 한계도 명백하다. 이 점에서 공동체의 '설계 원리'뿐만 아니라 그것이 놓여 있는 '다층적 수준'에도 주의하지 않으면 안 된다. 더욱이 한국처럼 개발국가의 문제를 안고 있는 곳에서는 개발국가의 개혁이 공동체의 활성화를 위한 중요한 조건이 된다.

공동체도 국가 속에서 존재하기에 국가의 개혁은 공동체의 존속과 안정을 위해서도 중요한 과제이다. 국가는 합법적 강제력을 갖는 법적 실체이고, 따라서 국가의 개혁은 법적 제도의 방식으로 실현된다. 지역의 생태적 전환을 위해 '토지 강제 수용제'의 개혁을 제시했지만 사실 헌법부터 시작해서 국토기본법, 국토계획법, 각종 개발공사 등이 모두 크게 개정-개혁되어야 한다(박태현·최현·홍성태, 2017). 국가는 법적 제도로 구체화되는 것이기에 법적 제도의 정비는 국가 개혁을 위해 기본적이다. 생태적 전환의 경우에도 그렇다.

것이다. 그리고 '공동체 자율관리'론은 다시 '공동 재산'론(common property)과 '공동 이용'론(common-pool)으로 나뉜다. 전자는 일반적인 공동체 운동 쪽으로 공유지를 공동 재산의 형태로 공동체가 소유해야 한다는 것이고(Bromley et al, 1992), 후자는 엘리너 오스트롬이 대표하는 것으로 공동체가 소유하지 않아도 공동 이용할 수 있어야 한다는 것이다(Ostrom, 1990). 오스트롬의 연구는 이런 연구사와 운동사의 맥락에서 객관화해서 이해되어야 한다. 한편 현실의 소유관계나 제도를 무시하며 커먼스를 이상화해서 주장하는 것으로 맑스주의 커먼스론과 무정부주의 커먼스론이 있다. 둘은 커먼스를 내세우고 있지만 실은 맑스주의와 무정부주의의 비현실적 이상사회를 되뇌이는 것일 뿐이다.

참고자료

강영웅(2016). '한국의 공유자원 자치관리 제도의 형성과정: 자율관리어업 정책을 중심으로'. 〈정부학연구〉 제22권 제3호, 2016.

강은숙·김종석(2010). '공유재 딜레마 상황의 해결방안 모색: E. Ostrom의 기여와 남겨진 과제들'. 한국정책학회 학술회의. Vol.2010 No.4.

관계부처 합동(2015). 〈제4차 국가환경종합계획〉

권영섭 외(2016). 〈국토계획의 실효성 제고를 위한 평가제도 발전방안 연구〉, 국토연구원

김경돈·류석진(2011). '비배제성과 경합성의 순차적 해소를 통한 공유의 비극의 자치적 해결방안 모색: 제주도 동일리 해녀의 자치조직 사례를 중심으로'. 〈한국정치연구〉 20권3호. 서울대학교 한국정치연구소. 2011. 10.

김은희(2006). '공유재의 딜레마 극복을 위한 제도적인 장치: 제도분석틀의 관점'. 한국거버넌스학회 학술대회.

뉴스타파(2017ㄱ). 'MB의 유산 4대강: 1부 고인 물, 썩은 강'.

뉴스타파(2017ㄴ). 'MB의 유산 4대강: 2부 사라진 책임자들'.

대한민국 정부(2011). 〈제4차 국토종합계획 2011~2020〉

박계옥(2013). 『정책 동학의 이해』. 미래의 창.

박태현·최현·홍성태(2017). 『공동자원론, 생태헌법을 제안한다』. 진인진

이명석(1995). '공유재 문제의 자치적 해결 가능성'. 〈한국행정학보〉 제29권 제4호. 1995.12.

이호준(2015). '현행 공용수용제도의 문제점과 개선방안'. 한국감정원. 〈부동산 포커스〉 2015 June Vol.85.

최현 외(2017). 『공동자원론, 오늘의 한국 사회를 묻다』. 진인진.

홍성만·주재복. 2003. "자율규칙 형성을 통한 공유재 관리." 〈한국행정학보〉, 37(2)

홍성태(1998). '생태위기와 생태론적 전환-새로운 생태사회를 향한 전망'. 『문화과학』 16호/1998년 겨울호.

홍성태(2007). 『개발주의를 비판한다』. 당대.

홍성태(2019). 『생태복지국가를 향하여』. 진인진.

Bower, Joshep and Clayton Christensen(1995). Disruptive Technologies: Catching the Wave. *Harvard Business Review*. JANUARY-FEBRUARY 1995 ISSUE.

Bromley, DAniel et al.(1992), *Making the Commons Work*. ICS Press.

Dubos, René and Barbara Ward(1972). *Only One Earth*. Norton.

Gordon, Scott(1954). 'The Economic Theory of a Common-Property Resource: The Fishery'. *The Journal of Political Economy*. Vol. 62, No. 2.

Gough, Noel(2002). 'Thinking/acting locally/globally: Western science and environmental education in a global knowledge economy'. Manuscript in press for *International Journal of Science Education* 24(11) 2002. pp.1217-1237.

Hardin, Garett(1968). 'Tragedy of the Commons'. *Science*. New Series. 162, no. 3859.

Kendall-Taylor, Andrea(2015). 'How democratic institutions are making dictatorships more durable'. *Washington Post* 19 March 2015.

Levitsky, Steven and Daniel Ziblatt(2018). 박세연 옮김(2018). 『어떻게 민주주의는 무너지는가』. 어크로스.

McKean, Margaret(1981). *Environmental Protest and Citizen Politics in Japan*. Univ of California Press.

Mounk, Yascha(2018). 함규진(2018). 『위험한 민주주의』. 와이즈베리.

Ostrom, Elinor(1990). *Governing the Commons*. Cambridge University Press.

Ostrom, Elinor, Vincent(1967). 'INSTITUTIONAL FAILURE AND REFORM: A Problem in Economic and Political Analysis of Water Resource Development'. Prepared for *a Conference on "Political Science and the Study of Public Policy"*.

Porter, Michael(1990). 'The Competitive Advantage of Nations'. *Harvard Business Review*. The March-April 1990.

Putnam, Robert(1992). *Making Democracy Work-Civic Traditions in Modern*

Italy. Princeton University Press.

Scott, Anthony(1955). 'The Fishery: The Objectives of Sole Ownership'. *Journal of Political Economy*. University of Chicago Press. vol. 63.

제7장 공동체와 개발국가의 생태적 전환

1. 머리말

'촛불 혁명'으로 수립된 문재인 정부는 많은 개혁 과제를 안고 있다. 이명박-박근혜 정권으로 드러난 비리 세력, '법비'로까지 불리는 검찰과 법원, 한국 경제를 장악해서 비리 세력의 기반이 된 재벌, 문제를 왜곡-호도하는 비리 언론, '4대강 죽이기'에 이른 혹세무민 학자 등 '촛불 혁명'으로 드러난 개혁 과제는 크고 많다. 그런데 생태적 전환의 과제는 어떤 상태에 있는가? 생태위기의 시대에 민주화는 독재적 개발국가를 민주적 개발국가로 만드는 것을 넘어서 개발국가의 생태적 전환을 핵심적 목표로 추구해야 할 것이다. 이를 위해 우리는 개발국가를 지탱하는 개발주의의 문제에 주의할 필요가 있다.

개발국가는 개발을 발전과 동일시하는 개발주의를 널리 유포하며, 개발주의는 각종 개발 제도들을 통해 계속 강력한 위력을 발휘하고 있다. 개발주의의 문제는 공동체의 활성화가 적극 추진되는 상황에서도 여실히 확인된다. 공동체는 사회적 공존과 생태적 공생의 면에서 중요한 가치를 갖는다. 바로 이 때문에 공동체의 활성화가 적극 추진되고 있으나 개발주의는 여전히 전국 곳곳에서 많은 공동체들을 위협하고 있다. 따라서 공동체의 활성화가 제대로 이루어지기 위해서도 개발주의를 적극 개혁해야 한다. 그 핵심은 개발주의를 현실에서 구현하는 각종 개발 제도들을 개혁하는 것이다.

2000년대에 들어와서 공동체에 관한 관심이 국내외적으로 다시 커졌다(최협 외, 2001; 김수중 외, 2002; 이종수 편, 2008; 박호성, 2009). 여기에는 복지국가의 약화와 신자유주의의 강화, 그리고 1997년과 2008년의 경제 위기에 대한 대응이 크게 영향을 미쳤다. 특히 2008년 9월 미국의 리먼 브라더스(Lehman Brothers)의 파산[1]으로 시작된 세계 경제위기는 국가와 시장 또는 정부와 기업에 대한 불신을 크게 키우면서 공동체의 가치와 역할에 대한 관심을 증폭시키는 역사적 계기가 되었다. 2009년에 엘리너 오스트롬이 노벨 경제학상을 수상한 것도 이 중대한 상황과 관련이 있다. 그녀는 40년에 걸친 연구로 공동체의 경제적-생태적 지속성을 입증해서 공동체의 가치와 역할을 재정립했다.

한국에서도 1990년대 중반부터 '귀농 운동'을 중심으로 공동체 운동이 새롭게 활성화되기 시작했다. 사실 그 시작은 1986년에 장일순과 박재일을 대표로 해서 설립된 '한살림'이라고 할 수 있다. 엘리너 오스트롬의 노벨 경제학상 수상은 이런 노력들에 큰 힘을 주는 것이었다. 이로써 공동체가 생태적 전환의 핵심 주체로서 크게 떠오르게 되었던 것이다(최현 외 엮음, 2017ㄱ). 오스트롬은 신제도주의의 관점에서 공동체에 관

---

[1] 리먼 브라더스는 1850년에 설립된 미국의 4대 투자은행이었으며, 파산 규모는 약 6130억 달러(640조 원)로 세계 최대 파산으로 〈기네스북〉에 올랐다.

한 장기적인 실증연구를 진행해서 공동체의 구성원들이 토론과 합의를 통해 규칙을 만들고 지켜서 공동체를 생태적으로 경제적으로 지속할 수 있다는 것을 입증했다.

그러나 한국의 현실을 보면, 여전히 개발주의의 위력이 강대하며, 전국 곳곳에서 각종 개발 사업들을 통해 공동체의 파괴가 계속 진행되고 있다. 요컨대 개발주의가 여전히 공동체를 압도하고 있는 것이다. 한국은 여전히 개발국가의 문제를 강하게 안고 있으며, 그 바탕에는 강력한 개발 제도들이 놓여 있다. 이 글에서는 개발주의에 의한 공동체의 고통과 위기, 그리고 그 원천으로서 개발 제도들의 문제를 제시하고자 한다. 이를 통해 개발국가의 생태적 전환을 더욱 구체적으로 추구할 수 있게 되기를 바란다.

2. 생태위기와 공동체의 가치

공동체의 해체는 근대화의 중요한 사회적 특징이다. 그러나 근대에서도 공동체는 결코 소멸되지 않았으며, 공동체의 보존과 재생도 계속 추구되었다(이종수, 2015). 사실 근대화는 전통의 전면적 해체가 아니라 그 변형과 지속을 통해 이루어졌다(김진균, 1968). 서구에서는 1960년대부터 공동체에 대한 관심이 새롭게 강력히 제기되었고(Jacobs, 1961; Peck, 1987), 한국에서도 이미 1970년대부터 공동체에 관한 논의가 새롭게 제기되었다(박현채, 1978; 유인호, 1982). 근대화가 공동체를 해체하는 동시에 공동체의 필요를 새롭게 확인해 주었던 것이다.

공동체는 무엇인가? 공동체는 대체로 일정한 공간 안에서 함께 생활하며 친숙한 관계로 살아가는 사람들의 조직체를 가리키는데 그 존재의 핵심은 구성원들이 서로 돕는 호혜에 있다. 이런 점에서 공동체는 본래 반경 수 km 정도 이내의 작은 지역 안에서 수십 가구 정도의 적은 사람들이 대체로 혈연을 기본으로 해서 살아가는 것이었다. 요컨대 공동체는 본래 호혜적 관계를 뜻하며, 그 물리적 실체는 마을이었다. 여기서 마을은 무엇보다 '자연 마을'을 뜻하는데, 이것은 대체로 전근대 시대에 형성된 '동족촌'[2]이었다. 그런데 공동체는 구성원들의 삶을 지탱하는 공동재[3]를 필요로 했다. 그것은 보통 주거지를 뜻하는 마을보다 훨씬 넓은 생산지와 배후 자연으로 이루어졌다.

공동체에 대한 관심은 크게 경제적인 것과 생태적인 것으로 나뉜다. 전자는 공동체가 자립적인 경제 단위가 될 수 있는가에 초점을 맞추는데, 근대화에 따라 그 가능성은 크게 약화되었으나 사라지지는 않았다. 후자는 공동체가 자연을 지킬 수 있는가에 초점을 맞추는데, 엘리너 오스트롬은 '공유지의 비극'론[4]에 맞서서 그 가능성을 강력히 입증했다.

---

2 동족촌은 '집성촌'이라고도 하며, 부계 호적제에 따른 동성동본의 사람들이 모여 사는 마을을 뜻한다. 전근대의 마을은 대부분 동족촌으로서 평등한 공동체의 인상을 강하게 지니지만, 사실 전근대의 마을은 신분제와 지주제에 의해 엄격히 통제되는 '불평등 공동체'였다(오창현, 2008; 박명호 외, 2013).

3 '공동재'는 공동체의 구성원들이 공동으로 소유-관리-이용하는 각종 자원을 뜻한다. 이에 대해 미국의 학계에서는 보통 Common Property Resources(공동 재산 자원)로 다루었으나, 오스트롬은 Common Pool Resources로 파악할 것을 강력히 주장했다. Common Pool Resources는 소유와 무관하게 관리와 이용을 강조한다는 점에서 '공동 관리 자원'으로 번역될 수 있다(최현 외 엮음, 2017ㄱ, 2017ㄴ).

4 이것은 미국의 생물학자였던 가렛 하딘이 1968년에 미국의 과학 저널인 *Science*에 발표한 "공유지의 비극"(The Tragedy of Commons)이라는 우화적 논문에서 비롯되었다. 하딘은 인구의 증가를 만악의 근원으로 여긴 18세기 영국의 목사이자 사회사상가였던 맬더스의 주장을 강력히 지지한 맬더스주의자로서

본래 공동체는 자연의 보전적 이용을 통해 존속하며, 바로 이런 점에서 공동체는 자연을 지키는 중요한 구실을 하는 것이다. 물론 공동체는 저절로 자연을 지키는 것이 아니라 민주적 규칙에 따른 엄정한 제도적 실천을 통해 그렇게 하게 된다.

엘리너 오스트롬은 공동체의 경제적-생태적 역할에 대해 다음과 같이 국가와 시장에 대비해서 제시했다. 이로써 그녀는 근대화에 따라 크게 약화된 공동체가 근대화를 주도한 국가와 시장만큼 중요한 조직체로 여겨지는 인식의 전환을 주도했다.

> 귀중한 자연 자원이 위협받고 있다는 소식 없이 지나가는 주가 단 한 주도 없다. ... 주요 쟁점은 자원의 경제성을 장기적으로 보장하기 위해서 천연자원 사용을 어떻게 제한할 것인가와 관련되어 있다. 중앙정부의 규제를 옹호하는 사람들, 사유화를 주장하는 사람들, 관련 당사자들의 자기 규제를 주장하는 사람들은 각자 다양한 방법을 동원하여 자신들의 정책적 처방을 실현하기 위해 압력을 행사하고 있다 (Ostrom, 1990: 21)
>
> 현실을 보면 국가나 시장이 자원의 장기적 유지와 자원 체계에 대한 생산적인 활용이 가능하도록 만드는 것은 아니다. 뿐만 아니라, 국가 또는 시장과 유사하지 않은 제도들에 의존하여 장기간 성공적으로 자원 체계를 운영해 온 공동체들도 많다(Ostrom, 1990: 22).

오늘날 우리는 생태위기의 시대를 살고 있다. 이 시대에 자연의 보호는 인류의 절박한 생존 과제이다. 생태위기는 인간의 활동에 의해 자연이 급격히 비정상 상태가 되어 인류를 포함한 모든 생물들이 심각한

지구라는 공유지를 그대로 방치하면 과도한 인구의 증가로 파멸하게 될 것이라고 주장하기 위해 이 논문을 발표했다. 이에 맞서 엘리너 오스트롬은 사람들이 토론과 합의를 통해 규칙을 정하고 지켜서 공유지를 보전적으로 이용할 수 있다는 사실을 입증했다.

생존의 위기에 처하게 된 것을 뜻한다. 지구 온난화에 따른 급격한 기후 변화는 그 대표적인 예이다. 인류의 공업과 개발로 말미암아 지구 전역에서 온난화와 그에 의한 급격한 기후 변화가 초래되었으며, 결국 지구 전역에서 생태계의 파괴가 급속히 진행되어 모든 생물들이 심각한 생존의 위기에 처하게 되었다. 유엔은 현재 상태가 계속되면 21세기 안에 대멸종이 초래될 것으로 경고하고 있다(IPCC, 2007).[5]

생태위기는 지구적 위기이므로 이에 대한 대응은 유엔이 주도하고 있다. 유엔은 1972년에 '세계환경회의'[6]를 시작해서, 1987년에 처음으로 '지속가능한 발전'을 인류가 추구해야 할 과제로 제시했고, 1992년에 '지구 정상회의'를 열어서 세계 각국 정부들의 기본 정책 방향으로 확정했다. 이에 관한 가장 큰 성과는 2015년 말에 버락 오바마 당시 미국 대통령과 시진핑 중국 총서기가 전격 합의해서 성사된 '기후 변화에 관한 파리 협정'이다. 이 조약을 통해 지구 온난화를 주도하는 두 국가인 미국과 중국이 지구 온난화를 완화하기 위한 조치를 강화할 수 있는 길이 열렸다(홍성태, 2017).

생태위기는 무엇보다 공업의 산물이며, 공업은 현대 사회의 동력이자 원천이다. 현대 사회는 국가로 구분되고 국가에 의해 규정되는 '국

---

[5] 일부 학자들은 새로운 지질학 시기 구분을 제안하고 있다. 인류세(Anthropocene)가 그것이다. 현세는 '홀로세'인데, 1950년대부터 인류의 활동에 의한 지질의 변화가 뚜렷이 확인되고 있어서 이것을 '인류세'로 구분해야 한다는 것이다. '인류세'의 가장 큰 증거는 방사능의 누적이고, 가장 큰 위기는 지구 온난화이다. '인류세'는 6500만 년 전의 공룡 대멸종보다 더 큰 생물 대멸종이 예상되는 무서운 시기이다(Monastersky, 2015).

[6] 정식 명칭은 '유엔 인간환경회의'였다. 이때부터 10년마다 회의를 열어 계획과 목표를 정했다. 1972년 스톡홀름 회의, 1982년 나이로비 회의, 1992년 리우 회의, 2002년 요하네스버그 회의, 2012년 리우 회의 등이다.

가 사회'이다. 따라서 생태위기의 해결은 사실 국가가 주도해야 한다. 국가가 민주적 의사결정에 따라 합법적 강제력인 권력을 행사해서 경제와 생활의 생태적 전환을 추구해야 하는 것이다(Barry and Eckersley, 2005). 그런데 국가가 모든 것을 다 할 수는 없다. 경제적인 면에서 국가의 조치는 외부 불경제를 내부화하기 위한 피구 식 세제로 대표되는데, 최근에는 당사자들의 거래로 외부 불경제를 해소하는 코스 식 거래도 시행되고 있다.[7]

생태위기의 해결에서 국가의 역할은 아무리 강조해도 지나치지 않을 것이다. 그러나 국가가 모든 것을 다 할 수는 없으며 그렇게 해서도 안 된다. 국가가 주도하는 공적 부문만이 아니라 개인이 주도하는 사적 부문도 적극 참여해야 한다. 사적 부문은 개인, 기업, 공동체, 시민사회 등 네 주체로 대별해 볼 수 있다. 이 중에서 공동체는 기업처럼 사익을 추구하는 경제적 주체이자 시민사회처럼 공익을 추구하는 사회적 주체

---

[7] 어떤 경제 활동이 제3자에게 편익이나 비용을 발생시키는 것을 외부성(externality)이라고 하며, 이것은 편익을 주는 긍정적 외부성과 비용을 안기는 부정적 외부성으로 나뉘는데, 이것을 외부 경제(external economy)와 외부 불경제(external diseconomy)라고도 한다. 외부 불경제의 대표적인 예는 환경 문제이다. 외부성은 영국의 경제학자 아서 피구(Arthur Pigou, 1877~1959)가 1920년에 간행한 『복지경제학』(The Economics of Welfare)에서 처음 제시했다. 피구는 '환경세'와 같은 조세로 외부 불경제를 경제적으로 내부화해서 해결하는 방안을 제시했고, 코스는 1960년에 발표한 '사회적 비용의 문제'라는 논문에서 당사자들이 직접 거래해서 외부 불경제를 해결하는 방안을 제시했다. 조지 스티글러는 로날드 코스(Ronald Coase, 1910-2013)의 주장을 왜곡해서 마치 코스가 정부의 개입을 완전히 부정한 것처럼 제시했으나 코스는 결코 그렇게 주장하지 않았다. 코스는 당사자들의 거래에서도 거래비용을 없앨 수 없기 때문에 정부가 필요하며, 다만 정부가 직접 행위하는 것이 아니라 당사자들이 거래할 수 있도록 도와야 한다고 주장했다.

로서 생태위기의 해결에서도 대단히 중요하다. 특히 자연의 보전적 이용에 기반을 둔 공동체의 가치와 역할이 크게 강조되고 있다(Ostrom, 1990).

　　엘리너 오스트롬의 연구는 공동체의 경제적-생태적 지속성을 입증한 실증적 연구로 큰 의미를 지닌다. 그러나 그녀의 연구는 국가별로 공동체가 처해 있는 정치적, 제도적 차이를 떠나서 공동체의 내적 운영에 집중한 것으로서 한계를 지니고 있다(최현 외 엮음, 2017ㄱ, 2017ㄴ). 예컨대 정치적인 면에서 민주화가 진척될수록 공동체는 안정적이며, 제도적인 면에서 공동체 보호가 잘 정비되어 있을수록 공동체는 안정적이다. 따라서 공동체의 안정을 위해서는 국가의 민주화와 공동체 보호의 강화를 적극 추구해야 한다. 이와 관련해서 개발국가의 문제는 중요하다.

3. 개발국가와 공동체의 파괴

2010년대에 들어와서 공동체 정책은 중앙과 지방을 떠나서 크게 활성화되고 일반화되었다. 그 결과 이미 많은 지원 정책들이 제안되어 시행되고 있다(전대욱 외, 2012, 2014, 2016). 그런데 이와 함께 전국 곳곳에서 대규모 개발에 의한 공동체의 훼손과 파괴도 계속되고 있다. 요컨대 전국에서 국가의 주도로 공동체의 지키기와 없애기가 동시에 진행되고 있는 것이다. 개발국가는 여전히 한국의 생생한 현실이다.[8] 이에 따라 오랜 동안 많은 사람들이 노력해서 어렵게 만든 공동체가 개발로 말미암아 삽시간에 영원히 사라져 버리는 일이 여전히 전국에서 빈발하고 있

8　공동체 정책의 활성화로 보면 '개발국가'가 크게 개혁된 것으로 보일 수 있으나, 대규모 개발 사업들로 보면 '개발국가'가 여전히 강력한 상태에 있다. 국가가 공동체 보존과 공동체 파괴를 동시에 추진하는 이중성을 보이고 있는 것이다.

다. 그 중심에 이른바 '국책사업'[9]이 자리하고 있다.

비교정치학에서 '개발국가'는 국가(정부)가 가장 강력한 경제의 주체가 되어 거시 경제정책을 주도하고 거대 개발사업을 시행하는 것을 뜻한다.[10] 그 대표적인 예는 일본, 한국, 대만 등의 동아시아 국가들이었다(Johnson, 1981; Amsden, 1989). 1990년대의 민주화와 지구화를 통해 '개발국가'는 크게 약화되었고, 신자유주의의 확대로 '신자유주의 국가' 또는 '규제국가'[11]로 변모한 것으로 파악된다(문돈·정진영, 2014; 이종찬, 2016; 지주형, 2016). '개발국가'는 각종 개발공사는 물론 군과 경찰도 동원해서 수많은 하부구조, 생산시설, 주거시설, 군사시설 등을 계속 건설해서 공동체의 파괴를 전면화하고 일상화한다.

민주화와 함께 '개발국가'의 문제가 조금씩이나마 개혁되는 것으로 보였다(문순홍 엮음, 2006). 그러나 이명박-박근혜 정권의 9년 동안 '개발국가'의 문제는 다시 크게 악화되어 '국책사업'에 의한 공동체의 파괴가 전국에서 혹심하게 자행됐다. 몇 가지 주요 사례들을 통해 이에 대해 살펴보자.

---

9 '국책사업'은 중앙정부가 주도하는 사업이며, 대체로 대규모 토건사업이다. 그런데 '국책사업'은 행정 편의의 명칭일 뿐이고 법률 용어가 전혀 아니다. '국책사업'은 크게 두 가지 의미를 갖는다. 하나는 중앙정부에서 막대한 세금을 사업이 벌어지는 지역에 준다는 것이고, 다른 하나는 '나라의 일'이니 거역해서는 안 된다는 것이다. 전자는 세금으로 지역을 매수하는 '매수 정치'의 성격을 갖고, 후자는 국가를 '상전'으로 모시는 국가주의에 해당된다. 일본에서는 '공공사업'이라고 부르는 데, 이 용어가 훨씬 더 적절하다고 할 수 있다.

10 '개발국가'는 developmental state를 번역한 것으로 '발전국가'로 더 자주 번역되는 데, 여기에는 개발을 발전과 등치시키는 이데올로기의 문제가 크게 개입되어 있다.

11 '규제국가'는 상당히 혼란스러운 용어인데 국가의 개입을 축소하고 시장의 자유를 확대하는 (재)규제 정책을 시행하는 국가를 뜻한다.

4대강 사업과 두물머리 마을

이 사업은 이명박 정부(2008년 2월~2013년 2월)가 2009~2012년의 만 3년 동안 22조원의 세금을 투여해서 강행한 초대형 토건 개발사업이다. 2013년 1월에 감사원은 이 사업을 '총체적 부실'로 규정한 감사 보고서를 발표했다(감사원, 2013). 이 사업의 실체는 무엇인가? 본래 이명박 정권은 '한반도 대운하 사업'을 천명했으나 그 허구성이 여실히 드러나서 철회해야 했다. 그러자 이명박 정권은 '4대강 살리기'를 내걸고 무려 16개의 보/댐을 일거에 건설하고 강변을 대대적으로 파괴하는 토건사업을 강행했다(김정욱, 2011). 이 사업으로 4대강이라는 공공재가 대대적으로 파괴되었고, 4대강과 그 주변의 공동체와 공동재(CPRs)도 대대적으로 파괴되었다. 경기도 양평의 '두물머리 마을'은 그 중요한 예이다. 남한강과 북한강이 만나는 곳에 위치해서 '두물머리'라는 이름[12]을 갖게 된 이 마을은 경기도에서 가장 큰 600살 느티나무로 유명한 곳으로 400년 전에 '강릉 최씨'의 동족촌으로 조성되어 이어져 왔다. 그런데 1971년 12월에 팔당댐이 완공되며 강촌은 호수촌으로 변했고, 이 호수가 서울과 수도권의 상수원이어서 이곳은 상수원을 지키기 위한 유기농 지역으로 변했다. 이명박 정권은 이곳을 완전히 파괴해 없애고 공원을 만들었다. 그 결과 400년 동안 유지되었던 공동체와 공동재가 사라졌다(홍성태, 2010).

영주댐과 금강 마을

4대강 사업과 마찬가지로 이 댐도 여러 문제들을 무시하고 국토부와 수자원공사가 건설을 강행했다. 사실 수자원공사는 이 댐의 건설을 오래

---

12 이 마을 사람들은 '두물머리'라고 하지 않고 그냥 줄여서 '두머리'라고 불렀다. '두물머리'라는 말은 외지인들이 남한강과 북한강이 합치는 곳이라는 사실을 염두에 두고 부르는 말이었다.

전부터 추진했으나 아무런 실효성이 없어서 실행할 수 없었다. 그런데 이명박 정권이 4대강 사업을 강행하자 수자원공사는 여기에 추가하는 방식으로 영주댐의 건설을 강행했다. 이 댐은 맑은 물을 공급한다는 명목으로 건설되었으나 겨울에도 녹조가 생기는 것은 물론이고 주변의 오수가 흘러들어 아예 '똥물'을 모아두는 꼴이 되고 있다.[13] 영주댐은 낙동강의 주요 지천인 내성천을 막고 들어섰다. 내성천은 세계적인 모래 하천으로서 대단히 귀한 곳인데, 이 댐으로 말미암아 크게 훼손되어 버렸다(정수근, 2017). 댐이 건설되면 수계에 있던 여러 마을들이 수몰되어 영원히 사라진다. 소양강댐, 대청댐, 팔당댐 등 모든 댐은 수많은 마을들이 수몰된 곳이다. 댐의 거대한 파괴성을 직시해야 한다. 오늘날 댐은 생태적 문제와 문화적 문제의 양 면에서 가능한 한 건설되지 말아야 할 시설로 손꼽힌다. 영주댐도 여러 마을들을 영원히 없애 버렸다. 영주시 평은면 금광2리의 '금강 마을'은 그 대표적인 곳으로 꼽혔다. '인동 장씨'의 집성촌이었던 이 마을은 400년의 역사를 간직한 귀한 삶터였으나 전혀 불필요한 댐의 건설로 영원히 사라져 버렸다.

송전선로와 밀양 마을들

핵발전소는 너무나 위험한 시설이어서 소비지로부터 멀리 떨어진 곳에 건설된다. 핵발전은 대표적인 원격 대용량 발전이다. 따라서 핵발전소는 생산된 전력을 멀리 떨어진 소비지로 보내기 위해 거대한 송전선을 설치해야 한다. 수십 개에서 수백 개에 이르는 거대한 송전탑을 세우고 거기에 송전선을 가설하는 것이다. 이렇게 송전선이 설치되면 경관의 훼손

---

13   이 때문에 2018년 6월부터 영주댐의 철거를 포함한 정책 논의가 환경부의 주관으로 시작되었다. 영주댐의 철거와 내성천의 재생이 꼭 이루어지기를 바란다.

은 물론이고 심각한 건강 문제도 발생할 수 있다. 송전선에서 강력한 전자파가 발생해서 주변의 생물에 큰 악영향을 끼칠 수 있는 것이다. 이 때문에 송전선이 설치되는 곳에서는 주민들의 반대운동이 거세게 벌어진다. 밀양의 송전선은 신고리 핵발전소 3호기에서 생산하는 전력을 서울로 보내기 위한 것이다. 그 부지가 2001년에 선정되어 2007년에 승인됐고 2008년부터 밀양 주민들의 반대운동이 전면화했다. 그러나 이명박 정권은 공사를 폭력적으로 강행했고, 그 결과 2012년 1월에 주민 이치우 씨가, 2013년 12월에 주민 유한숙 씨가 송전선 설치에 반대하며 자살했다. 경찰들이 주민들에게 계속 심각한 폭력을 자행했다. 수백 년 세월을 견딘 공동체들이 크게 망가져 버렸다. 주민들은 찬성과 반대로 나뉘어 서로 인사도 하지 않는 사이가 됐다(장훈교, 2016). 한국전력은 주민들을 설득한다며 보상금을 이용해서 주민들을 분열시켰고, 심지어 보상금을 유용한 혐의도 드러났다(〈연합뉴스〉 2018년 1월 8일). 2017년 3월에 〈밀양 송전탑 마을공동체 파괴 실태 조사 보고서〉가 발간된 것을 계기로 국회에서 전국의 관련 피해 주민들의 증언대회가 열렸는데, 이 자리에서는 한국전력에 '주민의 갈등을 부추기는 매뉴얼'이 있다는 놀라운 의혹도 증언되었다(〈한국농정신문〉 2017년 3월 26일).

제주 해군기지와 강정 마을

강정 마을은 용천수가 많아서 제주에서 유일하게 논농사를 지을 수 있는 곳이다. 이곳의 주민들은 이 천혜의 자연 조건을 공동재로 이용해서 포실한 공동체를 이루고 살아왔다. '제주 해군기지 계획'은 1993년에 처음 제기되었는데, 당시는 화순항을 개조하는 계획이 검토되었다. 그런데 화순 지역에서 반대운동이 강력히 전개되고 다른 지역들에서 유치운동이 전개되자 유치 신청을 받아 결정하는 방식으로 진행됐다. 그 결과

2007년 6월에 강정 마을로 결정되었는데, 2008년 9월에 이명박 정권은 이 사업을 돌연 국책사업으로 승격시켰다. 그 뒤 2010년 1월에 공사가 시작되어 2016년 2월에 준공됐다. 그 결과 '구럼비 바위'[14]의 완전한 파괴를 비롯해서 강정 마을과 인근 바다는 크게 훼손되어 버렸다. 이 과정에서 이명박-박근혜 정부는 경찰 병력을 대대적으로 동원해서 반대하는 주민들과 시민들을 진압했으며, 반대하는 주민들에게 해군과 삼성물산이 각각 34억원과 130억원의 '빚 폭탄'을 안겼다.[15] 700여명이 연행되어 480여명이 처벌됐고, 4억원이 넘는 벌금을 내야 했다. 그런데 제주 해군기지는 사실 미 해군을 위한 동북아 최전진 기지라는 의혹을 받고 있다. 따라서 제주 해군기지의 건설은 제주도를 '평화의 섬'이 아닌 '전쟁의 섬'으로 만드는 것이라는 우려가 크게 제기됐다(정욱식, 2012). 제주 해군기지의 건설은 일반적인 토건 사업의 문제를 훨씬 넘어서 군사적 위험을 키우는 대단히 특별한 문제를 안고 있는 것이다. 한국처럼 군사적 문제가 크고, 더욱이 강력한 동맹국의 영향이 강한 곳에서는, 단지 내적 논리만으로 공동체를 지키는 것이 더욱 더 어려운 것이다.

고리 핵발전소와 길천 마을

고리 핵발전소는 박정희 군사-개발 독재가 건설해서 1978년에 가동되기 시작했다. 고리 핵발전소 단지에는 4기의 핵발전소가 있었으나 설계

---

[14] '구럼비 바위'는 강정 마을의 해변에 있던 길이 1.2km, 너비 200~300m의 거대한 너럭바위였다. 이에 대해 이명박 정부는 제주도에서 흔히 보는 것이라고 공표했으나, 사실은 제주도에서도 이곳에만 있던 것으로서 큰 생태적, 문화적 가치를 갖는 것이었다(장태욱, 2012).

[15] 문재인 정부는 2017년 12월에 박근혜 비리 정부 때 해군이 강정 마을 주민들에 대해 제기한 구상권 요구를 철회했다.

수명을 다한 1호기는 가동을 중단했고, 그 옆의 신고리 핵발전소 단지에는 가동 중 3기와 건설 중 3기가 있다. 신고리를 포함한 고리 핵발전소 단지는 세계 최고의 핵발전소 밀집지역이다. 2011년 3월 11일에 발생한 일본의 후쿠시마 핵발전소 폭발사고를 계기로 고리 핵발전소의 사고 위험에 대한 우려도 크게 커졌다(김승환·이승준, 2014). 핵발전소는 결코 되돌릴 수 없는 비가역적 위험을 안고 있기에 인근의 마을들을 모두 폐기해야 한다. 고리 핵발전소도 그곳에 있던 '고리 마을'을 없애고 들어섰다. 주민들은 그 앞의 '길천 마을'로 모두 이주됐다. 그런데 '길천 마을'도 폭발 위험이 큰 고리 핵발전소 1호기 바로 앞이었기에 주민들은 오랫동안 집단이주를 요구했다. 이 요구는 고리 핵발전소 1호기의 가동이 중단되면서 일단락되었다. 그러나 고리 핵발전소에서 폭발 사고가 발생할 경우에 그 피해는 그야말로 걷잡을 수 없는 수준이 되고 말 것이다. 후쿠시마 핵발전소 폭발 사고를 계기로 고리 핵발전소의 비상계획구역은 고작 8~10km에서 20~30km로 확대되었다. 그 안에는 수십 곳의 도시와 수백 곳의 마을에 최대 340만 명의 사람들이 살아가고 있다. 핵발전소는

그림 1   KNN 뉴스-부산경남 시한폭탄 고리원전

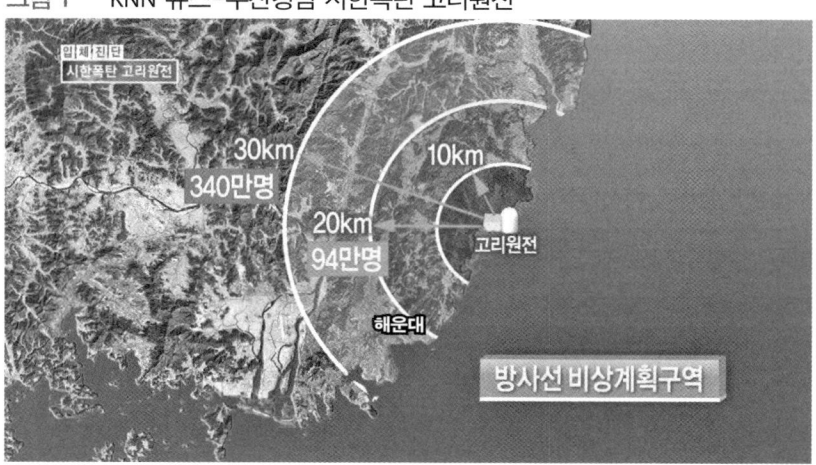

출처: KNN, 2014년 5월 14일

결코 해소될 수 없는 불안의 원천이다. 고리 핵발전소 단지는 조성되고 어느덧 40년이 되었으나 여전히 공동체를 위협하고 있다.

　　모든 개발 사업들이 공동체와 공동재의 파괴라는 문제를 낳을 수 있다. 이 때문에 모든 개발 사업들은 그 목적, 방식, 과정이 모두 합리적이고 민주적으로 결정되어야 한다. 국가/정부가 추진하는 개발 사업들은 더욱 더 그렇다. 그러나 현실에서는 그렇지 않다. 이른바 '개발국가'는 개발이 곧 발전이라는 개발주의를 유포해서 사실상 모든 개발 사업들을 독재적으로 강행했다(홍성태, 2007). 그 결과 경제 성장과 함께 비리와 파괴의 만연도 유발했다. 민주화는 이 문제를 일부 개선했으나 확실히 개혁하지는 못했다. 그리고 이명박-박근혜 정권은 다시 이 문제를 극도로 악화시켰다. 과거의 개발독재 시대를 방불케 하는 폭력과 비리가 저질러졌고, 그에 의한 개발사업의 강행과 공동체의 파괴가 자행되었다. 그런데 그 바탕에는 강력한 개발주의와 개발 제도들이 작동하고 있다.

4. 개발주의와 개발 제도의 문제

오늘날 우리는 '공동체'라는 말에 아주 익숙하다. 그러나 사실 '공동체'라는 말은 전근대에서는 사용하지 않았던 말이다. 〈조선왕조실록〉을 살펴보면, 조선에서는 '공동체'(共同體)는 물론이고 '공동'(共同)이라는 말도 사용되지 않았다. 〈조선왕조실록〉에서 '공동'이라는 말이 처음 쓰인 것은 1898년 3월인데, 그것은 독립협회가 주최한 '만민공동회'(萬民共同會)에 관한 기록이다. 그러나 전근대의 마을, 촌락, 부락 등에서의 삶은 '공동체'로 표상되는 것에 부합하는 것이었다. 사실 '공동체'라는 말은 20세기 초에 일본에서 community를 번역한 말로서 20세기 중반 이후에 널

리 쓰이게 되었다.[16]

　역사적으로 공동체는 근대화와 함께 대거 소멸됐고 크게 약화됐다. 전근대의 공동체는 대체로 혈족 관계에 바탕을 둔 강력한 규율로 대단히 억압적이기도 했는데, 이 점에서 근대화의 자유는 신분적 억압으로부터의 자유와 함께 공동체로부터의 자유를 함께 뜻했다. 근대화에 따라 공동체의 억압성은 약해졌고 이질성은 강해졌다. 공동체가 존속하기 위해서는 구성원들이 서로를 존중하고 주변의 자연을 잘 지켜야 한다. 그러나 공동체의 이질성이 강화될수록 공동체의 존속은 어려워진다. 공동체의 이질성은 주민의 이질성과 가치의 이질성을 뜻하는데, 공동체의 존속에서 더욱 중요한 것은 가치의 이질성이다.

　개발국가는 강제력과 보상금으로 공동체의 이질성을 파고들어 공동체를 파괴한다. 공동체의 가치와 역할을 올바로 지키고 살리기 위해서는 공동체의 형성과 운영을 적극 지원해야 할 뿐만 아니라 공동체를 파괴하는 개발국가의 문제를 올바로 인식하고 개혁해야 한다. 오랜 세월에 걸쳐 많은 사람들의 노력으로 어렵게 만들어진 공동체가 그 구성원들의 의지를 무시하고 강행되는 개발로 말미암아 하루아침에 사라지게 된다면, 공동체는 언제나 불안한 상태에 빠지기 쉬울 것이며, 나아가 공동체를 지속할 노력이 약화되기 쉬울 것이다. 개발주의가 강한 곳에서 공동체는 이런 상태에 처하고 만다.

16　community는 commune에서 비롯된 말이다. commune은 유럽에서 가장 기초적인 생활단위를 가리키는 말로서 그 자체의 뜻은 '서로를 위한다'는 것이다. 이런 점에서 community를 '공동체'로 번역한 것은 상당히 올바른 것이지만 그 지역성을 살리기 위해서 '지역사회'로 번역할 수도 있다. 실제로 두 용어가 널리 혼용되고 있다. 참고로 communication의 어원도 같으며, 그 뜻은 '공동체를 만드는 것'이다. 사람들이 서로 소통하는 것을 통해 공동체가 만들어지는 것이다.

본래 개발주의(developmentalism)[17]는 2차 대전 뒤에 미국에서 제시된 제3세계의 경제성장과 민주주의에 관한 경제-사회 이론의 큰 흐름을 뜻했다. 이것은 국가 주도의 강력한 공업화로 경제 성장을 이루면 민주화와 선진화가 이루어진다는 '제3세계 근대화론'의 핵심이었다.[18] 그런데 여기에는 크게 두 가지 문제가 있었다. 첫째, 널리 지적된 것이지만 독재를 적극 인정하고 옹호했다는 것이다. 둘째, 개발과 발전을 동일시해서 심각한 난개발을 야기했다는 것이다. 이로써 개발주의는 인권 존중과 환경 보호의 양 면에서 많은 문제를 일으키게 되었다. 공동체와 공동재의 파괴는 그 핵심적 사례에 해당된다.

개발국가는 개발주의를 널리 유포하며 국책사업들을 추진한다. '원자력문화재단'은 막대한 혈세로 언론을 매수해서 핵발전을 극력 선전하기도 했다.[19] 또한 개발국가는 경제 성장과 국가 발전을 이룬다는 명목

---

17 본래 development는 말려 있던 것이 풀리는 것을 뜻하며, 여기에서 더 나은 상태로 되는 것을 뜻하게 됐다. 이런 점에서 '발전'으로 번역된다. 사실 발전(發展)도 글자 자체로는 펼쳐지는 것을 뜻한다. 개발과 발전의 관계를 보면, 개발은 새로운 상태나 사물을 만드는 것으로서 그것은 발전일 수도 있고 퇴보일 수도 있다. 개발주의는 개발을 발전과 동일시해서 개발을 강력히 추구한다(홍성태, 2007).

18 정치적으로 그것은 미국과 소련의 대립 상황에서 소련이 주도하는 독재-사회주의 세계체계가 아니라 미국이 주도하는 자유-자본주의 세계체계로 강력히 편입되는 것을 뜻했다. 이에 대해 '종속이론'이 강력히 제기되었고, 제3세계의 독재는 근대화론의 실패를 입증하는 것으로 보였다(임현진, 1993). 그러나 1980~90년대의 세계적인 민주화에 따라 근대화론의 재부상이 이루어졌다. 그런데 그것은 아담 쉐보르스키의 연구가 적절히 보여주었듯이 근대화론을 입증하는 것은 아니었다(마인섭, 2002).

19 2017년 9월 4일에 보도된 〈뉴스타파〉의 '폭로! 원자력과 언론의 돈 거래'를 참고.

으로 합법적 강제력과 보상금을 동원해서 거대한 개발사업들을 계속 강행한다. 그 결과 '토건국가'의 상태에 이르게 된다(홍성태, 2011). 그런데 이 개발사업들은 단순히 강제적으로 강행된 것이 아니라 과학을 통해 합리화되고 법을 통해 정당화된다. 공동체와 공동재를 지키기 위해서는 개발주의의 문제를 해결해야 한다. 그것은 의식의 차원이 아니라 제도의 차원에서, 특히 강제력을 가진 법률의 차원에서 그렇다.

이제 개발주의의 제도적 실체인 주요 개발 법률들에 대해 잠시 살펴보자.[20] 개발주의의 개혁은 이 법률들의 개혁으로 실질화될 수 있다. 그런데 사실 이 법률들은 헌법에 근거하고 있다. 따라서 이 법률들의 개혁은 '개헌'과 직결되어 있기도 하다. 헌법은 국가의 기본을 규정하는 것으로 생태위기에 올바로 대응하기 위해서는 '생태헌법'이 꼭 필요하다(박태현 외, 2017).

국토의 계획 및 이용에 관한 법률(국토계획법): 1973년 박정희 군사-개발독재가 '국토 건설 종합계획'을 추진하며 '국토이용관리법'으로 제정했다. 국토 개발에 관한 최상위법이다. 박정희 독재는 1972년 10월에 헌법을 폐지하고 박정희의 영구집권을 강행했다. 이른바 '유신 독재'의 시작이었다. 이것은 단순히 무단통치를 강화하는 것이 아니라 개발국가를 강화하는 것이었다. 박정희 독재는 개발국가의 강화로 무단통치의 문제를 완화하려 했던 것이다. 그러나 개발국가는 국가의 폭력으로 여러 개발들을 강행하는 것이기에 그 자체로 무단통치의 또 다른 양상이었다고 할 수 있다.

---

20 이명박 정권의 '4대강 사업'은 최대 최악 국책사업이었는데, 이 사업을 빠르게 강행하기 위해 4대강 통합관리 법률을 제정하려고 했다. 2009년 7월에 환경부가 추진했던 '4대강 수계 물관리 및 주민지원 등에 관한 법률'(약칭 '4대강 통합 수계법')이 그것이다. 이 법은 다행히 제정되지 않았는데, 4대강이 명확히 분리되어 있고, 그 사회적-생태적 조건이 너무나 달랐기 때문이다.

전원(電源) 개발 촉진법(전촉법): 1978년 12월 박정희 군사-개발독재가 고리 핵발전소의 가동에 따른 송전선의 건설을 위해 무려 19개의 관련 법률을 무력화할 목적으로 제정했다. 이로써 정부가 지역 주민들의 피해와 반대를 무시하고 일방적으로 송전선을 건설할 수 있게 되었다. 정부가 주도하는 파괴적 개발의 합법화가 강행되었던 것이다. 이 때문에 대표적인 '유신 악법'으로 꼽히며 폐지 운동이 전개됐으나 민주화에도 폐지되지 않고 여전히 위력을 발휘하고 있다. 이 법의 존속은 제도의 위력을 잘 보여주는 것이자 '취약한 민주화'의 문제를 잘 보여주는 것이라고 할 수 있다.

택지 개발 촉진법(택촉법): 1980년 12월 전두환 군사-개발독재가 주택난에 대응해서 신도시의 형식으로 대규모 택지를 공급한다는 명목으로 제정했다. 그런데 그 실체는 사실상 땅을 강탈하다시피 해서 택지를 공급하는 것이어서 오래 전부터 폐지의 대상이 되었다.[21] 이 법은 2014년에 폐지될 것으로 발표되었으나 폐지되지 않았고 공공택지 개발 지정만 중단되었다. 이 법에 의해 수 천 곳의 공동체들이 멸실되어 사라졌고, 그 자리에는 아파트들과 도로들이 들어섰다.

발전소 주변지역 지원에 관한 법률(발전소 주변지역법, 발주지법, 발주법): 1989년 6월에 제정되었고, 핵발전소 주변지역 지원도 이 법에 따른다.

댐건설 및 주변지역 지원 등에 관한 법률(댐 건설법, 댐주법): 1999년에 제정되었고, 댐 주변지역의 지원을 규정하고 있다.

송·변전설비 주변지역의 보상 및 지원에 관한 법률(송주법): 2014년에 밀양의 송전선 반대운동의 결과로 제정되었다.[22]

---

21 2005년 10월 11일에 발간된 〈한겨레21〉 580호에 실린 '그 날강도의 이름은 '택촉법''이라는 기사를 참고.

22 개발 관련 지역 지원 법률들은 사실 논리적 모순의 문제를 안고 있다. 지역의 발전을 이루어주는 개발을 한다면서 지역에 막대한 세금을 주는 것이기 때문이다. 이 법률들의 실질적 문제는 막대한 지원금이 지역의 분열과 갈등을 초래하고 개발주의의 횡행을 위한 가장 강력한 무기로 쓰이고 있다는 사실이다.

공익사업을 위한 토지 등의 취득 및 보상에 관한 법률(토지 보상법): 1962년 박정희 군사-개발독재에 의해 토지 수용법으로 제정되었고 개정되었다. 법의 명칭을 '토지 수용법'에서 '토지 보상법'으로 바꾸었으나 그 실체는 당연히 '토지 수용법'이다. 개발국가의 모든 개발 사업들은 모두 이 법을 기본으로 해서 추진된다. 사실 토지 수용제는 모든 나라에서 시행하고 있는 중요한 제도이다. 우리도 헌법 23조에 공익을 위한 토지의 수용과 보상을 규정하고 있다. 그러나 토지 수용제가 악용될 경우에는 대단히 커다란 문제가 발생하게 된다. 국가 권력을 이용한 온갖 비리가 만연하고, 재산을 강탈당한 사람들의 저항이 이어지는 것이다.[23] 한국은 토지 수용제의 악용 문제가 대단히 심각한 것으로 지적되고 있다(이호준, 2015). 토지 보상법을 무시하고 토지 강제수용을 시행할 수 있는 개별 법률들도 많다. 이런 법률들이 2014년에 무려 100개에 이르러서 강력히 비판됐는데, 2016년에는 불과 2년 사이에 10개가 더 늘어나서 모두 110개가 되었다. 이 중에서 57개 법률은 민간의 토지 강제수용[24]도 허용하고 있다(김일중, 2017). 난개발은 물론 불평등도 이 토지 수용제의 악용과 밀접히 연관되어 있다. 이명박 정권 때인 2009년에는 심지어 골프장 건설에서도 토지 강제수용을 시행했다. 이에 대해 피해자가 위헌 소송을 제기했고, 헌법재판소는 2014년 11월에 위헌 판결을 내렸다. 이로부터 1년여가 지난 2016년에 '토지 보상법'이 개정되어 110개 법률들에 대한 평가가 진행되고 공익성 평가기준이 마련됐는데, 문재인 정부가 출범한 직후인 2017년 5월 16일에야 골프장을 토지 강제수용 실행가능 공공체육시설에서 제외하는 조치가 취해졌다.[25]

---

23 이른바 '선진국'은 이 제도의 실행을 극히 엄격하게 하고 있다. 예컨대 독일과 일본도 토지 수용을 헌법과 법률로 규정하고 있으나 실제로는 사용하지 않고 설득과 합의로 개발을 추진한다.

24 법에서는 '강제수용'이라는 말을 쓰지 않고 '공용 수용'이라는 말을 쓰나 실제로는 분명 '강제수용'이 행해지고 있다.

25 국민권익위원회의 홍보 제목은 '(부패분야) 골프장을 토지수용가능 공공체육시설에서 제외(국토해양부)'로 되어 있다. 골프장의 토지 강제수용은 사실 부패 문제였던 것이다. 전국의 골프장들 중에서 70개 이상이 이 위헌 부패 범죄를 저지른 것에 해당된다(최재홍, 2018).

개발국가는 이렇듯 여러 개발 법률들에 의거해서 강제력과 보상금을 수단으로 해서 개발 사업들을 시행한다. 개발 대상이 되면 사실상 빠져나올 수 있는 길이 없기에 공동체들은 더 많은 보상금을 받기 위해 주력하거나 '결사항전'을 벌이게 된다. '환경영향평가'나 '문화재 조사'의 비리들이 잘 보여주듯이 사업의 과학적 근거도 너무나 문제가 많다. 이 때문에 개발국가의 비민주성은 물론 비합리성이 계속 지적되었고, 여기서 비롯된 거대한 비리들에 대한 숱한 의혹들이 계속 제기되었다. 개발국가는 지역에서 공동체와 공동재를 파괴하는 문제를 넘어서 국가적 차원에서 자연의 파괴와 불신의 만연을 야기했다.[26]

'4대강 사업'도 합법적으로 진행됐다. 참여정부(2003년 2월~2008년 2월)는 2006년 10월에 '국가재정법'을 제정해서 '예비타당성 조사'로 개발국가의 문제를 완화하려고 했다. 그런데 이명박 정부는 '국가재정법 시행령'의 예외 대상 사업을 '재해 복구 지원'에서 '재해 예방·복구 지원'으로 고치는 '꼼수'로 국가재정법을 무력화했다.[27] 이명박-박근혜 정부는 '도둑'이 국민들을 속이고 합법적으로 권력을 장악해서 합법적으로 나라를 망칠 수 있다는 사실을 입증했다. 그 핵심에 4대강 사업으로 나타난 개발국가-개발주의의 극단화가 놓여 있다. 그리고 여기에는 개발 법률들의 실행주체인 개발 공사들이 작동하고 있다.

---

26 공동체의 파괴를, 엘리너 오스트롬은 공동재로 관리되는 자연의 파괴로 파악하고, 로버트 퍼트남은 귀중한 사회적 자본의 파괴로 파악한다(Putnam, 1995). 이런 점에서 우리는 공동체의 파괴를 사회의 근원을 훼손하는 행위로 파악하고 개혁해야 할 필요가 있다.

27 이명박 정부는 22조원이 넘는 세금을 투여한 4대강 사업을 비롯해서 30조원이 넘는 세금을 투여한 '자원 외교' 등 거대한 개발 사업들에 대한 자료조차 올바로 남기지 않거나 무단으로 폐기했다("300억 넘는 국책사업, 기록은 어디로…관리 실태 '엉망'" JTBC 2018.1.10.).

개발주의의 실행주체인 개발 공사들의 대표로는 수자원공사, 한전, 한수원, 도로공사, 농촌공사, LH공사(토지공사와 주택공사가 통합된 것) 등을 들 수 있다. 이 개발 공사들은 모두 재벌급의 규모를 갖고 있으며, 이 나라를 유지-운영하는 물리적 기반을 관리하고 있다. 이 개발 공사들은 모두 박정희 군사-개발 독재 때에 만들어졌다. 공사들은 그 설립목적을 다 수행하면 해체되는 것이 옳다. 그러나 이 개발 공사들은 지난 50여 년 동안 해체는커녕 축소도 되지 않고 계속 성장해 왔다. 그리고 토지 수용권이라는 막강한 권력도 행사하고 있다. 개발국가의 문제는 민주화에도 거의 개혁되지 않았다.

국책사업을 둘러싼 대립과 갈등은 주체의 면에서 보자면 개발 공사들과 지역 공동체들의 대립과 갈등이다.[28] 개발 공사들은 공익을 내걸고 계속 개발 사업들을 추진하지만 이에 대한 근원적인 우려와 비판이 이미 오래 전부터 강력히 제기되었다. '공공 선택론'으로 보자면 개발 공사들은 공익을 내걸고 자기들의 사익을 추구하면서 막대한 세금을 탕진하고 공동체와 공동재를 계속 파괴하고 있는 것이다(이정전, 2005). 개발 공사들을 전면적으로 축소통폐합해서 'SOC청'을 설립하는 방안도 제시되었지만, 개발 공사들의 개혁은 개발국가의 생태적 전환에서 핵심적인 과제이다.

---

28 국책사업을 둘러싼 갈등과 대립은 보통 공동체 대 국가(개발 공사+정부 부서)의 형태로 나타나지만 실상은 훨씬 더 복잡하다. 대체로 공동체는 찬성 대 반대로 나뉘고, 해당 지자체와 국회의원은 찬성 편이기 때문이다. 반대 주민들의 경우도 대체로 실제적 반대와 형식적 반대로 나뉜다.

5. 맺음말

국내외적으로 공동체에 관한 관심이 계속 커지고 있다. 이제 공동체는 사라져야 할 낡은 것이 아니라 적극 보호하고 육성해야 할 오래된 새로운 것이다. 여기에는 공동체의 다층적 기능에 대한 현대적 재인식이 크게 작용하고 있다. 공동체는 물리적 차원, 사회적 차원, 경제적 차원, 생태적 차원 등의 여러 차원에서 중요한 기능을 수행할 수 있다. 로버트 퍼트남이 사회적 자본의 중요 실체로, 엘리너 오스트롬이 자연 보호의 중요 주체로 공동체를 제시한 것은 이 때문이었다.

이런 시대적 변화에 따라 국내에서도 공동체 정책이 계속 강화되고 있다. 그러나 이와 함께 공동체를 파괴하는 개발국가의 문제도 여전한 상태이다.[29] 이 모순적 상황의 실상을 보면 여전히 '공동체 보호 생태국가'가 아니라 '공동체 파괴 토건국가'에 가깝다는 것을 알 수 있다. 이 문제는 이명박-박근혜 비리 정권에서 극심하게 악화되었다. 그러나 국가의 운영을 규정하는 법치의 면에서 더욱 중요한 것은 개발주의를 내걸고 개발국가를 운영하는 개발 법률들과 개발 공사들이 전혀 개혁되지

---

[29] LH가 광주광역시에서 '주거환경개선사업'이라는 것을 시행하면서 500년 집성촌을 파괴하는 과정이 생생히 보도되었다. 주민들은 '합법적인 사기'로 강행된 사업이었으니 당연히 무효가 될 것으로 생각했으나 법원은 LH의 편을 들어주었다("500년 집성촌에 남은 집 한 채", 〈경향신문〉 2018.6.8.). 이 기사는 개발독재에 연원을 둔 개발국가의 현재적 문제를 잘 보여주었다. 사법부의 문제는 각종 공공 개발사업에서 당연한 것으로 확립되어 있다시피 하다. 서울 은평구의 '한양주택'은 90%를 넘는 주민들이 문화재로 지정해서라도 보존해 달라고 요청했으나 당시 서울시장이었던 이명박과 오세훈에 의해 완전히 파괴되어 없어졌다(홍성태, 2006). 이런 무참한 반인권과 반생태의 문제가 하루빨리 사라져야 할 것이다.

않고 있는 것이다. 공동체의 보호-육성을 실질화하기 위해서는 그 파괴를 강행하는 개발주의 제도들의 개혁이 무엇보다 필요하다.

개발국가는 빠른 시간에 많은 사회간접자본을 생산해서 경제 성장에 기여할 수 있다. 그러나 그 과정에서 극심한 사회와 자연의 파괴, 불평등의 악화, 비리의 만연 등 여러 심각한 문제들을 야기한다. 이 때문에 개발국가는 어디서나 개발=발전을 내세운 독재, 즉 개발독재의 형태로 나타났다. 요컨대 개발주의는 사실 개발독재의 이데올로기인 것이다. 사회의 선진적 성숙은 물론 지속적 성장을 위해서도 개발국가의 개혁은 중요하다. 그것은 토지 보상법을 기본으로 한 여러 개발 관련 법률들과 개발 사업의 실행주체인 거대 개발공사들을 개혁하는 것을 핵심으로 한다.

이와 관련해서 '공동체 대 국가'의 구도가 '공동체와 국가'의 구도로 전환될 필요가 있다. 공동체는 좋은 것이고, 국가는 나쁜 것이 아니다. 공동체는 국가를 지탱하고, 국가는 공동체를 보호해야 한다. 독재적 개발국가를 민주적 개발국가로 만드는 것을 넘어서 개발국가의 생태적 전환을 이루어야 한다(홍성태, 1998). 제도에 대한 태도는 크게 저항과 적응으로 나뉜다.[30] 개발주의가 강력한 곳에서 저항은 더욱 더 어려우며, 저항이 적응을 위한 방법으로 활용되곤 한다. 이른바 '정관재언학 복합체'의 아래에서 '정경민 유착'이 작동한다. 개발국가의 생태적 전환은 이런 상황을 타파할 것이다.

개발주의는 개발독재에 의해 형성-작동되어 강력한 개발주의 국가

---

30 제도와 주체는 공진화한다. 주체의 적응이 아닌 저항이 강화되면 결국 제도가 바뀌게 된다. 그러나 저항은 재산은 물론 목숨을 잃게 될 수도 있어서 결코 쉬운 것이 아니다. 알버트 허쉬만은 이탈과 저항을 사람들이 조직에 대응하는 두 가지 방식으로 제시했지만(Hirschman, 1970), 사실 이탈은 소극적 저항으로 파악될 수 있다.

로 확립되었으며, 그것이 민주화에도 제대로 개혁되지 않은 것은 제도의 위력을 잘 보여준다. 개발국가는 강제력과 보상금을 두 축으로 해서 법적 제도로 확립되어 강력한 경로 의존을 만들어서 사람들의 의식과 선택을 규정하고 있다. 따라서 개발 법률과 개발 공사를 두 축으로 하는 개발 제도들을 개혁하는 것이 개발국가의 생태적 전환에서 무엇보다 중요하다.[31] 이로써 개발국가의 개혁이 이루어져야 사회적 자본과 생태적 자원을 충실히 할 수 있는 공동체와 국가의 상보 관계가 형성-강화될 것이다.

참고자료

감사원. 2013. "4대강 살리기 사업 주요시설물 품질 및 수질 관리실태".
김수중 외. 2002. 『공동체란 무엇인가』. 이학사.
김승환·이승준. 2014. 『한국 원전 잔혹사』. 철수와 영희.
김일중. 2017. "국민재산권 침탈하는 공용수용제 개편-공용수용법제 개편으로 경제
  정책 전환의 초석 마련해야." 『내일신문』 2017.5.29.
김정욱. 2010. 『나는 반대한다-4대강 토건공사에 대한 진실 보고서』. 느린걸음.
김진균. 1968. "공업화 과정의 사회에 있어서의 전통과 합리성". 김진균. 1983. 『비판
  과 변동의 사회학』. 한울.
김현호 외. 2013. 『현대적 지역공동체 모델 정립 및 활성화 방안 연구』. 한국지방행
  정연구원.
마인섭. 2002. "경제발전과 정치발전의 상관관계: 남미와 동아시아의 통계학적 비교

---

31 21세기에 들어와서 신제도주의는 개별 제도를 넘어서 '제도 복합체'의 작동에 주목하게 되었다(하연섭, 2006, 2008). 개발독재에 의해 형성된 여러 개발 제도들은 방대한 '개발주의 제도 복합체'를 이루고 서로 보완하고 강화한다. 따라서 이에 대한 대응도 개별 제도를 넘어서 '개발주의 제도 복합체'를 염두에 두어야 할 것이다.

연구." 『국가전략』 8(1): 77-103.

문돈·정진영. 2014. "발전국가모델에서 신자유주의모델로: 한국발전모델 논쟁에 대한 비판적 평가." 『아태연구』 21(2): 129-164.

문순홍. 2006. 『개발국가의 녹색성찰』. 아르케.

밀양 송전탑 반대대책위. 2017. 〈밀양 송전탑 마을공동체 파괴 실태 조사 보고서〉

박명호 외. 2013. 『한국의 농지개혁』. 기획재정부.

박태현 외. 2017. 『공동자원론, 생태헌법을 제안한다 - 제주대학교 SSK연구단 공동자원연구총서 8』. 진인진.

박현채. 1978. 『민족경제론』. 한길사.

박호성. 2009. 『공동체론』. 효형출판.

오창현. 2008. "농지개혁과 마을공동체의 변형." 『비교문화연구』 14(2): 77-121.

유인호. 1982. 『민중경제론』. 평민서당.

이정전. 2005. 『경제학에서 본 정치와 정부』. 박영사.

이종수. 2015. 『공동체: 유토피아에서 마을 만들기까지』. 박영사.

이종수 편. 2008. 『한국 사회와 공동체』. 다산출판사.

이종찬. 2016. "발전국가의 제도변화: 국가의 발전역할과 규제역할을 중심으로." 『정부학연구』 22(3): 157-182.

이호준. 2015. "현행 공용수용제도의 문제점과 개선방안." 『부동산포커스』 85: 65-73.

임현진. 1993. 『제3세계 연구: 종속, 발전 및 민주화』. 서울대출판부.

장태욱. 2012. "제주도에 쫙 깔린 게 구럼비라고?" 『오마이뉴스』 2012.3.20.

장훈교. 2016. 『밀양 전쟁: 공통자원 기반 급진 민주주의 프로젝트』. 나름북스.

전대욱 외. 2012. 『지역공동체 주도의 발전전략 연구』. 한국지방행정연구원.

전대욱 외. 2014. 『선진형 지역공동체 정책적 지원방안 연구』. 한국지방행정연구원.

전대욱 외. 2016. 『지역공동체 활성화 마스터플랜 수립 연구』. 한국지역진흥재단.

정수근. 2017. "영주댐 똥물이 아니라 내성천 맑은 강물을." 『함께사는 길』 2017년 7월호.

정욱식. 2012. 『강정마을 해군기지의 가짜 안보: 유령의 위협과 흔들리는 국익』. 서해문집.

지주형. 2016. "한국의 발전국가와 신자유주의 국가: 역사적 변동과 형태분석." 『인문논총』 41: 219-260.
최재훈. 2017. "강제수용 피해자의 눈물, 국가가 닦아줘야." 『주간경향』 2018.2.12.
최현 외 엮음. 2017ㄱ. 『공동자원론, 오늘의 한국 사회를 묻다』. 진인진.
최현 외 엮음. 2017ㄴ. 『동아시아의 공동자원』. 진인진.
최협 외. 2001. 『공동체의 현실과 전망』. 선인.
하연섭. 2006. "신제도주의의 이론적 진화와 정책연구." 『행정논총』 44(2): 217~246.
하연섭. 2008. 『제도분석: 이론과 쟁점』. 다산출판사.
허강무 외. 2016. 『사업인정 의제사업 공익성 판단 기준 등 연구』. 중앙토지수용위원회.
허강무 외. 2017. 『토지수용 대상사업의 합리적 조정 및 공익성 강화를 위한 법제도적 개선방안 연구』. 중앙토지수용위원회.
홍성태. 1998. "생태위기와 생태론적 전환-새로운 생태사회를 향한 전망." 『문화과학』 16: 66-92.
홍성태. 2006. "한양주택과 생태문화사회." 『에코』 10(2): 45-72.
홍성태. 2007. 『개발주의를 비판한다』. 당대.
홍성태. 2010. 『생명의 강을 위하여』, 현실문화.
홍성태. 2011. 『토건국가를 개혁하라』. 한울.
홍성태. 2017. "생태위기와 미국의 책임과 대응: 기후변화를 중심으로." 『시민사회와 NGO』 15(1): 185~209.

Amsden, Alice. 1989. *Asia's Next Giant: South Korea and Late Industrialization*. Oxford University Press.
Barry, John and Robyn Eckersley. 2005. *The State and the Global Ecological Crisis*. MIT Press.
Coase, Ronald. 1960. "The Problem of Social Cost." *Journal of Law and Economics* Vol.3: 1-44.
Hirschman, Albert. 1970(2005). 강명구 옮김. 『떠날 것인가, 남을 것인가』. 나남.
IPCC. 2007. *IPCC Fourth Assessment Report*.
Jacobs, Jane. 1961(2010). 유강은 옮김. 『미국 대도시의 죽음과 삶』. 그린비.

Johnson, Chalmerson. 1982. *MITI and the Japanese Miracle*. Stanford University Press.

Monastersky, Richard. 2015. "Anthropocene: The human age." *Nature* Vol.519(7542): 144-147.

Ostrom, Elenor. 1990. *Governing the Commons*. Cambridge Univ. Press.

Ostrom, Vincent. 1973(1983). 이창기 외 역.『행정이론-행정학의 지적 위기』. 대왕사.

Peck, Morgan. 1987. *The Different Drum*. Simon & Schuster.

Pigou, Arthur. 1920. *The Economics of Welfare*. Macmillan and Co..

Putnam, Robert. 1995. "Bowling Alone: America's Declining Social Capital." *Journal of Democracy* 6(1): 65-78.

제8장 공동자원론의 가치
- 개발주의와 신자유주의를 넘어서 -

1. 머리말

언제부터인가 '커먼스'(commons)라는 말을 쉽게 들을 수 있게 되었다. 이 영어는 전근대 시대의 영국에서 농민들이 공동으로 경작하는 '공유지'를 뜻했다. 그리고 여기서 나아가 사람들이 공동으로 사용하는 '공유물'을 뜻하게 되었다. 근대화와 함께 '커먼스'는 대거 사라졌다. 사람들이 살아가는 방식이 공동체 기반에서 개인 중심으로 크게 변했기 때문이다. 공동체는 대거 해체되어 사라졌고, 개인들이 사회의 주체가 되었다.

근대화는 공업화, 민주화, 개인화를 3대 기본 특징으로 하는 역사적 변화다. 전근대 시대에 사람들은 공동체의 구성원으로 살아갔다. 공동체는 사실 마을을 뜻했으며, 그 기본은 가족이었다. 전근대 시대에 사람들은 가족의 확장인 마을에서 그 구성원으로 태어나서 살다가 죽었다. 개인이 독립적 존재로 확립된 것은 근대화의 중대한 사회적 결과다. 개인 주체의 등장에 따라 인권의 개념이 확산되고 민주화가 추진될 수 있었다. 민주화의 바탕에 개인화가 놓여 있으며, 민주화는 개인화를 더욱 강화하게 되었다.

전근대 시대에 사람들은 출생과 함께 속하게 되는 공동체의 구성원으로 살아갔다. 공동체는 구성원들을 보호하는 대신에 강력히 규제했다. 독립된 주체로서 개인은 존재할 수 없었다. 공동체가 구성원들을 보호하는 기본적 방식은 '공유지'와 '공유물'을 제공하는 것이었다. 이와 달리 근대 시대에 사람들은 공동체가 아니라 국가와 회사에 의지해서 살아간다. 국가는 그 안에서 사는 모든 사람에게 영향을 미치는 정치체이고, 회사는 사람들이 국가 안에서 영리를 위해 자유롭게 만든 경제체이다.

근대 시대에서 국가와 회사는 사람들의 삶을 규정하는 두 기본체를 이룬다. 그런데 국가와 회사가 사람들의 삶을 완전히 규정할 수는 없다. 사람들은 국가와 회사에 의지해서 많은 것을 이룰 수 있다. 그러나 국가와 회사는 결코 전능하지 않다. 심지어 국가와 회사가 사람들을 괴롭힐 수도 있다. 이에 대응해서 사람들은 호혜적인 공동체를 구성해서 살아갈 수 있다. 물론 이 공동체는 전근대 시대의 공동체와 달리 개인의 자유로운 선택에 의한 것이다. 공동체는 사라지지 않았으며 계속 변화하고 있다.

오늘날 공동체는 크게 마을과 협동조합의 형태로 구성된다. 법적으로 보자면, 전자는 권리 능력이 없는 단체로, 후자는 권리 능력이 있는 단체로 구별된다. 그런데 어느 경우이건 공동체는 구성원의 생활을 위한 것이고, 이 점에서 공동체는 반드시 '공동자원'을 필요로 한다. 공동자원(common resources)은 여러 사람들이 함께 소유/이용하는 자원을 뜻한다. 공동자원을 어떻게 소유/이용하느냐가 공동체의 존속에 결정적으로 중요하다. 공동체를 지키기 위해서는 공동자원을 지켜야 한다.

2009년에 엘리너 오스트롬 교수가 노벨 경제학상을 받은 것을 계기로 공동자원에 대한 관심이 세계적으로 커졌다. 이 글에서는 개발주의와 신자유주의의 문제에 비추어서 공동체와 공동자원의 가치에 대해 살펴보고자 한다. 다음의 2절에서는 개발주의와 신자유주의에 대해 정리하고, 3절에서는 두 가지 공동자원론에 대해 살펴보고, 4절에서는 공동자원론의 실천에 대해 살펴본다.

2. 개발주의와 신자유주의

근대화의 물질적 핵심은 공업화다. 공업화(industrilization)는 인간이 자연을 대대적으로 가공해서 인공의 물건을 대량으로 생산해서 사용하게 되는 것을 뜻한다. 그 본격적인 시작은 1769년 영국의 기술자 제임스 와트의 증기기관 개량이었다.[1] 와트의 증기기관으로 인류는 석탄의 열을 운동으로 쉽게 바꾸어 사용할 수 있게 되었다. 이로써 기계들을 쉽게 작동할 수 있게 되었고, 기차를 만들어서 먼 곳을 빠르게 갈 수 있게 되었다. 이전에는 상상조차 할 수 없었던 인공물들이 나타났고 세상이 바뀌었다.

공업화로 수천년 간 지속된 인류의 생활방식이 크게 달라졌다. 농업혁명 이래 인류는 작은 마을을 이루고 농업으로 생계를 영위했다. 그런데 이제 공업혁명으로 사람들은 도시의 공장을 중심으로 모여 살게 되었다. 농촌의 인구는 크게 줄었으나 농업의 생산량은 크게 늘어났다. 농촌의 쇠퇴는 수천년 간 인류의 기본적인 생활방식으로 유지된 농촌 마을 공동체의 쇠퇴를 뜻한다. 이렇게 해서 공동체와 그 물적 기반인 공동

---

[1] 제임스 와트(James Watt, 1736~1819)는 1769년 1월 5일 자신이 개량한 증기기관에 대한 특허를 신청했다. 이 날을 공업혁명 또는 산업혁명이 시작된 날로 보기도 한다.

자원은 대거 해체되고 더 이상 지배적인 기능을 수행하지 못하게 되었다.

공업화는 개발로 이루어졌다. 개발은 자연 상태를 인공 상태로 바꾸는 것이다. 그러나 19세기의 공업화와 결합되어 개발은 더 나은 상태로 나아가는 것, 즉 진보의 핵심으로 여겨지게 되었다. 공업화는 엄청난 풍요와 편리를 가져왔기 때문이다. 물론 개발은 공업화만을 뜻하지 않는다. 공업화는 기계의 제작과 가동만이 아니라 도로와 공장의 건설을 통해 이루어진다. 개발은 이 모든 것을 뜻한다. 그런데 도로와 공장의 건설은 외형적으로 더욱 명확한 변화이기에 개발은 우선 이런 건설 사업을 뜻하게 되었다.

개발주의(developmentalism)는 개발(development)을 발전(advancement)과 같은 것으로 여기는 이데올로기로서 근대화의 가장 강력한 이데올로기이다. 개발은 자연의 인위적 변형으로서 그 결과는 발전일 수도 있고 아닐 수도 있다. 그러나 개발주의는 모든 개발을 무조건 발전으로 여기게 한다. 그 결과 당연히 심각한 문제가 발생했다. 오늘날 지구적인 생태위기에 이른 대대적인 자연의 파괴는 말할 것도 없고, 인류가 수만 년 동안 만들어 온 수많은 문화의 파괴도 이루어졌다(홍성태, 2007).

개발주의는 1949년 1월 해리 트루만(Harry Truman, 1884-1972) 미국 대통령의 취임사를 통해 본격적으로 형성되었다. 트루만은 2차 세계대전 뒤의 변화된 세계 질서에 적극 개입하기 위해 개발을 전면에 내세웠다. 트루만은 네 가지 정책을 제시했는데, 그 중 네번째가 바로 개발에 관한 것이다.

> 넷째, 우리는 우리의 과학적 선진과 공업적 진보의 이익이 저개발 지역의 향상과 성장을 위해 쓰일 수 있게 하는 과감하고 새로운 프로그램에 착수해야 합니다.
> 세계의 절반을 넘는 사람들이 비참한 수준으로 살아가고 있습니다.

그들의 음식은 부적절합니다. 그들은 질병의 희생자들입니다. 그들의 경제 생활은 원시적이고 정체되어 있습니다. 그들의 빈곤은 그들은 물론 더 잘 사는 지역의 사람들에게도 불리한 조건이자 위협입니다. 역사상 처음으로 인류는 이 사람들의 고통을 해소할 수 있는 지식과 기술을 소유하고 있습니다.
미국은 공업적 및 과학적 기술의 개발에서 단연 뛰어난 국가입니다. 우리가 다른 국민들을 지원하기 위해 사용할 여유가 있는 물질적 자원은 한정되어 있습니다. 그러나 우리의 계량할 수 없는 기술 지식 자원은 계속 늘어나고 있고 무진장합니다.(해리 트루만 대통령의 취임사, 1948년 1월)

이렇듯 트루만은 세계를 개발된 국가와 저개발 국가로 나누었고, 저개발 국가에 대한 기술 지식 자원의 지원을 강조했다. 기술의 중요성과 기술 지식의 무한성에 대한 해리 트루만의 강조는 분명히 시대를 앞서간 것이었다. 미국은 이렇게 기술을 내세우고 저개발 국가들의 전면적 개발을 적극 추진했다. 그것은 대대적인 건설과 공업을 통해 전근대 사회를 근대 사회로 바꾸는 것이었다. 이렇게 해서 개발주의가 널리 확산되었다. 그러나 그것은 결코 저절로 이루어진 것이 아니었다. 저개발 국가들의 정부가 그 변화를 강력하게 주도했다. 이런 상황을 가리켜서 개발국가, 개발독재 등의 개념이 제시되었다.

사실 개발국가(developmental state)는 1950-70년대 일본을 가리켜서 서구 학자가 제시한 개념으로 기업이 아니라 정부가 개발을 주도하는 국가를 뜻한다. 이에 비해 개발독재(developmental dictatorship)는 박정희 독재의 한국을 가리켜서 한국 학자들이 제시한 개념으로 한국의 특성을 잘 포착했다. 박정희 독재는 군사적 폭력을 휘둘렀을 뿐만 아니라 강력한 개발을 추진했다. 이를 위해 박정희 독재는 중앙정보부와 같은 폭력 기구를 만들었을 뿐만 아니라 각종 개발 기구들을 만들었다. 그것은 토지공사, 주택공사, 도로공사, 수자원공사, 전력공사 등의 5대 개발 공사(developmental corporation)로 대표된다.

민주화에도 박정희 개발독재의 유산인 개발 공사들은 의연히 남아서 거대한 공적 개발 사업들을 계속 시행하고 있다. 그 결과 지금도 전국의 곳곳에서 공동체와 공동자원의 파괴가 계속 강행되고 있다. 전두환-노태우 독재의 새만금 파괴, 이명박근혜 비리 정권의 4대강 죽이기 등도 여전히 지속되고 있다. 박정희 독재부터 노태우 독재까지 1961~92년에 걸친 30년 개발독재로 한국은 건설업이 병적으로 과잉성장해서 정치, 경제, 사회를 크게 왜곡하는 토건국가 또는 건설국가(construction state)가 되었다. 이 문제가 공동체와 공동자원의 파괴를 일으키는 구조적 기반으로 작동하고 있다(홍성태, 2011).

토건국가는 개발독재에 의해 형성되었다는 점에서 사실 자유주의의 부정 또는 왜곡에 해당된다. 따라서 반독재 민주화로 자유주의가 강화되면서 토건국가의 약화 또는 해체가 이루어졌어야 했는데 그렇게 되지 않았다. 토건국가는 거대하고 강력하다. 개발 공사들은 복지를 내세우면서 자기의 필요를 더욱 더 강변하고 나섰고, 기업들은 자유주의를 내세워서 공적 개발 사업들을 사적 개발 사업들로 바꾸었다. 그리고 미국의 주도로 횡행하게 된 신자유주의가 한국에 적극 도입되었다. 그 결과 신자유주의와 토건국가가 결합되어 공동체와 공동자원의 파괴가 지속되고 거대한 사고마저 초래되었다(홍성태, 2017).

신자유주의(neo-liberalism)는 모든 것을 영리의 대상으로 만들고, 모든 사람들을 끝없는 경쟁의 전장으로 내몬다. 따라서 신자유주의는 그 자체로 공동체와 공동자원의 파괴를 일으킨다. 이런 신자유주의에 맞서서 공동체 운동이 새롭게 활성화되었다. 이것은 크게 두 가지로 나누어 볼 수 있는데, 하나는 기존의 마을 또는 협동조합의 방식을 활용한 전통적인 공동체 운동의 확대이고, 다른 하나는 새로운 정보기술을 적극 활용해서 불특정 다수의 사람들이 개인으로서 결합되는 새로운 공동체 운동의 확대이다. 그런데 후자는 '공동체의 복귀'로 크게 환영되고 있지만 그 성격에 대한 논란도 크게 제기되어 있다.

전근대 시대에 공동체는 필연적인 것이었다. 그러나 근대 시대에 공동체는 선택적인 것이 되었다. 그런데 개인의 삶으로나, 사회의 존속으로나, 공동체는 여전히 필요하다. 그리고 공동체가 계속 유지되기 위해서는 공동체를 지탱하는 공동자원이 지켜져야 한다. 이를 위해서 개발주의와 신자유주의 폐해를 직시하고 개혁해야 한다. 그것은 국가적 차원에서 정부 조직과 예산 구조, 산업 구조, 고용 구조 등을 전면적으로 개혁하는 과제와 이어져 있다. 공동체를 독립적인 유토피아로 여기는 것은 잘못이다(홍성태, 2019).

3. 두 가지 공동자원론

1) 공동재산론

공동자원론(common resources)은 미국에서 개발되었는데 크게 두 가지로 나뉜다. 하나는 '공동재산론'(common property)이고, 다른 하나는 '공동재고론'(common pool)이다.[2] 엘리너 오스트롬(Elinor Ostrom, 1933-

---

[2] 여기서 '재고'(財庫)는 '재화 창고'를 뜻한다. pool은 본래 웅덩이, 저수지, 수영장을 뜻하고, 이로부터 사람들이 함께 모아 놓은 자본, 자산, 재화 등을 뜻하게 되었다. 그런데 오스트롬은 property에 반대해서 pool을 사용했고, 이런 점에서 필자는 재산에 두운을 맞춰서 재고로 번역한다. 내용으로 보아서 common-pool은 '공동 이용'으로 번역하는 게 가장 적절하다.

2012) 교수가 노벨 경제학상을 수상했기에 그녀의 공동자원론인 공동재고론을 '주류'로 생각하기 쉽지만 사실은 그렇지 않다. 미국에서 공동자원에 관한 연구는 1950년대 중반부터 본격화되었고, 그 주류는 엘리너 오스트롬의 공동재고론이 아니라 전통적인 공동재산론이다.

1992년에 출간된 *Making the Commons Work*이라는 책을 통해 '공동재산론'의 주요 내용을 살펴볼 수 있는데, 사실 이 책은 1985년에 개최된 '공동 재산 자원 관리 대회'(the Conference on Common Property Resource Management)에서 발표된 논문들을 수정해서 발간된 것이다. '공동재산론'의 핵심은 '자치적 결사체들 또는 지역의 이용자들에 의한 공동-재산 소유'이다.

> '공유지의 비극'을 비난하는 이론가들은 장기 지속하는 자발적인 협동이나 효과적인 집합행동의 불가능성을 보여주기 위해 '죄수의 딜레마'의 건조한 추론에 의지한다.
> 『공유지를 작동하게 만들기』의 저자들은 이론과 실천의 양 면에서 공유지의 비극이 아니라 가능성을 강조하는 신선한 접근법을 취한다. … 이 책이 전하는 메시지는 자연자원들에 대한 오늘날의 공적 정책 논쟁에 대해 특히 의미가 있다. 이 논쟁은 자연자원들이 사적으로 소유되거나 국가에 의해 소유되어야 한다는 것을 당연시한다. 전자는 우리에게 효율성을 약속하나 종종 공동체와 민주적 가치를 대가로 치른다. 후자는 이 가치들을 주장하나, 관료제가 공동체와 자치적 가치들을 파괴하며 그 불가피한 통행세를 받는 것처럼, 효율성을 대가로 치른다.
> 『공유지를 작동하게 만들기』는 우리에게 고려해야 할 제3의 길을 제시한다. 자치적 결사체들 또는 지역의 이용자들에 의한 공동-재산 소유권이 그것이다. 이 책의 연구들은 숲에서 어장까지, 목초지에서 공유된 관개체계까지 지구 전역에서 공동 재산으로 자원들을 관리하는 것의 유용성을 잘 보여준다.(Bromley et al. eds., 1992: xi)

그런데 공동 재산 자원은 어떤 특정한 자원을 가리키는 것이 아니라 자원을 관리하는 특정한 방식을 가리키는 것이다. 이 차이를 올바로 인식하는 것이 중요하다. 같은 자원이 공동 재산, 국가 재산, 개인 재산, 무주 자원 등 다양한 방식으로 다루어질 수 있다. 이 중에서 공동 재산은 효율성과 민주성을 동시에 실현하는 자치적 자원 관리 방식으로 제시된다. 바로 이 점에서 공동 재산은 중요하다.

> 공동 재산 **자원** 같은 것은 없다. 공동 재산, 또는 국가 재산, 또는 개인 재산으로 통제되고 관리되는 자원들이 있을 뿐이다. 또는-그리고 이것이 문헌에서 혼란이 지속되는 곳인데, 어떤 재산권도 인정되지 않은 자원들이 있다. 우리는 이것들을 '공개-접근 자원들'(레스 눌리우스res nullius, '누구의 재산도 아니다'는 뜻의 라틴어)로 부른다.(Bromley et al. eds., 1992: 4)

어떤 자원의 속성과 그 자원의 관리방식을 구분해야 한다. 자연재와 인공재, 유동재와 고정재, 소모재와 재생재 등의 차이가 자원의 관리방식을 규정하는 것이 아니다. 공동재산론은 우선 어떤 것이 재산으로 관리되는 것의 중요성을 강조한다. 어떤 것이 재산으로 관리되는 것은 국가 권력을 통해 소유자가 비소유자의 접근을 강력히 통제해서 안정적으로 유지될 수 있는 것을 뜻하기 때문이다.

> 여기서 핵심 개념은 '재산'이다. 재산은 이익(이나 수입)의 흐름에 대한 주장이며, 재산권은 상위의 존재-대개 국가-가 이익의 흐름을 탐내거나 어떻게 해서든지 방해하는 사람들에게 의무의 할당을 통해 보호할 이익의 흐름에 대한 주장이다. 상호연관된 의무들이 없이 권리들은 아무런 의미도 갖지 않으며, 공개-접근 자원들의 관리 문제는 사용자들에게 사용을 제한하게 할 어떤 의무도 없다는 것이다. 재산은 사물이 아니라 사회적 관계이다. 이 관계는 재산 소유자를 가치있는 것(이익의 흐름)과 관련해서 다른 모든 사람들에 대해 정의한

다.(Bromley et al. eds., 1992: 4)

2) 공동재고론

엘리너 오스트롬은 '공동 재산 자원'(common property resource)이라는 용어 자체를 거부하고 '공동 재고 자원'(common pool resource)이라는 용어를 만들었다. 그녀는 공동자원을 재산이 아니라 재고로 봐야 한다고 주장했다. 공동 재고 자원은 다른 사람들의 이용을 막기 어려운 자원이며, 또한 자원 체계와 자원 단위의 구분이 대단히 중요하다. '공동재고론'의 핵심은 이용자들이 자치적으로 자원 체계를 잘 지킬 수 있다는 것이다.

> '공동 재고 자원'이라는 용어는 잠재적 수익자들이 그것을 이용해서 이익을 얻지 못하도록 배제하는 것이 (불가능하지는 않지만) 비용이 많이 들게 하기에 충분할 정도로 큰 자연적 또는 인공적 자원 체계를 가리킨다. 공동 재고 자원들을 조직하고 운영하는 과정을 이해하기 위해서 위해서는, 자원 체계와 그것에 의해 생산되는 자원 단위들의 유출을, 서로 의존하고 있다는 것을 인식하면서, 명확히 구분하는 것이 필수적이다.
> 자원 체계들은 자원 체계 자체의 자원 단위들의 저장을 해치지 않으면서 좋은 조건에서는 최대 유출량을 생산할 수 있는 저장량으로 이해하는 것이 가장 좋다. … 자원 단위들은 자원 체계들로부터 개인들이 전유하거나 이용하는 것이다. … 저장으로서 자원과 유출로서 이용 단위들의 수확을 구분하는 것은 보충이 잘 되지 않는 것으로 정의할 수 있는 재생가능한 자원들과 관련해서 특히 유용하다. 인출의 평균 비율이 보충의 평균 비율을 넘어서지 않는 한, 재생가능한 자원은 시간이 지나도 유지된다.(Ostrom, 1990: 30).

그런데 공동 재고 자원은 누가 소유하는 것인가? 이에 대해 오스트롬은 소유나 재산의 관점으로 공동 재고 자원을 파악하는 것 자체를 거부한다. 오스트롬이 공동 재산 자원이라는 말을 거쿠하고 공동 재고 자원이라는 말을 만든 것은 재산권들과 무관하게 자원 체계들을 파악하기 위해서다.

> 공동 재고 자원 문제를 더 잘 이해하기 위해서, 우리는 자원 체계들에 관련된 개념들과 그것들에 연관된 재산권들을 분리해야 한다. 우리는 연루된 재산권들과 무관하게 자원 체계들을 가리키기 위해 공동 재고 자원이라는 용어를 사용한다.(Ostrom et al., 1999: 278)

오스트롬이 보기에 공동 재산 자원은 애초에 부적절한 말이다. 오스트롬에 따르면, 공동 재고 자원이 올바른 말이고, 공동 재산은 그것을 관리하는 한 방식일 뿐이며, 공동 재고 자원은 소유권을 떠나서 파악되어야 한다. 중요한 것은 공동체가 공동 재고 자원을 유지하며 이용할 수 있다는 것이다. 자원의 속성과 관리방식을 잘 구분해야 한다.

> '공동 재산 자원'은 '공동-재고 자원'으로 불리는 게 더 나은 경제재를 서술하는 데 종종 사용되고 있다.
>
> 공동-재고 자원들은 중앙 정부, 광역 자치체, 또는 기초 자치체, 공동적 집단들, 사적 개인들 또는 기업들에 의해 소유되거나, 또는 누구나 접근할 수 있는 공개 접근 자원들로 사용된다.
>
> 어떤 유형의 재화를 가리키기 위해 사용되는 용어에서 '재산'을 사용하는 것은 이 속성들을 갖는 재화들은 모든 곳에서 동일한 재산 체제를 갖는 경향이 있다는 인상을 강화한다.(Ostrom et al., 2007: 8, 9)

오스트롬은 공동자원의 특징을 재산이 아니라 재고로 파악한다. 재산은 자원을 다루는 사회적 방식이지 자원의 속성이 아니다. 이 점에서는 공동재산론과 공동재고론이 같다. 그런데 공동재산론은 공동자원을 안정적으로 관리하기 위해 재산 방식의 중요성을 강조하는데 비해 공동재고론은 그것을 거부한다. 공동재고론은 재산으로 소유하지 않더라도 이용자들의 자치적 자원체계 관리가 성공할 수 있다는 것을 거듭 강조한다.

4. 공동재고론의 실천

1) 공동체의 활성화

전근대 사회는 마을이 사회의 기본을 이룬 마을 사회였다. 작은 지역에 적은 사람들이 모여서 살았고, 이것을 마을(commune, village)이라고 불렀다. 마을의 사람들은 대체로 혈연으로 이어져 있었고, 일생을 신분제의 불평등 상태에서 살았다. 그러나 마을은 구성원들에게 생계와 보호를 제공하고 호혜적 상태를 형성했다. 근대화와 함께 전근대의 마을 사회는 대거 사라졌다. 사람들은 인권의 주체인 개인으로 독립해서 살아가게 되었고, 개인들은 투표로 정부를 구성해서 그 통제와 보호를 받으며 살아가게 되었다. 근대화-개인화-민주화는 역사의 근본적 발전이었다.

그러나 이와 함께 사라진 마을 사회의 호혜성에 대한 인식이 커졌다. 호혜는 서로 돕는 것이다. 근대화와 함께 대거 사라진 전근대 마을의 호혜성은 gemeinschaft, community, 공동체 등의 말을 통해 적극 제기되었다.[3] 그런데 호혜성은 사람들이 살아가는 가장 기본적인 방식으로

---

[3] 전근대 마을의 호혜적 상태를 독일의 사회학자 페르디난드 퇴니스는 '공동사회'(gemeinschaft)라고 불렀고, 미국의 사회학자 로버트 맥키버는 '공동체'(community)라고 불렀다. 그런데 사실 '공동체'라는 말은 1900년대 초에 일본에서 gemein(공동, 共同)과 korpus(체, 體)를 합해서 만든 말로서 조선에서는 공동체는 물론이고 공동(共同)이라는 말도 사용되지 않았다. 1917년에 맥키버 교수의 *Community*라는 책이 출판된 뒤에 일본에서 community의 번역어로 공동체가 본격 사용되게 되었는데 사실 community는 commune(마을)의 추상명사로서 전근대 마을의 호혜성을 강조하는 말이다. commune은 com과

그림 1 공동체 경제의 변화

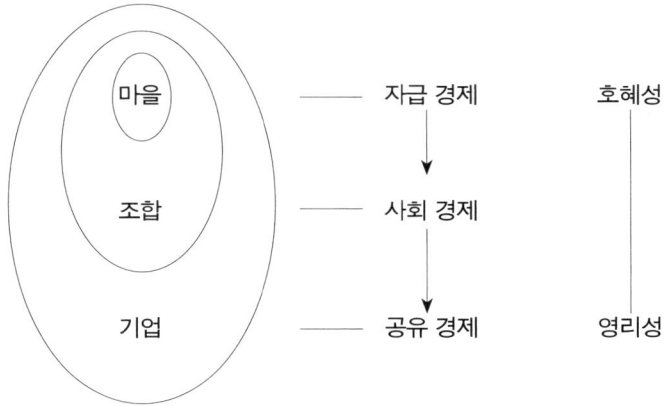

결코 사라질 수 없는 것이다. 사람들은 각자의 이익을 위해서도 서로 돕지 않으면 안 된다. 호혜성은 사회성의 한 핵심이다. 신분제에 의거한 전근대 마을은 사라졌어도 마을 자체는 결코 사라지지 않았으며, 마을의 호혜성은 협동조합의 형태로 사회 전체로 확대되었다. 공동체는 여전히 중요하다.

공동체는 구성원들이 서로 돕는 호혜적 경제체로서 마을, 협동조합, 기업 등의 조직적 형태로 운영된다. 근대화로 마을은 대거 사라졌으나 협동조합과 기업은 크게 늘어났다. 이와 함께 공동체 경제는 전근대 자급 경제에서 20세기 사회 경제로, 21세기 공유 경제로 계속 확대되었다. 물론 마을에서 기업으로 갈수록 호혜성이 줄어들고 영리성이 커진다.[4]

---

munis가 합쳐서 만들어진 말로 '함께 돕는다'는 뜻을 담고 있다. commune이라는 말 자체가 호혜(互惠, 서로 이롭게 한다)라는 뜻을 담고 있는 것이다.

4   이 때문에 이른바 '공유경제'(sharing economy)는 플랫폼을 소유한 소수 자본가들이 노동자들을 개인 사업자의 형태로 고용해서 운영하는 '사유경제'(privatizing economy)일 뿐이라는 비판이 강력히 제기된 상태다.

2008년에 미국에서 발생한 금융 위기는 곧 세계로 확대되어 세계 금융 위기가 되었다. 이에 따라 수많은 사람들이 실업자가 되어 생계 위기를 맞게 되었다. 이런 상황에서 어려운 처지의 사람들에게 서로 돕고 사는 공동체가 더욱 더 중요한 의미를 갖게 되었다. 경쟁을 싫어하고 공동체를 추구하는 사람들에게도 이런 상황은 대단히 중요한 변화를 뜻했다. 그 결과 세계적으로 공동체의 활성화가 이루어지게 되었다. 여기에 인터넷을 활용한 새로운 공동체의 성장은 이른바 '공유경제'의 형성으로 이어졌다.[5] 이렇게 2008년은 공동체의 활성화에서 중요한 해가 되었다.

이어서 2009년에 엘리너 오스트롬 교수가 노벨 경제학상을 수상한 것을 계기로 세계적으로 공동자원에 대해 관심이 커지고 공동체의 활성화가 더욱 촉진되었다. 사실 오스트롬 교수는 정치학자/행정학자였고 경제학자는 아니었다. 이 때문에 오스트롬 교수의 노벨 경제학상 수상에 대해 약간의 논란도 있었고 본인도 완전히 뜻밖의 일이어서 많이 놀랐다고 밝혔다. 이런 사정을 떠나서 오스트롬의 연구는 공동체 경제에 대한 독보적인 연구였고, 2008년의 금융 위기는 오스트롬의 연구를 크게 부각시키는 역사적 계기가 되었다. 오스트롬은 오랜 기간에 걸친 풍부한 사례연구를 통해 공동체의 경제적-생태적 기능을 실증적으로 확인했다. 그러나 그 적용에서 오남용의 문제도 이미 상당하다(Parker et al., 2011).

2) 오스트롬의 성과

오스트롬 교수에게 노벨 경제학상이 시상된 배경에는 두 가지 고려가 있었던 것으로 보인다. 첫째, 2008년의 금융위기로 많은 사람들이 실직

---

[5] 현재의 공유경제 개념은 2008년의 금융 위기에 대응해서 미국 하버드 대학교의 정보법학자 로렌스 레식 교수가 제안한 것으로 개인들이 발달된 정보기술을 이용해서 각자의 자원들을 적극 공유하는 것을 뜻한다.

해서 큰 경제적 고통을 겪게 되었는데 오스트롬은 이 사람들이 생존할 수 있는 중요한 자구적 방식인 공동체의 가치를 잘 설명해서 공동체 정책의 이론적 기반을 다졌다. 둘째, 2008년의 금융위기로 기업의 자유를 극대화하는 신자유주의가 파탄을 맞게 되었고, 기업에 대한 국가의 통제가 강화될 수밖에 없게 되었는데, 노벨 경제학상 위원회는 오스트롬을 통해 국가의 개입을 제지하고 국민의 자치를 강조하고자 했다.[6]

오스트롬의 연구는 공동체와 자치의 가치를 실증적으로 확인한 중요한 성과를 거두었지만 국가의 역할을 저지하는 근거로 활용되고 있기도 하다. 이런 점을 염두에 두고 오스트롬의 연구를 살펴볼 필요가 있다. 특히 다음의 세 가지 점에서 오스트롬 교수의 이론적 오류와 한계에 주의해야 한다.

첫째, 공동체의 길에 대한 올바른 이해. 오스트롬 교수는 자신의 연구를 다음과 같이 국가, 시장에 대비해서 제시했다.

> '공유지의 비극'에 관한 어떤 논문들은 그 파괴를 막기 위해 대부분의 자연 자원들을 국가가 통제하라고 권고한다. 다른 논문들은 이 자원들의 사유화가 문제를 해결할 것이라고 권고한다. 하지만 우리가 이 세계에서 관찰할 수 있는 것은 국가도 시장도 개인들이 자연 자원 체계들의 장기적이고 생산적인 이용을 지속할 수 있게 하는 데 균일하게 성공하지 못했다는 것이다. 더욱이 개인들의 공동체들은 장기에 걸쳐 상당한 정도의 성공을 거둔 어떤 자원 체계들을 관리하기 위해 국가도 시장도 닮지 않은 제도들에 의지해 왔다(Ostrom, 1990: 1).

---

[6] 노벨 경제학상 위원회의 의도는 공동 수상자인 올리버 윌리엄슨 교수를 통해 더욱 분명히 나타났다. 거래비용 경제학의 대표자인 윌리엄슨 교수는 대기업의 형성을 거래비용의 축소를 위한 노력의 결과로 설명해서 결국 대기업을 적극 옹호했다.

그런데 국가, 시장, 공동체는 동일선상에서 비교될 것이 아니다. 먼저 국가, 시장은 수많은 행위 주체들이 작동하는 거대한 '장'(field)이지 그 자체로 행위 주체가 아니다. 국가의 대표적 행위 주체는 정부이고, 시장의 대표적 행위 주체는 기업이다. 국가는 정부, 기업, 공동체를 모두 포함하는 장이다. 국가는 공적 영역과 사적 영역으로 크게 나뉜다. 국민의 주권을 위임받아 작동되는 공적 영역은 정부, 지자체, 공기업 등의 행위 주체들이 있고, 사적 영역은 헌법과 법률로 자유를 보장받은 개인, 기업, 공동체 등의 행위 주체들이 있다. 시장은 사적 영역의 한 장이고, 개인과 기업과 공동체는 사적 영역의 행위 주체들이다.[7]

둘째, 자연 자원에서 인공 자원으로 확장. 오스트롬은 본래 마을과 자연 자원에 초점을 두고 연구했다. 그런데 이것을 인공 자원으로 확대하면서 여러 혼란이 초래된 것으로 보인다. 사실 이 혼란은 대표적 관개 시설인 인공 수로를 공동 재고의 대표로 제시하는 것에서도 나타난 것이다. 어장과 수로는 큰 차이를 갖고 있다. 어장은 그 기반인 바다와 그 안에 사는 물고기가 모두 자연의 산물이지만, 수로는 그 기반인 시설은 인공의 산물이고 그 안으로 흐르는 물은 자연의 산물이다. 따라서 어장과 달리 수로는 처음부터 소유의 문제가 제기된다. 이 문제를 단지 이용에서 배제하기 어렵기 때문에 함께 이용해야 한다는 주장으로 회피할 수는 없다. 이처럼 자연 자원과 인공 자원의 차이를 올바로 이해해야 하며, 자원 체계와 자원 단위에 앞서서 자원 기반(rescurce basis)의 개념을 정립해야 한다.

---

[7] 마을, 협동조합, 기업이 공동체의 행위 주체인데, 공동체 기업은 일반 기업과 달리 호혜성을 적극 표방/추구하기 때문에 협동기업으로 불러서 구분할 수도 있다.

셋째, 정치체제의 중요성에 대한 인식. 오늘날 공동체는 고립해서 존재하지 않는다. 정치체제의 성격과 상태에 따라 공동체의 운명은 크게 달라지기 쉽다. 아무리 공동 재고 자원을 잘 이용하고 있는 공동체라고 해도 정치에 의해 하루 아침에 영원히 사라지게 될 수도 있다. 역으로 공동 재고 자원을 올바로 이용하기 위해 필요한 제도들을 스스로 공급할 수 없는 열악한 공동체도 정치의 지원을 받아서 우수한 공동체로 변모할 수 있다. 국가의 민주화와 공동체의 번성은 밀접한 연관을 맺고 있다. 이것은 단순한 상관관계를 넘어서 상당한 인과관계의 성격을 갖는다. 공동체는 국가를 떠나서 존재하는 것이 아니라 개인, 기업 등과 마찬가지로 국가의 안에서 존재하는 것이다.

> 현대 세계에서 대부분의 공동 재고 자원들은 고립된 상황 속에 있지 않다. 공동 재고 자원이 경제 활동의 다른 중심들에 가까워질수록, 그 지역의 주민들, 자원 단위들의 가치, 그리고 근처의 공동 재고 자원들을 전유하는 활동들 등은 그 공동 재고 자원에서 성취된 결과들에 거꾸로 영향을 미칠 방식으로 변화하기 쉬워질 것이다. 비고립적 입지들에서, 지배적인 정치체제의 정향은 지역 전유자들이 자신들의 제도들을 공급하는 데서 또는 자신들의 문제들을 해결하기 위해 외부의 권위들에 의존하는 데서 실질적인 차이를 만들 수 있다.
> 무관심한 상황에서 새로운 규칙들을 공급할 수 없는 개인들은 실질적인 지역 자치를 허용하고, 실행 주체들에 투자하고, 그리고 일반화된 제도적 –선택과 갈등– 해결의 경기장들을 제공하는 정치체제 아래서 새로운 규칙들을 채택하는 데 성공할 수 있다. 다시 말해서, 지역정부와 중앙정부는 지역의 전유자들이 효과적인 제도 설계에 관여할 수 있는 능력의 향상을 위한 기구들을 제공하는 적극적인 역할을 할 수 있다. 이 적극적인 역할은 자연 자원들의 통제를 중앙화하는 제안들에 담겨 있는 전망과는 상당히 다른 것이다.(Ostrom, 1990: 212)

5. 소유권의 중요성

사실 공동자원에 대해 살펴보기에 앞서서 우선 자원(資源, resources)에 대해 살펴볼 필요가 있다. 이 세상은 물질로 이루어져 있다. 공기, 물, 흙, 햇빛 모두 물질이다. 이렇게 다양한 물질들 중에서 사람의 욕구를 충족하는 데 사용되는 것이 자원이다. 원래 자원은 자연의 소산이기 때문에 그냥 자원이라고 하면 자연 자원을 뜻한다. 이에 비해 재화(財貨, goods)는 사람이 자원을 가공해서 만든 물건이다. 물질, 자원, 재화는 이렇게 구분된다. 그런데 자원의 이용에는 사람의 노력이 추가되기 마련이기 때문에 자원은 결국 재화의 성격을 갖는다. 이런 점에서 자원은 그 자체로 재화로 파악될 수 있다.

공동자원(共同資源, common resources)[8]은 여러 사람들이 공동으로 소유/이용하는 자원을 뜻한다. 이때 여러 사람들은 하나의 단체를 만들 수도 있고, 그냥 개인들로 존재할 수도 있다. 하나의 단체는 공동체일 수도 있고, 일반 기업일 수도 있다. 공동체는 구성원들이 능력의 차이를 떠나서 평등하게 참여하고 서로의 이익을 는 추구하는 평등한 호혜적 단체이다. '결사의 자유', 즉 단체를 만들 자유는 민주주의의 구성원들이 누리는 기본 권리이다. 민주 사회에서는 누구나 자유롭게 공동체를 구성해서 살아갈 수 있다. 또한 세계의 수많은 사례들이 보여주고 있듯이 공동체는 많은 사람들에게 꼭 필요하다.

공동체는 구성원들이 평등한 관계로 서로 도우며 사는 것을 뜻한다.

---

[8] commons는 보통 공유지로 번역되고, common resource는 보통 공유자원으로 번역된다. 그런데 common은 그냥 '공동'으로 번역하는 것이 옳다. 이런 점에서 commons는 공동지나 공동물로, common resource는 공동자원으로 번역하는 것이 옳다.

이 점에서 공동체는 그 구체적인 조직 형태를 떠나서 일반 기업과 다르다. 그런데 공동체는 단순히 사람들이 모여서 사는 것이 아니다. 지역적으로 함께 모여서 살거나 또는 사회적으로 뜻을 모아서 살거나 공동체를 이루고 사는 것은 구성원들이 함께 소유/이용하는 자원, 즉 공동자원을 필요로 한다. 따라서 단순히 공동체가 좋다거나 필요하다고 말하는 것은 불충분하다. 공동체가 실제로 작동하기 위해 필요한 공동자원들을 확인하고 확보하는 것이 무엇보다 중요하다. 그렇지 않다면 공동체는 그저 헛말에 그치고 말 것이다.

공동체의 안정적 운영을 위해서는 공동자원을 단순히 이용하는 것이 아니라 확실히 소유하는 것이 필요하다. 요컨대 공동 재고 자원(CPR, common pool resources)은 공동 재산 자원(CPR, common property resources)이 될 때 가장 안정적으로 이용될 수 있다. 공동 재산은 법으로 규정된 공동 소유 방식에 의해 그 구체적인 상태가 정해진다. 공동체는 그 법적 성격에 따라 공동자원을 합유나 총유의 방식으로 소유할 수 있다.

표 1에서 볼 수 있듯이 모든 공동체는 그 조직의 법적 성격과 공동자원의 소유 방식에 따라 네 가지 유형으로 나뉜다. 지역 공동체는 특정 지역에 있는 것을 뜻하고, 사회 공동체는 여러 지역에 흩어져 있는 것을 뜻한다. 공동체의 조직 형태는 마을, 협동조합, 기업 등인데, 지역 공동체는 대체로 마을이고, 사회 공동체는 대체로 협동조합이다. 민법에 따르면, 단체가 법적 권리의 주체인 경우 합유를 할 수 있고, 단체가 법적 권리의 주체가 아닌 경우 총유를 할 수 있다. 지역 공동체를 대표하는 마

표 1 공동체의 유형과 소유 방식

	합유	총유
지역	①	②
사회	③	④

을은 법적 권리의 주체가 아닌 마을회가 운영하고, 사회 공동체를 대표하는 조합은 법적 권리의 주체로 등록돼야 한다.

여기서 합유와 총유에 대해 조금 더 살펴볼 필요가 있다. 합유와 총유는 공동 소유의 방식으로 공동체의 공동 소유는 두 방식 중 하나여야 한다. 우리가 보통 '공유'라고 부르는 것은 사실 개별 지분이 인정되는 것으로서 공동체의 소유 방식이 아니라 주식회사로 대표되는 일반 기업의 소유 방식이다.

그림 2에서 잘 볼 수 있듯이, 모든 소유는 공적 소유와 사적 소유로 나뉘고, 공적 소유는 국유와 공유로, 사적 소유는 개인 소유와 공동 소유로, 공동 소유는 공유·합유·총유로 나뉜다. 개별 지분이 유지되는 공유가 공동체의 소유 방식이 아닌 것은 하나의 대상을 여러 개인들이 나누어서 소유하고 있는 것에 불과하기 때문이다. 이에 비해 합유와 총유는 개인이 아니라 개인들이 속한 단체가 소유하는 것이다. 합유는 개인들의 지분을 인정하나 임의로 처분할 수 없으며, 총유는 아예 개인들의 지분을 인정하지 않는다. 개인들은 공동체에 복속하는 대신에 공동체의 보호를 받게 되는데, 합유와 총유는 공동체의 존속을 보장하기 위한 소유 방

그림 2   법적 소유 방식

표 2   소유자별 국토 면적 (단위: km^2)

2019	
계	100,401
개인	51,014
국유지	25,350
도유지	2,828
군유지	5,371
법인	7,121
종중	6,574
종교단체	1,078
기타단체	746
기타	319

출처: e-나라지표의 '국토현황'(행정구역별, 소유자별, 지목별)

식이다.

　　총유는 공동체를 유지하는 가장 강력한 소유 방식으로 많은 나라들에서 근대화에 따라 오래 전에 폐기되었으나 한국은 민법에 여전히 규정되어 있다. 표 2에서 볼 수 있듯이, '종중'(宗中)이라는 전근대 공동체가 아주 많은 땅을 총유로 소유하고 있기 때문이고, 그 다음은 종교단체가, 그리고 마을회가 총유로 소유하고 있다. 2012년의 통계에 따르면, 전체 총유 면적은 $7,793km^2$이었는데, 종중 소유가 $6,090km^2$으로 78.1%, 종교단체 소유가 $981km^2$로 12.6%, 기타 단체가 $722km^2$로 9.3%였다. 참고로 서울의 면적은 약 $606km^2$이다.

6. 맺음말

사람들의 호혜적 자구적 경제체로서 공동체는 사라질 수 없다. 정부와 기업이 아무리 잘 작동된다고 해도 서로 도와야 하는 사람들이 있고, 또

경쟁을 싫어해서 서로 도우며 사는 길을 택하는 사람들이 있다. 공동체의 필요성은 현대의 경제 위기에서 계속 명확히 확인되었다. 1997년 한국이 겪은 경제 위기와 2008년 미국에서 시작된 경제 위기는 그 중요한 예이다. 물론 복지국가의 강화와 생태적 전환, 그리고 기업의 사회적 책임의 강화 등은 현대 사회의 기반을 다지는 과제로서 너무나 중요하다. 그런데 이와 함께 공동체의 가치를 올바로 인식하고 그 활성화를 적극 추구하고 실현해야 한다.

공동체가 없다면 공동자원도 없다. 공동자원은 공동체의 구성원들이 공동으로 소유/이용하는 자원을 뜻하는 것이다. 공동자원이 없다면 공동체는 없다. 공동체는 공동자원에 의지해서 유지되는 것이다. 공동체의 유지를 위해서는 공동자원의 유지가 반드시 필요하다. 공동체는 사람들이 서로 돕고 사는 자구적 단체이다. 사람들은 물질적인 면뿐만 아니라 정서적인 면에서도 공동체를 필요로 할 수 있다. 이런 점에서 현대 사회를 주도하는 정부와 기업도 공동체를 적극 지지해야 할 필요가 있다. 그 핵심은 공동자원을 적극 제공하고 보호하는 것이다.

공동체는 공동자원을 필요로 한다. 엘리너 오스트롬이 오랜 기간에 걸친 사례연구로 잘 입증했듯이, 공동체는 공등자원을 망치는 것이 아니라 잘 보존하며 이용할 수 있다. 이 점에서 정부와 기업은 공동체의 경제적-생태적 가치를 적극 인식하고 지원할 필요가 있다. 공동체는 사회를 지탱하고 자연을 보호하는 호혜적 자구적 경제체로 기능할 수 있다. 한국의 경우는 총유에 의한 공동체를 기본으로 하면서 합유에 의한 협동조합이 빠르게 증가하고 있고,[9] 공동 소유보다 공동 이용을 강조하

---

9 여기에는 2012년에 '협동조합 기본법'이 제정된 것이 큰 영향을 미쳤다. 협동조합 기본법에 따른 협동조합 수는 2014년 6,235개에서 2018년 14,526개로

는 오스트롬의 공동재고론 방식도 일부에서 적극 추진되고 있다(최현 외, 2019).

현대의 공동체는 전근대 공동체처럼 필연적 공동체가 아니라 선택적 공동체이다. 그만큼 공동체를 형성하고 운영하는 사람들의 책임이 중요하다. 공동체 구성원들의 충실한 자구적 노력이 있어야 정부와 기업의 지원도 커질 수 있다. 그러나 공동체의 안정적 운영은 공동자원의 소유를 확보하는 것과 정부와 기업의 지배를 제어하는 것과 직결되어 있다. 공동체의 공동자원 소유를 지원하는 법률의 제정과 토지 강제수용법[10]의 전면적 개정이 그 핵심에 놓여 있는 양대 과제라고 할 수 있다.

오스트롬의 주장에서 가장 유의해야 할 것은 적절한 제도의 중요성이다. 나쁜 제도를 없애고 좋은 제도를 만드는 것이 무엇보다 중요하다. 특히 강제력을 갖고 있는 법의 중요성은 더 말할 나위가 없다. 공동체의 내적 운영은 그 외적 법에 의해 좌우될 수 있다. OECD 국가들은 물론이고 개발도상 국가들도 법을 통해 사회를 운영하고 당연히 공동체도 그 강제적 영향 속에 있다. 직접 공동체에 관한 법을 넘어서 소유법, 토지법, 수리법, 개발법 등이 모두 관련된다. 이런 넓은 개혁으로 공동체는 생태복지국가를 추구해야 한다(홍성태, 2019).

참고자료

최현 외(2019), 『공동자원의 영역들』, 진인진

폭증했다.

10 이 법의 정식 명칭은 '공익사업을 위한 토지 등의 취득 및 보상에 관한 법률'(토지보상법)으로 과거에는 '토지수용법'이었다.

홍성태(2007), 『개발주의를 비판한다』, 당대
홍성태(2011), 『토건국가를 개혁하라』, 한울
홍성태(2017), 『사고사회 한국』, 진인진
홍성태(2019), 『생태복지국가를 향하여』, 진인진

Bromley, Daniel et al. eds.(1992), *Making the Commons Work*, ICS Press
Ostrom, Elinor(1990), *Governing the Commons*, Cambridge Univ. Press.
Ostrom, Elinor et al.(1999), Revisiting the Commons: Local Lessons, Global Challenges, *Science*, New Series, Vol.284/No.5412(Apr. 9, 1999), American Association for the Advancement of Science,
Ostrom, Elinor and Charlotte Hess(2007), PRIVATE AND COMMON PROPERTY RIGHTS, *Workshop in Political Theory and Policy Analysis, Indiana University*
Parker, Peter et al.(2011), The uses and abuses of Elinor Ostrom's concept of commons in urban theorizing, Presented at International Conference of the European Urban Research Asscciation (EURA) 2011 – Cities without Limits 23–25 June 2011, Copenhagen

제9장 지역 혁신의 연구와 전개

1. 시대의 변화

1) 지역화의 시대

1980년대에 들어와서 서구의 선진국[1]들을 중심으로 국가의 약화와 지역의 강화가 본격화하기 시작했다. 프랑스의 사회학자 알랭 투렌(Alain

---

[1] 선진국은 advanced state로 앞선 나라를 뜻한다. 그 기준은 정치, 경제, 문화로 제시될 수 있는데, 민주주의의 정착, 안정된 경제성장, 문화적 다양성 등이 그것이다. 1990년대에 들어와서 '지속가능 발전'이 지구적 과제로 확립되면서 생태적 기준이 추가되었다. 대체로 미국, 일본, 독일, 영국, 프랑스, 캐나다, 이탈리아 등 G7(Group of 7) 국가들을 선진국으로 꼽는데, 이 국가들의 문제가 코로나19 바이러스 사태로 여실히 드러났고, 사회적 성숙도의 면에서 독일과 북구가 최고의 선진국으로 제시되기도 한다. 2021년에 열린 G7 회의에서 한국 정부를 공식초청했다는 것은 문재인 정부에서 한국이 G7에 육박하는 발전을 이룬 것으로 평가되었다. 그러나 국가와 사회의 근간을 이루는 사법(검찰과 법원)과 언론의 수준이 꼴찌여서 한국의 완전한 선진화가 저지되고 있는 것으로 강력히 비판되었다.

Touraine, 1925~)은 '사회는 국가의 가명'이라고 주장했다(Touraine, 1971). 이것은 강력한 합법적 강제력에 의해 유지되는 국경으로 절합된 현대 사회의 공간정치적 특징을 정확히 지적한 것이었다. 그러나 민주주의에 의해 지역의 자치가 유지되었고 강화되었다.

이 변화의 경제적 실체는 1960~80년대에 제조업이 선진국에서 개도국으로 대거 이전된 것이었다. 이로써 세계의 제조업을 주도하던 선진국의 제조업 중심지들이 대거 몰락하게 되었다.[2] 선진국은 자치제가 확립되어 있어서 이런 변화에 대해 국가에 앞서 지역이 적극 나서야 했다. 사실 국가는 지역 문제에 대해 선별적으로 대응할 수밖에 없으므로 지역이 더욱 적극 나서야 했다.

1990년대에 들어와서 냉전의 해체와 WTO의 출범으로 국가가 산업을 지원하기 어렵게 되자 지역을 지원하는 형태로 변하게 되었다. 이로써 '지구화'(globalization)는 '지역화'(regionalization, localization)를 더욱 촉진하게 되었다. 요컨대 지역의 강화는 민주주의의 면에서 기본적이며, 국가 경쟁력의 강화에서 핵심적이고, 세계 경제의 면에서 필수적인 것이 되었다. 지구화는 역설적이게도 그 핵심에 지역화가 자리하고 있는 변화였다.

20세기는 '국가 민주주의'의 시대였으나, 21세기는 '지역 민주주의'

---

2   미국의 영화 Heart of Steel(1983)은 이 역사적 변화를 생생히 묘사했다. 앤드류 카네기(Andrew Carnegie, 1835~1919)가 '철강왕'이 된 미국 북동부의 피츠버그 시는 1970-80년대에 일본, 한국 등의 철강 산업이 급성장하면서 대거 몰락하게 되었다. Heart of Steel은 실직하게 된 미국 철강 노동자들의 절망과 분노를 격렬히 묘사했다. 21세기에 들어서도 지속되고 있는 피츠버그 지역의 피폐상은 미국의 영화 Out of the Furnace(2013)에서도 잘 볼 수 있다. 그런데 사실 이 지역의 문제를 가장 먼저 보여준 미국의 영화는 저 유명한 Deer Hunter(1978)이다.

의 시대다. 이것은 국가가 무의미해지는 것이 아니라 국가가 지역의 권리를 적극 보장해야 하는 것을 뜻한다. 이것은 지역이 국가에 의존하지 않고 자신의 존립과 번영을 위한 주체로 확립되어야 하는 것을 뜻한다. 이렇듯 '지역화'는 '지역의 주체화'를 뜻하며, 이것은 '분권'에 의해 제도적으로 보장되어야 한다. 이른바 '분권 헌법'은 시대의 요구인 '지역의 주체화'를 확립하기 위한 가장 기본적인 요건이다.[3]

2) 문화화의 시대

1970년대에 선진국은 두 차례의 '석유 위기'와 개도국의 공업화에 의해 복지국가의 위기를 맞게 되었다. 1942년 영국에서 처음 복지국가가 형성되었고, 2차 세계대전 이후 복지국가는 선진국의 일반적 상태가 되었다. 복지국가는 20세기에 들어와서 급성장한 제조업에 바탕을 두고 있었다. 광공업을 대표로 하는 제조업은 석탄과 석유에 의해 급성장할 수 있었다. 두 차례의 '석유 위기'와 개도국의 공업화는 복지국가의 약화와 신자유주의의 강화를 초래했다.

    1980년대 초에 독일의 노동운동과 사회민주당은 복지국가의 위기에 대응해서 문화사회(Kulturgesellschaft, society of culture, cultural society)의 전망을 제시했다. 이 전망은 오스트리아 출신으로 프랑스에서 활동했던 노동운동가/사회이론가 앙드레 고르츠(André Gorz, 1923~2007)에 의해 널리 알려졌다(Gorz, 1988: 93). 문화사회는 복지국가가 추구한 풍요사

---

[3] 분권(지방분권, 자치분권, decentralization)은 과도하게 집중된 중앙정부의 권한을 지방자치체로 이관해서 지방자치를 더욱 강화하고 실질화해서 지역이 명실상부한 자립적 단위로 존재하게 하는 것이다. '분권 헌법'은 분권을 헌법에서 명확히 규정해서 그 기반을 확고히 다지는 것으로 대단히 중요하다. 이에 대해서는 자치분권위원회(2018)을 참고.

회의 대안이라고 할 수 있다. 풍요사회는 물질적 만족을 이루었으나 커다란 생태적, 사회적, 정신적 문제를 낳았다. 문화사회는 이런 풍요사회의 이중성을 극복하기 위한 사회적 실천의 산물이다.

문화는 인간 정신의 표현으로서 가장 인간적인 욕구의 대상이다. 인간은 물질적 풍요를 넘어서 정신적 풍요를 추구한다. 이런 점에서 문화사회는 풍요사회를 넘어서는 것이자 완성하는 것이라고 할 수 있다.

1990년대에 들어와서 인터넷으로 대표되는 정보기술의 비약적 발전으로 세계는 더욱 고도의 정보사회에 이르게 되었다. 미국의 정보고속도로 구상이 잘 보여주었듯이, 정보기술은 그 자체로 목적이 아니라 정보의 소통이 목적이다(홍성태, 2002). 그리고 정보는 지식과 문화의 기본요소이다. 이런 점에서 정보사회는 정보-지식사회이고, 나아가 정보-지식-문화사회이다. 이로써 정보화와 함께 사회 전체에서 '문화화'(culturification)가 적극 추구되게 되었다.

4차 산업혁명은 1990년대 이후 본격화된 '지구화/지역화'와 '정보화/지식화/문화화'의 변화를 더욱 강화하고 있다.[4] 이제 문화는 사회의 모든 분야에서 필수적인 요청이 되었다. 농어업, 광공업, 서비스업 등 업종의 차이를 떠나서 문화화는 기본적인 과제가 되었다. 문화는 인간 정신의 표현이라는 점에서 문화화는 인간화이기도 하다. 이런 점에서 문화

---

4 '4차 산업혁명'은 2015년 클라우스 슈바브(Klaus Schwab, 1938~)가 처음 제기한 용어로 2016년 2월 세계경제포럼의 주제로 제시되어 세계적인 관심사로 부각되었다. 그 핵심은 '인공지능'(AI)로 대표되는 컴퓨터 기술의 발달을 통해 전면적인 산업의 변화가 실행되고 있다는 것이다. 세계경제포럼은 1971년에 독일계 스위스의 경제학자인 클라우스 슈바브가 주도해서 만든 비영리 단체로 주요 기업인, 학자, 언론인 등의 네트워크를 구축해서 세계적인 영향력을 행사하고 있다. 그러나 그 주장은 학문적으로는 명확한 것이며 상업적 성격이 중심을 이룬다.

화는 더욱 더 인간적인 사회를 만드는 것이다.

2. 지역 혁신의 전개

1) 산업적 지역 혁신

(1) 지역 클러스터(regional cluster)

1990년에 하버드대학교 경영대의 마이클 포터(Michael Porter, 1947~) 교수가 국가 경쟁력의 실체를 지역 경쟁력으로 제시하고, 지역 경쟁력의 핵심을 클러스터(cluster)[5]로 제시해서 세계적으로 큰 영향을 끼치게 되었다. 마이클 포터는 국가 경쟁력에 대한 연구의 결론으로 이른바 '다이아몬드 모델'(the Diamod Model)을 제시하고, 그것이 하나의 체계로 작동되기 위한 핵심으로 지리적 집중을 제시했다.

마이클 포터는 연관된 기업들이 지리적으로 집중되어 있으면, 서로 자원과 지식을 공유하는 것은 물론 서로 경쟁하고 지원해서 시너지 효과를 일으키기 쉽다고 파악했다. 이것은 1980년대에 높은 경제 성장을 이룩한 한국을 비롯한 10개 국에 대한 4년에 걸친 실증연구의 결과였다. 마이클 포터의 연구 결과에 따라 세계 각국에서 클러스터 정책을 경쟁적으로 추진하게 되었다.

마이클 포터는 클러스터를 '어떤 특정한 지역에서 연관된 회사들과 기구들의 지리적 집중'으로 정의하고, 클러스터가 산업이나 기업에만 국한되는 것이 아니라 여러 공급자, 제공자, 소비자, 재배자, 제조자, 정부,

---

[5] 클러스터는 동종의 생물들이 함께 모여 사는 것을 뜻하는 말로 보통 '군집'으로 번역된다. 이처럼 클러스트는 연관된 기업들이 모여서 '집적효과'를 추구하는 것이다.

그림 1 국가 경쟁력의 결정요인들

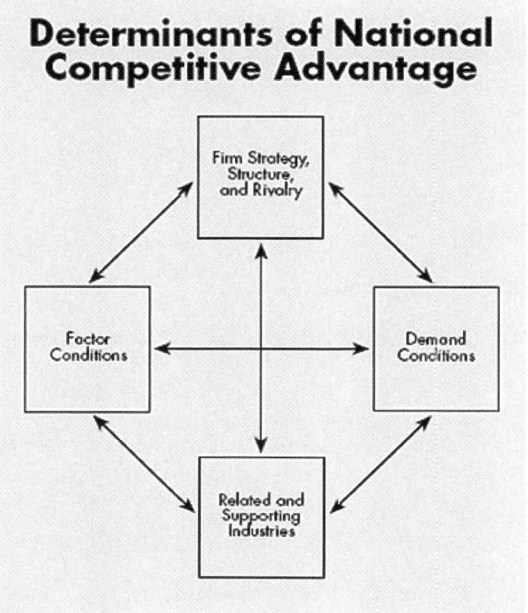

출처: Porter(1990)

그림 2 캘리포니아 포도주 클러스터의 해부

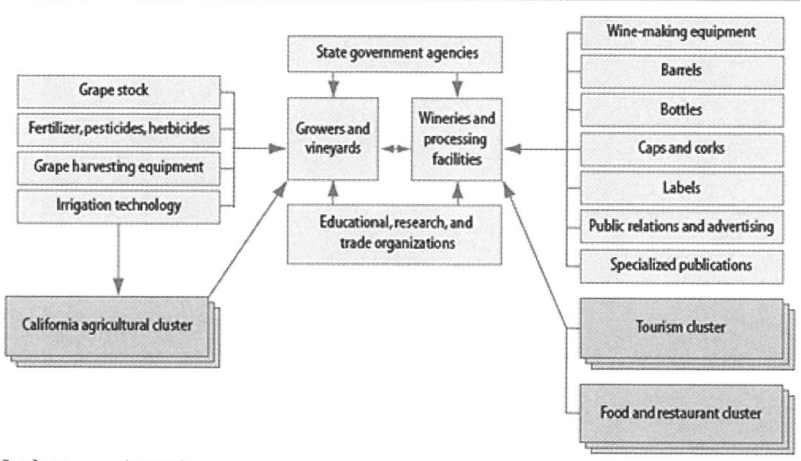

출처: Porter(1998)

대학 등을 모두 포괄하는 것이라고 설명했다. 그 좋은 예로 캘리포니아 포도주 클러스터가 제시됐다.

이렇듯 마이클 포터의 클러스터는 단순히 기업이나 산업의 집적을 뜻하는 것이 아니라 일정한 지역 안에서 상호연결되어 있는 공과 사의 모든 주체들을 망라하는 것이다. 이런 점에서 마이클 포터의 클러스터는 '산업 클러스터'보다는 '지역 클러스터'라고 하는 것이 분명히 옳다. 그러나 물론 그 중심에는 산업이 확고히 자리하고 있다.[6]

한편 마이클 포터가 제시한 클러스터는 오랜 시간에 걸쳐 여러 주체들의 노력으로 형성된 것이며, 그의 연구에 의거해서 세계 각국 정부가 추진한 클러스터는 이와 크게 다를 수밖에 없다. 이런 점에서 전자를 '자생적 클러스터'로, 후자를 '정책적 클러스터'로 구분할 필요가 있다. 전자는 오랜 시간에 걸쳐 복잡한 사회적 공진화를 통해 형성된 것으로 강한 경쟁력을 갖고 있지만, 후자는 짧은 시간에 정부의 주도로 형성되는 것이기에 현실에서는 상당히 취약할 수 있다.

한국에서 클러스터는 김대중 정부 때부터 연구되기 시작해서 노무현 정부 때에 국가균형발전계획의 핵심 정책으로 본격 실행되기 시작했다. 문재인 정부는 노무현 정부의 국가균형발전 정책을 되살려서 추진했으며, 그 핵심으로 '국가 혁신 클러스터'[7]를 '국정과제'의 차원에서 실행

---

6 마이클 포터의 클러스터 이론은 1980년대의 '신산업지구'론을 확대-개편한 것이었으며, 무역에서 지리적 요인에 주목한 폴 크루그만(Paul Krugman, 1953~)의 지리적 경제학에 큰 영향을 미쳤다. 마이클 포터의 클러스터 이론은 세계 각국에서 지역 발전 정책으로 채택되었으며, 폴 크루그만은 지리와 무역에 관한 연구로 2008년에 노벨 경제학상을 수상하게 됐다.

7 법적 명칭은 '국가 혁신 융복합단지'이다. 그 현황은 '행정규칙'인 '국가혁신 융복합단지 지정(변경)'을 참고.

그림 3   국가 혁신 클러스터 개념도

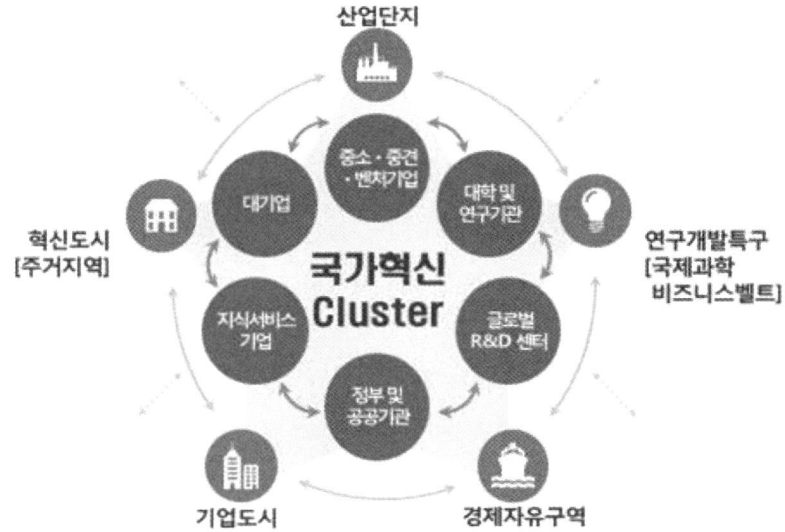

출처: 산업통상자원부(2018ㄴ)

했다.

(2) 지역혁신체계(Regional Innovation System, RIS)

1992년에 영국의 지리학자 필립 쿠크(Philip Cooke, 1947~) 교수[8]는 지역발전을 위한 정책으로 '지역혁신체계'(regional innovation system, RIS)를 제시했다. 이것은 지역에서 새로운 기술의 개발과 경쟁력의 향상이 이루어질 수 있도록 지역의 대학, 연구소, 기업, 정부 등이 상시적으로 결합해서 소통하고 협력하는 체계를 뜻한다.

국가는 이런 지역혁신체계의 형성과 작동을 위한 정책을 적극 펼쳐

---

8   당시 영국 웨일즈 대학교 카디프 칼리지의 도시 및 지역계획학과에 재직하고 있었다.

표 1   지역적 기술 이전의 세 모델

Table 1. Three models of regional technology transfer

Characteristics	Model		
	Grassroots	Network	Dirigiste
Initiation	Local	Multi-level	Central
Funding	Diffused	Guided	Determined
Research-competence	Applications	Mixed	Basic
Coordination	Low	Potentially high	High
Specialization	Weak	Flexible	Strong

출처: Cooke, 1992: 370.

야 하는데, 여기에도 다양한 유형의 차이가 나타날 수 있다. 예컨대 쿠크 교수는 1992년에 발표한 논문에서 일본은 풀뿌리형, 독일은 네트워크형, 프랑스는 통제경제형으로 구분했다. 그 주요 내용은 표 1과 같다.

쿠크 교수의 '지역혁신체계'는 단순히 지역에서 혁신 체계를 만들자는 것이 아니라 세 가지 중요한 이론적 관점을 갖고 있는 것이다.

첫째, 그것은 '규제 이론'의 수정이라는 관점에서 제시되었다. '지역혁신체계'를 처음 제시한 1992년 논문의 제목은 '지역혁신체계: 새로운 유럽에서 경쟁력을 갖는 규제'(Regional Innovation System: Competitive Regulation in the New Europe)이다. 이 논문은 1970년대 중반 프랑스의 마르크스주의 경제학자들이 제기한 '규제 이론'(regulation theory)[9]에 대한 논의로 시작한다. 그는 '규제의 이론은 주로 통제의 이론'이지만 규제의 개념 자체에 대해 재고해야 한다고 주장했다. 그 기본은 두 가지 규제의 개념을 구분하는 것인데, 하나는 규제를 기업에 대한 불필요한 제약

---

9   regulation은 보통 '규제'로 번역되나 regulation theory는 보통 '조절 이론'으로 번역된다. 그러나 이 이론의 핵심은 국가, 기업, 시민사회, 초국적 기구 등이 다양한 규제 정책을 펼쳐서 자본주의의 붕괴를 막고 안정화를 이룬다는 것이므로 '규제 이론'으로 번역하는 것이 옳을 수 있다.

을 가하는 것으로 파악하는 것이고(미국, 영국), 다른 하나는 기업을 더욱 효율적으로 경쟁할 수 있게 하는 것으로 파악하는 것이다(일본, 서유럽). 쿠크 교수는 전자가 틀렸고 후자가 옳다고 주장했다. 이것은 규제 정책을 중심으로 정부의 경제적 역할을 적극 강조한 것이다.

> 이 논문의 메시지는 행동적 규제가 작동한다는 것, 성공적인 성장 지역들로부터 훌륭한 교훈을 배울 수 있다는 것, 그리고 영국은 시장의 '보이지 않는 손'에 대한 정부의 나이브한 믿음으로 자신을 불필요하게 불리한 조건에 빠트렸다는 것이다. 영국이 혁신하고자 한다면, 우선 자신의 규제 구조를 혁신해야만 한다(Cooke, 1992).

둘째, 쿠크 교수는 국가가 아니라 지역이 혁신의 주체가 되어야 한다고 제시했다. 1970~80년대를 지나며 미국과 서구의 경제적 지위가 약화되었다. 세계를 지배하던 미국과 서구의 대공장들이 문을 닫는 사례가 속출했다. 그러나 이런 급격한 변화로 미국과 서구가 망한 것은 아니었다. 미국과 서구의 어떤 지역들은 경제적 침체와 쇠퇴에 빠졌으나 어떤 지역들은 계속 성장하고 번영했다. 이런 커다란 지역적 차이에 대해 이탈리아의 경제학자들을 필두로 서구의 많은 사회과학자들이 주목하게 되었다. 이로써 사회과학에서 '지역적 전환'(regional turn)이 이루어지게 되었다. 그 결과 1980년대 중반을 지나며 '제3 이탈리아'론과 같은 '신산업지구'론, '신산업공간'론 등의 이론들이 제시되었다. 이런 여러 논의들은 마이클 포터의 '클러스터'론으로 집약되었다고 할 수 있다. 필립 쿠크도 마이클 포터와 마찬가지로 국가 경쟁력의 실체를 지역 경쟁력으로 파악하며, 국가가 적극 혁신 정책을 펼치되 실제 혁신은 지역이 주체가 되어 지역을 단위로 추진돼야 한다고 주장한 것이다.

셋째, 쿠크 교수는 단지 체계를 강조한 것이 아니라 학습과 문화의 중요성을 크게 강조했다. 새로운 기술의 개발을 핵심으로 하는 혁신을 위해 학습이 본질적으로 중요한데, 쿠크 교수는 특히 '상호작용을 통한 학습', '네트워킹을 통한 학습'을 강조했다. 이런 학습은 지리적 집중을 필요로 하기 때문에 그것이 잘 이루어지기 위해서도 혁신은 지역이 주체가 되어 지역을 주체로 해야 한다. 그리고 이런 학습이 잘 이루어지 위해서는 경쟁적 문화가 아닌 협동적 문화, 배제적 문화가 아닌 포용적 문화가 중요하다. 나아가 이런 학습과 문화가 활성화되고 지역혁신체계가 실제로 작동되기 위해서는 생산 체계와 사회 체계의 연계가 잘 이루어져야 한다. 이를 위해서는 무엇보다 신뢰가 확립되어야 한다. 이렇듯 쿠크 교수의 주장은 문화의 중요성을 강조하는 사회학적 신제도주의에 가까우며, 신뢰의 중요성을 강조하는 점에서는 미국의 정치학자 로버트 퍼트남(Robert Putnam, 1941~)의 연구와 밀접히 연관된다(Putnam, 1993).

> 생산적인 지역은 관련된 체계들의 조합으로 이루어진다. 생산 체계(주로 기업들)와 사회 체계 사이의 연계는 지역의 발전 유형을 결정한다(Cooke et al., 1997: 487).

> 지역 학습 체계에서, 그리고 훨씬 더 나아가 지역혁신체계에서, 신뢰 구축은 본질적이다. … 신뢰의 훼손은 체계적 상호작용의 성공적 기능에 대해 치명적이다(Cooke et al., 1997: 489).

> 지역혁신체계는 신뢰, 타당성, 교환과 협동적 상호작용으로 조건지워지는 미시규범적 규제에 기반을 둔 집합적 질서의 견지에서 개념화되었다. 지역혁신체계를 아주 가치있고 흥미로운 연구대상으로 만드는 것은 그것의 이런 체계적 협동, 신뢰의존적, 협력적 성격이다(Cooke et al., 1997: 490).

2001년에 쿠크 교수는 지역혁신체계의 구성을 '하부구조'와 '상부구조'로 나누어 설명했는데, '하부구조'는 세제, 재정, 시설, 산학 전략 등이고, '상부구조'는 제도적 차원(협동적 문화 등), 조직적 차원-기업(조화적

표 2   지역혁신체계의 조건들

TABLE 1. Conditions for Higher and Lower Regional Innovation Systems Potential

Higher RSI potential	Lower RSI potential
Infrastructural level	
Autonomous taxing and spending	Decentralized spending
Regional private finance	National financial organization
Policy influence on infrastructure	Limited influence on infrastructure
Regional university–industry strategy	Piecemeal innovation projects
Superstructural level	
Institutional dimension	
Co-operative culture	Competitive culture
Interactive learning	Individualistic
Associative-consensus	Institutional dissension
Organizational dimension (firms)	
Harmonious labour relations	Antagonistic labour relations
Worker mentoring	Self-acquired skills
Externalization	Internalization
Interactive innovation	Stand alone R&D
Organizational dimension (policy)	
Inclusive	Exclusive
Monitoring	Reacting
Consultative	Authoritative
Networking	Hierarchical

출처: Cooke, 2001: 961.

노사관계 등), 조직적 차원-정책(포용 정책 등) 등으로 제시됐다. 여기서도 쿠크 교수가 지역의 문화를 대단히 중시한 것을 잘 알 수 있다.

　필립 쿠크를 중심으로 한 지역혁신체계의 이론은 1980년대에 제기된 국가혁신체계의 이론을 기반으로 제시된 것으로 1980년대 중반에 제기된 혁신환경론(Innovative Milieu Theory)과 1990년대 초에 제기된 학습지역론(Learning Region Theory)도 적극 받아들였던 것이다. 이렇게 해서 지역혁신체계가 자립적인 지역 정책의 대표로 확립되었다.

　그런데 사회과학에서 '혁신'(innovation)이 중요한 개념으로 떠오른 것은 오스트리아 출신 미국 경제학자 조지프 슘페터(Joseph Alois Schumpeter, 1883~1950)로부터 비롯된 것이다. 슘페터는 서로운 기술의 개발로 자본주의가 몰락하지 않고 계속 혁신된다고 주장했다. 이 주장은 자본주의의 역사를 통해 입증된 것으로 여겨진다. 이런 점에서 자본주의는 공업을 기반으로 하는 것이자 공업의 경제적 표현이라고 할 수 있다.

영국의 서섹스 대학교에 재직했던 경제학자 크리스토퍼 프리먼(Christopher Freeman, 1921~2010)은 슘페터의 연구를 이어받아 혁신을 핵심개념으로 해서 기술 개발과 경제 성장을 연구한 대표적 학자였다. 1985년에 프리먼의 동료인 덴마크의 경제학자 벵트-아케 룬드발(Bengt-Åke Lundvall, 1941년~)이 '혁신의 체계'(system of innovation)라는 개념을 제시했다. 이어서 1987년에 프리먼이 '국가혁신체계'(National System of Innovation)를 제시했다(Archibugi et al. eds., 1999). 사실 이 개념은 1841년에 독일의 경제학자 게오르그 리스트(Georg Friedrich List, 1789~1846)가 출판한 『국가 정치경제 체계』(National System of Political Economy)를 이어받은 것이다. 프리먼과 룬드발은 리스트와 마찬가지로 국가적 차원의 경제적 대응을 강조해서 이렇듯 리스트의 개념을 이어받아 '국가혁신체계'를 제시했던 것이다.

이런 점에서 쿠크의 '지역혁신체계'와 프리먼의 '국가혁신체계'는 혁신을 체계 이론에 입각해서 추구한다는 점에서는 같지만 그 주체, 대상, 방식 등에서 크게 다른 것이다. 쿠크는 실제 혁신이 일어나야 할 곳은 지역이라는 '지역적 전환'에 입각해 있으나, 프리먼은 국가가 혁신을 주도해야 그 결과로 지역도 혁신하게 된다는 '국가적 관점'에 입각해 있다. 현실에서 양자는 상보적이며, 지역의 실행성을 과장하거나 국가의 규정성을 무시해서는 결코 안 될 것이다.

국가혁신체계는 그 주체와 대상이 너무 커서 실질적인 정책을 실행하기가 어렵다. 이에 비해 지역혁신체계는 지역의 층위가 너무 다양해서 일률적인 정책을 실행하기가 어렵다. 따라서 지역혁신체계는 지역의 기

그림 4 국가혁신체계와 지역혁신체계의 연관

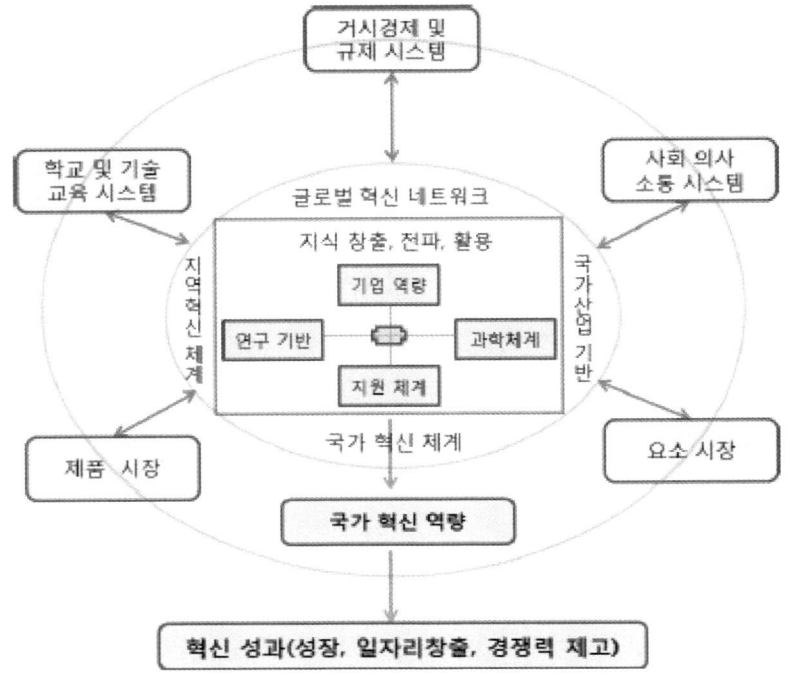

출처: OECD(1999), *Managing National Innovation Systems*; 홍성주 외(2015), 4.

준을 분명히 하고 그 속성과 자원을 잘 파악한 상태에서 추진하는 것이 중요하다. 이 때문에 OECD도 여러 기준으로 지역의 유형화를 시도해서 지역혁신체계를 추진했다. 같은 도시 지역이라고 해도 산업과 문화가 크게 다를 수 있고, 같은 농촌 지역이라고 해도 역시 그렇게 다를 수 있다. 지역의 기준에 따라 지역의 실체는 다양하게 규정될 수 있으므로 적절한 유형화가 반드시 필요하다.

국내에서 지역혁신체계는 김대중 정부에서 시작되었고, 노무현 정부에서 국가균형발전의 핵심으로 본격화되었다. 노무현 정부의 지역혁신체계는 기술의 개발과 이전이 핵심 과제로 제시되어 있지 않았다. 주

그림 5   노무현 정부의 지역혁신체계

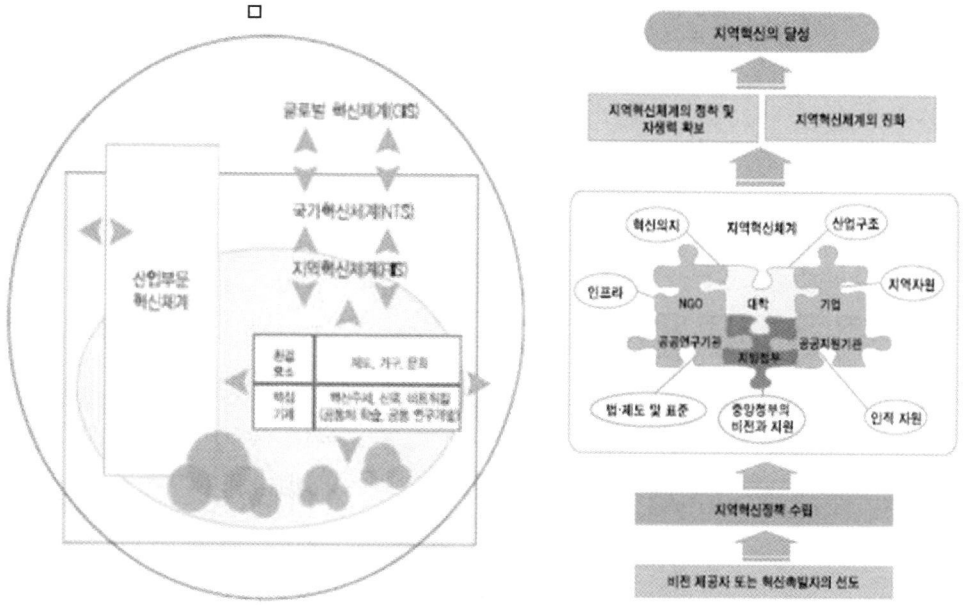

출처: 국가균형발전위(2007)

체에 NGO가 포함되어 있는 것은 적절한 것이었다. 그러나 기술의 개발과 이전이 핵심 과제로 명확히 제시되지 않은 것은 분명히 문제였다. 혁신 체계는 개별 기술이 아니라 체계에 초점을 맞추는 것이지만 그 실제 목표는 기술 개발과 경제 성장이다.

지역혁신체계는 2004년에 제정된 '국가균형발전특별법'에서 '국가균형발전'을 위한 핵심 제도로 제시되었다.

표 3   국가균형발전특별법의 주요 내용(2004년 제정 당시)

제1조 (목적) 이 법은 지역간 불균형을 해소하고 지역혁신 및 특성에 맞는 발전을 통하여 자립형 지방화를 촉진함으로써 전국이 개성있게 골고루 잘 사는 사회를 건설하는 데 이바지함을 목적으로 한다.

제2조 (정의) 이 법에서 사용하는 용어의 정의는 다음과 같다.
　1. "국가균형발전"이라 함은 지역간 발전의 기회균등을 촉진하고 지역의 발전역량을 증진함으로써 삶의 질을 향상하고 지속가능한 개발을 도모하여 국가경쟁력을 강화하는 것을 말한다.
　2. "지역혁신"이라 함은 지역의 인적자원개발·과학기술·산업생산·기업지원 등의 분야에서 지역별 여건과 특성에 따라 지역의 발전역량을 창출·활용·확산시키는 것을 말한다.
　3. "지역혁신체계"라 함은 지역혁신을 위하여 대학·기업·연구소·지방자치단체·비영리단체 등의 활동을 상호연계하거나 상호협력을 촉진하기 위한 지원체계를 말한다.
　…
제4조 (국가균형발전계획의 수립) ①정부는 국가균형발전을 촉진하기 위하여 제5조제1항의 규정에 의한 부문별 국가균형발전계획안과 제6조의 규정에 의한 지역혁신발전계획을 기초로 하여 5년을 단위로 하는 국가균형발전계획(이하 "국가균형발전계획"이라 한다)을 수립한다.
②국가균형발전계획에는 다음 각호의 사항이 포함되어야 한다.
　1. 국가균형발전의 목표에 관한 사항
　2. 지역혁신체계의 구축 및 활성화에 관한 사항
　…
제10조 (지역혁신체계의 구축) 국가 및 지방자치단체는 지역의 여건과 특성에 적합한 지역혁신체계를 구축하기 위하여 다음 각호의 사항에 관한 시책을 추진하여야 한다.
　1. 지역혁신체계의 유형개발에 관한 사항
　2. 산·학·연 협력의 활성화에 관한 사항
　3. 지역혁신을 위한 전문인력의 양성에 관한 사항
　4. 기술 및 기업경영에 대한 지원기관의 확충에 관한 사항
　5. 대학·기업·연구소·비영리단체·지방자치단체 등의 교류·협력의 활성화에 관한 사항
　6. 지역혁신 관련사업의 조정 및 연계운용에 관한 사항
　7. 그 밖에 지역혁신체계의 구축 및 활성화를 위하여 필요한 사항

(3) 지역 혁신생태계

1993년에 미국의 경영전략가인 제임스 무어(James Moore, 1948~)가 생태학을 경영에 적용해서 '사업 생태계'(Business Ecosystem)라는 개념을 제시했다. 무어는 그레고리 베이트슨(Gregory Bateson, 1904~1980)의 공진화 이론에 따라 기업들의 공진화를 주장했고, 스티븐 제이 굴드(Stephen Jay Gould, 1941~2002)의 급격한 환경 변화에 따른 생태계의 붕괴를 기업들에 적용했다. 여기서 나아가 무어는 '사업 생태계'의 진화 단계를 제시했다(Moore, 1993).

무어의 '사업 생태계' 개념을 계기로 생태계의 개념이 여러 분야에서 활발히 응용되게 되었다. 그 결과 2006년에 '혁신생태계'의 개념이 나타났고(Adner, 2006), 이어서 '지역 혁신생태계'(regional innovation ecosystem)의 개념도 나타났다. '혁신생태계'는 혁신에 필요한 주체와 자원들의 다양성과 그 관계의 복잡성을 제시하기 위해 고안된 것이라고 할 수 있다.

생태계(ecosystem)는 생물들과 비생물들이 어우러져 이루어진 체계를 뜻하며, 그 중심은 생물들이고 비생물들은 생물들의 물리적 생존조건이다. 지구는 그 자체로 하나의 거대한 생태계를 이루고 있으며, 지구 생태계는 말 그대로 무수히 다양한 지역 생태계들로 이루어져 있다. 생태계는 너무나 복잡하기에 우리는 그것을 온전히 파악할 수 없으며, 우리의 생존을 위해 그것을 함부로 훼손해서는 안 된다.

생태계는 흔히 '먹이 피라미드'로 표현된다. 생산자(식물)가 햇빛 에너지를 유기물로 바꾸고, 초식 동물(포식자)이 식물을 먹고, 육식 동물(포식자)이 다시 초식 동물을 먹고, 분해자가 모든 생물을 분해해서 비생물 상태로 돌려놓는다. 이렇게 생태계는 햇빛을 이용해서 물질과 에너지의 순환이 무한히 이루어지는 체계이다. 생태계에서 모든 생물은 평등하며,

그림 6   혁신생태계 피라미드 모형

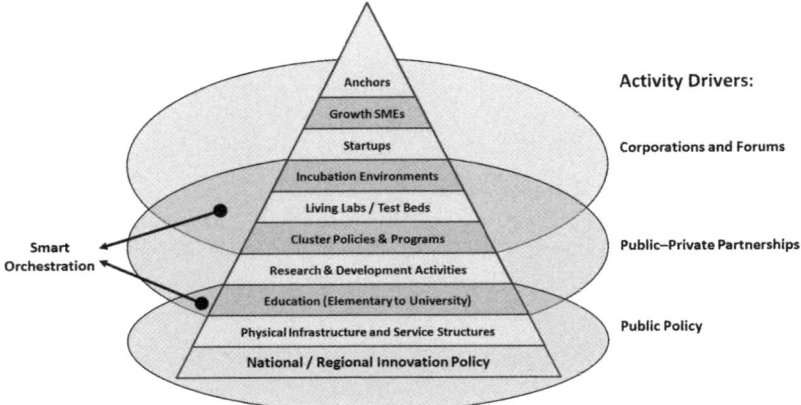

출처: Jukka Viitanen(2016)

그림 7   혁신생태계 줄기 모형

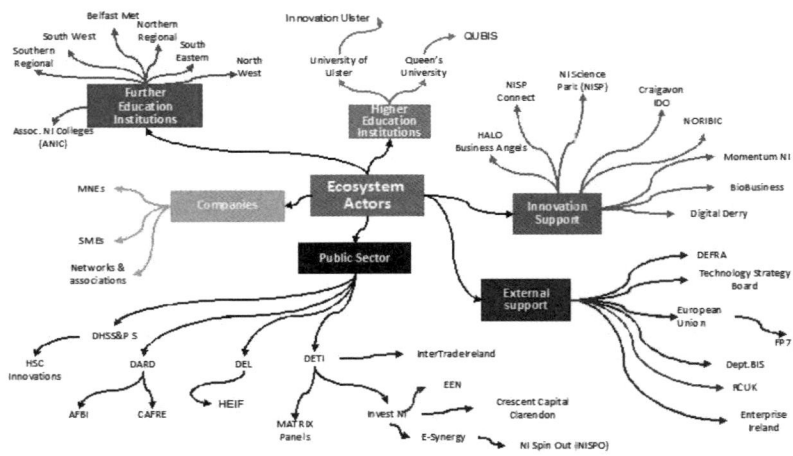

출처: Meirion Thomas(2014)

인간도 이런 생태계의 한 요소일 뿐이다.

　　이런 관점에서 혁신생태계를 파악하면 공적 부문이 '식물'이고 최상층에 기업이 있는 것으로 파악할 수 있다. 여기서는 투입에서 산출까지 과정이 명확하게 제시된다. 그러나 이런 인식은 생태계의 개방성, 역동성, 자발성 등에 대한 인식을 제약할 수 있다.

체계가 구조적이고 고정적이라면, 생태계는 역동적 안정성의 상태에 있다. 생태계는 개방성, 역동성, 자발성 등을 특징으로 하기에 혁신활동을 설명하기에 적합할 수 있다. 이런 점에서 혁신생태계는 피라미드 모형보다 자유롭게 뻗어나가는 줄기 모형으로 표현되는 것이 더 적절할 수 있다.

미국의 '국가 과학 재단'(National Science Foundation)은 '혁신생태계'를 강력히 추진했다(Jackson, 2011). 여기서는 혁신생태계를 공적 자금에 의지하는 '연구 경제'(research economy)와 시장 활동으로 실행되는 '상업 경제'(commercial economy)의 구조로 파악하고 전자는 후자의 세금으로 유지되는 것이기에 양자의 약한 연계를 상정하고 있다. 이것은 기본적으로 국가/정부의 기능을 시장/기업에 우선하는 것으로 파악하는 것이다. 또한 여기서는 혁신생태계를 지리적으로 국지화되어 있거나 특정한 기술의 개발에 초점을 맞추고 전략적으로 결합되어 있는 것으로 제시하고 있다. 이것은 지리적 근접성의 효과와 목표 중심적 접근법을 강조하는 것이다.

이에 비해 혁신 체계와 혁신생태계의 차이를 투자와 구조에 대한 강조와 활동과 관계에 대한 강조로 파악하는 설명도 있다. 이것은 혁신생태계를 무엇보다 참여자들에 초점을 맞춰서 파악하는 것으로 그 역동성을 잘 제시하는 것이다.

> 전통적 혁신 체계 분석이 지리적 또는 부문적 환경 속에서 혁신 활동을 지원하고 개발하는 혁신 투자와 (하부)구조, 즉 구조적 자본에 초점을 맞췄다면, 혁신생태계에 대한 관심을 키우는 것으로 혁신에 영향을 미치는 더욱 비가시적이고, 질적이고, 미묘하나, 중요한 상호작용과 관계들, 즉 인적 자본과 관계적 자본이 구별되고, 확인되고, 이해될 수 있다(Meirion Thomas, 2014).

혁신 체계는 정부나 지자체가 주도해서 혁신이 이루어질 수 있는 체계를 형성하고 운영하는 것이다. 이에 비해 혁신생태계는 정부가 시작하더라도 실제 형성과 운영은 민간이 주도하는 것이다. 이 바탕에는 혁신은 다양한 민간 주체들이 적극 참여해서 협력하며 시장이라는 물리적 환경의 변화에 빠르게 대처해야 이루어진다는 인식이 놓여 있다.

그러나 민간의 주도는 자칫하면 기업의 주도로, 그것도 대기업의 주도로 변질될 수 있다. 사실 생태계를 지배하는 것은 약육강식, 적자생존의 원리에 가까운 것이다. 따라서 단순히 역동성에만 주목해서 생태계의 원리를 그대로 사회에 적용하는 것은 잘못이다. 이런 점에서 공동체의 원리에 주목할 필요가 있다. 요컨대 '혁신 공동체'가 '혁신생태계'를 규정하는 방식을 추구해야 한다.[10]

국내에서는 이명박 비리 정부 후기부터 생태계의 개념이 정책에 응용되기 시작했다. '산업 생태계'는 그 대표적인 예이다. 이어서 박근혜 비리 정부에서 '지역 혁신생태계'를 제기했고, '창조경제혁신센터'가 설립되자 그 기반으로 추진됐다.

이명박-박근혜 정부는 최악의 비리 정부로서 지역 혁신을 크게 왜곡했다. 생태계는 평등성, 투명성, 자정성 등을 핵심으로 해서 작동되고 유지되는 것이기 때문에, 이명박-박근혜 정부와 같은 비리 정부가 권력을 전횡하는 곳에서 생태계는 존립할 수 없다. '4대강 사업'으로 녹조가 창궐하게 된 4대강은 그 생생한 표상이다.

생태계에서는 약한 것은 상생과 공생의 원리로 구제될 수도 있지

---

10   엘리너 오스트롬(1933~2012)의 공동체 원리는 혁신 활동에도 적용될 수 있다. '리빙 랩'도 정보기술을 이용해서 공동체 방식의 혁신을 사회적으로 실행하는 것이라고 할 수 있다.

그림 8   구조적 자본, 관계적 자본, 인적 자본

출처: Meirion Thomas(2014)

그림 9   지역 혁신생태계 모형

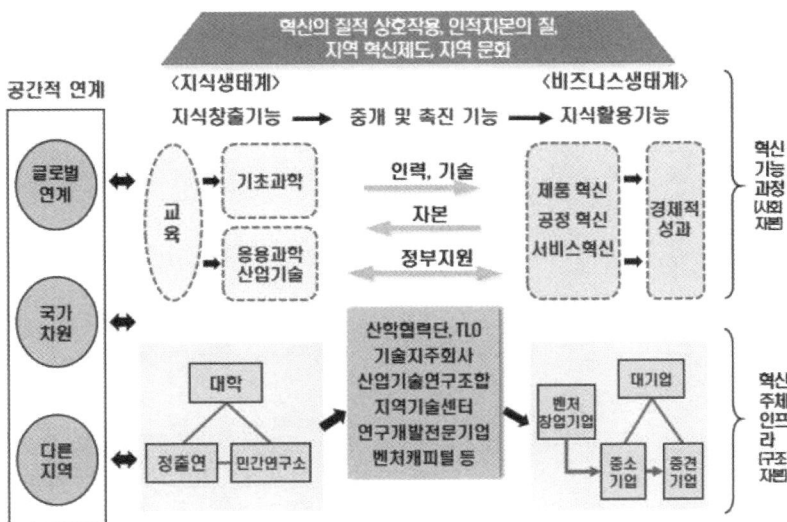

출처: 김영수 외(2015)

만 썩은 것은 절대 구제되지 않는다. 썩은 것은 반드시 곧 분해되어 없어진다. '혁신생태계'가 올바로 작동되기 위해서는 썩은 것을 없애는 '비리척결'이 철저히 이루어져야 한다. 그렇지 않으면 '혁신생태계'는 '비리생태계'로 전락하고 말 것이다.

2) 문화적 지역 혁신
(1) 지역 혁신과 문화
인간은 문화에 의해 생각하고 행동하는 문화적 존재(homo cultura)이다. 인간의 모든 활동은 그 자체로 문화이며, 문화에 의해 이루어지는 것이다. 이런 점에서 우리는 문화를 중심으로 인간의 모든 활동을 파악하고 추구해야 한다.

산업적 지역 혁신도 문화를 필요로 하며, 문화에 의해 추진되는 것이다. 지역 클러스터, 지역혁신체계, 지역 혁신생태계 등이 모두 단순히 자본과 물자의 투입만으로 이루어지는 것이 아니라 주체의 인식, 사회적 신뢰, 호혜적 협동 등의 문화를 필요로 하는 것이다. 이런 문화가 강한 지역일수록 혁신의 가능성이 크다고 할 수 있다. 이런 점에서 우리는 문화를 중심으로 지역 혁신을 추구할 필요가 있다.

문화는 인간의 정신이 표현된 것으로 사회적으로 형성되고 학습되며, 그 내용과 형태가 대단히 다양해서 분류하기가 대단히 어렵다. 지역 혁신과 관련해서 우리는 인식 문화, 관계 문화, 표현 문화에 특히 주의할 필요가 있다. 인식 문화는 주체의 인식을 가리키는 것이고, 관계 문화는 주체들이 맺는 관계를 가리키는 것이고, 표현 문화는 정신이 표현되는 다양한 형태로 예술이 그 대표적인 예이다.

산업적 지역 혁신에서는 주로 인식 문화와 관계 문화에 초점을 맞추어서 문화의 중요성을 제시하고 있다. 참여 문화, 신뢰 문화, 협동 문화 등에 대한 강조는 그 좋은 예이다. 그런데 일반적으로 문화에서 더 큰 비중을 차지하는 것은, 보통 사람들이 문화에 대해 기대하는 것은, 바로 표현 문화이다. 문화적 지역 혁신은 표현 문화를 중심으로 지역 혁신을 추구하는 것이다.

문화의 시대에 지역의 혁신은 단지 지식의 학습과 기술의 개발을 추구하는 것이 아니라 문화의 혁신을 추구해야 한다. 그것은 무엇보다 표현 문화의 발전으로 나타나게 된다. 지역 자체가 하나의 문화 산물로서 사랑과 감동의 대상이 되는 것을 추구해야 한다. 그러나 그것은 외국이나 다른 지역의 우수 사례를 무조건 모방하고 이식하는 것으로는 결코 이루어지지 않는다.

문화적 지역 혁신은 1990년대에 들어와서 본격적으로 추진되었으며, 문화사회, 문화도시, 창조도시 등으로 나누어 살펴볼 수 있다.

(2) 문화사회

문화사회(culture society)는 1980년대 초에 독일의 노동운동에서 복지국가의 위기에 대한 대응으로 처음 제기되었으며, 오스트리아 출신 프랑스의 사회이론가 앙드레 고르츠에 의해 적극 알려지게 되었다. 그 기본은 노동시간을 줄이고 직무공유를 통해 실업을 줄이는 것이다. 1970~80년대 서구 복지국가의 위기는 중동의 석유 감산에 따른 석유 위기, 흔히 '탈공업화'로 불린 제조업의 쇠락, 그 결과 이어진 실업의 증대 등에 의한 역사적인 것이다. 이에 대해 독일의 노동운동은 시대의 변화를 선도하는 문화사회의 전망을 제시하고 추진했다.

문화사회의 전망은 무엇보다 두 가지 면에서 시대의 변화를 선도하는 것이었다. 첫째, 노동시간을 줄이고 자유시간을 늘려서 사람들이 소비사회의 외적-물질적 욕구에 포획되는 것이 아닌 각자의 내적-정신적 욕구를 실현하는 것이다. 둘째, 민주주의와 경제 성장은 문화 생활의 확대와 문화 산업의 성장을 촉진하게 된다. 사회를 정치, 경제, 문화의 삼분 모형으로 파악했을 때, 정치와 경제는 문화를 위한 구조적 수단이다. 이런 점에서 문화화(culturification)는 역사 발전의 필연적 경향이다.

문화화는 미국에서 이미 1950년대부터 시작되었으며, 서구에서 1960년대에 활발히 진행되었다. 이 변화는 1960년대 서구에서 강력히 제기된 다양한 포스트-모던(post-modern) 담론으로 포착되었다. 종래에 문화는 정치와 경제에 비해 여분의 것으로 여겨졌으나 이제는 본질적인 것으로 여겨지게 되었다. 이런 맥락에서 1968년 5월의 프랑스 '5월 봉기'는 '문화 혁명'으로 여겨지게 되었으며, 서구에서 강력한 '문화적 전환'이 이루어진 것으로 파악되었다. 이런 상황에서 1974년에 미국의 사회학자 허버트 갠스(Herbert Gans, 1927~)는 『대중문화와 고급문화』를 발표해서 기존의 '고급문화' 중심 문화 정책을 강력히 비판했다.

문화화는 한편에서 각자의 문화적 만족을 추구하는 것과 다른 한편에서 다양한 문화 산업의 급속한 성장으로 나타났다. 1970년대까지 서구의 문화 정책은 예술에 초점을 맞추었다. 그러나 1960년대의 '문화적 전환'을 계기로 1970년대부터 이에 대한 비판이 강력히 제기되었고, 1980년대에 들어와서 문화 산업의 주도가 확립되었다. 그 결과 문화의 시대가 제창되고 문화사회가 제기된 것이다. 1990년대 이후 정보기술의 획기적 발달은 이 변화를 더욱 강화했고, 최근의 4차 산업혁명은 이 변화를 더욱 확대해서 완성하게 될 것이다.

한편 앙드레 고르츠는 노동시간의 축소에 따른 소득의 감소와 경쟁의 강화에 따른 실업의 증대에 대응하기 위해 생산성 향상을 사회적으로 공유하는 '기본소득'을 제안했다. OECD가 2000년대 초부터 추진하고 있는 '포용 성장'(inclusive growth)의 면에서도 '기본소득'은 중요한 정책이며, 대대적인 실업과 전직의 위험을 키우고 있는 4차 산업혁명에 의해 그 중요성은 더욱 더 커질 것으로 예상된다.

문화사회는 지역 정책으로 제시된 것이 아니지만 시대의 변화에 부합하는 지역 혁신을 위해서 반드시 추구해야 할 사회적 전망이라고 할 수 있다. 주5일제, 52시간 근무제, 최저임금 인상 등이 모두 문화사회의 기반 정책이다. 해남군이 탁월한 출산 정책으로 핵심적 혁신 지역으로 떠올랐듯이 문화사회 정책을 적극 펼치는 지역은 분명히 핵심적 혁신 지역이 될 것이다.

(3) 문화도시

문화도시는 문화사회와 비슷하게 1980년대 초에 유럽에서 처음 제기되었다. 문화사회는 자유시간을 늘리고 문화생활을 확대하는 정책으로 서구를 중심으로 계속 진행되고 있고, 문화도시는 1983년에 당시 그리스의 문화부 장관이었던 멜리나 메르쿠리(Melina Mercouri, 1920~1994)[11]가 '유럽 문화도시'(European City of Culture) 사업을 제안한 것으로 시작되어 유럽 전역에서 계속 진행되고 있다.

'유럽 문화도시' 사업은 1985년에 그리스의 수도 아테네가 최초의 '유럽 문화도시'로 지정되는 것으로 시작되었다. 이 사업은 매년 유럽의 도시들 중에서 한 곳으로 '유럽 문화도시'로 지정해서 전체 유럽의 차원에서 적극 지원하는 것이다. 1999년에 그 명칭을 '유럽 문화수

---

11 1950~60년대 그리스를 대표하는 영화배우. 그리스는 1967년에 파파도풀로스의 군사독재가 자행되면서 망하게 됐는데 메르쿠리는 이에 맞서 민주화 운동을 벌여서 추방되어 미국으로 망명했다. 1973년에 파파도풀로스의 군사독재가 종식되고 귀국해서 진보 정당인 범그리스 사회주의 운동에 가입했고, 1994년에 지병으로 세상을 떠날 때까지 유력한 정치인으로 적극 활동했다.

지도　유럽의 문화 수도들

도'(European Capital of Culture)로 바꾸었는데, 이것은 '유럽 문화도시' 사업을 더욱 강화하는 것이라고 할 수 있다.

　　유럽은 세계에서 가장 아름다운 도시들을 갖고 있다. 유럽의 도시들은 오랜 역사를 잘 간직하고 있으며, 자연과의 조화도 대단히 높은 수준에 있다. 유럽의 도시들에서는 전깃줄로 얼룩진 난잡한 풍경은 결코 볼 수 없다. 그러나 유럽의 도시들도 다른 모든 도시들과 마찬가지로 퇴락의 문제를 안고 있었다. '유럽 문화도시' 사업은 이 문제를 크게 개선하고 유럽의 도시들을 최고의 관광지로 만드는 데 크게 기여했다.

유럽의 도시들은 자연과 역사를 지키고, 주민들을 존중하며, 예술적 수준으로 건축하는 것을 기본으로 하고 있다. 이것은 반드시 준수해야 할 '문화도시'의 기본원칙이다(정기용 외, 2002). 유럽의 도시들이 세계 최고의 관광지가 된 것은 '문화도시'의 기본원칙을 잘 지켰기 때문이다. 여기에 1980년대 초에 미국의 뉴욕에서 '깨진 유리창 이론'을 적용해서 큰 성과를 거둔 것도 잊지 말아야 한다. 당시 뉴욕은 거친 거리 낙서들로 크게 오염되어 삭막한 범죄도시의 면모를 보였는데, '깨진 유리창 이론'을 적용해서 이것들을 없애고 도시 재생을 추구해서 세계 최고의 관광도시로 거듭나게 되었다.[12]

유럽의 도시들은 '난개발'의 문제를 보기 어려운 '문화도시'의 모범이지만 여기에도 상당한 문제가 있다. '신사화'(gentrification)와 '관광화'(touristification)는 그 대표적인 예이다. 이것은 주민을 보호하기 위한 제도의 형성과 운영이 대단히 어려운 과제라는 것을 잘 보여주는 문제이기도 하다.

도시는 지역의 공간적 중심일 뿐만 아니라 정치적, 경제적, 문화적 중심이기도 하다. 따라서 지역 정책은 도시를 중심으로 전개되는 것이 효과적이다. 세계적으로 도시화가 계속 강화되고 있으며, 한국은 이미 90%를 넘는 상태에 이르렀다. 이런 점에서도 도시 중심 지역 정책은 결정적인 의미를 가진다. 한국의 지역 쇠퇴는 지방 지역의 쇠퇴이며, 그 핵심에 지방 중소 도시의 쇠퇴가 자리하고 있다. 한국의 지방 중소 도시가

---

12 유럽에서는 한국처럼 더 많은 개발 이익을 위해 토지 강제수용을 남용해서 자연과 역사를 마구 파괴하고 주민들을 강제추방하고 고층 아파트들을 마구 짓는 것은 결코 있을 수 없는 일이다. 전남 광주에서 공기업인 LH가 나서서 500년 된 종가 마을을 완전히 파괴하고 아파트를 짓는 사업을 강행한 것은 '문화도시'의 면에서 참으로 암담한 사례이다. '500년 집성촌에 남은 집 한 채', 〈경향신문〉 2018.6.8.

표 4   '지역문화진흥법'의 문화도시 지정 조항

제15조(문화도시의 지정) ① 문화체육관광부장관은 지역의 문화자원을 활용한 지역발전을 촉진하기 위하여 심의위원회의 심의를 거쳐 문화예술·문화산업·관광·전통·역사·영상, 그 밖에 대통령령으로 정하는 분야별로 문화도시를 지정할 수 있다.
② 시·도지사 또는 시장·군수·자치구의 구청장은 해당 지역의 문화적·역사적 정체성, 창조성, 예술성 등 문화도시로서의 기초여건을 토대로 시·도지사는 문화체육관광부장관에게, 시장·군수·자치구의 구청장은 특별시장·광역시장 또는 도지사와의 협의를 거쳐 문화체육관광부장관에게 문화도시 지정을 신청할 수 있다.
③ 문화도시 지정을 신청하는 지방자치단체는 문화도시 조성계획을 작성하여 지정 희망년도 2년 전까지 지정을 신청하고, 문화체육관광부장관으로부터 문화도시 조성계획의 승인을 받아야 한다.

최고의 모범으로 삼고 배워야 할 곳은 작은 크기와 낙후 상태를 문화도시로 혁신한 유럽의 도시들이다.

문재인 정부의 도시 재생 정책과 문화도시 정책이 성공하기 위해서는 유럽의 도시들을 모범으로 설정할 필요가 있다. 문화도시 정책은 2000년대 초부터 진행된 문화도시 운동의 결과로 2014년에 제정된 '지역문화진흥법'에 규정된 문화도시 지정 조항에 의거한 것으로 2018년에 신청을 받기 시작해서 본격적으로 시행되게 되었다.

(4) 창조도시

1990년대 중반에 유럽은 문화산업(culture industry)이 아니라 창조산업(creative industry)을 전면에 내걸고 나서기 시작했다. 본래 '문화산업'이라는 말은 프랑크푸르트 학파의 호르크하이머와 아도르노가 나치를 피해 미국으로 망명했을 때, 미국의 대중문화를 경험하고 그것을 저급한 것으로 비난하기 위해 고안한 말이다. 그들은 1947년에 발간한 『계몽의 변증법』에서 문화산업을 강력히 비난하며 아예 파시즘의 도구로 주장했다. 그러나 이런 주장이 크게 잘못된 것임은 1960~70년대에 잘 밝혀졌으며, 여기서 허버트 갠스가 1974년에 발간한 『대중문화와 고급문화』가 중요한 역할을 했다.

1998년에 영국 노동당 정부가 문화산업을 제치고 창조산업을 전면에 내세우고 나섰다. 1990년대 초반에 런던을 중심으로 영국의 여러 도시들에서 문화산업과 문화도시에 초점을 맞춘 정책을 펼치게 되었다. 이런 변화와 성과들을 바탕으로 영국 노동당 정부는 기존의 논의들을 종합해서 창조산업을 전면에 내세우게 된 것이다. 이것은 문화라는 '결과'보다 그것을 만드는 '과정'인 창조를, 그리고 그것의 '원천'인 창조성을 강조하는 것이다. 창조에 초점을 맞추게 되면, 그 주체인 사람들의 생각과 활동을 더욱 더 강조하게 된다. 4차 산업혁명에 따라 이런 변화는 더욱 강화될 것이다.

2001년에 영국의 방송인이자 저술가인 존 호킨스(John Howkins, 1945~)가 '창조경제'를 전면에 내세운 책을 발간해서 큰 반향을 일으켰다. 영국 정부는 이 책의 영향을 반영해서 2005년에 창조산업 정책을 창조경제 정책으로 바꾸게 되었다. 이것은 창조성이 하나의 산업이 아니라 전체 경제로 확대되는 변화였다. 문화는 영역화되어 있으나 창조성은 그렇지 않기에 문화를 넘어서 모든 분야에서 창조성을 강조하는 것이 창조경제의 핵심이다. 따라서 창조경제가 활성화되기 위해서는 개인의 창조성을 촉진하기 위한 창조성의 보호와 보상 정책이 대단히 중요하다.[13]

---

13 박근혜 정부는 '창조경제'를 전면에 내걸었으나 그것은 희대의 '망상극'이자 '사기극'이었다.

영국을 중심으로 창조산업과 창조경제가 유럽을 넘어 세계로 확산되는 것과 함께 창조도시에 관한 논의도 활발해지게 되었다. 그런데 사실 창조도시라는 개념은 1988년에 호주 멜버른 대학의 환경학자인 데이빗 옌큰(Yencken, D., 1931~2019) 교수가 처음 제시했다.[14] 그는 도시가 극도로 복잡한 체계임을 잊지 말아야 한다고 강조하며, 창조도시는 사람들의 창조성을 촉진하기 위해 자연과 사회를 존중하며 감성적 만족을 추구해야 한다고 주장했다. 옌큰 교수는 창조도시에 대한 상업적 과장을 넘어서 도시의 특성을 올바로 인식할 것을 요청했다.

창조도시는 1990년대 후반에 창조산업, 창조경제가 널리 확산되며 도시의 혁신을 위한 핵심 정책으로 떠오르게 되었다. 미국의 리차드 플로리다, 영국의 찰스 랜드리, 일본의 사사키 마사유키 등이 창조도시의 주요 전도사로 널리 알려졌다. 이들이 제시하는 창조도시의 공통점은 창조적 발상과 활동을 촉진하고 창조산업의 성장과 발전을 적극 추진하는 것이고, 이를 위해 자연과 역사를 존중하고 예술을 비롯한 표현 문화를 적극 옹호하는 것이다.

미국의 도시계획학자 리차드 플로리다 교수(Richard L. Florida, 1957~)는 창조도시에 관한 가장 강력한 전도사라고 할 수 있다. 2000년대 초에 플로리다는 창조경제에 대한 논의를 '창조계급의 부상'으로 이끌어서 큰 관심을 끌었고, 나아가 창조계급이 주도하는 창조도시를 새로운 역사적 과제로 제시했다. 그는 1990년대 중반 지식사회론을 이용해서 '학습 지역'론을 시대의 변화라는 맥락에서 주장하고 나섰는데, 2000년대 초에 그가 제기한 창조도시론은 창조산업론을 이용해서 '학습 지역'론을 변형한 것이라고 할 수 있다.

---

14 창조산업도 호주 정부가 1994년에 정부로서는 처음 제기했다.

표 5   대량생산 지역에서 학습 지역으로

	Mass production region	Learning region
Basis of competitiveness	Comparative advantage based on: • natural resources • physical labour	Sustainable advantage based on: • knowledge creation • continuous improvement
Production system	Mass production • physical labour as source of value • separation of innovation and production	Knowledge-based production • continous creation • knowledge as source of value • synthesis of innovation and production
Manufacturing infrastructure	Arm's length supplier relations	Firm networks and supplier systems as sources of innovation
Human infrastructure	• Low-skill low-cost labour • Taylorist work force • Taylorist education and training	• Knowledge workers • Continuous improvement of human resources • Continuous education and training
Physical and communication infrastructure	Domestically oriented physical infrastructure	• Globally oriented physical and communication infrastructure • Electronic data exchange
Industrial governance system	• Adversarial relationships • Command and control regulatory framework	• Mutually dependent relationships • Network organization • Flexible regulatory framework

출처: Richard Florida(1995)

한편 리차드 플로리다의 도시 중심론과 거대 도시론은 큰 위험을 내포하고 있을 뿐만 아니라 대단히 비현실적인 것이기도 하다. 특히 2013년의 한국 방문 때 '서울에 좋은 것이 한국에 좋은 것'이라며 '지역균형발전에 반대한다'고 주장한 것은 한국의 실정을 전혀 모른 채로 그냥 대도시-대기업 중심의 망언을 한 것이라고 할 수 있다.

유네스코는 창조도시에 대한 큰 관심을 적극 수용해서 2004년에 '유네스코 창의도시 네트워크'[15]를 만들었다. 2020년 현재 7개 영역에

---

15 한국 유네스코 위원회는 '창조도시'가 아니라 '창의도시', '창조산업'이 아니라 '창의산업'을 쓰고 있다. 2004년 문화부는 새로운 문화정책의 비전으로 〈창의한국〉을 발표했다.

서 84개 국의 246개 도시들이 회원으로 참여하고 있다. 7개 영역은 공예와 민속예술, 디자인, 영화, 미식, 문학, 미디어 아트, 음악 등이다. 2020년 현재 한국은 공예와 민속예술에 이천(2010년)과 진주(2019년), 디자인에 서울(2010년), 영화에 부산(2014년), 미식에 전주(2012년), 문학에 부천(2017년)과 원주(2019년), 미디어아트에 광주(2014년), 음악에 통영(2015년)과 대구(2017년) 등 10개 도시가 선정되어 있다.

3. 국가균형발전과 지역 혁신

지역이라는 말은 우리가 일상적으로 쓰는 말이지만 쉽게 혼동을 일으키는 말이기도 하다. 지역의 의미와 가치를 올바로 이해하기 위해서는 우선 지역이라는 말에 대해 올바로 이해해야 할 필요가 있다.

우선 '전국 대 지역'에 대해 올바로 이해해야 한다. 지역(地域, region)[16]에 대비되는 것은 중앙이 아니라 전국(全國, nationwide)이다. 국토는 수많은 지역들로 이루어져 있으며, 전국의 면에서 중앙도 당연히 하나의 지역이다. 지역은 행정, 규모, 문화, 생태 등을 기준으로 다양하게 구분될 수 있는데, 현대 사회에서 가장 기본적인 구분은 도시와 농촌이며, 오늘날 한국의 도시화율은 무려 90%에 이르고 있다.[17]

---

16 영어로 지역은 region이며, 지방은 province이다. local과 region이 지역으로 혼용되기도 하는데, 사실 local은 특정한 작은 장소를 뜻하고, region은 장소를 훨씬 넘어선 큰 구역을 뜻한다. *Online Etymology Dictionary*의 해당 단어들을 참조.

17 행정적 구분은 크게 광역과 기초로 나뉜다. 실제 생활이 이루어지는 동과 리는 자치체가 아니라 기초자치체에 속하는 생활권이다.

이어서 '중앙 대 지방'에 대해 올바로 이해해야 한다. 중앙(中央, center)에 대비되는 것은 지역이 아니라 지방(地方, province)이다. 중앙과 지방의 구분은 행정에 의한 것으로, 중앙은 중앙정부가 있는 곳이고, 지방은 지방정부가 있는 곳이며, 중앙정부가 지방정부를 지휘한다. 국가적 차원에서 중앙은 정치, 경제, 문화의 중심 역할을 수행한다. 그러나 지리의 면에서 중앙은 국토의 극히 일부분에 불과하며 지방이 국토의 대부분을 이루고 있다.

표 6 　지역의 구분

	중앙	지방
도시	1	2
농촌	3	4

지역은 실제 생산과 생활이 이루어지는 곳으로 국민들의 삶에서 본질적인 가치를 가지고 있으며 국가균형발전에서 중대한 가치를 지니고 있다. 국가균형발전은 사회의 면에서 정치, 경제, 문화의 균형을 뜻하고, 공간의 면에서 지역들의 균형을 뜻하고, 생태의 면에서 자연과 인공의 균형을 뜻한다. 그러나 실제 정책에서 국가균형발전은 무엇보다 지역들의 균형을 뜻한다.[18]

국가균형발전의 기본은 바로 지역 발전이다. 국가를 이루고 있는 지역들이 고르게 발전해야 국가 발전이 굳건히 이루어질 수 있는 것이다. 이 점에서 우리의 현실은 대단히 심각한 문제를 안고 있다. 그것은 중앙과 지방의 격차, 영남과 호남의 격차, 도시와 농촌의 격차, 대도시와

---

[18] 정치의 균형은 민주주의로, 경제의 균형은 포용 성장으로, 문화의 균형은 다문화주의로, 생태의 균형은 지속가능발전으로 추구되고 있다.

소도시의 격차 등으로 살펴볼 수 있으며, 특히 중앙과 지방의 격차는 세계적으로 가장 심각한 상태에 있다.[19]

노무현 정부(2003년 2월~2008년 1월)는 '국가균형발전'을 핵심과제로 추진해서 수도권 과밀 억제와 지방의 성장-발전을 이루고자 했다. 이를 위해 노무현 정부는 국가균형발전법을 제정해서 국가균형발전위를 설립하고 국가균형발전계획을 시행했다(이창운, 2006). 그 기본 내용은 다음의 표 7과 같다.

이처럼 노무현 정부는 '행정수도' 건설을 필두로 '지역혁신체계 구축, 혁신 클러스터 육성, 공공기관 지방이전 및 미래형 혁신도시 건설' 등으로 국가균형발전을 적극 추진했다.[20] 그러나 이 역사적인 개혁 정책

---

[19] 한국을 보면, 서울은 전국의 0.6%밖에 되지 않고, 수도권은 전국의 11.2% 밖에 되지 않는다. 그런데 서울에 전체 인구의 22%가, 수도권에 전체 인구의 50%가 모여 살고 있다. 한국의 수도권 집중은 세계 최악 수준으로 가히 국가적 재난 상태라고 할 수 있다.

[20] 이렇듯 노무현 정부의 국가균형발전은 거대한 개발 사업들을 기반으로 해서 추진되었는데, 이와 관련된 주요 법률들은 사실 김대중 정부 때 제·개정되었다. 국토계획법, 국토기본법, 토지수용법이 그 핵심이다. "최근 토지 관련 법령은 정비가 활발히 이루어져, 토지법제사에 큰 변화를 가져오고 있다. 2000년 토지개발에 관한 법률을 통합한 「도시개발법」의 제정을 시작으로 2002년 「토지수용법」과 「공공용지의 취득 및 손실보상에 관한 특례법」을 통합하는 「공익사업을 위한 토지 등의 취득 및 보상에 관한 법률」의 제정, 국토건설종합계획법을 새로운 체계와 내용으로 재구성한 「국토기본법」의 제정, 국토이용관리법과 도시계획법을 통합하는 「국토의 계획 및 이용에 관한 법률」의 제정, 「도시 재개발법」과 「도시 저소득 주민의 주거환경 개선을 위한 임시조치법」 그리고 「주택건설촉진법」상 재건축에 관한 내용을 통합한 「도시 및 주거환경정비법」의 제정이 그러하다. 이와 같은 통합법률의 제정은 종래 일본 법령의 모방이나 도입에서 벗어나 우리의 독자적인 입법으로 큰 의미를 갖는 것으로 평가할 수 있다." 류해웅·김승종, 〈국토기본법과 국토계획법: 국토 관련법령 해설〉, 국토연구원,

은 이명박-박근혜 정부(2008년 2월~2017년 4월)에서 크게 왜곡되고 훼손됐다. 이명박-박근혜 정부는 '국가균형발전'의 개념 자체를 사실상 부정해서 종래의 '지역 발전'을 다시 내세웠고, '4대강 사업'[21]과 같은 총체적 비리와 부실의 토건사업을 강행했다.

노무현 정부는 지역 발전을 국가균형발전의 핵심으로 확립했다. 지역 발전은 민주주의의 면에서, 국가 경쟁력의 면에서, 세계 경제의 면에서 모두 당연한 과제이다. 노무현 정부는 지역 발전을 이루기 위해 행정

표 7 '국가균형발전계획'의 기본 내용

'국가균형발전계획'
1. 비전 2004년~2008년 〈제1차 국가균형발전계획〉 기간 동안 혁신기반을 구축하고, 2009년~2013년 제2차 계획 기간 동안 혁신성과를 극대화하고, 2014년~2018년 제3차 계획 기간 동안 혁신을 질적으로 고도화하여 국민통합과 국가경쟁력을 강화함으로써 전국이 개성있게 골고루 잘 사는 사회 건설을 비전으로 제시하였다. 2. 정책방향 〈제1차 국가균형발전 5개년계획〉(2004~2008)은 지역혁신체계 구축, 혁신 클러스터 육성, 공공기관 지방이전 및 미래형 혁신도시 건설 등 혁신기반 구축으로 지역특성화발전의 기반을 조성하고, 〈제2차 국가 균형발전 5개년계획〉(2009~2013)은 차세대성장 동력산업의 주력산업화, 세계적 클러스터로의 진입 등 혁신성과의 극대화를 추구하여, 〈제3차 국가균형발전 5개년계획〉

2002.

21 이명박 비리 정권은 '4대강 살리기 사업'이라고 선전했으나 그 실체는 명백히 '4대강 죽이기 사업'이었다. 직강화로 마구 파괴된 강변과 불필요한 대형 보/댐에 막혀 썩어가는 강물은 그 생생한 증거이다. 이에 대한 상세한 설명은 홍성태(2010)을 참고.

> (2014~2018)은 초일류 원천기술의 보유, 글로벌 경쟁력의 확보, 명실상부한 세계적 일류 클러스터와의 경쟁을 통해 국가의 발전 잠재력을 극대화한다.
>
> 3. 전략
> 세계화, 지식정보화·문화의 시대에 경제발전의 관건은 투입요소 증대가 아닌 혁신을 통한 성장동력 창출이므로, 지식, 기술의 창출, 확산, 활용과정의 시스템화, 교육, 훈련을 통한 인적자본의 축적 및 효율적 활용, 모든 경제주체들의 참여와 협력, 상호학습을 통해서 혁신주도형 발전기반을 구축한다. …
>
> 수도권은 기존의 양적 성장에서 질적 발전으로 전환함으로써 글로벌 경쟁체제에서 우위를 점할 수 있는 분야 및 기능 강화에 주력하고, 지방은 각 지역의 실정에 적합한 지역혁신체계를 구축함으로서 특성화 발전을 통해 수도권과 지방이 상호차별적인 특성을 확보하여 서로 의존하며 서로 돕는 상호의존과 상보의식을 공유하도록 유도한다.
>
> 네트워크형 국토구조를 형성함으로써 지역 간의 교류, 협력을 획기적으로 증진하여 낙후지역의 발전을 촉진하고, 국제교류·개방거점 개발로 주변국과의 네트워크를 강화하여 동북아 물류 중심 국가의 토대를 구축한다.

수도와 혁신도시로 지역의 물리적 거점을 강화하고 지역혁신체계를 형성해서 지역의 경제적-사회적 발전을 이루고자 했다. 그러나 노무현 정부의 국가균형발전은 미완으로 끝났을 뿐만 아니라 물리적 개발 중심, 과잉개발의 확대 등의 문제를 낳게 되었다.

오늘날 지역 발전은 단순한 '지역 개발'이 아니라 '지역 혁신'을 통해 이루어지는 것으로 인식되고 있다. 선진국의 경우에 이런 인식은 이미 1980년대 말-1990년대 초부터 본격적으로 제기되었다. '지역 혁신'은 슘페터주의에서는 기술 혁신에 초점을 맞추고, 신제도주의에서는 혁신 체계의 형성에 초점을 맞추고 있다. 그러나 혁신 체계도 궁극적으로 기술 혁신을 통한 경제 성장을 추구하는 것이다. 이런 점에서 '지역화'의 요구에는 적극 대응하는 것이지만 '문화화'의 요구에는 그렇지 못한 것이다.

문재인 정부의 '지역 혁신'이 진정 혁신적인 것이 되기 위해서는 '지역화'의 기본으로 '문화화'를 추구할 필요가 있다. 지역 쇠퇴를 이기고 지역 발전을 이루기 위해서 문화적 지역 혁신을 지역 혁신의 기본으로 확립해야 한다. 그리고 이를 위해서는 혁신의 개념 자체를 재검토하고 재확립해야 한다.

4. 지역 혁신의 문화적 전환

본래 혁신은 경제 성장을 위한 핵심 개념으로 제시되었으며, 그 기본은 새로운 기술의 개발이다. 그런데 1960년대 이후 정보-지식사회의 도래와 함께 기술의 개발을 위해 지식의 학습과 전파가 중요해졌고, 이런 점에서 기술 자체에 초점을 맞추는 것이 아니라 지식의 학습과 전파를 위한 체계의 형성과 작동에 초점을 맞추게 되었다. 이렇게 해서 1980년대 중반에 프리드리히 리스트의 연구에 연원을 둔 '혁신 체계', '국가혁신체계'가 제시되었고(Freeman, 1995), 이어서 1990년대 초에 지역화의 시대적 변화에 맞추어 알프레드 마샬의 연구에 연원을 둔 '지역 클러스터', '지역혁신체계', '지역 혁신생태계' 등이 제시되었다(Zeitlin, 2008).

1980~90년대에 이루어진 이런 혁신 연구의 성과 위에서 2007년부터 매년 '세계 혁신 지수'(Global Innovation Index, GII)가 발표되고 있다. 이 지수는 미국 코넬대학교 경영대학원과 INSEAD(인시아드, 유럽 행정연구원Institut Européen d'Administration des Affaires. 1957년에 설립된 유럽의 사립대학교)에서 조사해서 '세계 지식재산권 기구'(WIPO)와 공동으로 발표

하는 것으로 7개 분야의 수십 개 사항에 대한 자료를 수집해서 국가들의 혁신 순위를 결정하게 된다. 7개 분야는 5개 혁신 투입 지수(제도, 인적 자본과 연구, 하부구조, 시장 세련도, 사업 세련도)와 2개 혁신 산출 지수(지식과 기술 산출, 창조적 산출)로 이루어져 있다.

 GII 2020에서 한국의 혁신 순위는 세계 10위를 기록했다. 한국은 경제력 순위와 비슷한 혁신 순위를 보이고 있다. 한국은 경제력과 혁신의 순위가 모두 높은 국가이지만 지역 격차와 쇠퇴의 문제가 심각한 국가이기도 하다. 한국은 경제력과 혁신의 순위에 비해 공적 서비스의 비중이 많이 낮고, 고령화가 빠르게 진행되는 반면 출산율이 극히 낮고, 공간의 면에서 중앙과 지방/도시와 농촌의 격차가 대단히 큰 심각한 비대칭 국가이다. 이 문제에 적절히 대응하기 위해 지역 혁신의 문화적 전환이 적극 추구되어야 한다.

 우선 산업의 면에서 지역 혁신은 문화적 전환을 이루어야 한다. 이제까지 지역 혁신은 기존의 산업적 차원에 초점을 두고 추진되었다. 그러나 이것은 시대의 변화를 올바로 파악하지 못한 것이다. 정보-지식 경제가 정보-지식-문화 경제로 바뀌는 것을 올바로 인식해야 한다. 서구 선진국이 잘 보여주듯이 지역화와 문화화는 이미 1980년대부터 본격적으로 시작되었다. 미국의 정보고속도로 정책이 제시했듯이 정보기술은 문화기술이며, 정보기술의 발달은 문화산업의 성장을 촉진하게 된다. 4차 산업혁명은 이런 변화를 더욱 더 강화하고 있다.

 또한 생활의 면에서 지역 혁신은 문화적 전환을 이루어야 한다. 지역의 가치를 지키고 살리는 것이 그 핵심이다. 지역을 외부 산업에 의해 좌우되거나 투기적 개발의 대상으로 여기게 되면 지역은 결코 계속 존립할 수 없다. 지역의 쇠퇴와 소멸의 문제가 계속 악화되는 상황에서 지역 혁신의 문화적 전환은 더욱 더 중요하다. 지역의 자연과 역사와 생활

그림 10 Global Innovation Index 2018의 분석틀

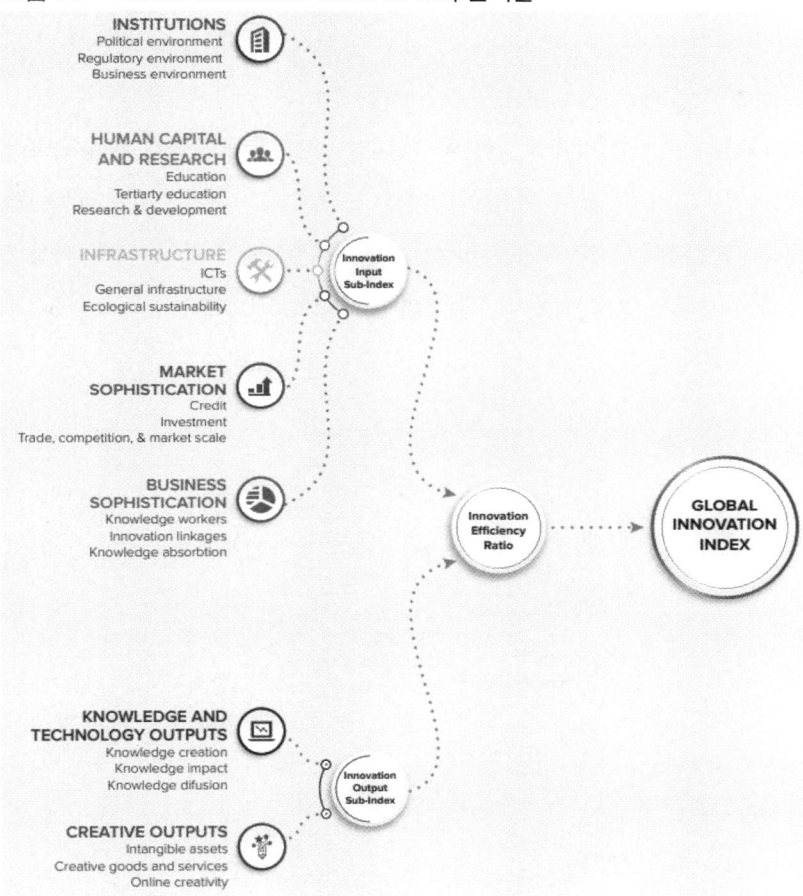

출처: www.wipo.int

을 지키며 지역을 문화적으로 멋진 곳으로 만들어서 사람들이 모이게 해야 한다. 영국의 게이츠헤드(Gateshead) 시가 잘 보여주었듯이 주민이 만족하는 문화도시는 세계가 주목하는 문화도시가 된다.

　문재인 정부가 핵심 과제로 추진한 도시 재생과 문화도시 정책은 국가균형발전의 관건이 될 것이다. 이를 위해 투기와 비리의 척결, 약탈적 임대료의 해소, 공동체적 지역 개발 등이 확실히 실현되어야 한다.

지역에서 문화 교육이 크게 강화되고 잘못된 문화 정책이 시정되어야 한다. 지역에서 문화를 내걸고 행해진 엉터리 작업들이 대단히 많다. 그 대표적인 예로 지자체들이 만든 각종 엉터리 조형물들을 들 수 있다. 이 나라의 모든 지자체장들과 공무원들이 유럽에서 문화를 배우겠다며 몇 번씩이나 유럽 공무 여행을 다녀왔어도 실제로 개선된 것은 거의 없고 오히려 개악된 것이 많은 참담한 현실을 직시해야 한다. 지역 혁신의 문화적 전환은 반드시 지자체의 문화적 전환을 요청한다.

참고자료

강현수 외(2004), '클러스터 정책의 수행에 있어서 정부 정책 개입의 방향 – 외국의 관련 정책 실패 사례와 교훈',
국가균형발전위원회(2003), 〈자립형 지방화를 위한 지역혁신체계 구축 방안〉
권오혁(2017), '산업클러스터의 개념과 범위', 〈대한지리학회지〉 제52권 제1호 2017(55~71)
김영수 외(2015), 〈지역의 산업기술 혁신생태계 구축 방안〉, 산업연구원
남기범(2004), '클러스터 정책 실패의 교훈', 〈한국경제지리학회지〉 제7권 제3호, pp. 407~432.
류해웅·김승종(2002), 〈국토기본법과 국토계획법: 국토 관련법령 해설〉, 국토연구원
산업통상자원부(2018ㄱ), '국가 혁신 클러스터 개요 및 추진방안'
산업통상자원부(2018ㄴ), '국가 혁신 클러스터 육성계획 1차 합동 워크숍'
이기원/김진석(2007), 『지역혁신체계-균형발전 정책교본』, 국가균형발전위원회
이창운(2006), '국가균형발전계획', 국가기록원(http://www.archives.go.kr)
자치분권위원회(2018), 〈자치분권 종합계획〉
장재홍(2003), '국가균형발전을 위한 지역혁신체계 구축방향', 산업연구원, 〈KIET 산업경제〉 2003년 10월, pp. 21-36

장지상/임덕순 외(2007), 『혁신클러스터-균형발전 정책교본』, 국가균형발전위원회

정기용·홍성태 외(2002), 『문화도시 서울, 어떻게 만들 것인가』, 시지락

하윤금(2013), '영국 창조산업 정책의 전개와 특성', 〈코카포커스〉 2013-08호

한국은행 지역협력실(2016), 〈해외 지역발전정책 사례집〉

한국지역경제학회(2017), 〈국토·지역정책의 회고와 전망에 관한 기초연구〉, 지역발전위원회

홍성태(2002), 『현실 정보사회의 이해』, 문화과학사

홍성태(2005), 『생태문화도시 서울을 찾아서』, 현실문화

홍성태(2010), 『생명의 강을 위하여』, 현실문화

홍성태(2014), 『서울의 개혁』, 진인진

홍성태(2017), 『서울 산책』, 진인진

홍성주 외(2015), 〈전환기의 한국형 과학기술혁신 시스템〉, 과학기술정책연구원

황주성 외(2001), 〈지식기반경제에서 산업군집의 원리와 유형, 정부정책〉, 정보통신정책연구원

Adner, Ron(2006), Match Your Innovation Strategy to Your Innovation Ecosystem, *Harbard Business Review*, THE APRIL 2006 ISSUE.

Archibugi, Daniele et al. eds.(1999), *Innovation Policy in a Global Economy*, Cambridge Univ. Press.

Belussi, Fiorenza and Katia Caldari(2008), "At the origin of the industrial district: Alfred Marshall and the Cambridge school", Cambridge Journal of Economics, Volume 33, Issue 2, 1 March 2009, Pages 335–355.

Betz, Frederick et al.(2015), Modeling an Innovation Intermediary System Within a Helix, J Knowl Econ.

Cooke, Philip(1992), "Regional innovation systems: Competitive regulation in the new Europe", *Geoforum* Vol. 23, Issue 3, 1992, Pages 365-382.

Cooke, Philip(2001), Regional Innovation Systems, Clusters, and the Knowledge Economy, *Industrial and Corporate Change*, Volume 10, Issue 4, 1 December 2001, Pages 945-974.

Cooke, Philip et al.(1997), Regional Innovation Systems: Institutional and Organizational dimensions, *Research Policy* 26 (1997) 475-491.

Florida, R.(2002). *The rise of the creative class—and how it is transforming leisure, community and everyday life*. New York: Basic Books.

Gorz, André(1988), *Critique of Economic Reason*, Verso.

Howkins, J.(2001). *The Creative Economy: How people make money from ideas*. London: Penguin.

Jackson, Deborah(2011) "What is an Innovation Ecosystem?", National Science Foundation.

Landry, C.(2000). *The Creative City: A toolkit for urban innovators*, London: Earthscan.

Lundvall, Bengt-Åke ed.(1992), *National systems of innovation: Toward a theory of innovation and interactive learning*. Pinter Publishers.

Marshall, Alfred(1890), *Principles of Economics*, Macmillan and Company.

Moore, James(1993), Predators and Prey: A new ecology of competition". *Harvard Business Review*. 71.

OECD Culture & local development.

OECD Culture & local development(1997), *National Innovation Systems*.

Oh, Deog-Seong et al.(2016), "Innovation ecosystems: A critical examination", *Technovation* Vol. 54, August 2016, Pages 1-6.

Ostrom, Elenor(1990), *Governing the Commons*, Cambridge University Press.

Piore, Michael & Charles Sabel(1984), *The Second Industrial Divide*, Basic Books.

Porter, Michael(1990), "The Competitive Advantage of Nations", *Harvard Business Review*, The March-April 1990 Issue.

Porter, Michael(1998), "Clusters and the New Economics of Competition", *Harvard Business Review*, The November-December 1998 Issue.

Putnam, Robert(1993), *Making Democracy Work*, Princeton Univ. Press.

Schrempf, B., Kaplan, D., & Schroeder, D.(2013). National, Regional and Sectoral Systems of Innovation – An Overview. Report for FP7 Project "Progress" Retrieved May 9, 2016.

Schwab, Klaus(2016), *The Fourth Industrial Revolution*, WEF

Thomas, Meirion(2014), "Innovation ecosystems as drivers of regional innovation – validating the ecosystem", Know-Hub, EU.

Touraine, Alain(1971), 조형 옮김(1994), 『탈산업사회의 사회이론』, 이화여대출판부.

Viitanen, Jukka(2016), Profiling Regional Innovation Ecosystems as Functional Collaborative Systems: The Case of Cambridge, *Technology Innovation Management Review* 6(12): 6-25.

Winnick, Louis(1966). "Place Prosperity vs People Prosperity: Welfare Considerations in the Geographic Redistribution of Economic Activity." pp.273-283 in *Urban Land Economics in Honor of the Sixty fifth Birthday of Leo Grebler*. Real Estate Research Program, Los Angeles: University of California.

Yencken, D.(1988). "The creative city", *Meanjin*, Vol 47, Number 4.

Yencken, D.(2013), 'Creative Cities', Space Place & Culture.

Zeitlin, Jonathan(2008), Industrial Districts and Regional Clusters, *The Oxford Handbook of Business History*.

제10장 지역 혁신과 지역 쇠퇴
- 지역 혁신의 '문화적 전환'을 위해 -

1. 머리말

전국에서 지역 쇠퇴(regional decline)에 대한 우려가 계속 커지고 있다. 지역 쇠퇴는 어떤 지역의 물리적-사회적-경제적 상태가 쇠퇴해서 사람이 살기 어려운 곳으로 변하는 것을 뜻한다. 지역 쇠퇴가 계속되면 결국 지역 소멸에 이를 수 있다. 물론 지역 소멸(regional extinction)은 지역의 물리적 소멸이 아니라 사회적 소멸을 뜻한다. 지역 쇠퇴의 확산은 지역의 위기를 넘어서 국가의 위기로 이어질 수 있다(오은주 외, 2012; 마강래, 2017).

지역 쇠퇴에 대한 대응은 지역의 차원을 넘어서 국가의 차원에서 중대한 정책적 과제이다. 지역 쇠퇴는 지역 주민들의 생활이 어려워지는 것을 넘어서 국가의 상태가 어려워지는 것으로 이어질 수 있기 때문이다. 따라서 지역 쇠퇴에 대한 대응에서 지역과 국가의 협력은 중요하다.

한국은 지방자치제의 역사가 어느덧 25년을 넘어섰어도 여전히 지역의 자립이 취약한 상태이고 지역에 대한 국가의 규정력이 강하기 때문에 지역 쇠퇴에 대한 대응에서 국가의 적극적인 역할이 더욱 중요하다.

지역 쇠퇴는 국가에 대한 인식의 '지역적 전회'(regional turn)를 요청한다. 공간적으로 보아서, 지역은 국가의 지리적 실체이며, 국가의 번영은 지역의 번영에 의한다. 요컨대 지리적 실체의 면에서 보았을 때, 국가는 수많은 지역들의 집합체이며, 국가 정책은 언제나 지역에서 구현된다. 국가의 발전은 결국 지역의 발전을 통해 이루어지며, 국가의 지역 정책은 국가의 발전을 위한 핵심 과제이다. 지역 쇠퇴는 이런 국가-지역의 관점에서 복합적-장기적 대응을 요청한다(서울연구원 외, 2012; 이소영 외, 2012).

서구는 지역적 분산과 분권이 한국보다 훨씬 잘 이루어져 있고, 지방자치의 역사도 한국보다 훨씬 더 길다. 그러나 서구에서도 1980년대에 비로소 인식의 '지역적 전회'가 이루어졌고, 그 결과 1990년대에 들어서서 혁신 정책의 큰 변화가 이루어지게 되었다. 그 핵심은 영국을 필두로 1980년대의 '국가 혁신체계'(NIS, National Innovation System)가 1990년대의 '지역 혁신체계'(RIS, Regional Innovation System)로 변모한 것이다(Cooke, 1992). 이로써 지역이 혁신의 중심으로 정립되게 되었다.

한편 한국에서는 2003년 2월에 참여정부가 출범하면서 국가 균형발전과 그 기초로서 지역 혁신체계가 제시되었다(국가균형발전위원회, 2003). 그리고 이에 따라 지역 혁신이라는 말이 널리 퍼지게 되었다. 그런데 이로부터 어느덧 20년에 가까운 세월이 흘렀지만 지역 혁신이 아니라 지역 쇠퇴가 지역의 기본적인 특징처럼 되어 버렸다. 전국 곳곳에서 지역 쇠퇴에 대한 우려가 크게 제기되고 있다. 지역 혁신을 열심히 추진했으나 지역 쇠퇴가 계속 진행된 것이다. 이런 상황에서 지역 혁신은 어떻게 추진되어야 하는가?

이 글에서는 지역 혁신에 대한 이론적 이해를 기초로 그 문화적 전환을 제안한다. 지역 혁신이 소기의 성과를 거두지 못한 것은 정책의 문제에 앞서 이론적 혼란이 크게 작용한 것으로 보인다. 여기서 핵심은 혁신에 대한 이해이다. 이런 관점에서 이 글은 지역 혁신의 이론적 형성과 변화를 검토하고, 이어서 참여정부 이래 지역 혁신정책의 전개에 대해 살펴보며, 이런 논의를 바탕으로 지역 혁신정책의 '문화적 전환'을 제안한다.

2. 지역 쇠퇴의 문제

지역 혁신체계를 중심으로 한 지역 혁신정책이 시행된 것도 어느덧 거의 20년 정도가 되었다. 그 동안 지역 혁신정책은 과학기술 연구와 그 확산에 초점을 맞춘 것에서 문화와 자연을 비롯해서 사실상 지역의 모든 것을 중시하는 방향으로 내용의 확대가 이루어졌다. 그리고 이와 함께 국가 차원-광역 차원-기초 차원 등 모든 차원에서 수많은 지역 개발/발전 정책들도 계속 시행되었다. 그러나 이런 여러 정책들에도 불구하고 지역 쇠퇴의 문제가 전국적으로 계속 악화되고 있는 것으로 나타났다. 지역 쇠퇴(regional decay)는 활력이 있던 곳이 활력을 잃고 퇴락하게 되는 것이라는 점에서 개발되지 않아 퇴락하는 지역 낙후(regional backwardness)와 다르다.[1]

---

[1] RISS의 검색을 통해 확인할 수 있듯이, 지역 쇠퇴에 대한 연구는 1990년대 중반부터 시작되었다. 그러나 이에 대한 본격적인 조사와 대응이 시작된 것은 참여정부의 말기인 2007년에 '국토해양부 도시재생사업단'이 만들어지면서부

지역 쇠퇴는 2013년과 2017년의 비교 자료로 확인되었는데, 2013년은 전국 3,470개 읍·면·동을, 2017년은 전국 3,503개 읍·면·동을 대상으로 조사했다. 지역 쇠퇴는 동네 단위로 나타날 수 있어서 이렇게 읍·면·동 수준으로 조사해야 한다.[2] 이에 따르면 전국의 종합적 쇠퇴율은 거의 70%에 이르렀다. 가장 심한 것은 인구 쇠퇴율로 거의 80%에 이르렀고, 다음은 건물 쇠퇴율로 74%에 이르렀다. 다만 사업체 수 쇠퇴율은 52.4%에서 30.8%로 크게 개선된 것으로 나타났는데, 이것은 사회적 경제 정책에 의해 다양한 지역 기업과 지역 조합 등이 크게 늘어났기 때문인 것으로 보인다. 지역의 사업체가 계속 늘어나는 것은 지역 쇠퇴를 개선할 수 있는 내적 동력의 면에서 대단히 중요하다.

전국의 읍·면·동은 미쇠퇴지역과 쇠퇴지역으로 크게 나뉘고, 다시 쇠퇴지역은 쇠퇴 징후 지역(2개 요건 충족 지역)과 쇠퇴 진행 지역(3개 요건 충족 지역)으로 나뉜다. 2017년에 쇠퇴 징후 지역은 901개소(25.7%), 쇠퇴 진행 지역은 1,518개소(43.3%)였다. 그런데 사실 지역 쇠퇴의 내용은 상당히 복잡하고, 따라서 그 대응 정책도 복잡할 수밖에 없다. 〈표 2〉는 물리적, 경제적, 사회적 측면으로 나누어서 여러 현상과 대응책을 제시하고 있지만, 여기에 정치적 측면을 추가할 필요가 있는 데, 정치는 자원의 배분을 결정하기 때문이다. 그리고 세 요인의 관계에서는 경제가 규정적 역할을 하고 있다. 요인들을 단순히 나열하는 것이 아니라 요인들 간의 관계를 올바로 파악하는 것이 중요하다.

터다(오은주 외, 2012: 9).

2   읍·면·동은 말단 행정단위이고 자치체는 아니다. 자치체는 광역(특별시, 광역시, 도)과 기초(시, 군, 구)로 크게 나뉜다. 그런데 실제 생활은 읍·면·동·수준에서 대체로 이루어지기에 읍·면·동 자치제에 대한 요구도 계속 제기되고 있다(김필두·류영아, 2008). 이것을 '생활 자치체'로 부를 수 있을 것이다.

표 1 도시재생 쇠퇴 진단지표별 전국 변화 현황 (2013-2017년)

	기준	현황
전국 쇠퇴율	전국 쇠퇴율은 전국 읍·면·동 중 도시재생 쇠퇴 진단지표(인구 변화, 사업체 수 변화, 노후건축물 비율)에 따라 2개 이상 부문에서 쇠퇴로 판정된 읍·면·동의 비율로 산정됨	- 2013: 전국 3,470개 읍·면·동 중 인구 수, 사업체 수, 노후건축물 비율 중 2개 요건을 충족하여 '쇠퇴'로 진단된 곳은 2,239개소(전국 읍·면·동의 64.5%) - 2017: 전국 3,503개 읍·면·동 중 인구 수, 사업체 수, 노후건축물 비율 중 2개 요건을 충족하여 '쇠퇴'로 진단된 곳은 2,419개소(전국 읍·면·동의 69.0%)
인구 쇠퇴율	인구 수: 최근 30년간 인구 최대치 대비 현재 인구가 20% 이상 감소 또는 최근 5년간 3년 이상 연속으로 인구가 감소	- 2013: 전국 3,470개 읍·면·동 중 2,561개소(73.8%) 해당 - 2017: 전국 3,503개 읍·면·동 중 2,687개소(79.7%) 해당 전
사업체 수 쇠퇴율	사업체 수: 최근 10년간 총 사업체 수 최대치 대비 현재 5% 이상 감소 또는 최근 5년간 3년 이상 연속으로 총 사업체 수가 감소	- 2013: 전국 3,470개 읍·면·동 중 2,561개소(52.4%) 해당 - 2017: 전국 3,503개 읍·면·동 중 2,687개소(30.8%) 해당
건축물 쇠퇴율	노후 건축물 비율: 전체 건축물 중 20년 이상 지난 건축물이 50% 이상	- 2013: 전국 3,470개 읍·면·동 중 2,561개소(59.7%) 해당 - 2017: 전국 3,503개 읍·면·동 중 2,687개소(73.7%) 해당

주: "본 자료에서 활용한 인구·사업체 수·노후 건축물 변화는 국비가 지원되는 도시재생 사업대상지역 선정에 활용되는 쇠퇴 진단기준이며, '도시재생 활성화 및 지원에 관한 특별법 시행령'의 제17조에 의한 도시쇠퇴 현황 및 진단에 활용되고 있음"(서민호 외, 2019).
출처: 서민호 외(2019)에서 작성함.

이처럼 지역 쇠퇴에 대한 우려가 커지는 중에 아예 지역 소멸을 우려하는 의견도 제기됐다. '지역 소멸'(regional extinction)은 지역의 인구가 사라져서 더 이상 사회적 의미를 갖지 못하게 되는 것을 뜻한다. 이 주장은 사실 일본의 건설 관료 출신 정치인 마스다 히로야(増田寛也)가

표 2 지역 쇠퇴의 문제와 대응

구분	지역쇠퇴 현상 및 특징	대응전략
물리적 측면	- 건축물 및 주거지역의 노후화 - 공가 및 공지의 증가 - 구 산업유산(산업단지, 폐광 등)의 방치	- 주거지 및 도시인프로 재정비 - 압축적 도시공간구조 형성 - 복합용도 개발 - 구 산업유산을 활용한 리노베이션
경제적 측면	- 지역기반산업의 쇠퇴 - 공장폐쇄 및 고용불안 - 실업률 증가 - 중심상권 쇠퇴 - 신규 투자 감소	- 지역의 신성장동력 창출 - 일자리 및 소득창출 - 중심상권 활성화 - 지역활력 증대
사회적 측면	- 인구의 지속적 유출 - 빈곤층의 집중 - 범죄율 증가 - 비행 청소년 증가 - 지역 공동체 의식 붕괴	- 인구유입 - 생활환경개선 - 복지 및 문화 등 삶의 질 개선 - 커뮤니티 복원 프로그램 - 취약계층 지원 프로그램

출처: 오은주 외(2012: 16)

2014년에 발표한 〈마스다 보고서〉[3]에서 처음 제기된 것이다. 마스다는

---

3 원제는 "ストップ 少子化・地方元気 戦略 - 成長を続ける二一世紀のために(저출산 중단・지방 활력 전략 - 성장을 이어가는 21세기를 위하여"이다. 이 보고서는 日本創成会議 人口減少問題 検討分科会에서 2014년 5월에 발표한 것이고 마스다 히로야는 그 좌장이었다. 이 보고서에 호응해서 아베 신조 내각은 2014년 11월 'まち・ひと・しごと 創生法'(마을・사람・일자리 창생법, 국내에서는 보통 '지역창생법' 또는 '지방창생법'으로 부름)을 제정하고, 12월 'まち・ひと・しごと 創生 長期ビジョン'과 'まち・ひと・しごと 創生 総合戦略'을 결정했다. 이로부터 '창생'(創生)이라는 말이 널리 퍼지게 되었다. 그런데 〈마스다 보고서〉를 만든 주체에서도 보이듯이 '창성'(創成)이라는 말은 원래 사용되던 말이지만 '창생'은 이때 처음 나타난 신조어다(地方創生研究會, 2015: 12). 이 말은 창조와 재생을 합쳐서 만든 것으로 보인다. 아베 정권의 '지역 창생' 정책은 국내에도 널리 소개되었지만(차미숙, 2016), '일본 재흥'이라는 국가 정책의

20~39세 여성 인구의 감소율이 50% 이상인 지역을 소멸 위기 지역으로 규정했다. 요컨대 20~39세 여성은 대체로 임신-출산을 할 수 있는 여성이고, 이 연령대의 여성이 없는 지역은 소멸할 수 있다는 것이다. 이 주장은 인구 감소에 따른 지역의 위기를, 특히 도쿄-수도권 지역을 제외한 지방의 위기를 강력히 제기했다. 그러나 사실 이 주장은 인구 이동을 제대로 파악하지 않은 심각한 문제를 안고 있으며, 그 대책도 자치체에 책임을 전가하는 식의 문제를 안고 있다(이상림 외, 2018).

2016년에 〈마스다 보고서〉의 방법을 '차용-변용'해서 국내의 상황을 검토한 연구가 발표되었다(이상호, 2016). 이 연구는 20~39세 여성 인구를 65세 이상 노인 인구로 나눈 비로 계산해서 소멸 위기 지역을 제시했다. 그 결과는 30년 내에 30~40%의 지자체들이 소멸될 수 있다는 것이다. 이 연구는 〈한국의 지방소멸 보고서〉로 이어져서 계속 발표되고 있는데, 지역의 크기가 작을수록 소멸 위기가 크고, 도시로의 인구 유출이 소멸 위기를 악화하는 것을 확인했다. 그러나 이 연구도 〈마스다 보고서〉와 마찬가지로 인구 이동을 제대로 파악하지 않고, 여성의 출산을 강조하는 문제를 안고 있는 것으로 지적된다[4](이상림 외, 2018).

지역 쇠퇴는 계속 악화되고 있다. 2019년 10월 현재, '지방소멸 위험지수'[5]로 보아서 228개 시군구 중 소멸위험지역은 97개로 나타났고, 2013년 75개 → 2018년 89개 → 2019년 97개로 계속 늘어나고 있다.

하위에 지방을 배치한 '탈지방적 성격'이 강한 것으로 평가되기도 한다(이정환, 2018).

4 그러나 지역 쇠퇴에 대응하기 위해 '젊은 여성이 살기 좋은 매력적인 사회'를 가장 중요한 과제로 제시한 것은 정책적 의미가 있다(이상호, 2016: 15).

5 '20~39세 여성 인구를 65세 이상 노인 인구로 나눈 비'가 지방 소멸에 대한 우려가 커지면서 아예 '지방소멸 위험지수'로 불리게 되었다.

그림 1   지역 쇠퇴의 현황

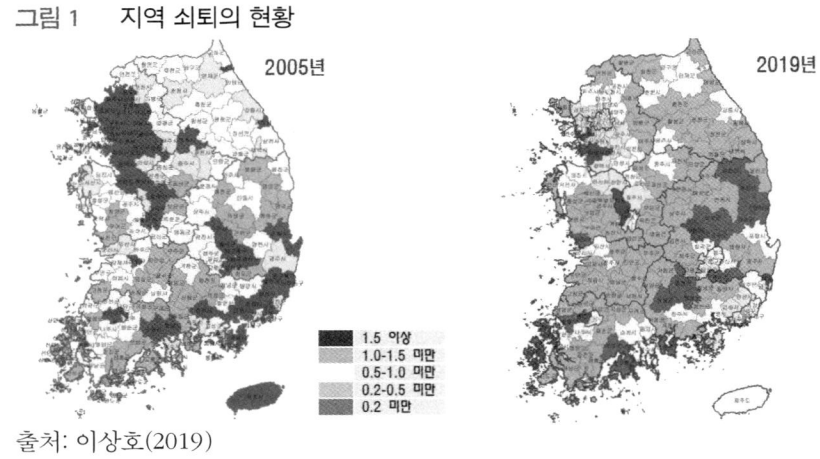

출처: 이상호(2019)

2021년 1월 현재 인구 3만 명 이하의 기초자치단체는 18곳으로 10년 전에 비해 6곳이 늘어났고, 2038년부터 매년 20만 명의 이상의 인구가 줄어들 것으로 예측되고 있다.

    지역 쇠퇴는 확실히 서울-수도권을 포함한 전국적인 현상이다. 그런데 '서울-수도권 일극화'로 불리는 세계 최악의 서울-수도권 집중[6]을 중심으로 한 지역 격차도 계속 심해지고 있다. 비수도권 지역에서도, 도시와 농촌의 지역 격차가 커지고, 기존 도시와 신도시의 지역 격차가 계속 커지고 있다. 기존의 지역 격차와 새로운 지역 쇠퇴가 결합되어 국가균형발전이 더욱 더 어려워지고 있는 것이다. 지역 발전정책의 면에서 보자면, 토건사업을 중심으로 한 지역 개발정책이 오랫동안 시행됐고, 이어서 기술 개발을 중심으로 한 지역 혁신정책이 적극 시행되었으나, 지역 쇠퇴의 거대한 물결이 밀려오면서 지역 발전정책을 크게 재검토해

---

6   서울의 면적은 0.6%밖에 안 되지만 인구는 22%에 이르고, 수도권의 면적은 11.5%밖에 안 되지만 인구는 50%를 넘는다. 명백히 세계 최악 수준의 서울-수도권 집중이다.

야 하는 상황이 된 것이다(박진경 외, 2019).

세계적으로 지역 쇠퇴는 도시 지역에서 먼저 크게 나타났다. 이 때문에 지역 쇠퇴에 대한 정책도 도시 재생 정책이 중심을 이룬다. 한국도 2008년의 세계 금융위기를 계기로 도시 재생에 대한 관심이 커졌고, 그 결과 2013년에 '도시재생법'이 제정되었고, 2018년에는 '도시 재생 뉴딜'이 시작되었다(관계부처 합동, 2018). 도시는 지역의 중심이기 때문에 지역 쇠퇴에 대한 대응도 도시를 중심으로 하는 게 옳을 것이다. 그러나

그림 2 인구 집중으로 본 지역 격차

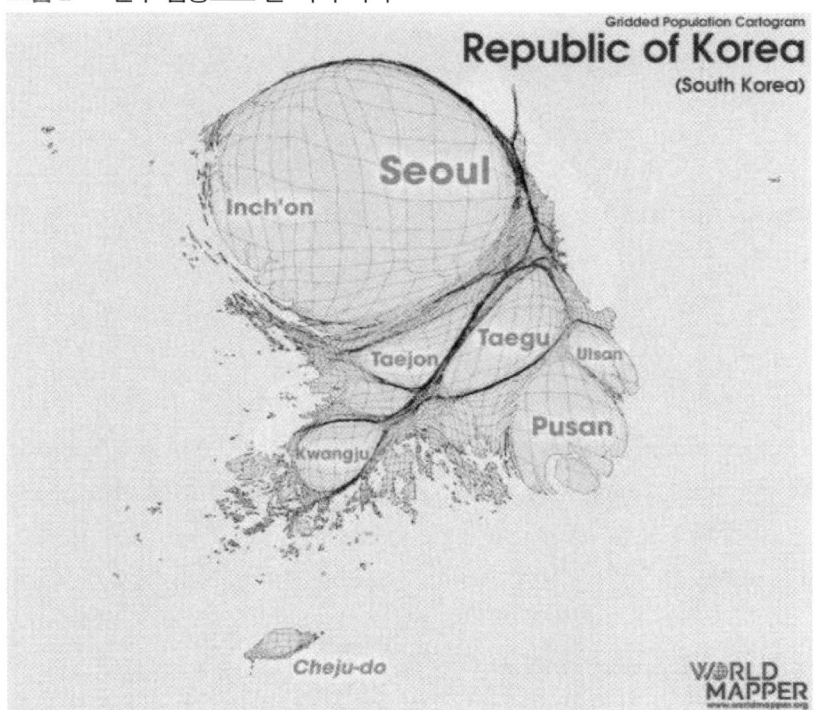

주: 인구에 비례해서 지역을 표현한 지도로 극도로 병적인 서울-수도권 인구 집중과 대도시 인구 집중을 잘 보여준다.
출처: https://junglemaps.blogspot.com/2017/07/map-of-korea-south.html

농어촌 지역에서도 지역 쇠퇴가 강력히 진행되고 있기에 도시 중심 정책의 공간적 확대가 분명히 필요하다.[7]

3. 지역 혁신의 연구

오늘날 지역 혁신은 널리 시행되고 있으나 그 기준과 범위가 불확실한 것이 일차적 문제로 꼽히고 있다(국가균형발전위, 2019: 10). 사실 지역 혁신이라는 말 자체가 아주 애매하다. 이 문제를 해소하기 위해 '혁신'(革新)부터 다시 살펴볼 필요가 있다. 혁신은 영어 innovation의 번역어로서 일반적으로 기존의 것을 고쳐서 더 좋은 것을 만드는 것을 뜻한다.[8] 그런데 학문적으로 혁신은 1911년에 경제학자 요세프 슘페터(Joseph Schumpeter, 1883~1950)에 의해 처음 정의되어 널리 퍼지게 되었다. 이로써 기술을 강조하는 슘페터의 이론을 중심으로 경제적 혁신 이론이 성립되었다.[9] 학문과 정책의 면에서 혁신은 무엇보다 슘페터의 경제적 혁

---

[7] 계속 악화되는 지방 소멸에 대응해서 '지방소멸 대응지역 활력 특별법'의 제정이 추진되고 있다. 이 법은 도시를 넘어서 농어산촌의 쇠퇴에 대한 대응도 적극 추구해야 할 것이다.

[8] 중국에서는 혁신과 함께 창신(創新)도 쓰지만, 한-중-일 3국에서 혁신이 가장 널리 쓰인다. 그런데 일본에서 혁신은 사실 정치적으로 널리 사용되는데, 공산당과 사회당의 계열을 통칭해서 부르는 말이다.

[9] 이것은 기술 개발을 중심으로 경제 성장을 추구하는 이론이다. 이에 비해 '사회 혁신'(social innovation)은 18-19세기의 다양한 사회 개혁 운동의 계보를 잇는 것으로 이 용어 자체는 20세기 초에 만들어졌으나 그 정책은 2008년의 리먼 브라더스 사태로 초래된 세계 금융위기를 계기로 널리 확산되었다(Moulaert et al. eds., 2017; McGowan et al., 2017).

신 이론에서 연원한 것이다.

슘페터는 1911년에 독일에서 『경제 발전의 이론』을 출판해서 경제적 혁신 이론을 처음 제시했다. 그는 경제 발전이 경제 내부에서 기존의 것과는 다른 새로운 것이 나타나는 단절적 변화라고 설명했다.[10] 그는 이것을 혁신으로 불렀고, 그것을 다섯 가지로 제시했다. 새로운 재화의 도입, 새로운 생산방법의 도입, 새로운 시장의 개장, 원재료나 반제품의 새로운 공급원 확보, 새로운 산업조직의 실행 등이 그것이다(Schumpeter, 1934: 65-66). 그런데 그가 제시한 다섯 가지 혁신은 모두 기술에 의해 촉발되는 것이다.[11] 이 때문에 기술의 발달에 따른 경제 변화가 강화되면서 슘페터의 경제 이론은 널리 퍼지게 되었다. 특히 1980년대 이후 정보기술의 발달로 슘페터의 혁신 이론은 더욱 더 중시되게 되었다.[12]

---

10 이것은 슘페터의 말년 저서인 『자본주의, 사회주의, 민주주의』에서 '창조적 파괴'(destructive creation)라는 유명한 말로 표현되었다(Schumpeter, 1942). 그런데 이 '창조적 파괴'의 발상은 이미 19세기에 독일에서 널리 퍼졌던 것으로, 프리드리히 니체는 '망치를 든 철학자'라는 말로 이것을 표현했고(Nietzsche, 1888), 베르너 좀바르트는 『전쟁과 자본주의』에서 "파괴로부터 새로운 창조의 정신이 일어난다"고 썼다(Sombart, 1913). 이런 점에서 슘페터의 사상은 독일 경제학에서 새로운 것이 아니지만(Reinert et al., 2006), '창조적 파괴'라는 간명한 말로 제시한 것은 분명 슘페터의 업적이다.

11 이 때문에 일본에서는 innovation을 보통 '기술 혁신'으로 번역해서 정치적으로 널리 사용되는 '혁신'과 구분하기도 한다. 슘페터는 "아무리 마차들을 계속 잘 연결해도 철도가 만들어지지는 않는다"는 말로 혁신에서 기술의 결정적 중요성을 강조했다(Schumpeter, 1934: 64).

12 1883년 칼 마르크스가 세상을 떠난 해에 케인즈(1883~1946)와 슘페터가 태어났다. 케인즈는 '거시 경제학의 아버지'로 2차 대전 뒤 복지국가에 지대한 영향을 미쳤다. 그러나 21세기에 들어와서 정보기술의 영향이 급속도로 커지면서 기술 경제학의 슘페터가 케인즈를 인용에서 앞서게 되었다.

그런데 혁신은 누가 어떻게 이루는 것인가? 슘페터는 기업가(entrepreneur)[13]를 그 주체로 제시했다. 기업가가 더 많은 이익을 위해 과감히 새로운 기술의 개발과 이용을 주도해서 혁신을 이루게 된다는 것이다. 슘페터는 혁신을 경제 발전의 동력으로 제시하고, 기업가·기술·자유경제를 그 3대 조건으로 설명했다. 그런데 현대 사회에서 기술의 개발은 정부 연구소, 대학 연구소, 기업 연구소 등 거대 전문 연구조직들이 주도한다. 기업가는 여전히 중요한 존재지만 기술의 개발에서 그 역할은 크게 줄어들었다. 특히 20세기 중반 이후 국가/정부는 가장 강력한 역할을 수행하게 되었다.[14]

이런 관점에서 영국의 경제학자로 슘페터의 제자인 크리스토퍼 프리만(Christopher Freeman, 1921~2010)은 1980년대 후반에 '국가 혁신체계'(NIS, National Innovation System)를 제시했다. 프리만에 따르면 이 용어 자체는 그의 오랜 동료였던 덴마크의 벤트-아케 룬드발(1941~)이 가장 먼저 썼다(Lundvall, 1985, 1992). 그런데 그 발상은 사실 19세기 중반 독일의 경제학자인 프리드리히 리스트(Friedrich List, 1789~1846)의 '국가 정치경제체계'(National Political Economy System)로 시작된 것으로, 그 핵심은 국가/정부가 적극 나서서 정부, 대학, 기업, 개인 등의 연구와 교류를 촉진해서 기술 개발과 경제 성장을 추동하는 것이다(Freeman, 1995;

---

13 슘페터는 기업가와 사업가(business man)을 구분했다. 전자가 모험적 이익을 추구한다면 후자는 안정적 이익만을 추구한다. 기업(企業)은 19세기 말에 일본에서 enterprise를 번역한 것인데, enterprise는 무엇인가를 감행하는 것을 뜻하고, 기업은 멀리 내다보고 큰일을 하는 것을 뜻한다.

14 이른바 자유경제가 가장 강력히 운영되는 국가인 미국에서도 정부기관인 '고등연구국'(ARPA)의 역할이 기술의 개발에서 가장 중요하다. 오늘날의 정보사회의 기반인 '인터넷'도 이곳에서 핵전쟁에 대비해서 만든 분산형 정보통신망인 '아르파넷'(ARPANet)으로 시작됐다.

OECD, 1997).

프리만은 1960년대부터 과학기술과 경제에 관해 연구하고 영국의 정책에 큰 영향을 미친 학자로서 NIS에도 깊이 관여하게 되었다. NIS에서 핵심적인 것은 국가/정부의 조정활동뿐만 아니라 연관된 각 주체들의 상호작용이다(Archibugi, 1999). 이런 점에서 프리만은 NIS를 "그 활동들과 상호작용들이 새로운 기술들의 시작, 도입, 수정, 그리고 확산을 이루는 공적 및 사적 부문들의 네트워크"로 정의했다(Freeman, 1987). 그리고 여기서 나아가 NIS는 국가적 차원에서 직접적인 기술 개발을 넘어서 다양한 요소들의 교류를 요청하는 것으로 확대됐다.

NIS론에 따르면, 혁신은 국가/정부가 여러 주체들로 체계를 만들어서 나타나는 것이며,[15] NIS는 국가/정부의 주도로 전체 사회 차원의 계속적인 개혁을 요구하고 촉진한다.

> 재래적인 관점에서 혁신은 '실리콘 밸리의 차고들'과 연구개발(R&D) 작업장들에서 특이하게 일어나는 것이다. 그러나 사실 어느 나라에서도 혁신은 국가 혁신체계(NIS)에서 배태되는 것으로 가장 잘 이해된다. 혁신이 과학기술 이상의 것이듯이, 혁신체계는 과학기술의 향상에 직접 관련된 요소들 이상의 것이다. 그것은 혁신에 영향을 미치는 모든 경제적, 정치적, 사회적 제도들을 포괄한다(Atkinson, 2014).

오늘날 국가 혁신체계는 각국의 혁신 정책에서 기본으로 확립되었다. 그런데 1990년대 초에 영국에서 이에 대한 중요한 반론이 제기되었다. 영국의 지리경제학자 필립 쿠크(Philip Cooke, 1946~)가 지역 쇠퇴

---

[15] 본래 19세기 초 물리학에서 제시된 '체계'(system)의 개념은 여러 요소들이 특정한 질서에 따라 결합되어 만들어진 새로운 독자적 실체를 뜻한다. 혁신체계론은 혁신이론을 체계이론에 의해 재정립한 것으로 혁신이 개별 주체들이 아니라 그들이 이루는 체계에 의해 이루어진다는 인식을 기본으로 한다.

의 현실을 배경으로 1992년에 '지역 혁신체계'(RIS, Regional Innovation System)를 제시했던 것이다(Cooke, 1992, 2001). RIS는 국가와 사회에 대한 인식의 '지역적 전회'가 이루어진 중요한 사례로서 국가와 사회를 이루는 실제 지리적 단위인 지역을 중심으로 혁신체계를 추구하는 것이다. RIS가 중요한 이유는 국가 차원에서 경제 성장이 이루어지더라도 국가의 많은 지역들이 낙후와 쇠퇴의 상태에 빠질 수 있기 때문이다. 실제로 많은 국가들이 이런 문제를 겪었거나 겪고 있다.[16] 이런 점에서 정책의 초점을 국가에서 지역으로 옮겨야 한다는 주장이 강력히 제기되었던 것이다.

이렇듯 혁신의 연구는 다양한 요소들이 결합된 '혁신체계'의 연구로 옮겨갔고, 여기에서 국가/정부가 적극 주도하는 '국가 혁신체계'로, 다시 지역에 정책의 초점을 맞춘 '지역 혁신체계'로 변화했다.[17] 그리고

---

16 세계적으로 가장 유명한 사례는 미국의 '러스트 벨트'(Rust Belt)를 들 수 있다. '러스트 벨트'는 '녹슨 지대'라는 뜻으로 20세기 중반까지 세계 최대의 철강 공업지대였던 미국의 북동부 지역을 가리킨다. 1970년대 이후 미국의 공업 경쟁력이 약화되며 이 지역은 세계 최대의 쇠퇴 지역으로 바뀌어갔다. 가장 번쩍이던 철강 지대가 가장 녹슨 지대로 퇴락해 버린 것이다. 미국의 경제는 계속 성장했으나 주요 산업과 주요 지역이 크게 바뀌었다.

17 1990년대 초에 미국에서도 비슷한 주장이 제시되었다. 하버드 경영대의 마이클 포터 교수가 제기한 '클러스터'론이 그것이다(Porter, 1990, 1998; 남기범, 2004; 권오혁, 2017). '클러스터'(cluster)는 본래 원자나 분자가 모여서 만들어진 덩어리를 뜻하는데 '클러스터'론은 여러 중소 유관 업체들이 한 지역에 모여서 집적효과를 거두는 것이다. '지역 클러스터'는 이런 지리적 집적을 더욱 명확하게 보여준다. 그 발상은 알프레드 마샬이 1890년에 제시한 '산업지구'와 '집적 경제'의 이론이다(Marshall, 1890; Belussi et al., 2008; Zeitlin, 2008). 1980년대에 '제3의 이탈리아'는 '산업지구'의 가치를 재확인해 준 사례로 널리 제시되었다(Piore & Sabel, 1984; 권오혁, 2003). '제3의 이탈리아'는 중소 전문업체들이 긴밀한 관계를 맺고 경제 성장을 이룬 피렌체, 볼로냐 등의 중부 이탈

'지역 혁신체계'에 바로 이어서 '지역 혁신 생태계'가 제시되었다. 이것은 물리적 체계를 생물적 체계, 즉 생태계(ecosystem)로 바꾼 것으로 기업들의 경쟁을 강조해서 혁신을 더욱 역동적인 과정으로 파악하는 것이다(Moore, 1993; Adner, 2006; Jackson, 2011; Meirion, 2014; Oh, 2016). 이렇게 해서 '지역 혁신체계'는 지역에 대한 인식을 크게 바꿔 놓았고, 또한 이로부터 '지역 혁신'이라는 개념이 독립되어 널리 퍼지게 되었다.

국내에서 지역 혁신에 대한 연구는 1990년대 초부터 시작되었다.[18] 그러나 지역 혁신이라는 개념이 널리 퍼지고 지역 혁신체계가 널리 알려진 것은 2003년 2월에 참여정부가 들어서서 국가 균형발전과 지역 혁신정책을 펼치면서부터이다. 참여정부의 출범과 함께 처음 만들어진 국가균형발전위원회가 지역 혁신체계[19]를 국가 균형발전과 지역 혁신정책의 핵심 과제로 제시했다(국가균형발전위원회, 2003). 이에 따라 지역 혁신체계에 관한 연구가 촉진되었고, 그 성과들은 2007년에 『지역 혁신체계』라는 책으로 응집되었다. 그리고 이렇듯 '지역 혁신체계'가 '지역 혁신'을 대표하는 개념으로 확립되는 과정에서 그 내용이 계속 확대되었다(이정록, 2007).

여기에는 유럽에서 시작된 지역 정책의 변화와 혁신체계의 내적 특성이 함께 영향을 미쳤다. 1985년에 EU가 시작한 '유럽 문화도시' 정책

리아 지역을 뜻한다.

[18] RISS(학술연구정보서비스)에서 1990년대의 학위논문을 살펴보면, 혁신의 지역적 확산에 관한 연구(이정록, 1991), 과학기술 혁신을 위한 과학기술 단지의 지역발전에 관한 연구(김인환, 1997) 등에 이어서 73개 도시 지역을 대상으로 지역의 혁신성 결정요인을 비교한 연구가 발표됐다(권영섭, 1998).

[19] '지역 혁신체제'와 '지역 혁신체계'가 혼용되었으나 국가균형발전위원회에서 '지역 혁신체계'로 확정했다(장재홍, 2003). 체계가 system의 번역어로 옳다.

에서 잘 볼 수 있듯이, 1980년대 이후 서구에서 문화가 경제 정책과 지역 정책의 전면에 나서게 되었고, 이 변화는 1990년대 이후 창조도시와 창조경제로 계속 이어졌다(Yenken, 1988, 2013; Landry, 2000; Hawkins, 2001; Florida, 2002; Tölle, 2014). 또한 혁신체계는 직접적인 기술 개발의 영역을 넘어서 국가와 지역의 모든 경제적, 정치적, 사회적 요소들을 결합해서 계속적인 혁신이 이루어지게 하는 결합체를 뜻하게 되었다. 그 결과 지역 혁신은 시나브로 본래의 뜻을 잃고 클러스터, 문화도시, 창조경제 등이 다 어우러진 것이 되었다.

4. 지역 혁신의 전환

한국에서 지역 혁신정책은 참여정부(2003.2~2008.1)에 의해 시작되었다. 참여정부는 '국가 균형발전'을 최상위 과제로 제시하고, 이에 따라 최초로 체계적인 지역 혁신정책을 추진했다(장재홍, 2005; 이원호, 2018). 이것은 지역 발전 정책의 큰 변화였다. 참여정부는 '국가균형발전특별법'에서 '지역 혁신'을 "지역의 인적자원개발·과학기술·산업생산·기업지원 등의 분야에서 지역별 여건과 특성에 따라 지역의 발전역량을 창출·활용·확산시키는 것"으로 규정했다. 요컨대 인적 자원과 과학기술을 결합해서 지역의 발전역량을 키우고 지역의 발전이 지속되게 하는 것이 지역 혁신의 핵심이다.

    1960년대 초부터 국가에 의한 지역 발전 정책이 본격적으로 시작되었다(한국지역경제학회, 2017). 그것은 국가 주도, 공업 중심, 도시 중심, 서울-영남 중심 등 네 가지 특징을 갖고 있었다. 그 결과 경제 성장이 이루어졌을 뿐만 아니라 난개발, 불평등, 오염, 지역 격차 등의 문제가 심각하게 빚어졌다. 이에 대응해서 2000-2020년을 계획기간으로 한 '제4차 국토종합계획'이 수립되었다.[20] 이 계획은 '균형 국토'를 첫번째 목표로 제시했는데, 그 내용은 "국토의 균형개발을 통해 지역 간의 통합을 도모하고 각 지역이 저마다의 개성과 특성을 살린 발전기반을 확보"하는 것이다.[21]

참여정부의 '국가 균형발전정책'은 이렇듯 '국토의 균형개발'을 천명한 '제4차 국토종합계획' 위에서 성립했다. 참여정부는 이를 위해 2004년 1월 '국가균형발전특별법'을 제정했고, 이 법의 핵심으로 지역혁신을 규정해서 지역 혁신정책을 추진했다. 참여정부는 종래의 지역 발전 정책을 지역 혁신정책으로 바꾸고자 했으며, 또한 국가 균형발전의 목표에 따라 지역 혁신의 과제를 명확히 정립하려 했다.[22] 참여정부는

---

[20] 기존의 국토종합개발계획에서 '개발'을 삭제했고, 계획기간을 10년에서 20년으로 연장했다. 이로써 국토계획에서는 단기간에 대대적인 자연의 변형을 통해 경제 성장을 추구하는 방식이 폐기되었다. 그러나 현실은 이렇게 변하지 않았다. 이명박 정부의 4대강 사업이 잘 보여주었듯이 전국민의 상수원인 4대강조차 대대적인 토건사업의 대상이 되어 심하게 훼손되었다.

[21] 여기서 개발과 발전에 대해 유의할 필요가 있다. 영어로는 둘 다 보통 development로 표현된다. 이에 따라 '국가균형발전특별법'은 special act on balanced national development로, '지역개발지원법'은 regional development assitance act로 번역되었다. 그러나 사실 개발과 발전은 다른 것이다. 개발은 기존의 상태를 인위적으로 변화시키는 것이고, 발전은 내적 역량이 성숙해서 더 나은 상태가 되는 것이다. 개발은 발전이 될 수 있지만 퇴행이 될 수도 있다.

[22] 이것은 지역 격차를 해소하기 위한 것일 뿐만 아니라 1994년에 부활된 지방자치제와 1995년에 출범한 세계무역기구(WTO)의 요구에 부응하는 것이기도 했다(권영섭 외, 2005: 44). 지방자치제는 내부의 요구에 따라 당연히 각 자치체의 자립적 개발/발전을 추구하며, WTO는 국가/정부의 산업 지원을 엄격히 제한해서 대신에 지역 지원이 강화되게 했다.

표 3 국가균형발전특별법의 변화

2004년 1월	2020년 1월
제1조 (목적) 이 법은 지역간 불균형을 해소하고 지역혁신 및 특성에 맞는 발전을 통하여 자립형 지방화를 촉진함으로써 전국이 개성있게 골고루 잘 사는 사회를 건설하는 데 이바지함을 목적으로 한다.	제1조(목적) 이 법은 지역 간의 불균형을 해소하고, 지역의 특성에 맞는 자립적 발전을 통하여 국민생활의 균등한 향상과 국가균형발전에 이바지함을 목적으로 한다.
제2조 (정의) 이 법에서 사용하는 용어의 정의는 다음과 같다. 1. "국가균형발전"이라 함은 지역간 발전의 기회균등을 촉진하고 지역의 발전역량을 증진함으로써 삶의 질을 향상하고 지속가능한 개발을 도모하여 국가경쟁력을 강화하는 것을 말한다. 2. "지역혁신"이라 함은 지역의 인적자원개발·과학기술·산업생산·기업지원 등의 분야에서 지역별 여건과 특성에 따라 지역의 발전역량을 창출·활용·확산시키는 것을 말한다. 3. "지역혁신체계"라 함은 지역혁신을 위하여 대학·기업·연구소·지방자치단체·비영리단체 등의 활동을 상호연계하거나 상호협력을 촉진하기 위한 지원체계를 말한다.	제2조(정의) 이 법에서 사용하는 용어의 뜻은 다음과 같다. 1. "국가균형발전"이란 지역간 발전의 기회균등을 촉진하고 지역의 자립적 발전역량을 증진함으로써 삶의 질을 향상하고 지속가능한 발전을 도모하여 전국이 개성있게 골고루 잘 사는 사회를 구현하는 것을 말한다. 1의2. "지역혁신"이란 지역의 인적·물적 자원 개발과 과학기술·산업생산·기업지원·문화·금융 등의 분야에서 지역별 여건과 특성에 따라 지역의 발전역량을 창출·활용·확산시키는 것을 말한다.

'지역의 전회'를 적극 실천했던 것이다. 그런데 참여정부 때와 현재를 비교해 보면 '국가균형발전'과 '지역혁신'에 대한 규정에서 상당한 변화를 확인할 수 있다.

참여정부는 국가 균형발전을 지역간 발전의 기회균등, 지역의 발전역량 증진, 지속가능한 개발 도모, 국가경쟁력 강화 등 네 가지로 정의했다. 그리고 이를 위한 핵심 과제로 '지역혁신'을, 그 핵심 수단으로 '지역혁신체계'를 제시했다. 현재는 국가 균형발전에서 국가경쟁력 강화가 삭

표 4 참여정부와 이명박-박근혜 정부의 지역 발전정책 비교

		참여정부	이병박정부	박근혜정부
지역문제		수도권 일극집중과 지역간 발전 격차	지역의 글로벌 경쟁력 취약	지역주민의 낮은 삶의 질 만족도(행복도)
지역 반전 정책 구조	정책 목표	다핵형·창조형 선진국가 건설(국가균형발전)	지역의 글로벌 경쟁력 강화 (일자리 창출)	국민행복과 지역희망 (HOPE)
	주요 정책	·혁신정책(RIS사업) ··균형정책(新활력사업) 산업정책(시도전략산업) ·공간정책(혁신/세종시)	·5+2 광역경제권정책 ·기초생활권, 초광역벨트 ·행·재정 권한 지방이양 ·수도권과 지방 상생발전	·지역행복생활권 정책 ·지역경제의 활력 제고 ·교육여건개선·인재양성 ·문화·환경·복지의료
	정책 수단	·국가균형발전위원회 ·국가균형발전5개년계획 (2004~2008년) ·국가균형발전특별회계 ·국가균형발전특별법	·지역발전위원회 ·지역발전5개년계획 (2009~2013년) ·광역-지역발전특별회계 ·국가균형발전특별법	·지역발전위원회 ·지역발전5개년계획 ·(2014~2018년) ·지역발전특별회계 ·국가균형발전특별법
성과와 한계		·지역균형발전의 제도적 기반 및 추진체계 구축 ·수도권 집중의 지속과 중장기 전략, 계획 부재	·지역 간 상생발전과 지방 재정확충과 자율성 제고 ·광역위원회 역할 제약, 행정구역개편 미추진	·주민중심(삶의 질, 행복)으로 정책방향 전환 ·정책 공감대 미약 및 성과 측정·평가한계

출처: 송우경(2017)

제되고 '전국이 골고루 잘 사는 사회를 구현'으로 바뀌었는데, 이것은 본래 '1조 목적'으로 제시했던 것을 '2조 정의'로 옮긴 것이다. 가장 큰 변화는 '2조 정의'에서 '지역혁신'에 문화와 금융을 추가하고, 이어서 '지역혁신체계'를 아예 삭제하고[23] '기초생활권'과 '광역협력권'을 넣은 것이다. 여기에는 지역 정책의 역진을 추구한 이명박 정부의 문제가 연관되어 있다.

이명박 정부(2008.2-2013.2)는 2009년 4월에 '국가균형발전특별법'

---

[23] '2조 정의'에서 삭제된 것이고 '지역혁신체계' 조항은 있다. 원래는 10조였으나 9조 2로 바뀌었다.

을 크게 개정해서 '제1조 목적'에서 지역 혁신을 삭제했고, '제2조 정의'에서 국가 균형발전과 지역 혁신-지역혁신체계를 삭제하고 지역 발전을 새로 넣었고, 국가균형발전계획을 지역발전계획으로, 국가균형발전위원회를 지역발전위원회로 바꿨다. 이렇게 해서 이명박 정부는 사실상 국가 균형발전을 폐기하고 종래의 지역 발전정책을 되살렸다. 박근혜 정부(2013.2-2016.12)는 행복과 주민을 내세웠지만 전체적으로 이명박 정부의 기조를 그대로 이어받은 지역 발전 정책을 추진했다. 박근혜 정부가 추진한 새로운 정책으로는 '창조경제혁신센터'의 설립을 들 수 있다. 박근혜 정부는 이른바 '창조경제'를 경제 정책의 기조로 내세웠으나 그 내용은 모호했을 뿐만 아니라 심각한 비리/부패로 이어졌다.[24] 그 대표 정책인 '창조경제혁신센터'는 기존의 테크노파크, 창업보육센터, 중소기업지원센터 등과 비슷한 것인데, 다른 점은 하나의 대기업이 하나의 '창조경제혁신센터'를 책임지게 했다는 것이다. 이것은 대기업에게 상생의 책임을 맡게 한 것이었으나 그 이면에서는 심각한 비리/부패가 저질러졌다.[25]

2017년 5월에 출범한 문재인 정부는 참여정부의 국가 균형발전을 최고의 국정과제로 다시 채택했고, 이에 따라 2018년 3월에 '국가균형발전특별법'을 개정해서 국가균형발전계획과 국가균형발전위원회를 복

---

24 '차은택 비리 범죄'가 그 대표적인 예이다. 뮤직 비디오 감독이었던 차은택은 최순실의 '지인'으로 '창조경제추진단장'이 되어서 박근혜-최순실 권력 비리의 한 축을 맡았다.

25 이와 관련해서 이중의 비리가 저질러졌다. 주요한 비리는 박근혜-최순실이 대기업의 뇌물을 받고 그 요구를 해결해 준 것이고, 부차적 비리는 배임·횡령, 채용 비리, 업체 특혜 등 여러 비리가 저질러진 것이다. '단독 탐사기획 1-7: 박근혜 유산 혈세 먹는 창조경제혁신센터 대해부', 〈일요시사〉 2019.9.23-10.28.

구했다. 그리고 '제1조 목적'과 '제2조 정의'에 국가균형발전과 지역 혁신을 복구했다. 그런데 문재인 정부는 이명박 정부가 제시한 기초생활권과 광역경제권을 폐기하지 않고 유지했다. 문재인 정부는 참여정부의 국가 균형발전정책과 지역 혁신정책을 복구하면서 이명박 정부가 추진한 지역 발전정책을 개정하는 길을 택한 것이다. 또한 문재인 정부는 '창조경제혁신센터'도 폐기하지 않고 유지하고 있는데, 소관 부서를 미래창조과학부에서 중소벤처기업부로 옮겨서 창업 지원에 초점을 맞추는 것으로 바꾸었다. 문재인 정부는 이명박-박근혜 정부의 정책을 전면적으로 폐기하고 참여정부의 정책을 복구하는 것이 아니라 국가 균형발전과 지역 혁신의 기조 위에서 이명박-박근혜 정부의 정책도 개선해서 유지하는 정책을 취하고 있는 것이다.

사실 지역 혁신정책은 종래의 지역 발전정책을 시대의 변화에 맞추어 개혁한 것이다.[26] 지역 혁신정책이 기술의 개발과 그 확산에 초점을 맞춘다면, 종래의 지역 발전정책은 대규모 물리적 개발사업에 초점을 맞추었다. 이 점에서 둘은 큰 차이를 보인다. 그러나 지역 혁신은 지역 발전을 거부하는 것이 아니라 시대의 변화에 따라 새롭게 개정하는 것이다. 참여정부는 행정수도, 혁신도시, 기업도시 등의 3대 지역 개발사업을 기본으로 해서 지역 혁신체계를 형성하고 국가 균형발전을 이루고자 했다. 그리고 문재인 정부는 혁신도시 시즌2, 국가 혁신 클러스터, 도시재생 뉴딜, 생활 SOC 사업, 문화도시 등을 시행하고 있다. 이런 점에서 보자면, 사실 '국가 균형발전'은 '지역 균형개발'의 연장선에 있는 것이

---

26 이 사실은 '지역 혁신 성장'으로 잘 나타나고 있다. 2020년 5월에 정부는 '지역혁신체계 개편방안'에 관한 논의의 결과로 서울과 수도권을 제외한 14개 시도의 '2021년도 지역혁신 성장계획(안)'을 의결했다. 이에 따라 총 9100여억 원이 투여된다.

다.[27] 여기서 중요한 것은 지역 혁신정책이 지역 발전정책의 실질적 개혁을 이루고 정착될 수 있는가의 여부이다. 그렇지 않다면 지역 혁신정책은 결국 올바로 성과를 거두지 못하고 대규모 지역 개발사업이 계속 강행되며 토건국가 문제를 더욱 악화시킬 것이다.[28]

참여정부의 지역 혁신은 혁신도시와 혁신체계를 두 축으로 했다. 전자가 그 물리적 기초라면, 후자는 그 사회적 기초이다. 그런데 혁신도시는 다 완공되었으나, 혁신체계는 형성되지 않았고, 정주율은 대단히 낮은 상태이다. 정주율이 낮은 핵심 원인으로 문화의 부족이 꼽힌다(관계부처 합동, 2018ㄱ). 이렇듯 지역 혁신정책의 안착을 위해서는 물론 세계적인 문화화의 추세에 대응하기 위해서도,[29] 지역 혁신정책의 문화적 전환을 핵심 목표로 설정하고 적극 실행할 필요가 있다. 그 기본은 문화시설의 확충, 문화생활의 확대, 문화산업의 촉진을 이루는 것이다. 혁신도시 시즌2와 문화도시 정책은 이런 변화를 추구하고 있으나, 지역 혁신의 문화적 전환을 명확히 천명하고 확립할 필요가 있다.[30] 예컨대 국가 균

---

[27] 여기서 발전과 개발의 차이에 더욱 유의할 필요가 있다. 1994년에 지방자치제의 부활과 함께 '지역균형개발법'(지역균형개발 및 지방중소기업 육성에 관한 법률)이 제정됐다. 2015년에 이 법을 비롯해서 관련된 법들이 폐지되고 '지역개발지원법'(지역 개발 및 지원에 관한 법률)이 제정됐다. 이로써 지역 개발사업을 통합적으로 관리할 수 있는 법적 근거가 확립되었다(안홍기 외, 2016).

[28] 이런 관점에서 기존의 지역 정책 체계를 전면적으로 개정해야 한다. 예컨대 지역 발전을 최상위 개념으로 하고 지역 혁신(기술), 지역 문화(창조), 지역 개발(토건)을 3대 축으로 정립하는 것이다.

[29] 여기서 특히 콘텐츠 산업에 주목할 필요가 있다. 콘텐츠 산업은 기술과 문화가 융합된 신산업으로 최고의 성장율을 보이는 산업인 동시에 청년들이 주요 개발자이자 소비자라는 특성을 갖고 있다. 이와 관련해서 정부는 2018년 12월에 '콘텐츠 산업 경쟁력 강화 핵심전략'을 발표했다(관계부처 합동ㄷ, 2018).

[30] 더 나아가 자연의 보존/복원과 재생 에너지를 두 축으로 하는 생태적 혁

형발전의 비전 선포에 맞추어 발표된 국토부의 국가 균형발전의 추진전략에서 문화도시는 제시되지 않았다(국토부, 2018). 이것은 국가 균형발전에서 문화적 전환의 필요를 올바로 인식하지 못한 결과로 전면적으로 개선되어야 할 것이다.

5. 맺음말

지역 쇠퇴는 저출산-고령화와 인구 유출 증가를 주요 요인으로 하면서 기존의 지역 격차를 더욱 악화하는 중요한 문제로서 단기적-부분적 대응이 아니라 장기적-종합적 대응을 필요로 한다. 이 점에서 기존의 지역 발전정책을 전체적으로 검토하고 개정하는 것이 필요하다. 이와 관련해서 이미 여러 중요한 의견들이 개진되어 있다. 그 실태는 문화적 지역 재생, 지식 서비스 강화, 수축화와 압축도시, 분권에 앞선 균형, 지역 거점 대도시 등 지역 발전의 내용과 방식에 걸쳐 상당히 다양하다(추미경 외, 2012; 강형기, 2014; 안영진·김준우, 2017; 마강래, 2017, 2018; 노영순·이상열, 2018).

지역 혁신은 이런 다양한 정책들과 요청들의 핵심으로 추진되어 왔다. 지역 혁신은 기술 개발에 초점을 맞추어서 지역 발전을 이루는 것이고, 국가 균형발전과 지역 혁신체계는 기존의 지역 발전정책을 새롭게 개정한 것이다. 그러나 지역 격차에 이어 지역 쇠퇴의 문제가 커지면서 국가 균형발전은 여전히 어려운 상황에 있고, 지역 혁신체계의 형성

신을 추구할 필요가 있다. 사실 생태위기의 시대에 지역 혁신은 분명 생태적 혁신을 기초로 삼아야 옳다. 이것은 자연을 공동자원으로 이용하는 공동체를 지역 혁신의 주체로 정립하는 과제로 이어진다(Ostrom, 1990; 최현 외, 2017).

과 운영도 여러 혼란을 겪으면서 실제 성과를 거두지 못했다. 이런 상황에서 문재인 정부는 포용 성장과 혁신 성장을 정책의 기조로 설정하고, 지역 혁신성장을 위해 지역 혁신체계를 크게 개혁하는 정책을 추진하고 있다(국가균형발전위원회, 2019).

문재인 정부의 지역 혁신정책은 참여정부의 지역 혁신정책을 되살리는 것이다. 그 목표로 보자면 지역 혁신도, 지역 혁신체계도 다 옳다고 할 수 있다. 그러나 혁신을 어떻게 파악하느냐에 따라서 그 내용은 크게 달라지게 된다. 주창자인 슘페터가 명확히 제시했듯이 혁신은 본래 기술 개발에 초점을 맞춘 것이다. 그런데 1970년대에 기술 개발을 위해서도 여러 사회적 요소들을 동시에 고려하는 체계적 접근=전체적 접근이 확립되었다. 그리고 1990년대에 들어와서 문화화의 시대적 요청에 따라 문화적 전환의 과제가 새롭게 제기되었다. 이제 지역 혁신정책은 문화적 전환을 적극 추구해야 한다.

문화의 부족이 혁신 도시의 중요한 문제로 강력히 제기된 데서 잘 알 수 있듯이, 문화적 전환은 지역 혁신을 위한 필요조건이라는 사실이 명확히 드러났다(노영순·이상열, 2018; 정종은 외, 2018). 문화적 전환은 문화를 사회의 기초로 파악하고 사회의 모든 면에서 문화를 적극 추구하는 것이다. 창조산업-창조경제가 잘 보여주듯이 문화적 전환은 경제적 차원에서도 이미 긴요한 발전의 과제이다. 지역 혁신의 면에서 문화적 전환은 혁신 도시가 이른바 '유령 도시'에서 '정주 도시'로 변모하기 위해서 필요한 과제일 뿐만 아니라 그 자체로 시대의 변화에 맞춰서 지역의 가치를 높이기 위해서 필요한 과제이다.

지역 쇠퇴는 대단히 엄중하나 지역의 자립적 활성화를 위한 지역 혁신은 대단히 어렵다. 정보기술의 발달에 따른 기술과 문화의 융합으로 형성된 신산업인 콘텐츠 산업이 잘 보여주듯이, 이제 지역의 기술적 혁신을 위해서도 지역의 문화적 혁신을 함께 추구해야 하는 시대가 되었다. 문화적 혁신은 기술과 생태를 포괄하고 지자체와 기업과 공동체를 아우르는 복합적 방식으로 지역 혁신을 촉진하는 촉매의 역할을 할 것이다(최현 외, 2017). 이에 따라 지역 혁신체계도 문화적 전환을 실현할 수 있도록 만들어져야 한다. 요컨대 지역 혁신체계의 재정립은 기존의 기술 분야 주체들의 연계를 강화하는 것을 넘어서 문화 분야 주체들의 참여를 확대하는 체계적 확대를 목표로 추진돼야 할 것이다.

참고자료

강형기(2014), 『지역창생학-문화로 일구는 창조적 지역 재생』, 비봉출판사.
관계부처 합동(2018ㄱ), 〈혁신도시 시즌2 추진방안〉, 2018.2.
관계부처 합동(2018ㄴ), 〈내 삶을 바꾸는 도시재생 뉴딜 로드맵〉, 2018.3.
관계부처 합동(2018ㄷ), 〈콘텐츠산업 경쟁력 강화 핵심전략〉, 2018.12.
국가균형발전위원회(2003), 『자립형 지방화를 위한 지역혁신체계 구축 방안』
국가균형발전위원회(2019), 〈지역이 주도하는 혁신성장을 위한 지역혁신체계 개편 방안〉, 2019.10.
권영섭(1998), '지역의 혁신성 결정요인에 관한 연구', 서울시립대 박사학위논문.
권영섭 외(2005), 『지역 특성화 발전을 위한 혁신 클러스터 육성방안 연구』, 국토연구원.
권오혁(2003), '제3 이탈리아 산업지구 발전과정에 대한 비교연구', 〈한국경제지리학회지〉 제6권 제1호.
권오혁(2017), '산업클러스터의 개념과 범위', 〈대한지리학회지〉 제52권 제1호.
김영수 외(2015), 『지역의 산업기술 혁신생태계 구축 방안』, 산업연구원.
김인환(1997), '韓國의 地方科學技術革新體制와 政策網 形成에 관한 硏究', 단국대 박사학위논문.

김필두·류영아(2008), 『읍면동 중심의 주민자치 강화방안』, 한국지방행정연구원.
남기범(2004), '클러스터 정책 실패의 교훈', 〈한국경제지리학회지〉 제7권 제3호.
노영순·이상열(2018), 『지역쇠퇴에 대응한 지역학의 역할과 문화정책적 접근에 관한 연구』, 한국문화관광연구원.
마강래(2017), 『지방도시 살생부』, 개마고원.
마강래(2018), 『지방분권이 지방을 망친다』, 개마고원.
박진경 외(2019), 『지역인구감소 대응을 위한 종합대책 마련 연구』, 지방행정연구원.
서민호 외(2019), '도시재생 쇠퇴 진단지표별 전국 변화 현황(2013-2017년)', 〈국토〉 2019년 7월호(통권 453호).
서울연구원 외(2012), 『지역격차 해소를 위한 상생발전 방안 연구』, 전국시도연구원협의회.
송우경(2017), '2000년대 이후 지역발전정책의 회고와 新정부의 정책방향', 〈산업경제〉 8월호, 산업연구원.
안영진·김준우(2017), 『새로운 지역격차와 새로운 처방: 철근/콘크리트에서 지역발전 유발 지식서비스로』, 박영사.
안홍기 외(2016), 『국토균형발전을 위한 지역개발제도 개선방안 연구』, 국토연구원.
오은주 외(2012), 『지역쇠퇴 분석 및 재생방안』, 한국지방행정연구원.
이상림 외(2018), 『지역 인구 공동화 전망과 정책적 함의』, 한국보건사회연구원.
이상호(2016), '한국의 지방소멸에 관한 7가지 분석', 〈지역 고용동향 브리프〉, 한국고용정보원.
이상호(2019), '지역 인구 추이와 국가의 대응 과제', 저출산·고령사회위원회-육아정책연구소 공동주최, 〈제20차 저출산고령화 포럼-저출산 시대 해법, 지역에 답이 있다〉, 2019.11.14.
이원호(2018), '우리나라 균형발전정책의 변천과 문재인 정부 지역정책의 성공을 위한 정책과제', 〈2018년 대한지리학회 연례학술대회 자료집〉, 2018.6.
이정록(1991), '革新의 空間擴散과 地域變化에 관한 硏究', 전남대 박사학위논문.
이정록(2007), '지역발전을 위한 지역혁신의 중요성과 과제', 〈지역개발연구〉 제39권 제1호, 전남대 지역개발연구소.
이정환(2018), '일본 지방창생(地方創生) 정책의 탈지방적 성격', 〈국제·지역연구〉 27권 1호 2018 봄, 서울대 국제대학원 국제연구소.

장재홍(2003), '국가균형발전을 위한 지역혁신체계 구축방향', 〈KIET 산업경제〉 2003년 10월, 산업연구원.

장재홍(2005), 『지역혁신정책과 지역균형발전 간의 관계 분석 및 정책 대응』, 산업연구원.

정종은 외(2018), 『지역혁신 생태계 조성을 위한 지역문화정책 연구』, 국가균형발전위원회.

차미숙(2016), '인구감소시대, 일본의 지방창생전략과 지역공간구조 재편방안', 〈국토정책 BRIEF〉 2016.2.29., 국토연구원

최현 외(2017), 『공동자원론, 오늘의 한국 사회를 묻다』, 진인진.

추미경 외(2012), 『문화를 통한 지역재생 정책추진 방안 연구』, 문화체육관광부.

한국지역경제학회(2017), 『국토·지역정책의 회고와 전망에 관한 기초연구』, 지역발전위원회.

홍성태(2007), 『개발주의를 비판한다』, 당대

홍성태(2011), 『토건국가를 개혁하라』, 한울

홍성태(2017), 『사고사회 한국』, 진인진

홍성태(2019), 『생태복지국가를 향하여』, 진인진

Adner, Ron(2006), 'Match Your Innovation Strategy to Your Innovation Ecosystem', *Harbard Business Review*, THE APRIL 2006 ISSUE.

Archibugi, Daniele et al. eds.(1999), *Innovation Policy in a Global Economy*, Cambridge Univ. Press.

Atkinson, Robert(2014), 'Understanding the U.S. National Innovation System', *THE INFORMATION TECHNOLOGY & INNOVATION FOUNDATION | JUNE 2014*.

Belussi, Fiorenza and Katia Caldari(2008), 'At the origin of the industrial district: Alfred Marshall and the Cambridge school', *Cambridge Journal of Economics*, Vol. 33, Issue 2, 1 March 2009.

Cooke, Philip(1992), 'Regional innovation systems: Competitive regulation in the new Europe', *Geoforum*, Vol. 23, Issue 3, 1992.

Cooke, Philip(2001), 'Regional Innovation Systems, Clusters, and the Knowledge Economy', *Industrial and Corporate Change*, Vol. 10, Issue 4, 1 December 2001.

Cooke, Philip et al.(1997), 'Regional Innovation Systems: Institutional and Organizational dimensions', *Research Policy*, 26.

Florida, R.(2002), *The rise of the creative class—and how it is transforming leisure, community and everyday life*, Basic Books.

Freeman, Christopher(1987), *Technology and Economic Performance: Lessons from Japan*, Pinter Publishers.

Freeman, Christopher(1995), "National System of Innovation' in historical perspective', *Cambridge Journal of Economics*, 19, 1995.

Hawkins, J.(2001), *The Creative Economy: How people make money from ideas*, Penguin.

Jackson, Deborah(2011), 'What is an Innovation Ecosystem?', National Science Foundation.

Landry, C.(2000), *The Creative City: A toolkit for urban innovators*, Earthscan.

Lundvall, Bengt-Åke(1985), *Product Innovation and User-Producer Interaction*, Aalborg University Press.

Lundvall, Bengt-Åke ed.(1992), *National systems of innovation: Toward a theory of innovation and interactive learning*, Pinter Publishers.

Marshall, A.(1890), *Principles of Economics*, Macmillan.

McGowan, Katharine et al.(2017), 'The History of Social Innovation', *The Evolution of Social Innovation*, Edward Elgar Publishing.

Moore, James(1993), 'Predators and Prey: A new ecology of competition', *Harvard Business Review*, 71, May-June.

Moulaert, Frank et al. eds.(2017), *Social Innovation as a Trigger for Transformations*, European Union.

Nietzsche, F.(1888), 최순영 옮김(2018), 『우상의 황혼』. 부북스.

OECD(1997), *National Innovation Systems*.

OECD(2010), *Innovation Strategy*.

Oh, Deog-Seong et al.(2016), 'Innovation ecosystems: A critical examination',

Technovation, Vol. 54, August 2016.

Ostrom, Elinor(1990), 안도경·윤홍근(2010), 『공유의 비극을 넘어』, 랜덤하우스 코리아.

Piore, Michael & Charles Sabel(1984), *The Second Industrial Divide*, Basic Books.

Porter, Michael(1990), 'The Competitive Advantage of Nations', *Harvard Business Review*, March-April.

Porter, Michael(1998), 'Clusters and the New Economics of Competition', *Harvard Business Review*, November-December.

Reinert H. & Reinert E.S.(2006), 'Creative Destruction in Economics: Nietzsche, Sombart, Schumpeter', in Backhaus J.G. & Drechsler W. eds. *Friedrich Nietzsche(1844–1900)-The European Heritage in Economics and the Social Sciences*, vol 3, Springer.

Reinert H. & Reinert E.S.(2019), *The Visionary Realism of German Economics: From the Thirty Years' War to the Cold War*, Anthem Press.

Schumpeter, Joseph(1934), *The Theory of Economic Development*, Harvard University Press(German edition, 1911).

Schumpeter, Joseph(1942), *Capitalism, Socialism, and Democracy*, Harper & Brothers Publishers.

Sombart, Werner(1913), 이상률 역(2019), 『전쟁과 자본주의』, 문예출판사.

Thomas, Meirion(2014), 'Innovation ecosystems as drivers of regional innovation-validating the ecosystem', *Know-Hub*, EU.

Tölle, di Alexander(2014), 'The regional turn of the European Capital of Culture and its traits in France, Germany, and Poland', *TAFTERJOURNAL*, N. 77, NOVEMBRE.

Yencken, D.(1988), 'The creative city', *Meanjin*, Vol. 47, Number 4.

Yencken, D.(2013), 'Creative Cities', *Space Place & Culture*, 2013.

Zeitlin, Jonathan(2008), 'Industrial Districts and Regional Clusters', *The Oxford Handbook of Business History*.

增田寬也(2014), 김정환 역(2015), 『지방소멸』, 와이즈베리.
地方創生硏究會(2015), 엄상용 옮김(2019), 『지역창생과 지역활성화 전략』, 학연문화사.

· · ·

제11장　지역 발전과 공동체 문화

1. 지역 발전의 과제

국가는 많은 지역들로 이루어져 있다.[1] 국가 발전은 지역 발전에 의해 이루어지는 것이다. 모든 지역이 동질적일 수는 없다. 도시 지역과 비도시 지역이 다르고, 비도시 지역도 농촌·산촌·어촌이 다르다.

　　지역의 생태적 차이는 생태적 안정의 면에서 대단히 중요하다. 예컨대 이 차이를 무시하고 어디나 똑같은 개발을 한다면 생태계의 파괴에 따른 생태적 위기가 초래될 수밖에 없다. 또한 지역의 문화적 차이도

---

[1]　지역은 여러 기준으로 구분할 수 있다. 가장 기본적인 것은 법적 구분으로 크게 광역자치체와 기초자치체로 나뉜다. 광역자치체는 특별시, 광역시, 특별자치시, 도, 특별자치도 등 5가지 17곳이고, 기초자치체는 시, 군, 구 등 3가지 226곳이다. 읍면동은 3,503곳이고, 통리는 95,819곳, 반은 493,968곳이다. 행정자치부, 〈지방자치단체 행정구역 및 인구 현황 – 2016. 12. 31. 현재〉 참고. 실제 생활과 관련해서 중요한 것은 자연마을인데, 본래 공동체의 원형인 자연마을은 5만 곳 정도이다.

생태적 차이에 못지 않게 중요하다. 지역의 문화는 지역의 자연을 바탕에 두고 오랜 시간에 걸쳐 수많은 사람들에 의해 만들어진 것이다. 이런 점에서 지역의 문화는 지역성(locality), 즉 지역의 정체성(local identity)에서 핵심을 이룬다.

지역 발전에서 인식의 전환을 확립해야 한다. 지역을 중심에 두고 생각하는 '지역적 전환'(local turn)을 이루어야 하는 것이다. 그리고 그 기본은 바로 지역의 자연과 문화를 존중하는 것이다. 난개발은 지역을 파괴하고 지역 발전을 저지하는 재앙적 문제이다. 생태적-문화적 개발로 지역을 지키고 진정한 지역 발전을 이루어야 한다.

한국의 가장 심각한 국가적 문제는 세계 최악 수준의 지역 격차이다. 국토의 0.6%밖에 되지 않는 서울에 인구의 22% 정도가 모여 살고, 국토의 11.5%밖에 되지 않는 수도권에 인구의 50% 이상이 모여 산다. 대통령, 국회, 대법원, 방송국, 신문사, 대기업 등이 모두 서울에 모여 있다. 지금 서울-수도권 집중은 명백히 국가적 재앙의 상태이다.

서울-수도권의 집중으로 대표되는 세계 최악 수준의 지역 격차를 타파하지 않고 지역 발전을 이룰 수 없는 상태가 되었다. 서울-수도권 지역의 도로-전철-주택 신설 금지, 대기업을 중심으로 기업들의 지역 이전, 서울-수도권 대학들의 정원 감축, 지역 대학을 중심으로 지역혁신 체계의 확산 등이 강력히 실행되어야 한다.

지역 발전은 서울-수도권의 집중 완화-해체를 기반으로 지역의 생태적-문화적-기술적 발전이 추구되는 식으로 이루어져야 한다. 지역 발전은 기술의 개발-이용을 통한 고부가가치 성장과 지속적 일자리 창출이 기본이 되어야 하지만 생태적-문화적 차원을 무시하면 지역 쇠퇴만 악화될 뿐이다.

시대의 요구에 맞는 올바른 지역 발전은 무엇보다 지식을 동력으로 한다. 일찍이 피터 드러커(Peter Drucker, 1909~2005)가 설파한 지식사회의 원리는 지역 발전에도 적확한 것이다. 이런 점에서 지역 대학은 지역 발전의 최고 자원이자 최고 주체이다. 지역 대학을 지키는 것이 지역 발전을 위한 가장 기본적인 과제이다.[2]

망국적 수준의 지역 격차를 타파하는 것과 지역 대학을 중심으로 지역혁신체계를 확립하는 것이 시대에 맞는 올바른 지역 발전의 두 축이다. 여기에 여러 공동체들을 기초로 하는 지역 사회의 참여가 이루어져야 한다. 공동체가 지역 발전의 세번째 축이다.

2. 공동체의 이해

공동체는 무엇인가? 우선 이 말 자체에 대해 살펴볼 필요가 있다. 사실 공동체는 영어 community의 번역어이다. 이에 대해 행정안전부의 교재인 〈지역공동체의 이해와 활성화〉, 2017년의 설명을 잠시 살펴보자. 이 교재는 community를 다음과 같이 설명하고 있는 데, 이 그럴 듯한 설명은 사실 완전히 틀린 것이다.

> "공동체를 의미하는 community는 공동, 공동소유를 의미하는 common 또는 communal과 통일성 또는 통합을 의미하는 unity의 합성어"

---

[2] 이 점에서도 사립 대학의 비리 척결은 중대한 과제이다. 지역 대학의 대부분은 사립 대학이다. 그런데 많은 사립 대학이 사실상 사유화되어 극심한 비리 범죄의 온상이 되었다. 사립 대학도 절대 개인의 사유재산이 아니라 공공 교육기관이다. 비리 인사의 교육계 영구퇴출을 기본으로 하는 사립학교법 개정으로 사립 대학을 올바로 개혁하고 지역 대학에 대한 정부의 지원을 실질화해야 지역 발전을 올바로 이룰 수 있다.

어떻게 해서 이런 완전히 틀린 설명이 중앙정부의 교재에 버젓이 실릴 수 있는 것인지 황당할 따름이다. 영어 어원사전들이 잘 보여주듯이 community는 com(함께)+munis(소유, 보호, 봉사)+ity(추상명사화 접미사)로 이루어진 말이다. 즉 community는 '함께 돌보며 사는 것'이다.

〈조선왕조실록〉을 검색해 보면, '공동체'(共同體)라는 말은 전혀 나오지 않으며, '공동'(共同)은 1898년 '만민공동회' 관련 기록에서 처음 나온다. 일본에서도 19세기 말~20세기 초에 처음 '공동체'(共同體)라는 말이 쓰였는데, 한자에 있던 '공동'(共同)에 독일어 Körper(체)를 붙여서 만든 말이었다. 그 뒤 1917년에 미국의 사회학자 로버트 매키버(Robert MacIver, 1882~1970)가 *Community*라는 책을 출판했다. 이로써 서구에서 community라는 말이 널리 쓰이게 되었고, 일본에서 '공동체'(共同體)를 그 번역어로 쓰면서 비로소 한국에서도 쓰이게 되었다.

공동체는 구성원들이 서로 돕고 사는 호혜적 관계의 집단을 뜻하며, 그 유지를 위해서는 물적 기반으로서 공동자원과 심적 기반으로 공동의식이 중요하다.

본래적 공동체는 작은 지역에서 적은 수의 사람들이 서로를 돌보며 공동으로 생활하는 지역 공동체였다. 확장된 공동체는 지역을 떠나서 호혜, 상조, 자치의 공동체 문화를 추구하는 사회 공동체이다. 본래적 공동체의 핵심 기능은 구성원의 생활을 책임지는 것으로, 이 점에서 본래적 공동체는 본질적으로 경제적 공동체이다. 확장된 공동체는 구성원의 만족을 넘어서 사회적 자본의 형성에서 중요하다.

근대화와 함께 공동체는 대거 해체되었고, 그 경제적 기능은 크게 약화되었다. 공동체의 역할을 정부와 기업이 대체했다. 그러나 공동체는 완전히 사라질 수 없고, 정부와 기업이 공동체를 완전히 대체할 수 없다. 현대 사회에서도 생활은 여러 수준의 공동체(적 관계) 속에서 이루어지며,

21세기에 들어와서 경제위기를 배경으로 공동체의 중요성이 새롭게 인식되게 되었다.

사실 정부, 기업, 공동체는 상보 관계에 있는 3대 경제 주체로 좋은 국가를 위해서 3자의 협력이 대단히 중요하다. 물론 3자가 대등한 관계에 있는 것은 결코 아니다. 국가는 크게 공적 영역과 사적 영역으로 나뉜다. 전자는 국회, 정부, 법원 등으로 대표되고, 후자는 개인의 자유로운 영역으로 기업, 공동체, 시민단체 등으로 대표된다. 후자는 전자에 의거해서 운영된다.

공동체는 다음과 같이 지역과 사회, 자연과 의도를 기준으로 유형화할 수 있다. 전자는 존재 범위, 후자는 존재 원천이다.

표 1 공동체의 유형

	자연	의도
지역	①	②
사회	③	④

주: 자연은 '자연적 공동체'(본래적 공동체)를, 의도는 '의도적 공동체'(확장된 공동체)를 뜻한다.

1은 본래적 공동체로 자연 마을로 대표되며 대부분의 공동체가 여기에 해당된다. 2는 생태, 교육, 종교 등 뜻을 같이 하는 사람들이 지역에 조성해서 공동으로 생활하는 것이다. 3은 존재하는 않는 것이다. 4는 다양한 협동조합으로 대표된다.

3. 공동체의 가치

오늘날 공동체는 세계 각지에서 다양한 마을과 조합의 형태로 운영되고 있다. 공동체는 구성원의 만족이라는 직접적인 가치를 넘어서 사회적 자본의 형성이라는 간접적인 가치를 갖고 있다. 더 구체적으로 공동체의 가치는 크게 경제, 생태, 문화, 정치로 나누어 살펴볼 수 있다.

첫째, 경제적 가치. 공동체는 본래 구성원의 생활을 책임지는 경제적 역할을 핵심적 기능으로 수행했다. 오늘날에도 경제적 가치는 공동체의 핵심을 차지하고 있다. 사실 21세기에 들어와서 경제위기를 배경으로 공동체의 경제적 가치는 더욱 더 중요해졌다. 세계적으로 공동체의 경제적 가치를 강화하는 것이 중대한 과제로 확립되었다. OECD에서도 시대의 요청으로 확립된 사회적 혁신, 사회적 경제 등은 모두 공동체의 경제적 기능에 바탕을 두고 있는 것이다.

둘째, 생태적 가치. 공동체의 경제적 가치는 생태적 가치와 직결되어 있다. 공동체의 경제는 대체로 주변의 자연에 기초해서 순환적이고 자족적으로 이루어진다. 따라서 공동체는 자연을 지키는 것을 전제로 하게 된다. 이 점에서 공동체가 주변의 자연을 망치게 된다는 가렛 하딘의 '공유지의 비극'은 사실 틀린 것이다. 엘리너 오스트롬은 오랜 연구를 통해 공동체가 주변의 자연을 잘 돌보고 지키며 존속하는 것을 확인했다. 그러나 이것은 결코 쉽게 이루어지지 않는다. 공동체가 올바로 구성원을 통제할 수 있어야 비로소 주변의 자연을 지킬 수 있다.

셋째, 문화적 가치. 근대에 들어와서 공동체의 경제적 기능이 크게 약화된 반면에 문화적 기능이 크게 강화되었다. 다시 말해서 경제 공동체가 크게 줄어든 반면에 문화 공동체가 크게 늘어난 것이다. 오늘날 축구, 야구, 당구, 볼링, 등산, 낚시, 미술, 음악, 독서, 영화 등 다양한 문화활동을 함께 즐기는 문화 공동체는 너무나 당연한 것이다. 문화 공동체는 단순히 함께 문화를 즐기는 것을 넘어서 커다란 사회적 역할을 수행할 수도 있다. 제인 제이콥스(Jane Jacobs, 1916~2006)가 잘 밝혀주었듯이 공동체는 지역의 파괴를 막고 지역의 문화를 지킬 수 있다. 이런 사실은 영국의 '로컬리티(Locality)' 같은 시민단체의 활동을 통해서도 잘 확인할 수 있다.

넷째, 정치적 가치. 공동체는 민주주의를 지탱하는 사회적 기반이 될 수 있다. 미국의 정치학자 로버트 퍼트넘 교수가 주장했듯이, 공동체는 호혜와 신뢰의 사회적 자본을 형성하고 확산해서 민주주의를 지탱하고 강화하는 정치적 역할을 할 수 있다. 사람들이 적극적으로 공동체를 이루고 서로 돕고 믿게 되는 것이 사회적으로 확대되어 민주주의를 이루고 지키게 되는 것이다. 사실 민주주의는 공동체를 국가의 차원으로 확대하는 것이다. 이런 점에서 공동체는 민주주의의 기초이자 동력이다.

이처럼 공동체는 여러 가치들을 가지고 있다. 이 가치들은 사회의 발전을 위해 대단히 중요한 자원들이다. 그러나 여기에는 전제가 있다. 공동체가 개방성, 수평성, 자율성 등을 올바로 유지하는 것이 그것이다. 공동체의 구성원들이 이 전제들을 올바로 지켜야 비로소 공동체의 가치들이 올바로 구현될 수 있다.

4. 공동체의 위기

곳곳에서 공동체의 복원이 진행되고 있으나 현실은 사실 공동체의 위기가 큰 문제인 상황이다. 공동체는 장소성과 관계성으로 규정될 수 있다. 장소성은 공동체의 물리적 조건이고, 관계성은 공동체의 사회적 조건이다. 이 점에서 공동체의 위기는 물리적 위기와 사회적 위기로 파악될 수 있다.

공동체의 물리적 위기는 각종 개발로 공동체의 물리적 기초가 파괴되어 없어지게 되는 것으로 대표된다. 공동체의 사회적 위기는 개인화에 따라 공동체가 해체되어 없어지게 되는 것을 뜻한다. 공동체의 복원이 제대로 성과를 거두기 위해서는 우선 물리적 위기와 사회적 위기를 올바로 인식해야 한다.

　물리적 위기는 토건국가 문제와 직결되어 있다. 이른바 토건국가로 불리는 병적인 개발주의 국가 상태로 말미암아 불필요한 개발이 횡행하고 있고, 필요성 여부를 떠나서 모든 개발이 과도한 파괴적 형태로 자행되고 있다. 이 문제가 가장 극심하게 나타났던 것은 다시 말할 것도 없이 이명박 비리 정권의 4대강 사업이었다. 공동체의 안정을 위해서는 토건국가 문제의 전면적 개혁을 적극 실행해야 한다.[3]

　물리적 위기는 생태적 위기로 이어진다. 생태적 위기는 생태계의 훼손과 파괴로 초래되는 것이다. 공동체의 물리적 상태는 주변의 자연에 의지해서 지탱되는 마을로 구현되는 데, 마을을 없애는 대규모 개발

---

[3]　영주댐과 4백년 금강마을의 멸실, 4대강 사업과 4백년 두머리 마을의 멸실 등은 4대강 사업의 폐해를 증명하는 중요한 예이다. 4백년이나 지켜져 온 마을 공동체가 완전히 불필요하고 잘못된 토건 사업으로 삽시간에 완전히 영원히 없어져 버렸다. 4대강 사업은 너무나 비정상적인 토건 사업이었다. 그런데 토지주택공사(LH)의 택지 개발에 의해 멸실된 전남 광주의 500년 마을은 토건국가 문제가 극히 정상적인 토건 사업에서도 당연하게 저질러지고 있다는 사실을 생생히 입증한다. 2021년 3월에 LH전현직 직원들이 개발 대상지에 대규모 토지 투기를 한 개발투기 범죄가 적발됐다. 이 사건은 토지 강제수용권이라는 막강한 권한을 갖고 있는 LH가 그 임직원들의 사익을 위한 도구로 전락한 사실을 입증하는 생생한 증거라고 할 수 있다. LH의 임직원들이 LH의 권한을 악용해서 국민과 국토를 수탈해서 막대한 부를 쌓은 것이다. 공적 선택론(public choice theoty)이 잘 밝혔듯이, 모든 공익 조직은 그 구성원의 사익 조직으로 악용될 수 있다. 막대한 개발투기를 주도할 수 있는 LH 같은 곳은 더욱 더 그렇다. 이런 범죄는 시효 없이 전재산 몰수형과 징역형으로 엄벌해야 한다.

그림 1   1인 가구로 보는 '혼자 사회'의 실태

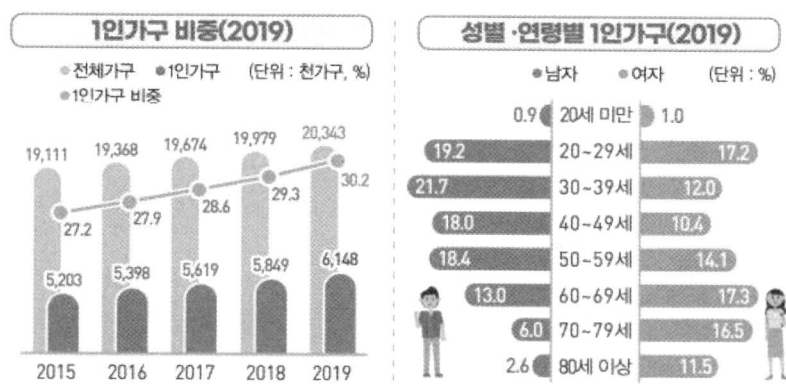

출처: 통계청, 〈2020 통계로 보는 1인 가구〉

은 당연히 주변의 자연도 대부분 없애고 만다. 따라서 대규모 개발로 사라지는 것은 마을만이 아니라 주변의 자연도 대거 사라지게 된다. 그리고 거대한 시멘트 덩어리, 콘크리트 뭉치, 아스팔트 등이 그 자리를 차지하게 된다.

사회적 위기는 역설적이게도 복지국가와 직결되어 있다. 근대화의 역사적 성과인 복지화로 근대화의 사회적 핵심인 개인화가 더욱 더 촉진된다. 그 결과 공동체의 위기가 강화된다. 그런데 개인화는 위험화로 이어진다. 복지화는 개인화를 강화하고, 개인화는 위험화를 강화하며, 그 결과 '위험사회'가 촉진된다. '혼자 사회'에서 위험의 극복이라는 면에서 공동체는 갈수록 더욱 더 중요해지고 있다.

5. 공동체의 발전

21세기에 들어와서 복지국가의 위기에 이어 신자유주의의 폐해가 커지면서 공동체의 중요성은 계속 커졌다. 공동체 자체도 사회적으로 중요하고, 거기서 배태되는 공동체 문화도 사회적으로 중요하다.[4] 이런 점에서 공동체 교육이 학교 교육의 중요 내용으로 확립되어야 한다. 지역 혁신의 면에서도 지역 혁신의 체계에서 지역 혁신의 생태계로, 다시 지역 혁신의 공동체로 지역 혁신의 기본이 변해왔다. 다양한 주체들이 체계적으로 결합되는 것을 넘어서 자체적으로 활력을 만들어야 하며, 이를 위해 서로 자원과 지식을 공유하는 공동체가 대단히 중요하다.

OECD가 최고의 정책으로 추진하고 있는 '포용성장'(inclusive growth)도 사실 공동체 정책에 해당된다. '포용성장'은 복지국가의 개혁에 해당되는 것으로서 종래의 복지국가는 국가가 국민의 생활을 온전히 보장하는 것에 비해 개혁된 복지국가는 국가가 국민의 생활을 기본적으로 보장하되 국민들의 자발적 협동과 부조를 적극 촉진해서 거시적 국가 역할과 미시적 공동체 역할이 결합되도록 한다. 이미 1970년대부터 나타나기 시작했던 복지국가의 위기를 통해 국가가 국민의 생활을 온전히 보장하는 것은 불가능하다는 사실이 명확히 입증됐다. 국가가 모든 것을 직접 하는 것이 아니라 국민들이 생활의 장에서 서로 협동하고 부조하는 공동체를 활성화하도록 국가가 올바로 지원하는 것이 복지국가의 면에서나 민주주의의 면에서나 더욱 발전된 것이다.

공동체가 올바로 형성되고 운영되기 위해서는 엘리너 오스트롬의 공동체 이론에 주의할 필요가 있다. 그녀는 공동체가 스스로 명확히 제도를 확립해서 공동체를 엄정히 운영하는 것이 무엇보다 중요하다고 주장하고, 세계 각지의 여러 공동체들을 연구해서 '8가지 설계 원리'라는

---

[4] 공동체 문화의 가치와 활용에 대해서는 '안동대 민속학연구소 공동체문화 연구사업단'에서 집중적으로 연구하고 있다. 『민속학과 공동체 문화 연구의 새로운 지평』, 민속원, 2019를 참고.

것을 공동체의 존속을 위한 제도적 요건으로 제시했다. 공동체는 구성원들의 선의나 호의로 형성되고 운영되는 것이 아니다. 공동체의 구성원들도 인간으로서 욕망과 욕심을 갖고 있고, 이것을 통제하기 위해 제도의 명확한 수립과 엄정한 운영이 필수적이다. 주관적인 선의와 호의를 위해서도 객관적인 제도의 역할이 대단히 중요하다. 한마디로 호혜의 공동체도 상벌의 원칙에 의해 운영되는 것이다. 한비자(韓非子, 기원전 280-233)가 국가 운영의 기본으로 제시한 상벌의 원칙은 작은 공동체에도 동일하게 적용되는 조직 운영의 보편 원리이다.

엘리너 오스트롬은 '8가지 설계 원리'와 함께 '세 층의 분석 수준'을 제시했는 데, 헌정-집합-작동 수준이 그것이다. 이것은 공동체의 운영을 위한 규칙이 규정되는 세 수준을 제시한 것이지만, 국가적 차원으로 확장해서 생각해 보자면, 헌법-법률-공동체의 규칙으로 적용해 볼 수 있다. 이렇게 확장해 보면 공동체의 자율과 자치에 대한 국가의 규정이 확연히 드러난다. 엘리너 오스트롬도 분명히 제시하고 있듯이 민주 정부일수록 공동체를 존중하고 공동체의 자율과 자치를 위한 제도적 지원을 강화하는 양상을 보인다. 이런 점에서 공동체가 활성화되기 위해서는 민주주의의 강화와 확대를 위해서 애써야 한다. 공동체와 국가는 대립적 관계가 아니라 상보적 관계로 정립되어야 한다. 공동체는 내적으로 엄정히 운영되어야 하고, 외적으로 민주주의를 위해 노력해야 한다.

오늘날 공동체는 그 자체로 중요한 가치를 갖는 것으로 인식되고 있지만 본래 공동체는 근대화와 함께 사라지는 것으로 여겨졌다. 근대화는 전근대를 완전히 없애지 않고 어떤 것은 변형해서 활용하며, 공동체는 가족에 뿌리를 두고 있는 것으로 결코 완전히 없어질 수 없는 것이다. 이 점에서 '공상적-과학적'의 사이비 이분법으로 공동체를 매도하는 것은 틀린 것일 뿐이다. 그러나 전근대 공동체와 현대의 공동체는 근본적인 차이를 갖고 있다. 전자는 공동체가 구성원을 제압하는 것이라며, 후자는 구성원이 공동체를 선택하는 것이다. 전자는 공동체의 존속이 우선이라면, 후자는 구성원의 인권이 우선이다. 요컨대 민주주의를 준수하지 않는 공동체는 올바른 공동체가 아니다. 공동체의 활성화를 위해 이 차이를 올바로 인식하는 것이 대단히 중요하다.[5]

한국에서 공동체의 발전은 어떻게 이루어질 수 있는가? 공동체의 발전은 어디서나 민주주의의 발전을 필요로 한다. 그런데 한국은 여전히 '취약한 민주화'의 상태에 있다. 이 사실은 이명박-박근혜 비리 정부로 여실히 드러났으며, 2019년 8월에 시작된 법비-언비의 대란으로 다시금 확인됐다. 수사권-기소권을 독점한 무소불위 검찰을 중심으로 여기에 법원과 언론이 야합해서 극심한 법치 농락과 허위사실 유포로 온나라를 뒤흔들었다. 이 미증유의 사건은 공기업들이 공익을 내걸고 국민과 국토를 수탈하는 토건국가 문제에 이어서 정부 조직의 개혁을 넘어선 국가 재형성의 과제를 강력히 입증했다. 한국의 가장 기본적인 문제는 비리의 정상화를 꼽을 수 있는 데, 이 문제는 검찰과 법원이 비리 연줄로 작동하는 이른바 법비 문제와 직결된다. 바로 이 점에서 검판 법비의 개혁은 한국의 정상화-선진화를 위한 가장 기본적인 개혁 과제이다. 토건국가의 개혁도 검판 법비의 개혁을 기초로 한다.

한국에서 공동체의 발전을 위한 더욱 직접적인 과제로는 공동체 운동의 활성화, 마을 재산 되찾기, 총유 운동의 전개, 공동체 개헌 등을 들 수 있다. 공동체 운동의 활성화는 지역 쇠퇴에 대응해서 지역 혁신의 활력을 키우는 점에서도 중요하다. 이 점에서 공동체 운동의 활성화를 위한

---

[5] 지도자가 일방적으로 지배하는 종교 공동체나 범죄 공동체는 올바른 공동체가 아니라 전근대 공동체의 외양을 하고 있는 억압적 조직일 뿐이다.

제도가 더욱 강화될 필요가 있다. 마을은 원형적 공동체이자 대표적 공동체인데, 그 물적 기반인 마을 공동재산이 일본의 토지수탈과 박정희의 새마을운동에 의해 대거 사라졌다. 이것을 되찾아서 마을의 물적 기반을 강화하면 마을 공동체의 활성화가 더욱 적극 추구될 것이다. 이 과제는 총유의 활성화로 마을 공동재산을 안정화하는 과제와 직결된다. 이런 노력들이 제대로 성과를 거두기 위해서는 토지 강제수용제라는 제도의 전면적 개혁과 엄정한 운영이 필요하다. 이 과제도 개헌과 직결되어 있다.

이처럼 공동체의 발전은 현대 사회의 발전을 위해 필수적인 과제이지만 그 실현은 대단히 어려운 제도 개혁을 통해 이루어질 수 있다. 이런 제도 개혁을 이루기 위해서도 공동체의 가치와 기능에 대해 사회적으로 더욱 널리 잘 알려야 한다. 이 어려운 일을 열심히 수행해서 사회 발전의 새 길을 열어간 사람들의 삶을 알리는 것은 그 자체로 중요한 과제일 뿐만 아니라 공동체의 가치와 기능을 널리 알리는 데서도 중요하다.

우선 장일순(1928~1994)과 박재일(1938~2010)에 대해 더욱 널리 잘 알려야 한다. 1960년대부터 한국에서 공동체 운동의 새 길을 열기 시작했고, 1980년대에 한살림 생협의 설립으로 큰 결실을 맺게 한 두 선각적 지도자이나, 두 분의 삶은 아직도 널리 잘 알려져 있지 않다. 그리고 1989년에 발표된 '한살림 선언'을 계속 다시 읽고 재해석해서 그 내용을 갱신하는 작업도 계속 이루어져야 한다. 또한 이런 공동체 운동을 더 큰 사회과학과 연결하는 학문적 성과가 아직 크게 미흡하다. 특히 유인호(1929~1992), 박현채(1934~1995), 김진균(1937~2004) 등 1970-80년대를 대표하는 진보적 사회과학자들의 학문과 실천은 공동체 운동과 깊이 연관되어 있으나 제대로 탐구되지 않은 상태이다. 이런 작업은 박지원, 정약용, 동학 등의 노력을 현대에 되살리는 의미도 크다.

공동체에 관해 우리는 거대한 학문과 실천의 자원들을 갖고 있다.

이 자원들이 계속 이어지고 서로 연계되어 더욱 더 왕성한 공동체의 활동이 전개되길 바란다. 열린 자세로 외국의 학문과 실천을 적극 탐구하되, 우리의 역사와 현실에서 문제를 파악해야 하고, 그 답도 찾아내야 한다. 우리는 참으로 굉장한 학문과 실천의 자원들을 갖고 있으나 이 사실을 제대로 인식하지 못하고 있는 것을 깊이 반성해야 한다.

장일순과 그의 '난초' 그림

박재일

유인호

박현채

김진균

참고자료

김삼웅(2012), 『박현채 평전』, 한겨레출판
김삼웅(2019), 『장일순 평전』, 두레
김선미(2017), 『박재일 평전』, 한살림
조용래(2012), 『유인호 평전』, 인물과 사상사
홍성태(2014), 『김진균 평전』, 진인진
홍성태(2017), 『사고사회 한국』, 진인진
홍성태(2019), 『생태복지국가를 향하여』, 진인진

제12장 　혁신도시와 지역혁신

1. 혁신도시의 개념과 목표

혁신도시는 '행정수도'(세종특별자치시)와 함께 참여정부(2003.2-2008.2)가 국가균형발전 정책의 핵심사업으로 시행한 신도시 건설과 공공기관 이전 사업이다. 참여정부는 전국에 153개의 공공기관을 이전하는 계획을 추진했다.[1] 이 계획의 핵심으로 10개의 혁신도시가 건설되었고, 국토교통부는 그 개념과 유형을 다음과 같이 제시했다.[2]

> 혁신도시는 공공기관 지방이전을 계기로 성장 거점지역에 조성되는 미래형 도시입니다. 이전된 공공기관과 지역의 대학·연구소·산업

1 　2019년 말에 이 계획은 완료되었다. 그 내용은 혁신도시(112개, 4만2천명), 세종시(19개, 4천명), 개별 이전(22개, 6천명) 등 모두 약 5.2만 명이다(국토교통부, 2019ㄱ).
2 　국토교통부의 혁신도시 설명 사이트(innocity.molit.go.kr/v2/)를 참고.

체·지방자치단체가 협력하여 지역의 새로운 성장동력을 창출하는 기반이 될 것입니다. 혁신도시는 모두 4가지 유형으로 건설되며, 각각 지역의 시도별 지역산업과 연계된 도시별 테마를 설정하여 지역별로 특색 있는 도시로 개발될 예정입니다.

혁신도시는 혁신거점도시, 특성화도시, 친환경 녹색도시, 교육·문화도시 등 4가지 특성을 갖는다. 혁신도시들의 내적 차이는 '특성화'의 내용에 의해 결정된다. 혁신도시의 물리적 핵심은 공공기관 이전 구역과 산학연 클러스터 구역이고, 사회적 핵심은 지자체, 지역 대학, 이전 공공기관, 산학연 클러스터 등이 결합된 지역혁신체계이다.

혁신도시는 세계 최악 수준의 수도권 집중 문제를 해소하고 국가균형발전을 이루기 위한 핵심 정책이다. 국토의 0.6%인 서울에 인구의 20% 정도가 모여 살고 있고, 국토의 11.5% 정도인 수도권에 인구의 50% 이상이 모여 살고 있다. 경제적 집중의 문제는 더욱 더 심각하다. 100대 기업의 본사 91%가 수도권에 있고, 벤처기업의 70%가 수도권에 있다. 청와대, 국회, 대법원, 검찰청, 경찰청, 국세청 등도 모두 서울에 있다. 대한민국의 공간적 실체는 가히 '서울민국'의 상태에 있는 것이다. 이런 극심한 집중으로 말미암아 서울-수도권은 과밀로 무너지고 있고

그림 1 혁신도시의 4가지 속성

그림 2   공공기관 이전 정책 시행 전·후 공공기관 분포 비교

지방은 과소로 무너지고 있다.

　　공공기관의 이전은 망국적인 서울-수도권 집중을 해소하기 위한 시작일 뿐이다. 국가균형발전이 성공하기 위해서는 서울-수도권에서 도로, 철도, 건물 등의 신축을 더욱 강력히 규제해야 하고, 서울-수도권의 대학 정원을 크게 감축해야 하고, 서울대를 한국대로 개명해서 전국으로 분산해야 하고, 재벌을 비롯한 100대 기업들의 본사들을 지방으로 이전하게 해야 한다.[3] 또한 지방의 하부구조를 크게 개선해야 하는 데, 부산의 가덕도 신공항은 그 대표적인 예이다.[4]

3　이와 관련해서 참여정부는 혁신도시와 함께 기업도시를 추진했다. 2004년 12월 '기업도시 개발 특별법'이 제정되어 2005년 5월부터 시행되고 있다. 혁신도시에 비해 기업도시는 활성화되지 않았는데, 이것은 재벌을 비롯한 대기업들이 지방 이전을 선호하지 않기 때문이다. "2005년 8월에 원주, 충주, 무안, 무주, 태안, 영암·해남 등 6개 기업도시 시범사업을 선정하였다. 2020년 현재, 6개 기업도시 중에 충주와 원주는 2012년과 2019년에 각각 준공을 하였고, 태안과 영암·해남은 부지조성 등 공사가 진행 중에 있으며, 무주와 무안은 지정을 해제하였다"(송우경 외, 2020: 10).

4　부산, 울산, 창원 등의 부울경 지역은 800만 명에 이르는 거대한 도시권을 이루고 있다. 그런데 이 지역의 사람들과 업체들이 외국으로 가기 위해서는 머나먼 인천 공항을 이용해야 한다. 엄청난 낭비와 손실이 매일 실행되고 있는 것이다. 부산의 가덕도 신공항은 경남의 발전을 위해, 국가균형발전을 위해 필수적인 최적의 신공항이다. 물론 그 건설과 이용은 생태적-문화적 보존과 보호의 원칙을 최대한 준수하도록 해야 한다.

2. 혁신도시 정책의 전개

혁신도시 정책은 3단계에 걸쳐 추진되는 것으로 계획되었다. '공공기관 지방이전에 따른 혁신도시 건설 및 지원에 관한 특별법'(혁신도시법)이 2007년 1월에 제정되고 2월에 시행되어 혁신도시의 건설이 본격적으로 시작되었다. 참여정부는 2003년 2월의 출범 직후부터 이 정책을 추진했으나 당시 야당인 한나라당의 극렬한 저지로 말미암아 참여정부의 마지막 해에야 비로소 이 정책을 시작할 수 있었다.

표 1   혁신도시 정책의 단계

1단계	(2007~14, 이전 공공기관 정착 단계) 이전 공공기관과 연관기업 종사자 수 약 2,500 ~4,000명, 유발인구는 약 15,000~25,000명
2단계	(2015~20, 산·학·연 정착 단계) 혁신도시에 유치된 민간기업, 대학, 연구소 종사자수 약 4,000~8,000명, 유발인구 25천~5만명
3단계	(2021~30, 혁신 확산 단계) 혁신 클러스터 확산에 따른 일자리 수와 유발인구는 지역과 규모에 따라 상이

혁신도시 정책은 본래 2012년에 1단계가 끝나는 것으로 설정되어 있었으나 이명박 비리 정부의 공공기관 정책으로 말미암아 지연되어 2015년에야 1단계가 끝난 것으로 평가되었다(김진범 외, 2017: 16). 1단계는 혁신도시의 건설과 공공기관의 이전이 거의 끝나서 혁신도시 정책의 기반이 마련된 단계이다. 2단계는 산학연 클러스터를 중심으로 산학연 연계가 정착되는 단계이고, 3단계는 혁신도시의 성과가 지역으로 확산되어 혁신도시가 지역의 새로운 성장거점으로 확립되는 단계이다.

혁신도시의 건설은 그 강력한 필요성에도 불구하고 한나라당-새누리당의 정치적 반대에 의해 빠르게 실행될 수 없었다. 혁신도시의 건설에서 크게 주의했어야 할 중대한 문제는 대규모 개발에 따른 생태적 및 문

표 2   혁신도시의 건설 과정

'03. 2	노무현 대통령의 '참여정부' 출범
'03. 6	'공공기관 지방이전 추진 방침' 발표
'04. 4	'국가균형발전 특별법' 제정
'04.10	헌재의 신행정수도 위헌 판결-국가균형발전 정책 지연
'05. 6	'공공기관 지방이전 계획' 수립
'06. 4	'혁신도시 기본구상 방향' 수립
'07. 1	'공공기관 지방이전에 따른 혁신도시 건설 및 지원에 관한 특별법'(혁신도시법) 제정
'07. 4	'10개 혁신도시 지구 지정' 완료
'08. 2	이명박 비리 정부 출범
'09. 7	'혁신도시 발전 방안' 수립
'10. 4	국가균형발전위를 지역발전위로 개악
'13. 2	박근혜 비리 정부 출범
'17. 5	문재인 정부 출범
'17.11	'혁신도시 조성 및 발전에 관한 특별법'(혁신도시법)으로 개정
'18. 2	'혁신도시 시즌2' 공표
'18. 3	국가균형발전위 복원
'18.10	'혁신도시 종합발전계획' 발표
'19.12	공공기관 153개 이전 완료(혁신도시 112개, 4.2만명)

화적 파괴, 개발-투기에 의한 경제-사회 교란 등에 대한 대응이었다. 또한 혁신도시의 건설은 기존 도시의 재생과 밀접히 연관되어 복합적으로 시행되어야 하는 과제였다. 혁신도시의 건설은 다음과 같이 진행되었다.

혁신도시의 건설 과정에서 가장 중요한 사건은 2004년 10월 헌법재판소가 이른바 '관습헌법'이라는 참으로 황당한 주장으로 참여정부의 '신행정수도'를 위헌으로 판결해서 결국 국가균형발전 정책을 크게 방해한 것이다. 이 사건은 최고위 판사들이 법치를 악용해서 정부의 정당한 정책을 저지한 것으로, 그 본질은 비리 세력이 민주주의를 악용해서 민주주의를 저지한 정치적 사건이다.[5]

---
5   당시 헌재소장 윤영철은 2006년 9월에 퇴임하고 바로 법률회사의 고문이

3. 혁신도시 시즌2의 시행

문재인 정부는 2018년 2월 '혁신도시 시즌2'를 발표했고, 이어서 3월 국가균형발전위원회를 복원했다. 이로써 국가균형발전을 이루기 위한 정책과 주체가 거의 10년에 걸친 왜곡 상태를 끝내고 복원되었다. 지역 발전은 단지 지역만을 위한 것이 아니라 국가 전체를 위한 것이다. 이런 점에서 지역 발전은 국가 발전의 기본이고, 극심한 서울-수도권 집중의 해소는 그 전제이다.

혁신도시 시즌2는 혁신도시의 건설과 공공기관의 이전이 일단락된 위에서 기존의 혁신도시 정책을 평가하고 그 연장과 개선을 추구하는 것으로 그 주요 내용은 다음과 같이 제시되었다. 혁신도시 시즌2는 혁신도시로 이전한 공공기관들을 활용해서 혁신도시를 새로운 지역 성장거점으로 육성하는 것이다.

문재인 정부는 2018년 10월 '혁신도시 종합발전계획'을 발표했다. 이 계획은 '혁신도시법'에 따라 수립된 법정 계획으로서 개요는 **표 4**와

되어 2007년 4월 말에는 사학 비리로 널리 알려진 김문기의 변호인단에 합류했는 데, 당시 이 사건은 김황식이 주심으로 대법원 판결을 불과 20일 정도 남겨놓은 상태여서 '전관예우' 문제가 강력히 제기되었다. 윤영철과 김황식은 같은 광주 출신에 서울대 법대 출신이고, 2010년에 김황식은 이명박 비리 정부의 총리가 되었다. '윤영철 前헌재소장 '전관예우' 논란', 〈서울신문〉 2007.4.25. 이른바 보수-진보의 틀은 많이 틀린 것이다. 비리-정상의 틀이 기본적인 것이고 옳은 것이다. 비리 세력은 흔히 보수나 진보를 참칭해서 그 정체를 미화한다. 민주화에 따라 법치를 왜곡할 수 있는 검사와 판사, 그리고 사람들의 정신을 장악할 수 있는 언론이 비리 세력의 대표가 되었다. 그 문제가 심각해지면서 법비와 언비가 널리 운위되게 되었다. 이른바 법비와 언비의 척결은 민주주의의 안정과 발전을 위한 핵심 과제이다.

표 3   혁신도시 시즌1과 시즌2의 비교

	시즌1('05.~'17.)	시즌2('18.~'30.)
추진주체	중앙정부(Top Down방식)	지방정부(Bottom up방식)
정책비전	수도권집중 완화 및 자립형 지방화	국가균형발전을 위한 新지역성장거점 육성
추진목표	공공기관 이전 완료	가족동반 이주율 제고, 삶의 질 만족도 향상, 지역인재 채용 확대, 기업입주 활성화
정책대상	수도권 소재 공공기관	혁신도시 이전 공공기관, 지역주민, 지방대학생, 혁신도시 입주기업 등
추진과제	공공기관의 차질없는 이전 이전기관 종사자 지원 수도권 종전부동산 매각	이전기관의 지역발전 선도, 스마트 혁신도시 조성, 산업 클러스터 활성화, 주변지역과의 상생발전, 추진체계 재정비
법적근거	공공기관 지방이전에 따른 혁신도시 건설 및 지원에 관한 특별법	혁신도시 조성 및 발전에 관한 특별법

출처: 관계기관 합동(2018: 3).

같다.

혁신도시 시즌2는 본래 혁신도시 정책의 2단계와 3단계가 결합된 것이라고 할 수 있다. 전국 10개 혁신도시들의 특성화 발전, 살고 싶은 정주환경 조성, 주변 지역과의 상생발전 등을 실현해서 지역의 새로운 성장거점을 구축하는 것이 혁신도시 시즌2의 정책 목표이다. 여기서 새롭게 제시된 전략은 '스마트 라이프 구현'인데, 2016년에 제창된 4차 산업혁명의 영향이고, 이를 위한 과제로 '스마트 도시 조성'이 제시되었다.[6]

2020년 6월 말 현재, 혁신도시의 주민등록인구는 21만3817명으로 2017년 말 17만4880명에 비해 3만8937명이 늘어난 것으로 집계되었다(국토교통부, 2020). 혁신도시의 정주여건이 계속 개선되고 있고 기업 유치

---

[6] 문재인 정부는 이 거대한 기술경제적 변화에 적극 대응하기 위해 '대통령 직속 4차산업혁명위원회'도 만들었다.

표 4   '혁신도시 종합발전계획'의 개요

계획 성격	혁신도시 발전을 촉진하기 위한 5년 단위 법정계획 * 혁신도시법 개정('17.12월)에 따라 최초로 수립되는 혁신도시 발전계획
계획 범위	시간 : '18년~'22년, 공간 : 혁신도시 및 관할 시도
근거 법률	'혁신도시 조성 및 발전에 관한 특별법' 제5조의2
주요 내용	혁신도시별 특화발전 목표 및 전략, 세부 실천과제

출처: 국토교통부(2018ㄴ: 1).

그림 3   혁신도시 시즌2의 목표와 전략

출처: 국토교통부(2018ㄴ)

도 계속 늘어나고 있다. 이런 중에 2020년 10월에 대전과 충남에 두 개의 혁신도시가 새로 지정되어 혁신도시의 수는 모두 12개로 늘어났다. 2020년 현재, 혁신도시 시즌2에 이전될 수도권 공공기관은 모두 124개 정도로 제시되었다.

그런데 혁신도시 정책을 올바로 이해하기 위해서는 반드시 국가균형발전 정책의 맥락에서 파악해야 한다. 국가균형발전의 핵심은 지역의 특성화 발전을 통해 국가 전체의 발전을 이룩한다는 것이다. 혁신도시를 새로운 지역성장의 거점으로 만드는 것은 결코 획일적 성장이 아니라 특성화 발전을 통해 이루어지는 것이다. 문재인 정부가 지역의 성장과 발전을 통해 국가의 성장과 발전을 이루겠다고 한 것은 '지역적 전환'의 관점을 명확히 제시한 것으로 완전히 올바른 것이다. 이를 위해 혁신도시 시즌2와 함께 매력있는 농산어촌 만들기, 도시 재생 뉴딜과 중소도시 부흥 등의 정책을 시행하는 것도 완전히 올바른 것이다. 그러나 이 모든 것을 관통하는 지역혁신체계의 면에서 보자면, 상당히 심각한 문제가 있는 것을 부정할 수 없다.

국가균형발전의 기본은 지역 혁신이고, 지역 혁신의 기본은 지역의 혁신도시와 지역의 혁신체계이다. 혁신도시는 물리적 기본이고, 혁신체계는 사회적 기본이다. 지역 혁신체계는 지자체의 행정적 지원을 기초로 하되 혁신의 자원인 지식을 생산하고 공급하는 지역의 대학을 중심으로 지역의 기업과 단체가 결합되는 자율적 소통과 결정의 조직체이다. 지역의 대학이 올바로 기능하지 못하면 지역 혁신체계는 형성될 수 없으며, 지역 혁신체계가 없다면 지역 혁신은 올바로 실행되지 못할 것이다.[7]

한편 2019년 1월 29일 〈제4차 국가균형발전 5개년 계획 (2018-2022)〉와 '국가균형발전 프로젝트'가 발표되었다. 전자는 문재인 정부의 국가균형발전을 전체적으로 정리해서 제시한 것이고, 후자는 국가균형발전을 구체화하기 위한 사업들을 정리해서 제시한 것이다.

---

7 그런데 교육부의 대학 정책은 지역 혁신을 아예 무시하고 저지하는 것이라고 하지 않을 수 없다. 교육부는 지역의 대학을 지키는 것이 아니라 없애기 위해 최선을 다하고 있는 것으로 보이기 때문이다. 지역의 대학을 지키기 위해서는, 사학 비리 세력을 학교에서 즉각 완전히 척결해야 하고, 지역의 대학에 대한 운영 지원을 실질화해야 하고, 서울-수도권 대학들의 정원을 대폭 감축해야 한다. 교육부는 이런 필요 조치들을 전혀 하지 않는 것을 넘어서 완전히 역행하고 있지 않나?

그림 4   국가균형발전과 지역 정책들

출처: 국토교통부(2018ㄱ)

그림 5 국가균형발전과 지역의 역할

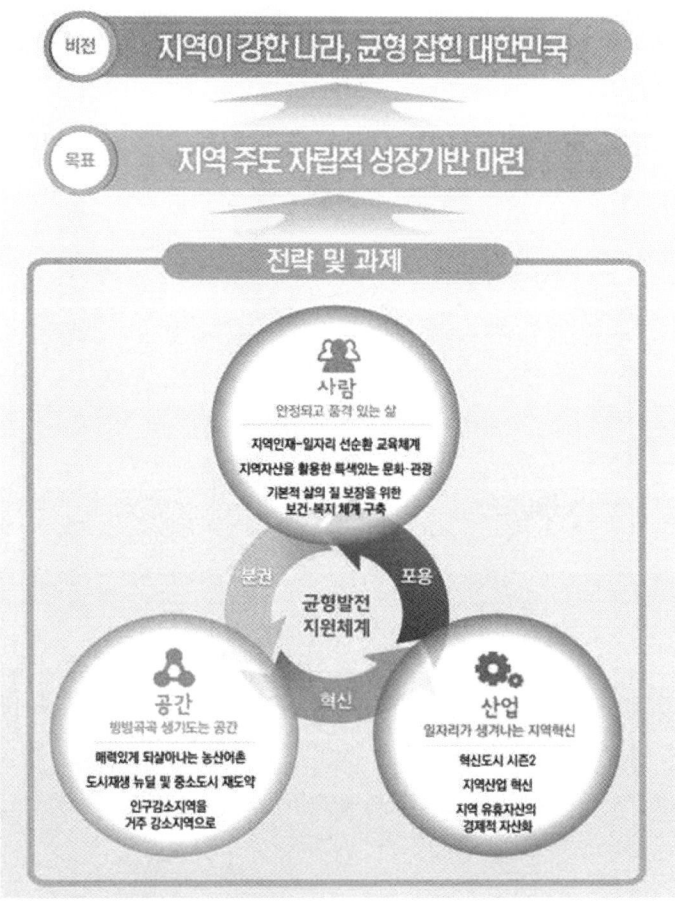

출처: 국가균형발전위원회(2019)

'국가균형발전 프로젝트'는 연구개발을 핵심으로 하는 지역 전략 발전과 대대적인 지역 SOC 확충을 두 축으로 하고 있다. 아주 중요한 사업이고 올바른 사업이다. 그런데 여기에 수도권 GTX가 포함된 것은 사실 문제였는 데, 얼마 뒤 수도권 3기 신도시가 발표되어 문제가 더욱 심해졌다. 서울-수도권의 대대적인 개발은 국가균형발전의 가장 큰 장애이

지도 1   '2019 국가균형발전 프로젝트'

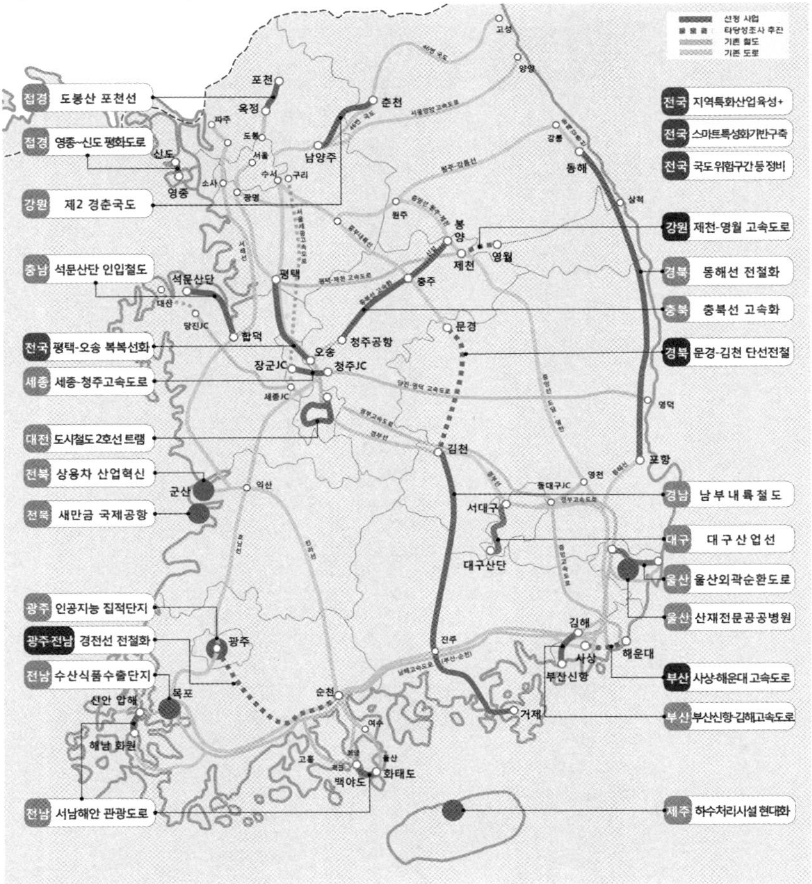

출처: 관계기관 합동(2019)

기 때문이다. 결국 이로써 국가균형발전 사업이 크게 약화되고 말았다.

    수도권의 대대적인 개발은 망국적 수도권 집중을 더욱 악화시키는 것이고, LH(한국토지주택공사)의 극심한 개발투기 범죄[8]가 입증했듯이, 수

---

8   2021년 3월에 그 실태가 적나라하게 드러났지만 이 문제는 사실 이미 오래 전부터 잘 알려진 것이었다. LH만이 아니라 도공, 수공, 농공, 한전-한수원

지도 2   '2019 국가균형발전 프로젝트 – 지역 전략산업 및 R&D 투자 지원'

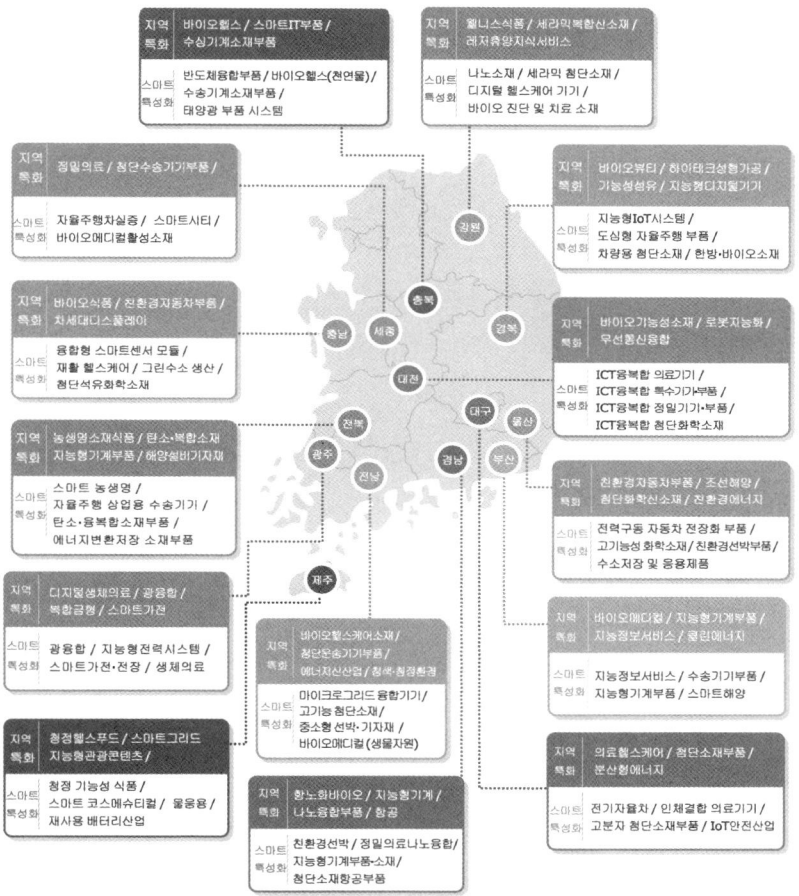

출처: 관계기관 합동(2019)

등 박정희-전두환 군사개발독재의 실행 주체였던 거대 개발공사들이 모두 비슷한 문제들을 안고 있다. 이것들을 모두 축소통폐합하고 주택청과 SOC청을 설립해야 한다(홍성태 엮음, 2005, 2008). '공간 정의'를 외치는 자들이 세계 최대의 '공간 불의' 조직들의 혁파에 대해 전혀 말하지 않는 것은 아주 기괴한 일이 아닐 수 없다. 우리와 국가의 상태가 너무나 크게 다른 서구의 이론과 운동을 수입해서 '공간 정의'를 외치기 때문에 그런 것이고, 우리의 현실에 대한 연구와 운동을 무시하기 때문에 그런 것이고, 심지어 추상적인 '공간 정의'를 외치며 구체적인 '공간 불의'의 조직들과 야합하기 때문에 그런 것이다.

도권의 대대적인 개발은 망국적 개발투기 범죄를 더욱 악화시키는 것이다. 이미 너무나 과밀한 수도권 개발이 계속 강행되는 이유는 개발투기 비리 범죄의 주체들이 사실상 전혀 처벌되지 않고 혁파되지 않았기 때문이다(홍성태, 2007, 2011). 국가균형발전을 위해서 3기 신도시와 GTX를 최대한 유예하고 '국가균형발전 프로젝트'에 최대한 힘을 쏟아야 하지 않나?

한편 2020년 1월에 시작된 미증유의 '코로나19 바이러스 사태'에 대응해서 문재인 정부는 4월에 '한국판 뉴딜'을 천명하고 나섰다. 그 내용은 디지털 뉴딜, 그린 뉴딜, 안전망 강화 등 세 가지인데, 그 실행은 국가 균형발전과 지역 혁신 정책의 기초 위에서 이루어지는 것이다.[9]

그림 6   '한국판 뉴딜'의 3대 축과 10대 과제

출처: '한국판 뉴딜' 홈페이지

4. 혁신도시와 문화

혁신도시의 가장 큰 문제는 낮은 정주 여건 만족도와 기업 입주율 저조의 두 가지로 꼽혔다. 이에 대해 국토교통부는 다음과 같이 평가했다(국토교통부, 2018ㄴ: 2).

- ○ 혁신도시 건설과 공공기관 이전으로 인해 정주인구, 입주기업, 지방세수가 지속 증가하는 등 지역발전 효과가 가시화
    - * (정주인구) 5.9만명('14) → 18.3만명('18), (입주기업) 99개 ('14) → 639개('18)(지방세 수입) 2,128억원('14) → 3,292억원 ('17)
  - − 반면, 낮은 정주여건 만족도*와 혁신도시 내 클러스터의 기업 입주율 저조** 등은 지속적으로 개선해 나가야할 숙제
    - * ('17년 만족도 : 52.4점) 교통 44.5, 편의·의료서비스 49.9, 교육 50.9, 여가 45.2
    - ** ('18.6월 입주율 : 32.3%) 정주여건 미비, 인력부족, 창업·기업 활동 지원 및 유인체계 미비, 이전기관과의 협력 미흡 등으로 인하여 기업 입주율 저조
- ○ 혁신도시의 지속가능한 발전을 위해 정주여건의 질적 개선과 장기적인 성장동력 확보가 중요하며, 혁신도시 성과를 기반으로 주변 지역과 상생발전하기 위한 고민도 필요한 시점

기업 유치는 기업을 설득해야 하는 과제이지만 정주 여건은 정부가 주도적으로 개선할 수 있는 과제이다. 정주 여건은 교육, 의료, 문화가 3대 과제를 이루고 있다. 문화는 혁신도시를 즐겁게 정주할 수 있는 곳으로 만들기 위한 요건인데, 이를 위해 '복합혁신센터'의 건립이 전국의 혁신도시들에서 2018~21년 동안 동시에 시행되었다. 그 주요 내용은 표 5와 같다.

표 5 혁신도시별 복합혁신센터 건립 계획(안)

구분	주요 시설
부산	전시·공연장, 문화강좌센터, 체육시설, 도서관, 혁신도시발전지원센터, 창업공간, 카페, 어린이집 등
대구	교육·홍보전시실, 어린이집, 도서관, 문화센터, 대학 산학협력센터, 기업입주 공간 등
광주전남	문화·여가시설(수영장, 육아지원시설, 문화교실, 동아리룸, 혁신도시발전지원센터, 청년창업지원센터 등)
울산	체육·여가시설(다목적체육관, 문화강좌실, 오픈형 카페, 유아놀이시설 등) 위주로 구성
강원	수영장, 문화센터, 북카페, 사회적경제기업 판매·전시시설, 건강증진지원센터 등
충북	전반적인 생활인프라(창업보육센터, 일자리지원센터, 실내체육시설, 영유아보육시설, 문화시설 등) 위주로 조성
전북	30~40대 맞벌이 거주자 비중이 높아 보육시설(학습정보실, 육아나눔지원센터, 북카페 등) 위주로 조성
경북	도서관, 소공연장, 청년취·창업 센터, 실내체육시설, 보육시설, 행정지원시설 등
경남	혁신도시발전지원센터, 실험·실습실, 전시실, 기업지원실, 지역홍보관, 보육시설 등
제주	체육시설, 어린이집, 작은도서관, 놀이방, 소규모 카페, 지역커뮤니티센터, 청년창업센터 등

출처: 국토교통부(2019)

그런데 여기서 더 나아가서 혁신도시와 문화에 대해 생각해 볼 필요가 있다. 우리는 문화적 전환(cultural turn)을 적극 추구해야 하는 문화화의 시대(age of culturification)를 살고 있다. 혁신이 성공하기 위해서는 기술만이 아니라 문화를 동시에 추구해야 하며, 기술과 문화의 융합을 잘 구현해야 경제적으로도 성공할 수 있는 시대가 되었다.

인간은 문화에 의해 생각하고 행동하는 문화적 존재(homo cultura)이다. 인간은 가장 원초적인 본능 활동조차 교육에 의해 습득된 문화로 행한다. 문화는 인간의 정신이 표출된 것이나 사회적으로 형성되고 학습되는 것이다. 문화의 분류는 어렵다. 그러나 그 이해를 위해서는 적극적으로 분류해서 살펴볼 필요가 있다.

첫째, 생활 문화와 표현 문화. 전자는 인류학이 주도하는 것으로 인간의 생활 자체를 문화로 파악하는 것이고, 후자는 예술로 대표되는 것으로 세련된 표현을 문화의 핵심으로 여기는 것이다.

둘째, 정치, 경제, 문화의 삼분론. 이 삼분 구조가 보통 사회를 파악하는 기본적인 틀로 사용된다. 정치는 합법적 강제력인 권력이 지배하는 투쟁의 영역이고, 경제는 생존을 위한 활동이 전개되는 필연의 영역이고, 문화는 내적 쾌락과 발전을 이루는 자유의 영역이다.

셋째, 의식 문화, 관계 문화, 표현 문화. 의식 문화는 주체의 의식을 가리키는 것이고, 관계 문화는 주체들이 맺는 관계를 가리키는 것이고, 표현 문화는 정신이 표현되는 다양한 형태를 뜻한다.

혁신도시도 문화의 관점에서 파악할 필요가 있다. 이를 위해 우선 혁신의 변화에 주의해야 한다. 혁신도시는 새로운 지역성장거점으로서 인구의 유입과 정주가 그 핵심 목표이고, 다양한 문화 생활의 향유는 '살고 싶은 도시'의 핵심 조건이다. 또한 경제적인 면에서도 문화의 역할은 대단히 중요하다. 혁신도시는 문화산업의 발전을 주요 내용으로 추구할 필요가 있다. 혁신은 새로운 기술의 개발을 핵심으로 하나, 1980년대 이후 이를 위한 체계의 형성이 제기되었고, 1990년대 이후 '창조산업' 정책이 보여주듯이 문화의 역할이 강조되었다.

혁신은 조지프 슘페터(1883-1950)에 의해 1910년대 초에 처음 제기되었다. 그가 제기한 혁신은 '기업가 정신'이 만드는 새로운 기술에 의한 '창조적 파괴'를 뜻한다. 1980년대 초에 영국의 경제학자 크리스토퍼 프리만(1921-2010)은 새로운 기술이 원활히 만들어지기 위한 체계의 형성과 이를 위한 국가의 역할에 초점을 맞춰서 '국가 혁신 체계'를 제시했다.

1990년대 초에 영국의 지리학자 필립 쿠크(1946~)는 지역의 중요성을 강조해서 '지역 혁신 체계'(regional innovation systems)를 제시했다. 1990년대 초에 미국의 경영학자 마이클 포터(1947~)도 국가 경쟁력에서 지역의 중요성을 강조해서 '사업 집적지'(business cluster)를 제시했다.

한편 1990년대에 들어와서 사회주의 세계체계의 붕괴에 따라 자본주의의 '지구화'와 함께 '지역화'와 '문화화'의 두 가지 사회적 변화가 진행되었다. 1990년대 중반에 영국에서 '창조산업' 정책이 제시되었고, 영국의 정책은 곧 유럽 전체로 확산되었다. 이로써 지역화와 문화화가 강력히 결합되었다. 문화화는 생활의 면에서는 물론 경제의 면에서도 중요한 변화가 되었다. 정보기술의 발달은 이런 변화를 더욱 더 강화하고 있다. 정보기술(IT)은 문화적 콘텐츠를 제작하고 유포하는 문화기술(CT)로 정립된 상태가 되었다.

지역 혁신은 보통 기술을 중심으로 한 산업적 지역 혁신을 뜻한다. 그런데 신제도주의가 잘 보여주듯이, 산업적 지역 혁신도 문화를 필요로 하며, 문화에 의해 더욱 활발히 추진될 수 있다. 지역 클러스터, 지역 혁신 체계, 지역 혁신 생태계 등이 모두 단순히 자본과 물자의 투입만으로 이루어지는 것이 아니라 주체의 인식, 사회적 신뢰, 호혜적 협동 등의 문화를 필요로 하는 것이다. 이런 점에서 우리는 문화를 중심으로 지역 혁신을 추구할 필요가 있다. 특히 공동체 문화의 중요성이 크게 강조되는데, 당연하게도 혁신은 혼자 하는 것이 아니기 때문이다. 신뢰와 협동으로 대표되는 공동체 문화를 확산하는 것이 혁신의 기초이자 동력이다.[10]

---

10 그냥 공동체를 외친다고 해서 공동체 관계가 형성되고 공동체 문화가 확산되는 것이 결코 아니다. 비리를 엄정히 처벌하고 이기적 행위를 제어하는 것이 그 필요조건이다.

산업적 지역 혁신에서는 주로 의식 문화와 관계 문화에 초점을 맞추어서 문화의 중요성을 제시하고 있다. 자율, 창의, 참여, 신뢰, 협동 등에 대한 강조는 그 좋은 예이다. 그런데 일반적으로 문화에서 더 큰 비중을 차지하는 것은, 사람들이 보통 문화에 대해 기대하는 것은, 바로 표현 문화이다. 문화적 지역 혁신은 표현 문화를 중심으로 지역 혁신을 추구하는 것이다.

문화의 시대에 지역의 혁신은 단지 지식의 학습과 기술의 개발을 추구하는 것이 아니라 문화적 혁신을 추구해야 한다. 그것은 무엇보다 표현 문화의 발전으로 나타나게 된다. 우선 지역 자체가 하나의 문화 산물로서 사랑과 감동의 대상이 되는 것을 추구해야 한다. 각종 간판, 시설, 건물, 도로 등이 모두 멋지게 조성되고 조화를 이루어서 전체적으로 멋진 지역을 만들어야 한다. '빌바오 시'는 그 좋은 예이다.

스페인의 빌바오 시는 스페인 북부의 해변에 있는 스페인 북부의

사진 1　스페인의 빌바오 시

최대 공업-무역 도시이다. 1990년대에 들어와서 빌바오 시는 도시 재생을 적극 추진했는 데, 그 방향은 문화관광 도시를 이루는 것이었다. 이를 위해 빌바오 시는 19세기에 만들어진 도시 구조와 건물들을 잘 지키는 위에서 미국의 구겐하임 미술관을 유치했다. 그 건물은 프랭크 게리가 설계한 현대식 비정형 건물로 세계의 관심을 끌게 되었다. 이 때문에 마치 이 건물이 빌바오 시를 구한 것처럼 선전되지만 이것은 명백히 사실을 왜곡하고 오도하는 것이다. 빌바오 시는 산과 들과 바다가 어우러진 멋진 곳으로 그 자연과 역사를 잘 지킨 위에 멋진 건물을 지어서 그 본래의 멋을 더 잘 살릴 수 있게 된 것이다. 빌바오 시에서 우리가 무엇보다 먼저 주의해야 할 것은 자연과 역사를 파괴하고 마구 들어선 고층 아파트 같은 게 전혀 보이지 않는다는 것이다.

미국의 경영학자 클레이튼 크리스텐슨에 따르면, 혁신은 '단절적 혁신'과 '존속적 혁신'으로 구별된다. 진정 새로운 것을 추구한다면 '단절적 혁신'을 추구해야 한다. 이런 점에서 혁신 도시는 과연 혁신적인가에 대해 깊이 성찰해 볼 필요가 있다. 특히 문화적인 면에서 혁신 도시는 그 형태, 운영, 목표 등 여러 면에서 애초에 문화를 별로 고려하지 않았던 것으로 보인다. 혁신도시의 개발과 운영에 관한 관련 법 조항은 이 사실을 분명히 확인해 준다.

혁신도시가 진정 혁신적인 지역성장거점이 되기 위해서는 문화적 전환의 관점에서 문화적 혁신을 적극 추진해서 '살고 싶은 도시'가 되어야 한다. 문화적 혁신은 혁신도시를 멋진 도시로 만드는 것을 기초로 표현 문화, 의식 문화, 관계 문화 등을 모두 활성화하는 것이다. 이를 위해서는 혁신도시의 건설과 운영을 크게 개선할 필요가 있다. 그 출발은 문화인들이 법적 주체로 참여하게 법으로 정하고, 다양한 문화 활동을 크

게 활성화하는 것이다.[11]

표 6   '혁신도시법'의 개발과 운영 관련 조항

> **제11조(개발계획의 승인 등)** ①사업시행자가 혁신도시개발사업을 시행하려는 경우에는 대통령령이 정하는 바에 따라 혁신도시 개발계획(이하 "개발계획"이라 한다)을 작성하여 국토교통부장관의 승인을 얻어야 한다. 승인된 개발계획을 변경(대통령령이 정하는 경미한 사항의 변경을 제외한다)하려는 경우에도 또한 같다.
> ③개발계획에는 다음 각 호의 사항이 포함되어야 한다.
> …
> 6. 교육·문화·체육·보건의료·복지 및 가족친화 시설의 설치계획
>
> **제31조(혁신도시발전위원회)** ①혁신도시를 효율적으로 관리하고 지역발전과 혁신여건 조성을 지원하기 위하여 시·도에 혁신도시발전위원회를 둔다. 이 경우 2 이상의 시·도가 공동으로 1개의 혁신도시(이하 "공동혁신도시"라 한다)를 건설하는 경우에는 공동으로 혁신도시발전위원회를 둔다.
> …
> ④혁신도시발전위원회의 위원은 시·도지사와 해당 지방자치단체의 장, 도시·군계획 등에 관한 전문가, 이전공공기관 그 밖의 입주기관·대학·연구소·경제단체의 장 중에서 시·도지사가 위촉 또는 임명하는 자가 된다.
>
> **제32조(혁신도시발전추진단 설치)** ①공공기관 이전 및 혁신도시 개발 업무, 혁신도시를 지역발전 거점으로 육성·발전시키기 위한 업무를 효율적으로 추진하기 위하여 국토교통부에 혁신도시발전추진단(이하 "추진단"이라 한다)을 둘 수 있다.

---

11   2019년에 1차 문화도시 지정이 시행되어 문화도시 사업이 본격 시작되었다. 그런데 문화도시 사업은 문화부가 주관하는 것으로서 도시 자체는 전혀 관여하지 못하고 오로지 문화활동에 전념하게 되어 있다. 그러나 문화도시는 유럽의 문화도시 정책이 잘 보여주듯이 무엇보다 먼저 문화적으로 멋진 도시를 뜻한다(정기용 외, 2002; 홍성태, 2005, 2014). 이런 문화도시의 관점에서 혁신 도시의 건설, 도시 재생의 시행 등이 모두 조화를 이루게 해야 한다.

> ②추진단의 구성 및 운영 등에 관하여 필요한 사항은 대통령령으로 정한다.
> ③국토교통부장관은 추진단의 원활한 업무수행을 위하여 필요한 때에는 관계 중앙행정기관의 장 또는 지방자치단체의 장, 혁신도시 관련 연구기관의 장, 사업시행자 및 이전공공기관의 장에게 소속 공무원 또는 임·직원의 파견을 요청할 수 있다.

참고자료

관계부처 합동(2018), '혁신도시 시즌2 추진방안', 2018.2.1
관계부처 합동(2019), '2019 국가균형발전 프로젝트', 2019.1.29.
관계부처 합동(2020), '한국판 뉴딜', 2020.5.7.
국가균형발전위원회(2019), 〈제4차 국가균형발전 5개년 계획 (2018~2022)〉, 2019.1.29.
국무조정실(2019), '생활 SOC 3개년 계획(안)(2020-2022)', 2019.4.15.
국토교통부(2016), 〈공공기관 지방이전 및 혁신도시 건설 백서〉
국토교통부(2018ㄱ), '국토교통부 2018 업무계획', 2018.1.
국토교통부(2018ㄴ), '도시재생 뉴딜 로드맵', 2018.3.
국토교통부(2018ㄷ), '혁신도시 종합발전계획(안)', 2018.10.25.
국토교통부(2019ㄱ), '수도권 소재 153개 공공기관 지방이전 완료', 2019.12.25.
국토교통부(2019ㄴ), '혁신도시에 공연·전시장, 수영장 갖춘 복합혁신센터 들어선다', 2020.5.10.
국토교통부(2020), '2020년도 상반기 기준 혁신도시 정주여건 통계 조사 결과', 2020.8.12.
김진범 외(2017), 〈지역발전 촉진을 위한 2단계 혁신도시 활성화 방안〉, 국토연구원
문화체육관광부(2018), 〈문화도시 추진 가이드라인〉, 2018.5.
산업통산부(2018), '시도별 혁신거점인 「국가혁신클러스터」 본격 시동', 2018.10.25.
송우경 외(2020), 『기업도시의 추진현황과 발전방향』, 산업연구원
윤정란 외(2018), 『혁신도시 시즌2 실행력 진단 및 발전방안 연구』, LH 토지주택연

구원

정기용 외(2002), 『문화도시 서울, 어떻게 만들 것인가』, 시지락

홍성태(2005), 『생태문화도시 서울을 찾아서』, 현실문화

홍성태(2014), 『서울의 개혁』, 진인진

홍성태 엮음(2005), 『개발공사와 토건국가』, 한울

홍성태 엮음(2008), 『토지공사의 문제와 개혁』, 한국학술정보

제13장　**해양도시 재생의 의의와 방향**

1. 도시와 재생

도시는 사회의 공간적 구현체다. 이런 점에서 도시는 단순한 물리적 집적체가 아니라 물리적-문화적 집적체다. 그러나 우리는 도시를 물리적 집적체로 생각하기 쉽다. 도시는 많은 건물들과 시설들이 들어선 곳이기 때문이다. 물론 도시에는 많은 사람들이 모여서 살고 있다. 그런데 사람들은 시간이 되면 각자의 집으로 사라져서 그 모습을 감춘다. 그러나 건물들과 시설들은 그렇지 않다. 인지적으로, 특히 시각적으로 도시를 가장 명료히 보여주는 것은 바로 건물들과 시설들이다. 그런데 이것들은 모두 사람들이 만든 것이다. 도시는 자연이 아니라 사회의 산물이며, 사회가 응축되어 작동되는 장소이다. 사회는 도시를 만들고, 도시는 사회를 키운다. 사회는 도시의 영혼이다(홍성태, 2005).

　　농업이 중심이었던 전근대 시대에 도시는 비지적으로 존재하는 드문 것이었으나, 공업이 중심이 된 근대에 도시는 급속히 늘어나게 되었다. 공업화와 도시화는 물리적인 면에서 근대화의 양대 축이다. 따라서 공업화와 도시화는 근대화에서 가장 쉽게 인지된 변화이다. 풍요와 안전에 대한 사람들의 욕구가 사회를 공업화와 도시화를 향해 나아가도록 만들었다. 오늘날 우리는 지구적 차원에서 공업사회와 도시사회가 확실히 이룩된 시대에서 살고 있다. 분명히 현대 사회는 공업사회이며 도시사회이다.[1] 그런데 그것은 역사상 최고의 풍요를 이루었지만, 이와 함께 전대미문의 거대한 위험을 생산했다(Beck, 1986; 홍성태, 2007ㄱ).

공업의 발달과 성장에 의해 현대 사회에서 도시는 급속히 늘어났으며 마침내 인구의 다수가 도시에서 살게 되었다. 유엔 해비타트의 보고서에 따르면, 2015년에 도시에서 사는 인구는 전체 인구의 54%를 넘어섰다(UN Habitat, 2016). 더욱이 현대 사회에서 도시는 비지적으로 존재하지 않으며 체계적으로 비도시지역을 지배한다. 도시는 비도시지역에 공업의 산물과 돈을 보내는 대신에 비도시지역에서 물과 식량을 비롯한 막대한 물자를 빨아들여서 풍요와 안전을 확보한다. 여러 우려에도 불구하고 도시화가 계속 진척되는 것은 바로 이런 물질적 우위 때문이다.

모든 도시는 부단히 개발되고 재개발된다. 도시는 개발뿐만 아니라 재개발을 필요로 한다. 도시는 언제나 쇠락하고 있기 때문에 언제나 갱신되지 않으면 안 된다. 공간적으로 고정되어 있는 존재도 시간적으로 끊임없이 변화하고 있다. 모든 존재는 거시적으로 고정되어 있어도 미시

---

[1] 현대 사회가 공업에 의해 지배되는 공업사회라는 것은 다시 말할 필요가 없다. 공업은 현대 사회의 물질적 기반이자 원천이다. 공업은 인간의 욕구와 욕망을 위해 자연을 대대적으로 변형해서 인공의 산물을 만들어내는 산업을 뜻한다. 정보사회는 공업사회의 고도화에 해당되는 것이지 탈공업사회가 아니다. 이른바 인공지능의 개발과 '4차 산업혁명'도 공업사회로서 정보사회의 고도화에 해당되는 것이다.

적으로 항상 변화하고 있다. 요컨대 공간은 시간에 포획되어 있다. 이런 근원적인 면에서 재생은 도시의 본질이다. 도시 재생은 모든 도시의 본질적 과제인 것이다. 그런데 우리는 어떤 관점에서, 무엇을 목표로 도시 재생을 추구해야 할까?

2. 시민적 도시 재생의 형성과 전개

1) 제인 제이콥스의 기여

도시 재생은 영어로는 보통 urban regeneration으로 제시되는데,[2] 그것은 다시 만들어져서 쇠락을 이기고 되살아나는 것을 뜻한다. 조금 더 구체적으로 보자면, 물리적인 면에서 도시 재생은 전면적인 것과 부분적인 것, 그리고 보존적인 것과 파괴적인 것으로 나눌 수 있다. 전면적-파괴적 재생은 대단히 커다란 문제를 낳기 쉽기 때문에 극히 신중해야 한다. 그런데 도시는 대개 오랜 역사를 담고 있거나 담게 되고, 건강한 생활에 필수적인 자연이 부족하며, 약자에 대한 차별과 불의가 강화되기 쉬운 곳이다. 이런 점에서 도시 재생은 역사, 자연, 약자에 대한 존중을 핵심 목표로 추구해야 한다.

도시 재생은 사회의 변화에 올바로 부응해서 사회의 변화를 올바로 이끄는 것이어야 한다. 이제까지 도시 재생은 주로 정치적 힘과 경제

---

[2] 한국에서 도시 재생의 공식적 영어 표기는 urban regeneration이다. 2013년에 제정된 '도시재생 활성화 및 지원에 관한 특별법'의 영문은 'SPECIAL ACT ON PROMOTION OF AND SUPPORT FOR URBAN REGENERATION'이다. 때때로 혼용되는 urban renewal은 도시 갱신으로 구분하는 것이 좋을 것이다. 또한 urban redevelopment는 도시 재개발, urban revitalization은 도시 재활성화로 번역된다.

적 힘에 의해 주도되었다. 정치적 힘이 주도한 가장 중요한 사례가 19세기 중반에 나폴레옹 3세와 오스만 남작이 추진한 '파리 개조 사업'이라면, 경제적 힘이 주도한 가장 중요한 사례는 20세기 초에 이루어진 뉴욕의 변화를 들 수 있을 것이다. 뉴욕의 변화는, 그 규모에서는 크게 차이가 있어도, 지구 전체에서 하나의 모범으로 정립되었다. 그것은 경제의 활성화를 가장 중요한 목표로 해서 전면적-파괴적 재개발을 추진하는 것이다.

1961년에 뉴욕의 건축-도시 전문기자였던 제인 제이콥스(Jane Jacobs, 1916~2006)에 의해 이에 대한 강력한 비판과 대안이 제시되었다. 그녀는 정치와 경제의 지배자들이 전문가들을 내세워 강행하는 도시 재생의 문제를 현실에 의거해서 철저히 비판하고 역사, 자연, 약자를 존중하는 도시 재생의 관점을 강력히 제시했다(Jacobs, 1961).

> 지출할 수 있는 충분한 돈-그 액수는 보통 수천만 달러이다-만 있으면 10년 안에 슬럼을 일소하고, 엊그제만 해도 교외였던 거대한 잿빛의 음울한 지대들의 쇠퇴를 되돌리고, 정처없이 떠도는 중산층과 그들의 세금을 정착시키고, 어쩌면 교통 문제까지 해결할 수 있으리라는 희망 섞인 신화가 존재한다. (22)

> 도시계획이라는 사이비 과학과 그 동반자인 도시설계는 아직 소망과 익숙한 미신, 과도한 단순화, 상징 등의 허울 좋은 안락함과 단절하지 않은 채, 현실 세계를 탐사하는 모험에 나서지 않고 있다. (34)

제인 제이콥스의 제안은 시민들이 적극 참여해서 시민들의 생활을 중심으로 도시 재생을 추구하는 것이라는 점에서 '시민적 도시 재생'이라고 부를 수 있을 것이다.[3]

---

3   제인 제이콥스는 1920~60년대에 걸쳐 뉴욕의 개발을 주도했던 로버트 모

2) 도시 정비와 도시 재생

한국에서 도시 재생은 오랫동안 정치와 경제의 지배자들이 주도하는 전면적-파괴적 재개발을 뜻했다. 그것은 보통 도시 정비로 불렸다.[4] 도시 정비는 물리적 요소들의 변화에 초점을 맞춘다면, 도시 재생은 그것을 하나의 필요조건으로 파악해야 한다. 이런 점에서 2003년에 '도시 정비법'이 제정된 것에 이어서 2013년에 '도시 재생법'이 제정된 것은 도시 정책에서 큰 발전이 이루어진 것이다. 이 과정에서 아주 많은 시민들과 전문가들의 땀은 물론 피가 필요했다. 이런 헌신적 노력의 결과로 문재인 대통령의 핵심공약인 '도시 재생 뉴딜'에 의해 본격적인 도시 재생 정책이 시행되기 시작했다.

사실 도시 재생은 넓은 의미와 좁은 의미로 구분할 필요가 있다. 전자는 도시 정비를 포함하는 것이고, 후자는 도시 정비와 구분되는 것이다. 도시 정비는 기존의 물리적 요소들을 철거해서 없애고 완전히 새로운 물리적 요소들을 만드는 것이기 때문에, 기존의 건물, 도로, 골목 등

제스에 맞서서 이 책을 썼다. 로버트 모제스는 놀랍게도 단지 토건 전문가로서 오랫동안 막강한 권력을 행사해서 초고층 건물과 자동차 도로가 지배하는 오늘날의 뉴욕을 만들었다. 이 과정에서 수백 곳의 마을들이 파괴되었고, 수십만 명이 넘는 사람들이 집을 잃고 쫓겨나고 말았다(Caro, 1974; Berman, 1988; Flint, 2009). 로버트 모제스에 대한 제인 제이콥스의 저항은 1955년에 시작되었다. 그 해에 모제스는 그리니치 빌리지를 파괴할 도로의 건설을 강행했고, 이에 맞서 거세게 펼쳐진 주민들의 반대운동에 제인 제이콥스가 적극 참여했던 것이다(Paletta, 2016).

4 현재 도시 정비는 2003년에 제정된 '도시 및 주거환경 정비법'에 의해 시행되고 있다. 영문은 'ACT ON THE MAINTENANCE AND IMPROVEMENT OF URBAN AREAS AND DWELLING CONDITIONS FOR RESIDENTS'이다. 이 법에서 도시 정비는 urban maintenance and improvement로 제시되고 있는 것이다.

모든 물리적 요소들이 사라지고, 그곳에 살고 있던 주민들도 대부분 다른 곳으로 옮겨가게 되어 기존의 지역 사회도 완전히 파괴되어 없어진다. 이와 구분해서 제시된 도시 재생은 기존의 물리적 요소들을 가능한 한 보존하는 것이고, 그곳에 살고 있던 주민들과 지역 사회도 지키는 것이다.

그러나 현실에서는 도시 재생이 또 다른 도시 정비로 악용될 우려가 크다. 한국에서 '도시 재생'이라는 말이 널리 확산되고 '도시 재생법'이 제정되는 데 큰 영향을 미친 일본의 '도시 재생 정책'도 비슷한 문제를 낳았다. 일본 자민당의 고이즈미 준이치로는 2001년에 수상이 되고 '도시재생본부'를 만들었고 이어서 2002년에 '도시재생특별조치법'을 만들었다. 이로써 일본은 토건국가의 상황에서 어렵게 지켜지고 있던 원도심을 비롯한 모든 도시 지역에서 초고층 초거대 개발이 횡행하게 되었다. 이 때문에 '건축 무제한 시대의 도래', '누구를 위한 도시재생인가'라는 비판이 제기되었다(五十嵐 敬喜, 小川 明雄, 2003; 岩見 良太郎, 2016).

한국은 30년에 걸쳐 자행된 박정희-전두환-노태우 군사-개발독재의 역사-구조적 결과로 일본보다 더 강력한 토건국가-투기사회의 문제를 안게 되었다. 1987년 6월 항쟁 이후 시작된 민주화로 군사독재의 문제는 많이 해소되었으나 개발독재가 퍼트린 성장주의와 개발주의의 위력은 여전히 막강하다. 그것은 강 죽이기에까지 이른 토건국가의 문제와 강남 아파트로 대표되는 투기사회의 문제로 강력히 구조화되어 있다(홍성태, 2007ㄴ, 2011). 이런 상황에서 '시민적 도시 재생'이 올바로 시행되기는 대단히 어렵다. 그런 만큼 우리는 '시민적 도시 재생'에 더욱 더 큰 관심을 기울일 필요가 있다.

3. 해양도시 재생의 사회적 의의

1) 해양도시의 개념과 특성

해양도시는 어떤 도시인가? 해양(海洋)이라는 말은 연해(sea)와 대양(ocean)을 아우르는, 즉 전체 바다를 가리키는 말이다. 그러나 해양도시는 연해나 대양에, 즉 바다에 건설된 도시를 뜻하지 않는다. 그것은 바닷가에 있다는 점에서 해안 도시 또는 해변 도시(coast city)이고, 항구가 기본 시설이라는 점에서 해항 도시 또는 항만 도시(sea port city, sea harbor city)이다.[5] 이런 관점에서 해양도시를 정의하면, 바닷가에 위치해서 항구를 기본 시설로 하고 바다를 적극 이용해서 유지되는 도시라고 할 수 있다.[6] 여기서 가장 중요한 것은 바다라는 자연 환경이 해양도시를 규정하는 일차적 요건이라는 점이다.

해양도시는 단순히 바닷가에 조성되어 바다를 이용해서 유지되는 도시가 아니라 바다라는 자연의 규정성과 중요성을 전제로 하는 도시이다. 따라서 해양도시를 올바로 이해하기 위해서는 바다를 비롯

---

[5] 해양의 영어 번역은 대단히 모호하고 혼란스럽다. 해양수산부는 Ministry of Oceans and Fisheries, 해양경찰청은 Korea Coast Guard, 해양수산발전기본법은 FRAMEWORK ACT ON MARINE FISHERY DEVELOPMENT, 해양환경관리법은 MARINE ENVIRONMENT MANAGEMENT ACT, 해양대학교는 Maritime and Ocean University 등으로 marine, maritime, coast, ocean 등이 다 쓰이고 있다. 참고로 흔히 '해양법'으로 불리는 '유엔 해양법 국제협약'은 United Nations Convention on the Law of the Sea로서 Sea를 '해양'으로 번역했다.

[6] 따라서 필자는 해양도시를 maritime city로 번역한다. maritime은 해변 지역을 뜻하니 말 그대로의 뜻은 '해변 지역 도시'로서 해양도시의 실제 내용을 잘 담고 있다. 그러나 '해양'이라는 말이 담고 있는 강렬함은 물론 담고 있지 않다.

해서 자연의 존재와 영향에 우선 깊은 관심을 기울일 필요가 있다. 흔히 인간과 자연을 대비시키고 인간이 자연을 극복했거나 심지어 정복했다고 말한다. 그러나 그것은 있을 수 없는 일이다. 인간은 자연의 한 존재이기 때문이다. 괴테(Johann Wolfgang von Goethe, 1749~1832)는 자연을 정복하기 위해 애쓴 파우스트의 순정한 노력을 극도로 칭송했으나 현실에서는 그런 노력의 결과로 무서운 생태위기가 초래되었다. 오늘날 해양도시는 파우스트적 개발의 노력이 아니라 그 무서운 결과를 해결하기 위한 생태적 전환의 노력을 대표하는 것이 되어야 한다.

해양이라는 말은 흔히 모험, 용기, 개발 등을 떠올리게 한다. 실로 해양은 근대화를 가능하게 한 동력이었다. 1453년 오스만의 술탄 메흐메트 2세가 기독교의 콘스탄티노플을 점령해서 이슬람의 이스탄불로 만들면서 유럽의 인도 항로 탐색이 본격화된 결과로 아메리카 대륙의 약탈과 유럽의 근대화가 맹렬히 전개되었다.[7] 이런 역사를 통해 해양은 불굴의 의지로 모험에 나서서 무한한 성공을 이룰 수 있는 거대한 영역으로 확립되었다. 그러나 그 결과 해양도시를 비롯한 해양 전체의 거대한 생태적 위기가 초래되었다. 이제 해양이라는 말이 담고 있는 이런 근대적 의미를 성찰하고, 생태적 전환을 위한 핵심 장소로서 해양도시를 추

---

[7] 15세기 후반부터 18세기 후반까지 약 300년 동안 유럽인들이 원양 항해로 아메리카와 오스트레일리아를 찾아내서 식민지로 만들고, 이어서 그 힘으로 아프리카, 아시아를 식민지로 만든 시대를 유럽인들은 '대항해 시대' 또는 '대발견 시대'(Era dos Descobrimentos, Era das Grandes Navegações)로 불러서 칭송했으나 그것은 실은 '대침략', '대학살', '대약탈의 시대'였다. '발견의 시대', '탐험의 시대'로도 불린다. 1492년에 대서양을 건너서 아메리카에 이른 이탈리아인 크리스토퍼 콜롬버스(1450~1506)가 그 본격적 시작을 대표하고, 1770년에 태평양을 건너서 오스트레일리아에 이른 영국인 제임스 쿡(1728~1779)이 그 끝을 대표한다.

구해야 한다. 해양도시는 반생태적 근대화를 이끈 선도 도시였던 것에서 이제 생태적 탈근대화를 이끄는 선도 도시로 재생되어야 한다.

이런 관점에서 도시의 분류에 대해서도 성찰할 필요가 있다. 도시는 주로 크기나 기능에 의해 분류된다. 크기에 의한 구분은 소도시, 중도시, 대도시, 거대도시 등으로 간단하게 제시될 수 있지만, 기능에 의한 구분은 행정 도시, 교육 도시, 종교 도시, 상업 도시, 공업 도시 등으로 훨씬 다양하게 행해질 수 있다. 그러나 이런 기능적 분류는 도시의 특성을 규정하는 더욱 근원적인 조건을 무시하는 문제를 지니고 있다. 그것은 바로 생태적인 조건이다. 인류는 공업을 통해 생태적인 조건을 극복한 것처럼 보였으나, 사실 그것은 어디까지나 부분적으로만 그런 것일 뿐이었다. 오늘날 지구 온난화로 대표되는 생태위기에 비추어 보자면, 인류는 생태적인 조건을 극복한 것이 아니라 오히려 극도로 악화시켰다고 할 수 있다. 인류는 생태적인 조건을 결코 극복할 수 없으며 극히 제한된 범위 안에서 조정할 수 있을 뿐이다.

인류가 조정할 수 없는 생태적인 조건으로 기후, 강수, 입지 등을 쉽게 떠올릴 수 있다. 사실 도시의 크기와 기능은 이런 생태적인 조건을 전제로 해서 성립하는 것이다. 인류적 과제인 지속가능 사회는 지속가능 도시를 절실히 요청한다. 그것은 생태적인 조건에 대한 올바른 고려와 존중을 통해 비로소 실현될 수 있다. 해양도시는 생태적인 조건에서 입지를 중심으로 제시된 도시에 속한다. 입지를 중심으로 도시는 바닷가의 해양도시, 바다에서 멀리 떨어진 내륙도시, 고산 지역의 고산도시 등으로 나눌 수 있다. 현재의 지구적 생태위기에 비추어 보자면, 생태적인 조건은 도시의 분류를 위한 외적 기준이 아니라 도시의 특성을 규정하는 내적 요건으로 파악되어야 옳을 것이다.

2) 해양도시 재생의 사회적 의의

해양도시는 본래 어로와 해운을 중심으로 형성되었다. 그러나 시간이 지나면서 행정, 교육, 상업, 공업, 관광 등이 해양도시의 주요 기능으로 커지고 어로와 해운의 비중은 크게 줄어들 수 있다. 실제로 근대화에 의해 많은 해양도시들이 이런 변화를 겪었다. 그 결과 많은 해양도시들에서 어로와 해운의 장소가 크게 쇠락해서 그곳의 도시 재생이 중요한 과제로 떠올랐다. 이런 변화는 계속 이어졌다. 어로와 해운을 이어서 흥했던 상업과 공업이 기술과 시장의 변화로 다시 쇠퇴한 해양도시들이 많다. 이런 현실에서 잘 알 수 있듯이 지구 전역에서 해양도시 재생은 중요한 현재적 과제다.

도시 재생은 쇠퇴한 곳에 거창한 볼거리와 화려한 상점가를 만드는 것으로 시작되었으며, 이런 방식은 오랫동안 세계 곳곳에서 재현되어 세계를 비슷한 곳으로 만들어 버렸다. 1953년에 미국의 볼티모어에 건설된 '찰스 센터'가 그 시작이며, 런던의 도크 랜드 개발과 도쿄의 시오도메 개발 등은 그 주요한 확대판이다(Hall, 1998: 144; 윤일성, 2002). 그러나 1990년대 이후 도시 재생에서 해당 도시의 여러 고유한 특성들을 잘 지키고 살리는 것이 중요하다는 인식이 계속 확산되었다. 이것은 주민의 생활을 존중하는 도시 재생과 동전의 양면처럼 맞물려 있는 것이기도 하다.

이런 사실을 염두에 두고 해양도시 재생의 사회적 의의를 경제적, 문화적, 생태적 차원으로 나누어 간략히 정리해 보자. 여기서 기본적 중요성을 갖는 것은 생태적 차원이다. 그것은 생태위기의 격화에 따라 생태적인 조건을 잘 지키는 것이 그야말로 생존을 좌우하는 관건이 되었기 때문이다.

첫째, 경제적 차원에서 중요하다. 해양도시는 지역의 차원을 넘어서 전국의 차원에서 경제적으로 중요하다. 해양도시는 내륙과 바다를 연결하는 거점일 뿐만 아니라 그렇게 해서 국가와 국가를 연결하는 거점이다. 해양도시의 쇠퇴는 그 지역의 경제적 고통을 넘어서 국가의 차원에서 경제적 약화와 국토 이용의 비효율을 크게 악화시킬 수 있다. 이런 점에서 해양도시 재생은 국가의 차원에서 적극적인 연구와 대응이 필요하다. 대도시일수록 더욱 그렇겠지만 소도시라고 해도 해양도시의 생태적 특성에 비추어 국가의 감독과 지원이 행해져야 할 것이다.

둘째, 문화적 차원에서 중요하다. 해양도시는 생태적 거점일 뿐만 아니라 문화적 거점이기도 하다. 오늘날 그 역할은 크게 줄어들었어도 그 역사는 여전히 많이 남아서 해양도시의 특징을 이루고 있다. 지역성 또는 장소성도 계속 변하는 것이지만 가장 중요한 자원은 그곳만의 역사이다. 다른 어느 곳에도 없는 그곳만의 역사가 문화의 면에서 지역성 또는 장소성의 핵심이다. 해양도시는 외국과의 교류가 일상화되어 있는 곳으로서 문화 융합의 역사가 많이 남아 있을 뿐만 아니라 현재도 진행되고 있는 곳이다. 해양도시의 이런 문화적 특성은 그 자체로 중요한 경제적 자원이 될 수 있다.

셋째, 생태적 차원에서 중요하다. 현재의 생태위기에 비추어 보자면, 해양도시 재생의 가장 중요한 사회적 의의는 생태적 차원에서 찾아야 한다. 이것은 경제적 차원과 문화적 차원을 무시하는 것이 아니라 그것을 올바른 기초 위에서 추구하는 것을 뜻한다. 해양도시는 바다라는 생태적인 조건에 의해 일차적으로 규정되는 곳인데 오늘날 바다는 커다란 생태적 위기를 겪고 있다. 생태위기를 극복하기 위해 유엔은 1987년에 발표한 『우리 공동의 미래』에서 '지속가능 발전'을 인류가 추구해야 할 긴급한 개혁 과제로 제시했다. 그러나 그 뒤에도 지구 온난화로 대표되는 생태위기가 계속 악화되어 모든 해양도시들이 해수면 상승, 해변

침식, 해양 산성화 등의 문제에 직면하게 되었다. 해양도시 재생은 이런 문제를 널리 알리고 적극 대응하는 중요한 구실을 한다.

도시 재생은 도시의 특정 지역 또는 도시 전체가 쇠락하는 것에 대응하는 것이다. 그것은 물리적인 면에서 전면적-파괴적 개발보다는 부분적-보존적 개발을 추구하고, 이와 함께 주체의 면에서 원주민 추방형 개발이 아닌 원주민 주체형 개발을 추구한다. 요컨대 도시 재생은 도시의 역사와 주민을 지키는 방식으로 도시의 경제력 회생을 이루고자 하는 것이다. 여기에 더해서 해양도시 재생은 그것을 기저에서 규정하는 바다의 보존을 가장 기본적인 과제로 추구해야 한다. 이런 점에서 해양도시 재생은 생태위기의 시대에 대응하는 커다란 사회적 의의를 가지는 것이다.

4. 해양도시 재생의 방향

1) 해양도시 재생의 방향

오늘날 해양도시 재생은 물리적인 면에서 전체적-파괴적 재생이 아니라 부분적-보존적 재생을 기본 방향으로 하고 있다. 내용의 면에서 그것은 생태위기는 물론 인구 감소에 올바로 대응하는 방향이어야 한다. 요컨대 그것은 성장주의와 개발주의의 문제를 직시하고 '도시 다이어트'를 추구하는 것이어야 한다. 또한 이른바 '4차 산업혁명'[8]으로 얘기되고 있는 기

---

8 '4차 산업혁명'은 독일 태생의 스위스 경제학자로 세계경제포럼 의장인 클라우스 슈밥이 2016년 1월에 열린 세계경제포럼 연차 회의에서 공표해서 세계로 퍼진 용어이다. 인공지능, 로봇공학, 사물 인터넷, 무인 운송수단(무인 항공기, 무인 자동차), 3차원 인쇄, 나노 기술 등 6대 분야의 기술발달에 따른 산업

술 발달의 성과도 적극 활용해야 한다. 예컨대 정보통신기술을 적극 활용해서 형성되는 '스마트 시티'는 효율, 편리, 안전, 복지 등을 모두 향상할 수 있다. 그런데 결국 중요한 것은 경제적, 문화적, 생태적 차원이다. 세 차원의 내용을 어떻게 정하느냐에 따라 해양도시 재생의 방향이 정해질 것이다.

첫째, 경제적 차원. 현대 사회의 경제는 공업과 자본이 지배하는 공업-자본 경제이다. 공업과 자본은 역사상 최고의 생산성과 효율성을 이루었다. 그러나 그 결과로 지구의 안정성이 무너지는 생태적 위기와 양극화로 불리는 심각한 사회적 위기가 나타나게 되었다. 이에 대응해서 노동권의 향상과 복지의 증진으로 대표되는 복지국가 정책이 추진되었지만, 이것으로는 생태적 위기와 사회적 위기에 제대로 대응할 수 없다는 인식이 커졌다. 이렇게 해서 경제 자체의 전환을 요청하게 되었는데, 그것은 이를테면 '생활경제'로 파악될 수 있다.[9] '생활경제'는 경쟁과 이윤을 추구하는 것이 아니라 요컨대 자생과 공존을 추구한다. 이를 위해 특히 중요한 것은 토지의 사유화에서 비롯되는 거대한 파괴와 수탈의 문제를 해결하는 것이다. 결국 '생활경제'는 그저 생활을 강조하는 것으로 이루어지는 것이 아니라 난개발과 신사화[10]를 막고 약자를 보호하는

의 변화를 가리킨다. 그런데 이 용어는 상당한 혼란을 야기하고 있다. 본래 산업혁명 또는 공업혁명은 18세기 중반 영국의 제임스 와트가 증기기관을 개량하는 것으로 시작된 거대한 역사적 변화를 뜻한다. 이로써 인류는 자연을 대대적으로 변형해서 이용하는 공업 시대에 들어서게 되었다. 제레미 리프킨이 말하는 '3차 산업혁명'이나 슈밥이 말하는 '4차 산업혁명'이나 모두 공업의 고도화 단계일 뿐이고 그 구분의 학문적 근거는 대단히 희박하다.

9   여기에는 국가의 억압성과 시장의 파괴성을 지적하고 사회의 자율성을 강조했던 칼 폴라니의 주장이 큰 영향을 미치고 있다(Polany, 1944, 1977).

10 신사화는 바로 '젠트리피케이션'(gentrification)을 뜻한다. 영국의 사회학

공정 사회를 만드는 과제와 직결되어 있는 것이다.

둘째, 문화적 차원. 도시 재생에서 문화는 이미 오래 전부터 강조되었다. 20세기 초 미국의 '도시 미화 운동'이 그 좋은 예인데, 사실 19세기 후반 프랑스의 '파리 개조 사업'이 더욱 중요할 것이다. 그리고 1980년대에 들어와서 유럽에서 '문화도시'가 강조되기 시작해서 1990년대를 지나면서 지구적 차원에서 도시 재생의 핵심으로 여겨지게 되었다. 이런 변화의 영향으로 한국도 1996년부터 정부가 나서서 '문화도시'를 제창하고 추진하게 되었다. 그 내용은 크게 세 가지로 간추릴 수 있다. 우선 스페인의 빌바오 시가 흔히 대표적인 예로 제시되고 있듯이 문화시설을 만들어서 도시의 기능과 분위기를 문화적으로 일신하는 것이다. 다음에 역사라는 유일무이한 문화적 자원을 잘 지키고 살리는 것이다. 이를 위해 대대적인 신축을 가능한 한 피하고 기존의 것들을 보수해서 사용하는 것을 적극 추구하게 된다. 이렇게 해서 지역 문화의 핵심인 기존의 주민과 생활을 적극 보존하게 된다. 끝으로 도시의 자연을 최대한 존중하고 보호하는 것이다. 자연과 문화를 대립시키는 반생태적 문화는 이제 유지될 수 없으며, 양자를 통합해서 파악하는 생태적 문화를 추구해야 한다. 해양도시는 바다와 관련된 장소와 활동을 최고의 문화적 자원으로 여기고 잘 지켜야 한다.

자 루스 글래스가 1964년에 이 말을 만들었다. 젠트리피케이션은 '젠트리가 됨'을 뜻하고, 젠트리는 '신사'를 뜻하니, 말 그대로의 뜻은 '신사화'이다. 영국에서 젠트리는 귀족 계급을 뜻했던 것에서 중상 계층을 뜻하게 되었는데, 루스 글래스는 1960년대 초반에 런던에서 노동 계급의 지역이 중상 계급의 지역으로 빠르게 바뀌어 가는 현상을 가리키기 위해 '젠트리피케이션'이라는 말을 만들었다. 이렇게 변화된 지역의 외형은 노동 계급의 허름한 지역처럼 보이지만 실은 그윽한 분위기의 값비싼 지역으로 변형되어 임대료가 폭등해서 노동 계급은 쫓겨나고 만다.

셋째, 생태적 차원. 현대 사회는 심각한 생태위기에 직면해 있다. 이 문제를 해결하지 못한다면 유엔의 기후변화 보고서가 밝혔듯이 현대 사회는 금세기 중반에 생태파국을 맞게 될 것이다(IPCC, 2007). 생태위기에서 가장 큰 문제는 지구 온난화이고, 이 점에서 바다의 변화가 가장 중요하다. 지표의 70%를 차지하는 바다는 지구의 기후를 조절하는 거대한 기후 조절 장치이다. 그런데 이산화탄소의 대대적 배출에 의한 지구 온난화는 바다에 큰 변화를 초래하는 것을 넘어서 바다의 황폐화를 초래하고 있다. 지구 전역에서 나타나는 해수면 상승, 해변 침식, 파도 강화, 해양 산성화[11] 등이 이 사실을 생생히 입증한다. 이와 함께 오염 문제도 극심하다. 엄청난 양의 배설물을 연안에 버리는 것이나, 폐어구들에 의한 연안의 오염이 이미 대단한 수준이다. 세계의 모든 대양에는 거대한 '플라스틱 섬'이 형성되어 있다. 해면에 떠 있는 것보다 더 많은 플라스틱 쓰레기들이 해저에 가라앉아 있을 것으로 추정된다(Moore, 2011). 일본의 후쿠시마 핵발전소 폭발 이후 바다의 방사능 오염도 대단히 심각해졌다. 미국의 비니키 섬 핵폭탄 폭발 실험과 프랑스의 뮈르로아 섬 핵폭탄 폭발 실험의 영향은 비교도 되지 않을 지경이다. 해양도시의 근거인 바다가 극심한 훼손과 파괴의 위기를 겪고 있으니 해양도시 재생은 바다의 재생을 기본 과제로 추구하지 않으면 안 된다.

2) 공동체의 활성화와 총유제

해양도시 재생은 해양의 보전과 이용을 기본과제로 한다. 여기서 해양은

---

[11] 이것은 바다가 이산화탄소를 흡수해서 생기는 문제이다. 이렇게 해서 바다는 지구 온난화를 완화하는 구실도 하고 있다. 바다가 이산화탄소를 더 이상 흡수하지 못하게 되고 흡수한 이산화탄소가 대기로 분출하게 되면 지구는 급격히 황폐화될 것이다.

어떤 곳인가에 대해 조금 더 살펴볼 필요가 있다. 정책의 입안과 시행을 위해서 중요한 것은 해양의 법적 규정이다. 우리의 법에서 해양은 '해양수산발전 기본법'에서 정의되고 있다.

> "해양"이라 함은 대한민국의 내수·영해·배타적 경제수역·대륙붕 등 대한민국의 주권·주권적 권리 또는 관할권이 미치는 해역과 헌법에 의하여 체결·공포된 조약 또는 일반적으로 승인된 국제법규에 의하여 대한민국의 정부 또는 국민이 개발·이용·보전에 참여할 수 있는 해역을 말한다.

이처럼 우리의 법에서 해양은 그냥 일반적인 바다를 뜻하는 것이 아니라 '대한민국의 정부 또는 국민이 개발·이용·보전에 참여할 수 있는 해역'을 뜻한다. 흔히 해양이라는 말이 풍기는 거대하고 강렬한 이미지와는 사뭇 다르다.

한편 해양의 보전과 이용에 대해서는 개별 법을 제정해서 규정하고 있다. 그 법은 '해양환경 보전 및 활용에 관한 법률'이다.

1. "해양환경"이란 해양에 서식하는 생물체와 이를 둘러싸고 있는 해양수(海洋水), 해양지(海洋地), 해양대기(海洋大氣) 등 비생물적 환경 및 해양에서의 인간의 행동양식을 포함하는 것으로서 해양의 자연 및 생활상태를 말한다.
2. "해양환경 보전 및 활용"이란 해양오염 및 해양생태계의 훼손을 예방하고 오염물질의 제거 등을 통하여 오염되거나 훼손된 해양을 개선함과 동시에 원래의 상태로 복원·유지하며 해양환경의 공간자원, 생명자원, 식량자원 등을 적절히 활용·이용하는 등의 해양의 건강성을 유지하면서 해양을 지속가능하게 보전·관리·활용하는 행위를 말한다.
3. "해양오염"이란 해양에 유입되거나 해양에서 발생되는 물질 또는 에너지로 인하여 해양환경에 해로운 결과를 미치거나 미칠 우려가 있는 상태를 말한다.

여기서 알 수 있듯이 우리의 법에서 해양의 보전과 이용은 해양을 이루는 모든 비생물적 요소와 거기에 살고 있는 모든 생물을 아울러서 이루어지는 것이다.

추진 주체의 면에서 보자면, 도시 재생은 정치-행정의 주도에서 시민의 참여를 인정하는 '협치'로 변화했고, 현재는 기존의 주민들을 중심으로 한 공동체의 활성화를 촉진하는 쪽으로 변화하고 있다. 도시 재생이 진정한 재생이 되기 위해서는 지주와 개발업자를 중심으로 한 개발동맹의 문제를 해소하고, 기존의 주민 공동체가 도시 재생을 주도할 수 있도록 해야 한다. 여기서 가장 중요한 것은 정치와 행정의 민주화이며, 이를 위해서는 시민사회의 활성화가 중요하다. 그 활동에서 가장 기본적인 것은 비리와 부패를 미국식 징벌적 손해배상제로 철저히 처벌해서 비리의 이익보다 그 대가가 훨씬 크게 만드는 것이다. 썩은 기반 위에서 아무리 좋은 집을 지으려고 해도 결코 그럴 수 없는 법이다.

비리와 부패의 처벌에서 핵심 대상은 정치-행정과 지주-개발업자가 이루는 개발동맹이지만 주민들도 여기에 적극 가담한다는 사실을 절대 잊지 말아야 한다. 모든 지역에서 언제나 지주 주민들이 세입자-임차인을 배제하고 지역을 대표하며, 또한 상당수 또는 대다수 주민들이 보상비나 투기 이익을 노리고 스스로 개발동맹의 주체로 참여한다. 이로써 정경유착을 넘어선 정경민 유착이 작동하게 되고, 공동체가 사분오열되어 풍비박산되고 만다. 이와 관련해서 투기 이익의 환수를 강화하는 것은 물론이고 보상비 제도의 전면적 개선이 대단히 중요하다. 보상비가 사실상 비열한 매수의 도구로 활용되는 것을 가능한 한 막아야 한다. 공동체는 그냥 그 중요성을 주장하는 것으로 결코 지켜지지 않는다.

엘리너 오스트롬이 수십 년에 걸친 지구적 차원의 연구를 통해 밝혔듯이 공동체는 자연의 보전과 활용에서 대단히 중요한 구실을 할 수 있다(Ostrom, 1990). 그러나 그렇게 되기 위해서는, 외적으로 개발동맹의 문제가 해소되어야 하고, 내적으로 공동체가 잘 운영되어야 한다. 전자는 토건국가와 투기사회의 문제를 해소하는 것이고, 후자는 공동체의 내실을 다지는 것이다. 후자와 관련해서 흔히 구성원들의 민주적 토론과 합의가 강조된다. 그러나 그것만으로는 부족하다. 공동체가 공동재(commons)를 강력히 확보할 수 있어야 한다. 공동체는 단지 여러 사람들이 모여 사는 것이 아니라 공동재를 보전하고 활용해서 살아가는 것이다. 어촌은 바다를 지키고, 산촌은 산을 지킨다.

공동체를 지키기 위해서는, 즉 공동체가 공동재를 보전하고 활용해서 살아가는 것을 지키기 위해서는, 공동체가 공동재를 소유하는 것이 가장 안정적인 방식이다. 이를 위한 민법의 소유제가 바로 '총유제'다. 공동체가 재화를 소유하는 방식은 공유(共有, 민법 262조), 합유(合有, 민법 271조), 총유(總有, 민법 275조)의 세 가지가 있다. 공유는 개별 구성원의 몫이 명확해서 자유롭게 처분할 수 있는 것이고, 합유는 법인인 조합이 주체로 개인의 지분이 인정되나 전체의 동의 없이 처분할 수 없는 것이고, 총유는 법인이 아닌 사단이 주체로 개인의 지분이 인정되지 않는 것이다. 따라서 총유제를 통해 공동재와 그 주체인 공동체를 강력히 지킬 수 있다.[12]

---

[12] 그러나 이 경우에도 국가-지자체와 기업의 공적 수용=강제 수용을 피할 수 없으며, 따라서 공적 수용=강제 수용 제도의 전면적 개선도 대단히 중요하다. 토건국가와 투기 사회가 공적 수용 제도를 악용하고 지역 주민들이 여기에 적응하는 문제는 이미 대단히 심각한 상태이다(최수 외, 2014; 이호준, 2015).

5. 해양도시 재생의 사례

해양은 수많은 자원들의 보고이자 수많은 물자들과 사람들이 오가는 통로로서 언제나 중요하다. 그리고 지구 생태계의 면에서 해양은 지구의 기후 조절 장치로서 너무나 중요하다. 이런 점에서 해양에 의지해서 형성되고 운영되는 해양도시의 중요성은 다시 말할 필요가 없다. 지구 전역에서 많은 해양도시들이 쇠락과 재생의 길을 걷고 있다. 뉴욕, 런던, 도쿄 등 세계 최대의 해양도시들이 모두 이런 변화를 겪었다. 이 도시들에서 우리가 배울 것은 많다.

그런데 이 도시들의 도시 재생은 대체로 경제를 내걸고 대규모의

그림 1   해수면 상승과 해양도시의 위기

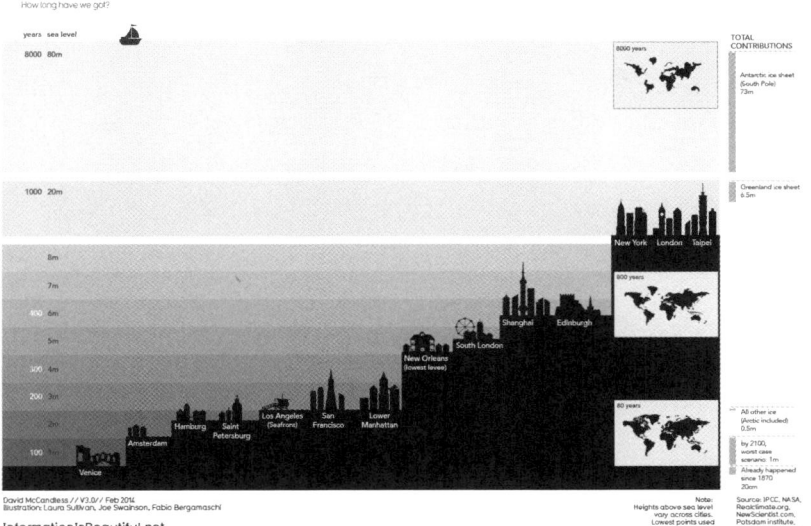

주: 영국 런던에 사는 데이빗 맥캔들리스라는 데이터 디자이너가 IPCC 등의 자료에 의거해서 만든 해수면 상승 인포그래픽 자료. 현재의 추세라면 21세기에 1m 이상 상승해서 베니스는 완전히 바다에 잠기게 되고 암스테르담도 거의 그렇게 된다. 이어서 22세기에 2m 이상 상승해서 LA, 샌프란시스코, 뉴욕의 로어 맨하탄 등이 모두 바다에 잠기게 된다.

반생태적 개발을 추진하고 여기에 문화적 요소와 생태적 요소를 부분적으로 가미하는 방식으로 이루어졌다. 그러나 이런 방식은 지속가능성의 문제를 크게 안고 있기 때문에 이제 전면적 전환을 추구하지 않으면 안 될 것이다. 특히 생태위기에 주의해야 한다. 지구 온난화에 의한 해수면 상승은 이미 해양도시의 최대 위협이 되었다. 기존의 방파제 방식으로는 이 문제에 대응할 수 없으며 현대 사회의 생태적 전환을 적극 추구해야 한다. 그 선두에 해양도시가 있다. 생태적 전환의 핵심은 본래의 자연을 지키는 것이고, 따라서 거기에 깃들어 사는 공동체와 그 문화를 지키는 것이다. 결국 생태적 전환은 문화와 주체의 전환을 요청하는 역사적 과제이다.

- 뉴욕: 뉴욕은 세계 최대의 해양도시라고 할 수 있다. 1920~60년대에 걸쳐 로버트 모제스의 주도로 뉴욕은 세계 최대의 초고층-자동차 도시가 되었다. 1990년대 이후 미트 패킹 지역의 보존적 재개발이 이루어지기도 했지만, 전면적-파괴적 개발의 문제와 젠트리피케이션의 문제가 심각하며, 지구 온난화에 대한 대응은 새로운 중대한 과제이다. '원 월드 트레이드 센터'가 있는 로어 맨하탄 지역은 강력한 방파제로 바다를 막고 매립해서 조성된 곳으로 해수면 상승이 계속되면 심각한 침수와 수몰의 문제가 발생할 것이다.[13]

- 런던: 런던도 1980년대에 옛 런던 항 지역인 '도크 랜드'의 재개발이 시작되며 뉴욕식 초고층화가 상당히 진행되었으나 뉴욕에 비해 훨씬 더 옛 도시의 모습을 잘 지키고 주민들을 존중한 도시라고 할 수 있다. 그러나 물론 런던

---

13 2005년 허리케인 카타리나로 루이지애나의 최대 해양도시 뉴올리언즈는 완전히 수몰되었다. 2017년 허리케인 하비로 텍사스의 최대 항구도시 휴스턴은 완전히 수몰되었다. 플로리다의 마이애미는 '맑은 날 홍수'에 시달리고 있으며 21세기에 해변이 모두 사라지게 될 것이다. 미국의 180개 이상 해양도시들이 해수면 상승으로 큰 위기에 처하게 될 것이다. 하와이의 호놀룰루는 쓰나미, 즉 지진 해일과 해수면 상승이 결합되어 더욱 더 큰 위기를 맞게 될 우려가 크다.

도 고층화와 불평등의 문제를 지니고 있다. 한편 런던은 템스 강 하구에 '템스 배리어'(Thames Barrier)로 불리는 가동식 방파제를 설치해서 홍수 시 범람에 대비하고 있으나 지구 온난화에 따른 해수면 상승은 그 기능을 무력화할 우려가 크다.

- 빌바오: 스페인 북부의 빌바오는 주요 해양도시이자 공업도시였고 금융도시이다. 이곳은 1980~90년대의 도시 재생 사업으로 유명해졌는데 그 핵심은 도심을 흐르는 강변에 기이한 형태의 구겐하임 미술관을 지은 것이었다. 이 때문에 빌바오는 마치 이 구겐하임 미술관이 구원한 것처럼, 또한 이렇게 멋진 문화시설을 지으면 도시가 되살아나는 것처럼, 널리 알려지게 되었다. 그러나 이것은 사실이 아니다. 빌바오는 스페인의 대표 해양도시이자 공업도시로서 훌륭한 건축과 도시의 유산을 간직하고 있었고, 무엇보다 주민들의 삶을 존중하는 민주적 관점이 정립되어 있었다.[14] 이런 바탕 위에서 빌바오의 매력을 한층 키우는 훌륭한 건물이 새로 건축될 수 있었던 것이다.

- 베니스: 세계문화유산인 베니스는 바다 섬 도시이다. 이곳이 처한 가장 큰 위협은 바로 해수면 상승이다. 현재 상태대로라면 베니스는 머지 않아 바다 속 도시가 될 것이다. 이에 대응해서 베니스가 있는 석호의 세 입구에 거대한 가동식 방파제를 설치하는 '모세 프로젝트'(MOSE, Modulo Sperimento Elettromeccanico, 2003~16)를 시행했다.

- 도쿄: 도쿄는 도쿄 만에 의지해서 만들어진 거대한 해양도시이다. 도쿄 만은 에도 시대 때부터 매립되기 시작해서 여러 용도로 사용되었는데, 1980년대의 '거품 경제' 시기에 본격적으로 도시화되기 시작해서 이제는 도쿄를 대표하는 초고층 지역으로 변모했다. 레인보우 브리지로 이어져 있는 오다이바와 시오도메는 그 대표 지역이다. 그 결과 도쿄 만은 본래의 자연이 거의 완전히 사라져 버렸고, 거기에 깃들어 살던 사람들과 문화도 거의 완전히 사라져 버렸다.[15] 도쿄 만은 쓰나미의 위협에서 안전한 것으로 여겨지고 있지만

---

14 문화도시로 유명한 영국 중부의 게이츠헤드의 핵심 담당자는 문화도시를 문화시설이 많은 도시가 아니라 '주민이 살기 좋은 도시'로 정의했다.

15 동북아의 대표 해양도시인 홍콩, 상하이도 도쿄화되었다. 개발의 속도로

그림 2   베니스의 모세 프로젝트

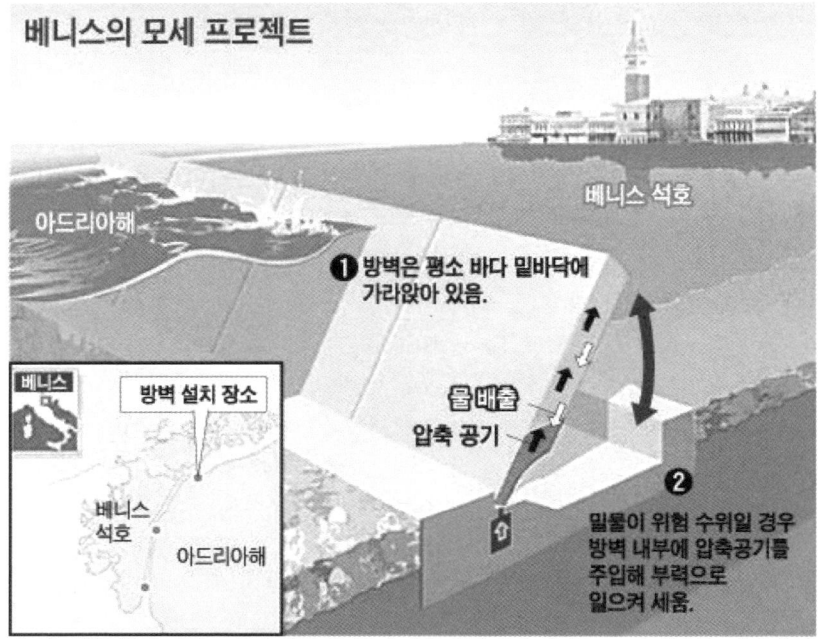

출처: 한국환경정책·평가연구원 국가기후변화적응센터(2011), '국외 지방자치
단체 적응 현황'. 채여라 외(2011).

지구 온난화가 계속되면 도쿄 만도 결코 안전하지 않을 것이다.[16]

보자면 홍콩이 앞서기에 홍콩화라고 하는 게 옳은 것일 수 있다. 부산, 인천, 여수 등 한국의 대표 해양도시들도 모두 홍콩화, 도쿄화를 추구하고 있다. 이 과정에서 극심한 비리가 자행되고 불평등이 악화되고 있다. 부산 해운대의 '엘 시티' 건설은 '이명박근혜순실 비리 사건'과 연루되어 있기도 하다.

16   부산은 이미 이런 위협에 노출되어 있다. 2016년 여름에 부산의 감천항과 다대포항의 방파제가 태풍 때 파도로 붕괴되었는데 그 원인이 설계한도를 넘어선 파도 때문인 것으로 밝혀졌다. 지진에 의한 대형 파도인 쓰나미가 아닌 태풍의 파도도 이미 방파제를 붕괴시킬 정도로 대형화된 것이다. 역시 2016년 여름에 해운대를 대표하는 초고층 아파트인 마린 시티의 1층이 방파제를 넘어 덮친 파도에 수몰되었다. 닫힌 바다인 서해는 메가 쓰나미의 위험이 있는데 그 경우

6. 맺음말

도시는 인공만이 아니라 자연과의 관계에서 파악되어야 하고, 공간적으로 점이 아니라 면으로 입체로 파악되어야 하며, 시간적으로 현재만이 아니라 과거-현재-미래의 연속체로 파악되어야 한다. 무엇보다 도시는 생물적으로 사회적으로 다양한 많은 사람들이 함께 살아가는 곳이다. 따라서 도시를 정치나 경제의 지배자들이나 전문가들이 주도하는 것은 큰 문제를 낳게 된다. 도시는 그 본성에서 자연과 역사를 존중할 것을 요구하며, 이를 위해 무엇보다 민주주의의 올바른 시행을 요구한다(정기용·홍성태 외, 2002; 정기용, 2008).

도시 재생은 경제적 이익을 중심으로 추구된 기존의 개발을 넘어서 자연과 역사와 주민을 존중하는 방식으로 도시를 지키고 살리기 위해 제안되었다. 해양도시 재생은 바다의 보호를 전제로 한다. 지구 온난화에 의해 이 과제는 참으로 절박한 것이 되었다. 지구 온난화로 대표되는 생태위기로 말미암아 지구 전체에서 생태사회와 생태도시를 향한 전환이 적극 추구되고 있다. 바다는 지구의 기후 조절 장치이기 때문에 해양도시 재생은 이 중대한 지구적 전환의 핵심에 놓여 있다.

도시 재생은 공동체와 공동재의 보호와 밀접한 연관을 맺고 있다. 이런 점에서 그것은 흔히 자본주의의 파괴성에 맞서는 반자본주의 또는 탈자본주의의 실천으로 제시되지만 자본주의의 능동성을 적극 활용하는 친자본주의의 실천으로 추구될 수도 있다(NHK 특별취재팀, 2014, 2015).[17] 공동체의 이름으로 사람들에게 욕망을 버리고 조용히 살 것을

갯벌을 매립하고 방파제를 둘러쌓아 건설된 인천의 송도 신도시는 심각한 타격을 받을 수 있다.

[17] 일본에서는 인구 감소와 인구 과소에 의한 지방의 소멸이 현재적 문제로

요구하는 것은 그저 비현실적인 것일 뿐이다. 반자본주의와 친자본주의의 대립적 구분보다 훨씬 더 중요한 것은 비리를 막는 것이다. 비리가 만연한 곳에서는 어떤 도시 재생 정책도 그저 비리의 도구로 활용되고 말 뿐이다.

해양도시 재생은 무엇보다 해변과 연안의 보호에 초점을 맞추어야 한다. 이에 대해 지구적 차원에서는 이미 1992년의 '리우 환경정상회의'에서 체결한 '의제 21'에서 제시되었다. 그러나 그 성과는 사실상 없다. 한국에서는 2008년에 〈국가 기후변화 적응 종합대책〉이 발표됐는데, 여기서 '기후친화형 연안 관리 정책'의 과제가 제시되었다. 이에 따라 2009년에 국가기후변화적응센터가 설립됐고, 2013년에 '연안관리법'이 개정되어 신연안관리정책이 마련됐다(해양수산부 연안관리센터, 2016). 그러나 이런 변화가 과연 어떤 실효를 거두고 있는가에 대해서는 의문이 크다.

우리가 무엇보다 주의해야 할 것은 정치의 중요성이다. 아무리 좋은 제도가 만들어져 있어도, 정치가 잘못되면, 비리 세력이 권력을 장악하면, 그 제도는 제대로 작동하지 않는다. 심지어 좋은 제도가 비리 세력의 먹이로 전락할 수도 있다. 오늘날 도시 재생은, 특히 해양도시 재생은, 생태위기에 대응하는 민주주의의 발전을 요청한다. 이 점에서 주민이나 시민에 대한 무조건적 기대가 안고 있는 낭만적 환상의 문제도 직시해야 한다. 한국처럼 토건국가와 투기사회에 의한 '정경민 유착'의 문제가 심각한 곳에서는 더욱 더 그렇다. '촛불 정부'가 올바른 길을 활짝

떠올랐다. 2020년 현재, 일본의 빈집은 800만 채를 훨씬 넘고, 빈땅은 4만1000 km^2를 훨씬 넘는다. 한국도 불과 10년 뒤면 비슷한 상황이 될 것이다. 이런 무서운 상황에서 일본 정부는 지역의 자연을 보전적으로 활용하는 전통적 방식을 강화하는 것으로 대처하고 있다. 일본 정부는 토건국가와 투기사회의 문제를 적극 해소해서 지역을 살고 싶은 곳으로 만드는 정책을 추진하고 있는 것이다.

열어갈 수 있기를 염원한다.

참고자료

윤일성(2002), 『도시 개발과 도시 불평등』, 한울
이호준(2015), '현행 공용수용제도의 문제점과 개선방안', 『부동산 포커스』 2015.6., 한국감정원
정기용(2008), 『사람 건축 도시』, 현실문화
정기용·홍성태 외(2002), 『문화도시 서울 어떻게 만들 것인가』, 시지락
채여라 외(2011), 〈기후변화 적응 랜드마크 연구〉, 한국환경정책·평가연구원
최수 외(2014), 『한국의 수용 및 보상제도』, 국토연구원
최현 외(2016ㄱ), 『공동자원의 섬 제주 1: 땅, 물, 바람』, 진인진
최현 외(2016ㄴ), 『공동자원의 섬 제주 2: 지역 공공성의 새로운 지평』, 진인진
최현 외(2017ㄱ), 『제주의 마을과 공동자원』, 진인진
최현 외(2017ㄴ), 『공동자원론, 오늘의 한국 사회를 묻다』, 진인진
해양수산부 연안교육센터(2016), 〈연안 관리정책 소개〉
홍성태(2005), 『생태문화도시 서울을 찾아서』, 현실문화
홍성태(2007ㄱ), 『대한민국 위험사회』, 당대
홍성태(2007ㄴ), 『개발주의를 비판한다』, 당대
홍성태(2011), 『토건국가를 개혁하라』, 한울
홍성태(2007ㄱ), 『사고사회 한국』, 진인진
홍성태(2017ㄴ), *Understanding Contemporary Korea*, ZinInZin
Beck, Ulich(1992), 홍성태 옮김(1997), 『위험사회』, 새물결
Berman, Marshall(1988), *All That is Solid Melts into Air: The Experience of Modernity*, Viking Penguin.
Caro, Robert(1974), *The Power Broker: Robert Moses and the fall of New York*, Knopf.
Flint, Anthony(2009), *Wrestling with Moses: How Jane Jacobs Took On New*

  York's Master Builder and Transformed the American City, Random House

Hall, Tim(1998), 유환종 외 옮김(1999), 『현대 도시의 변화와 정책』, 푸른길

IPCC(2007), 기상청 옮김(2008), 『기후변화 종합보고서 2007』

Jacobs, Jane(1961), 유강은 옮김(2010), 『미국 대도시의 죽음과 삶』, 그린비

Moore, Charles(2011), 이지연 옮김(2013), 『플라스틱 바다』, 미지북스

Ostrom, Elinor(1990), 윤홍근·안도경 옮김(2010), 『공유의 비극을 넘어 – 공유자원 관리를 위한 제도의 진화』, 랜덤하우스

Paletta, Anthony(2016), Story of cities #32: Jane Jacobs v Robert Moses, battle of New York's urban titans, *The guardian*, 28 April 2016

Polany, Karl(1944), 박현수 옮김(1997), 『거대한 변환』, 민음사

Polany, Karl(1977), 박현수 옮김(1983), 『인간의 경제』, 풀빛

UN Habitat(2016), *World Cities Report* 2016 – *Urbanization and Development*

五十嵐 敬喜, 小川 明雄(2003), 『都市再生を問う-建築無制限時代の到来』, 岩波新書

岩見 良太郎(2016), 『再開発は誰のためか-住民不在の都市再生』, 日本経済評論社

NHK 특별취재팀(2014), 『산촌 자본주의』, 동아시아

NHK 특별취재팀(2015) 『어촌 자본주의』, 동아시아

제14장 **해양 유산과 생태문화사회**

1. 지구는 푸른 별

'하늘은 어둡고, 지구는 파랗습니다.' 1961년 4월 12일 인류 최초로 우주비행선을 타고 고도 302km로 올라가서 지구를 돈 소련(CCCP, 1917~1991)의 우주비행사 유리 가가린(Юрий Алексе́евич Гага́рин, 1934~1968)은 지구

사진 1   우주에서 본 지구

의 관제탑과 나눈 첫 통신에서 우주에서 지구를 본 소감을 이렇게 말했다.

우주에서 지구가 푸르게 보이는 이유는 바다가 햇빛의 붉은 빛을 흡수해서 약하게 만들기 때문이다. 지구는 표면이 물로 뒤덮이다시피 한 별이다. 지구 표면의 70%가 바다다.

바다는 너무나 중요하다. 바다는 생물의 고향일 뿐만 아니라 지구의 기후를 조절하고 생명을 유지하는 역할을 하기 때문이다. 바다에서 증발된 수증기가 땅에 비로 내려서 식물을 키운다. 흔히 물을 생명의 원천이라고 하지만 거의 모든 물이 바로 바다다. 바다는 지구 물의 무려 97.5%를 차지한다. 바다는 육지에 대해서도 생명의 원천이다. 지구가 생명의 별인 것은 바다가 있기 때문이다.

바다는 문화의 원천이기도 하다. 특히 원거리 문화 교류에서 바다는 대단히 중요했다. 땅에서 문화가 생겨났어도 그것은 바다를 통해 널리 퍼지고 섞여서 크게 자라날 수 있었다. 이미 고대 세계에도 사람들은 대양을 오가며 문화를 키웠고, 이탈리아인 콜롬보(Cristoforo Colombo, 영

그림 1   지구촌 물 현황

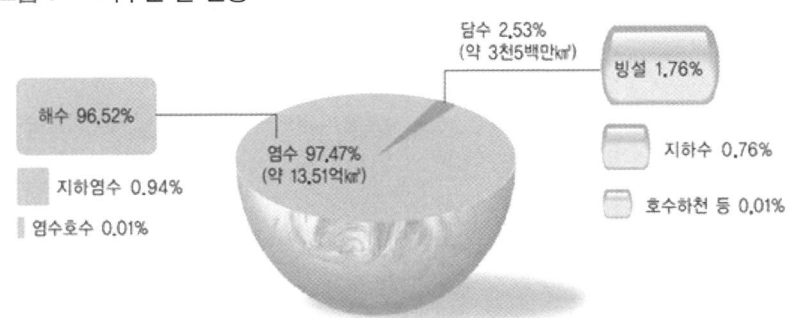

주1: 수증기는 0.001% 정도밖에 되지 않는다.
주2: 한국이 이른바 '물 부족 국가'라는 것은 완전히 현실을 왜곡한 잘못된 주장이다. 한국은 '물 부족 국가'가 아니라 '물 풍요 국가'이고, 불필요한 댐이 너무나 많은 '댐 토건국가'다.
출처: 국토교통부

어명 Christopher Columbus, 1451~1506)의 대서양 항해 이후에는 지구의 모든 바다가 뱃길로 이어졌다.

> 아주 제한된 범위의 교류 외에는 서로 고립되어 발전해오던 세계의 여러 문명권들이 15세기 이후 바다를 통해 급작스럽게 상호 소통하기 시작했다. 특히 콜럼부스의 항해 이후 수십 년의 짧은 기간 동안 전세계 모든 지역이 바다를 통해 연결됨으로써 진정한 세계사 혹은 지구사의 흐름이 형성됐다. 그런 점에서 오늘날 우리가 살아가는 이 근대 세계는 바다에서 태어났다고 해도 과언이 아니다(주경철, 2009: 5).

2. 연안의 중요성

바다는 지구의 표면을 덮다시피 하고 있는 물의 집합체다. 바닷물은 짜다. 태초에 지구의 대기에 염소 성분이 많이 있었고, 염소는 비에 녹아 바다로 들어갔다. 태초의 바다는 염소 성분이 많은 산성 바다였다. 여기에 암석에 섞여 있던 나트륨 성분이 녹아 들어갔다. 그 결과 염소(Cl)와 나트륨(Na)이 결합되어 소금(NaCl)이 만들어졌다. 이렇게 해서 바다는 짜졌다. 그 짠 물에서 생명이 만들어졌다.

우리는 바닷물을 마시고 살 수 없다. 그러나 바다는 우리를 살리는 생명의 원천이다. 많은 사람들이 직접 바다에 의지해서 살아가고 있으며, 바다에서 수많은 인간적-사회적 활동이 이루어지고 있다. 우리는 이런 관점에서 바다를 살펴볼 필요가 있다. 여기서 가장 기본적인 것은 법적 차원에서 바다가 어떻게 파악되고 규정되고 있는가이다. 법에서 바다는 어떻게 규정되고 관리되고 있는가?

해양(海洋)은 근해(sea)와 원양(ocean)을 뜻한다. 원양은 보통 '공해'(公海, high sea), 즉 '국가 관할권 바깥의 바다' 또는 '영유권이나 배타권이 특정 국가에 속하지 않는 바다'다. 공해는 '국제 해양법'(1982년 해양법에 관한 유엔 협약, 1982 United Nations Convention on the Law of the Sea)에 따른다. 우리의 삶에 밀접한 바다는 근해 또는 연해다. 이에 대해서는 1999년 2월에 제정된 '연안 관리법'으로 규정하고 있다. 이 법에 의해 '연안 통합관리기본계획'이 시행된다.

> 제2조(정의) 이 법에서 사용하는 용어의 뜻은 다음과 같다.
> 1. "연안"이란 연안해역(沿岸海域)과 연안육역(沿岸陸域)을 말한다.
> 2. "연안해역"이란 다음 각 목의 지역을 말한다.
> 가. 바닷가 [「공간정보의 구축 및 관리 등에 관한 법률」 제6조제1항제4호에 따른 해안선으로부터 지적공부(地籍公簿)에 등록된 지역까지의 사이를 말한다]
> 나. 바다 [「공간정보의 구축 및 관리 등에 관한 법률」 제6조제1항제4호에 따른 해안선으로부터 영해(領海)의 외측한계(外側限界)까지의 사이를 말한다]
> 3. "연안육역"이란 다음 각 목의 지역을 말한다.
> 가. 무인도서(無人島嶼)
> 나. 연안해역의 육지쪽 경계선으로부터 500미터(「항만법」 제2조제1호에 따른 항만, 「어촌·어항법」 제2조제3호가목에 따른 국가어항 또는 「산업입지 및 개발에 관한 법률」 제2조제8호에 따른 산업단지의 경우에는 1천미터) 이내의 육지지역(「하천법」 제2조제2호에 따른 하천구역은 제외한다)으로서 이 법 제6조에 따른 연안통합관리계획에서 정한 지역

한국의 면적은 100,363km^2인데 연안 면적은 91,000km^2이다(해양수산부, '연안 포털'). 우리가 접하는 바다는 대체로 연안, 정확히는 연안 해역이다. 연안 해역은 바닷가와 바다(영해)로 이루어진다. 연안은 우리의 삶을 지탱하는 중요한 물리적-생태적 기반이다.

한국은 공수(公水) 제도를 채택하고 있어서 바다, 하천, 지하수 등

그림 2   '연안'의 구성

출처: 토지이용규제서비스(LURIS), '용어사전 - 연안육역'

모든 자연의 물은 국가의 소유이다.[1] 연안 해역의 어업은 국가에 의해 어업권이 인정된 수협과 어촌계를 통해서만 할 수 있다.

3. 해양 유산의 구성

해양 유산은 근해와 원양의 존재들 중에서 후손에게 물려줄 귀중한 것

---

[1] 공수는 물을 사유(私有)가 아니라 공유(公有)로 하는 것이다. 물은 위에서 아래로 끊임없이 흐르고, 기체-액체-고체의 상태로 끝없이 순환하며, 모든 생명에게 필수적인 존재이다. 따라서 자연의 물을 사유화하는 것은 잘못이다. 공수 제도는 자연의 물을 모든 사람들의 공동재산으로 만들어서 정부가 관리하는 것이다. 그러나 공수 제도가 완전히 정비된 것은 아니다. 예컨대 제주도의 용천수는 사유지에 있는 것은 사유지에 귀속된 것으로 여겨져서 관련 난개발 문제가 심각한 상태가 되었다. '사유지 내 용천수 관리 사각지대..제도개선 시급', 〈제주환경일보〉 2020.12.6.

을 뜻한다. 그것은 크게 자연 유산과 인공 유산으로 이루어진다. 자연 유산은 그 위치에 따라 해변, 해중으로 나눌 수 있고, 인공 유산은 그 상태에 따라 유형, 무형으로 나눌 수 있다. 한국은 삼면이 바다인 나라이고, 동해, 서해, 남해의 생태적-사회적 차이도 커서 다양한 해양 유산을 갖고 있다. 우리의 해양 유산은 그 자체로 귀중한 생태적, 역사적, 문화적, 경제적 가치를 갖고 있어서 소중히 지켜지고 물려줘야 한다.

자연 유산과 인공 유산의 관리는 분리되어 있다. 인공 유산은 '문화재'로서 문화재청이 관리하지만, 자연 유산은 환경부, 해양수산부, 문화재청 등 세 부서에서 관리한다. 참고로 자연 유산과 관련해서 가장 중요한 제도는 환경부의 '자연환경보전지역'이다. 현재 전체 국토의 11.8%(12,527.2km^2)가 지정되어 있다. 또한 유엔의 결정으로 1948년에 설립된 국제자연보존연맹(IUCN)의 '세계 보호지역' 정책에 따른 '한국 보호지역'이 있다. 5개 정부 부·청에서 관리하는 2,071개의 보호지역[2]이 있는데, 그 면적은 전체 16,854.8km^{2}이고, 육상 11,599.3 km^2(전체 육지의 11.57%) · 해양 5,255.5km^2(전체 해양의 1.40%)이다.[3]

자연 유산 중에서 가장 큰 비중을 차지하는 것으로 '갯벌'을 들 수 있다. 흔히 우리의 서해 갯벌을 '세계 5대 갯벌'의 하나라고 하지만 1960년 이래 대규모 난개발로 말미암아 우리의 갯벌은 크게 훼손되어 버렸다.

갯벌은 아무 바닷가에나 만들어지는 것이 아니다. 갯벌은 조수 간만의 차이, 주변 하천의 상태 등이 다 맞아야 만들어진다. 갯벌은 절대 흔

---

[2] 중복을 무시하고 보면, 5개 정부 부·청의 15개 법에 의한 17개 유형 2,320개의 보호지역이 지정되어 있다('우리나라 보호지역 지정 현황').

[3] '한국 보호지역 통합 DB관리시스템'에서 지도의 형태로 자세한 내용을 제공하고 있다. 한국의 보호지역 면적은 OECD 평균에 크게 미달한다(관계부처 합동, 2015: 8).

지도 1 세계 5대 갯벌

출처: 해양환경정보 포털(www.meis.go.kr/)의 '세계 주요 갯벌'

한 것이 아니라 귀한 자연의 선물인 것이다. 더욱이 갯벌에는 수많은 생명체들이 산다. 이 때문에 갯벌은 더할 나위 없이 귀한 자연의 선물이다.

우리의 갯벌은 일본의 강점기(1910-45) 때 일본에 의해 본격적으로 파괴되기 시작해서 개발독재(1960-80년대) 때 대대적으로 파괴되었다. 그런데 민주화[4] 이후에도 이 문제는 해소되지 않고 더 악화되었다. 전두환 독재(1980-87) 때 시작된 새만금, 시화호, 영종도 등의 갯벌 간척 사업을 중단하지 못하고 지속한 결과였다.

> 일제강점기에 대규모 간척·매립 사업이 시작되기 전 한국의 갯벌 면적은 4,000~4,500km^2 가량으로 추산되고 있다. 그러나 지난해 해양수산부가 발표한 갯벌 면적은 55~62% 수준인 2,487.2km^2로 급감했다. 서울 면적(605.28km^2)의 3배 가량이 간척과 매립으로 사라진 셈이다. 일제강점기에 사라진 갯벌은 약 569.3km^2, 해방 후 1980년대 중반까

---

[4] 1987년의 6월 항쟁으로 비로소 민주화의 길이 열렸으나 불행히도 노태우 독재 정부(1987-92)가 이어졌고 1993년 2월에 김영삼 정부가 출범하면서 본격적으로 시작되었다.

제14장 해양 유산과 생태문화사회 311

표 1   한국의 갯벌

구분	면적	비율	비고
합계	2,489.4km^2	100.0%	
인천·경기지역	872.7km^2	35.1%	서해안: 2,080km^2
충청남도	358.8km^2	14.1%	남해안: 409.4km^2
전라북도	117.7km^2	4.7%	
전라남도	1,036.9km^2	41.7%	
경남·부산지역	103.3km^2	4.1%	

출처: (재)한국의 갯벌 세계유산 등재추진단의 '우리나라 갯벌 현황'

지 사라진 갯벌은 약 530km^2에 달한다. 갯벌 면적이 가장 크게 감소한 시기는 공식적인 정부 통계가 시작된 1987년부터 1997년 사이다. 새만금 208km^2, 시화지구 180km^2, 남양만 60km^2, 영종도 신공항 45km^2, 송도 신도시 16km^2 등 모두 810.5km^2의 광활한 갯벌이 파괴됐다. 특히 이 시기에 매립·간척 사업이 집중적으로 이뤄진 경기·인천 지역에서는 341km^2의 갯벌이 사라졌다.

(김기범 기자, '강과 바다는 만나야 한다-일제 강점 후 서울 면적 3배의 갯벌이 간척·매립으로 사라져', 〈경향신문〉 2015/10/20)

우리의 갯벌을 '세계유산'(World Heritage)으로 등재하려는 노력이 계속되고 있다. 충남 서천, 전북 고창, 전남 신안, 전남 보성·순천 등의 다섯 개 지자체가 '서남해안 갯벌 세계유산 등재추진단'을 꾸려서 문화재청과 함께 추진하고 있다. 그러나 2018년 3월 유네스코는 한국의 신청서를 반려했다. 지도가 미비하다는 이유였다. 실제 이유는 한국의 갯벌이 너무 많이 훼손됐기 때문이었을 것이다. 한국은 2018년 8월에 재신청을 결정했다. 이어서 2019년 2월에 재신청했다가 다시 보완을 하게 됐고, 2020년 1월에 재신청해서 등재될 것으로 기대됐으나 코로나19 사태로 심사 회의가 2021년으로 연기됐다.[5]

---

5   서남해안의 갯벌 4건(고창, 신안, 서천, 보성-순천)을 대상으로 '한국의 갯

그림 3   '세계 유산'의 구성[6]

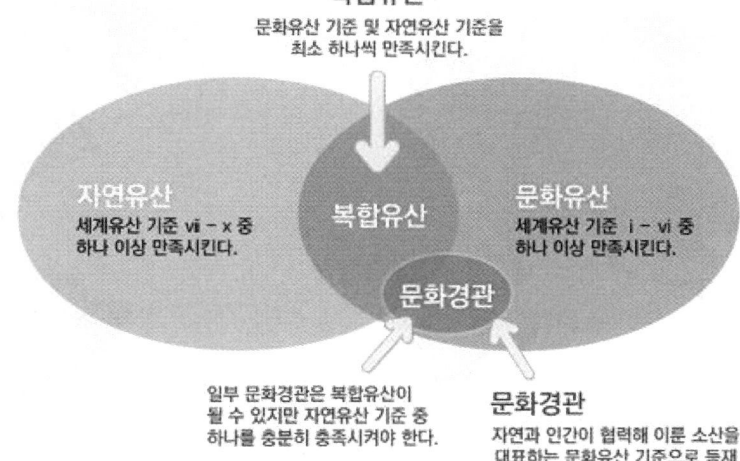

출처: (재)한국의 갯벌 세계유산 등재추진단의 '세계유산제도'
(heritage.unesco.or.kr/유산소개/세계유산소개/참고)

4. 해양 유산의 위기

오늘날 해양 유산은 큰 위기에 처해 있다. 자연 유산과 인공 유산을 떠나

벌(Getbol, Korean Tidal Flat)'이라는 이름으로 신청했다. 주변의 개발사업, 복원사업의 문제 등 관련 문제들에 대해서는 주용기, '한국 갯벌 '유네스코 세계유산 등재신청서' 수정이 필요하다', 〈월간 함께 사는 길〉 2019년 11월호를 참고. 2021년 2월 현재, 문화재청의 국가문화유산 포털은 '한국의 세계유산'으로 '서남해안 갯벌'을 제시하고 있다. 유네스코 세계유산에 등재된 한국의 자연은 2007년 '제주 화산섬과 용암동굴'이 있다.

6   유네스코(UNESCO, 유엔 교육문화과학기구)가 인류의 유산으로 지정해서 관리하는 '유네스코 등재 유산'은 세계유산(자연, 문화, 복합), 인류무형문화유산, 세계기록유산 등으로 이루어져 있다.

서 모든 해양 유산이 큰 위기 상황에 처해 있다. 그 원인은 크게 오염과 개발로 나누어 살펴볼 수 있다. 오염(pollution)은 인간이 배출한 물질들로 자연의 원래 상태를 더럽혀서 유해하게 만드는 것이고, 개발(development)[7]은 인간의 이익을 위해 자연의 원래 상태를 인위적으로 변형하는 것이다.

1) 오염

자연에는 쓰레기가 없다. 자연은 쓰레기를 만들지 않는다. 모든 폐기물은 다시 흙으로 돌아가거나 다른 생물의 몸이 된다. 오직 인간만이 자연의 순환을 깨고 자연으로 돌아갈 수 없는 쓰레기를 만든다.

바다는 수많은 인공 물질들로 더럽혀져 있다. 최근에 세계가 주목하게 된 오염 문제는 플라스틱 오염이다. 태평양을 비롯해서 세계의 모든 대양에 거대한 플라스틱 쓰레기 섬이 형성되어 있다. 가장 큰 북태평양의 플라스틱 쓰레기 섬은 면적이 무려 140만km^2에 이른다. 북태평양 플라스틱 쓰레기의 최대 배출국은 일본, 중국이다. 그리고 불행히도 한국의 연안이 쓰레기가 가장 많고, 미세 플라스틱 오염도 가장 심하다(김정수, 2014; 송경은, 2018).

정부는 '해양 쓰레기 통합정보시스템-국가 해안 쓰레기 모니터링 사업'을 가동하고 있고, 전국의 연해에서 어항 청소선을 가동하고 있다. 그러나 문제는 별로 개선되지 않았다.

---

[7] development는 흔히 '발전'으로도 번역된다. 발전은 보통 더 좋은 상태가 되는 것을 뜻한다. 이로써 개발은 곧 발전이라는 인식이 형성되었다. 이것을 개발주의라고 부른다. 그러나 개발은 발전일 수도 있고 퇴락일 수도 있다. 개발을 무조건 발전으로 정당화하는 개발주의는 심각한 파괴의 이데올로기로 작동한다. 이 문제를 올바로 인식해야 한다(홍성태, 2007).

지도 2 세계 대양의 거대 쓰레기 섬들

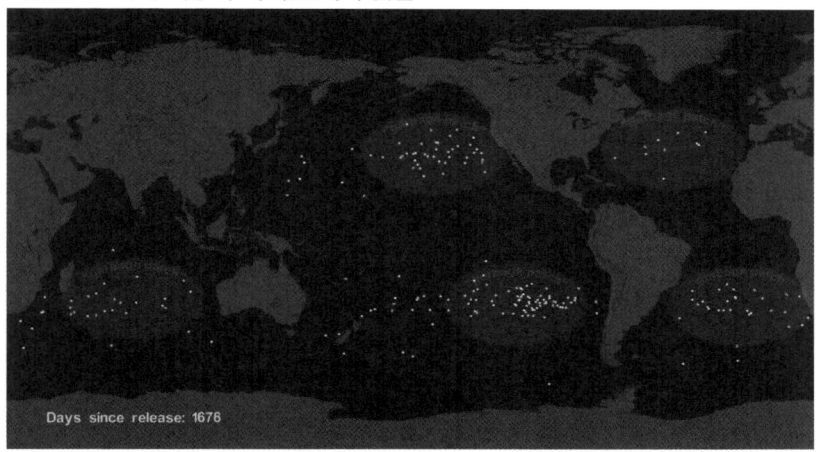

출처: NASA

지도 3 어항 청소선의 작업구역

출처: 해수부(2014)

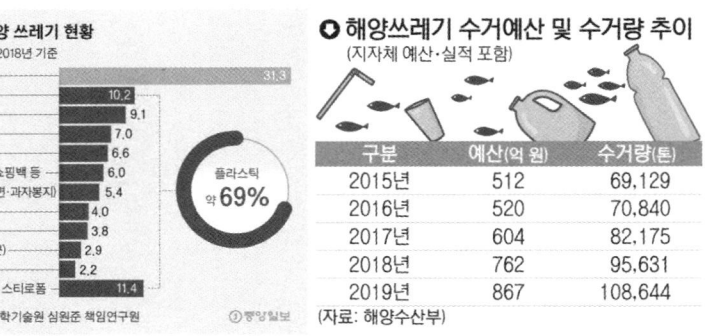

출처: 중앙일보 출처: 부산일보

　사실상 해마다 해양 쓰레기는 늘어나고 있다. 바다에서 버려지는 쓰레기는 물론 육지에서 투기되어 바다로 유입되는 쓰레기도 많다.[8] 그리고 해변과 해상의 쓰레기보다 바다의 속과 밑에 있는 쓰레기가 더 많다. 시간이 지나면서 이 쓰레기들은 분해되어 미세 플라스틱과 같은 미세 입자들이 된다. 이 미세 입자들은 모든 어패류와 해조류에 축적된다. 그 결과 우리는 어패류와 해조류를 먹으면서 많은 미세 쓰레기들을 함께 먹게 된다. 결국 우리가 버리는 쓰레기가 우리의 몸으로 들어오는 것이다. 우리가 쓰레기를 버려서 해변과 바다만 더러워지는 것이 아니라 우리의 몸이 더러워지고 병들게 되는 것이다.

2) 개발

바다는 수많은 개발들에 시달리고 있다. 인천의 송도 갯벌은 신도시로 바뀌었고, 시화 갯벌과 새만금 갯벌도 대거 파괴되었다. 전두환-노태우 독재에 의해 광대한 새만금 갯벌은 무한한 생명의 장소에서 무한한 죽

8　2013년 해양수산부의 조사 결과로는, 초목류를 제외하면 바다 64, 육지 36의 수준이었고, 반대로 초목류를 포함하면 바다 33, 육지 67의 수준이었다.

지도 4   새만금 내부 토지이용계획도(안)

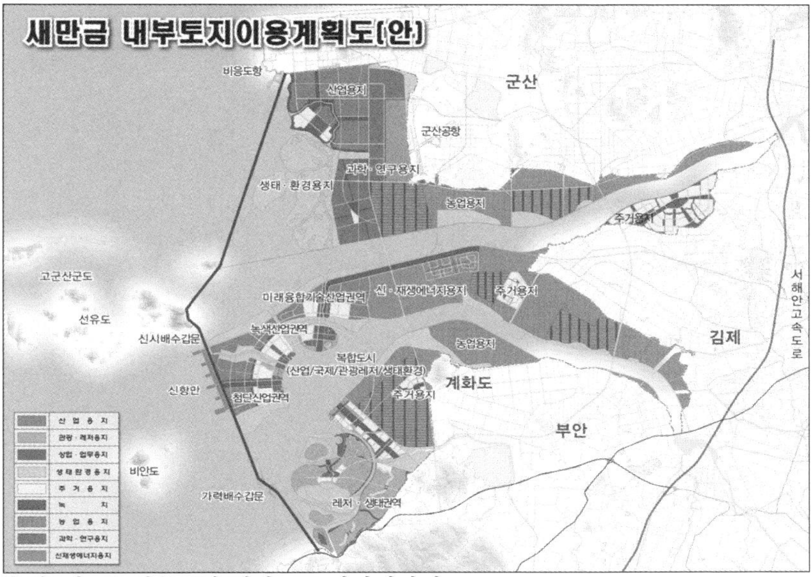

출처: 한국농어촌공사 새만금 국가산업단지

음의 장소로 바뀌게 되었다. 새만금을 되살려야 한다. 그 길은 두 개의 갑문을 상시 개방해서 전면 해수유통을 하는 수밖에 없다. 4대강을 올바로 되살릴 수 있는 길이 4대강 죽이기 보들을 모두 철거하거나 그 수문을 상시 개방하는 것밖에 없는 것과 같다.

'갯벌 없애기'의 문제는 이미 오래 전에 잘 밝혀졌다. 선진국은 갯벌을 없애는 것이 아니라 적극 되살리고 있다. 그러나 이 나라에서는 '갯벌 없애기'가 계속 강행되고 있다. 토건족은 '농지 확보'가 설득력을 잃자 '조력 발전'을 적극 내세우고 있다. 그러나 '조력 발전'은 절대 생태적이지 않으며, 소중한 갯벌을 대거 없애는 것일 뿐이다. 강화-인천 조력 구상과 천수만 조력 구상은 완전히 폐기되어야 한다. 이런 파괴적 사업이 계속 강행되는 것은 박정희-전두환 개발독재에 의해 형성된 토건국가 한국의 문제가 여전히 막강하기 때문이다. 불행히도 이 문제는 민주

지도 5   강화 조력과 인천만 조력의 대상 지역

출처: 인천 환경운동연합

정권에 의해서도 계속 강화되었다[9](홍성태, 2007, 2011).

갯벌만 없어지고 있는 것이 아니다. 모든 바닷가에 도로, 공장, 호텔, 아파트, 도시, 발전소 등이 계속 들어서고 있다. 해운대의 '엘시티'[10]라는 것이 잘 보여주듯이 이 과정에서 엄청난 비리도 저질러지고 있다. '토건족의 발호 → 자연의 사유화/개발-투기 이익 → 해양 유산의 파괴 → 생태위기와 비리의 악화'라는 문제가 이명박-박근혜 비리 범죄 정권

---

9   토건국가 문제는 역사-구조적 관점의 중요성을 잘 보여준다. 사회의 구조는 역사를 통해 형성되는데, 그것은 강력한 기득권의 형성과 직결된다. 이 기득권이 강력한 정치 주체를 이루고 합법적으로 제도의 개혁을 적극 저지해서 잘못된 사회의 구조를 계속 유지한다. 결국 전면적인 정치 개혁의 지속이 제도 개혁의 동력이고 구조 개혁의 기초이다.

10   2013년 10월 기공, 2015년 10월 착공, 2019년 11월 완공. 101층, 85층, 85층.

에서 극단적으로 악화되었다. 구조적인 면에서 보았을 때, '촛불 정권'이 이루어야 하는 가장 중요한 사회 혁신의 과제는 바로 이 토건국가 문제, 즉 토건족에 의한 파괴와 비리의 문제를 혁파하는 것이다.

바닷가에 들어선 수많은 시설들 중에서 가장 위험한 것은 바로 핵발전소다. 핵발전소는 일상적으로 바다의 열 오염 문제를 일으키고, 폭발 사고가 발생하면 주변 지역은 완전한 죽음이 지역이 되어 버린다. 한국에는 이미 많은 핵발전소가 건설되어 있지만, 특히 부산의 고리 지역은 세계 최고의 핵발전소 밀집지역이다. 1986년 4월의 체르노빌 핵발전

사진 2   '엘시티'의 광고

지도 6   고리 핵발전소 단지   지도 7   고리 핵발전소의 위험지역

 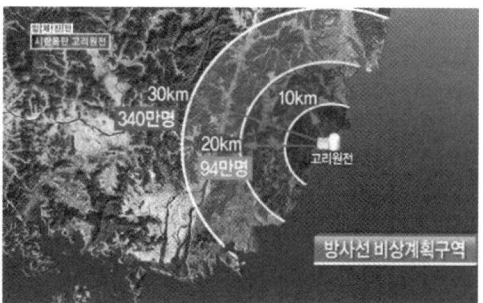

제14장 해양 유산과 생태문화사회   319

지도 8 중국의 핵발전소와 한반도의 위험

출처: kbs1(2015)

소 폭발 사고 이래 핵발전소는 현대 사회의 양면성을 보여주는 가장 강력한 상징이 되었다. 2011년 3월 11일의 일본 후쿠시마 핵발전소 폭발 사고는 핵발전소가 절대적 위험시설이라는 사실을 다시금 명확히 입증해 주었다. 우리의 해양 유산은 이렇듯 극심한 위험의 한복판에 놓여 있기도 하다.

한편 중국은 핵발전소를 바닷가에 건설했다. 중국의 북쪽 바닷가는 우리의 서해와 바로 이어져 있고, 중국의 남쪽 바닷가도 해류로 한반도와 직결되어 있다. 이 때문에 한국은 중국의 핵발전소를 주시하지 않으면 안 된다. 후쿠시마 핵발전소 폭발 사고가 잘 보여주듯이 바다는 가장 효율적인 위험의 확산 경로가 될 수 있다.

이렇듯 우리의 연안은 이미 오래 전부터 과개발로 큰 고통을 당하고 있다. 그러나 이명박 정부는 '강·산·해 통합 국토관리네트워크'라는 미명으로 강과 산과 바다를 통합해서 경제적 이용을 용이하게 하려고 했다(대한민국 정부, 2011: 57~61).

□ 바다를 국민의 고품격 휴식처로 개선
○ 육지와 바다의 연접지역인 연안지역을 친환경적인 해양공간으로 조성
○ 바다를 친환경적인 해양공간으로 개발
○ 인프라 개발 및 접근성 증대를 통한 풍부한 섬자원의 활용 제고

토건족의 개발-투기 이익이 국가의 발전을 좌우하는 이런 후진적인 과개발의 시대를 하루빨리 끝내야 한다. 자연과 역사를 지키며 문화를 추구하는 생태문화사회의 전망을 세우고 과개발의 문제를 철저히 파악하고 혁파해야 한다. 지역 쇠퇴/소멸의 문제에 비추어 보더라도 시대가 요구하는 '진정한 선진화'의 과제는 토건국가의 단절적 혁신을 통한 생태문화사회의 형성이다. 지역의 미래는 더 이상 공장이나 고층 건물의 무차별적 건설에 있지 않다. 해양 유산으로 응축된 자연과 역사가 해양지역의 최고 자산이다.

5. 제주도의 경우

한국은 커다란 반도국으로서 삼면이 바다로 둘러싸인 해양국이다. 해변의 도시들은 해양국 한국의 면모를 잘 보여준다. 부산, 마산, 울산, 여수, 광양, 목포, 군산, 인천, 강릉, 속초 등 많은 도시들이 해변에 들어서 있다. 그러나 해양국 한국을 대표하는 지역으로는 단연 제주도를 들어야 할 것이다. 제주도는 한국에서 가장 큰 섬으로서 해양국 한국을 대표하는 곳이고, 또한 생태적으로, 문화적으로, 경제적으로, 군사적으로 대단히 특별한 곳이다.

제주도(濟州島, Jeju-do)는 대한민국의 남해에 위치한 섬이자 대한민

국에서 가장 큰 섬이다. 또한 제주도는 행정구역상 제주특별자치도[11]에 속한다. 섬의 면적은 1833.2 km²인데 이는 남한 면적의 1.83%에 해당한다.[12] 2020년 주민등록 인구는 약 67만 명[13]으로 대한민국의 섬 중에서 가장 인구가 많다.

또한 제주도는 중앙의 한라산[14]을 중심으로 완만한 경사를 이루어 동서 73km, 남북 31km의 타원형 모양을 하고 있다. 일주도로 길이는 181km, 해안선은 258km이다. 제주도의 북쪽 끝은 김녕 해수욕장이고, 남쪽 끝은 송악산이며, 서쪽 끝은 수월봉, 동쪽 끝은 성산 일출봉이다. …

---

[11] "특별자치도(特別自治道)는 대한민국의 행정 구역으로, 도(道)와 기능적으로 거의 동일하지만, 관련 법률에 의거해 고도의 자치권이 보장된다. 특별자치도에는 특별자치도지사 직속의 자치경찰, 도로기획단, 보훈청, 국립공원 등 거의 대부분의 관리권을 가지고 있다. 다만 치안 유지를 위해 행정안전부 산하 지방경찰청급 특별자치도경찰청과 기타 치안 관련 업무 기관은 양분되거나 타 시도의 권한과 동일하게 존재한다. 또한 특별자치도는 산하에 기초자치단체를 두지 않고 행정시를 둘 수 있으며, 행정시의 시장은 민선이 아닌 관선으로 특별자치도지사가 임명한다"(〈위키백과〉, '특별자치도').

[12] 제주특별자치도의 자료에는 제주도의 면적이 1,849.3*km²*(전 국토의 1.9%)로, 통계청의 지역별 면적에는 1,850*km²*로 제시되어 있다. 1,833*km²*은 제주도 본섬의 면적이다.

[13] 〈위키백과〉는 2020년 9월의 통계라고 밝혔다. 2021년 2월에 제주특별자치도가 발표한 2020년 12월 현재 제주 주민등록 인구 통계에서 제주도의 총인구는 697,578명이었다.

[14] 한라산(漢拏山)은 19만년~2만년 전 사이의 17만년에 걸친 화산 활동으로 형성됐다. 높이는 약 1,950m이고 면적은 약 1,820km²로 남한에서 가장 높고 넓은 산이다. 면적에서 알 수 있듯이 제주도 전체가 한라산이라고 할 수 있다. 한라산에서 국립공원으로 지정된 면적은 153.332km²(제주도 면적의 8.3%)이다. 한라산을 중심으로 제주도 전역에 무려 368개의 오름(소형 화산)들이 있어서 제주도는 세계에서 화산의 흔적이 가장 많이 밀집해 있는 곳이다. 남한에서 두 번째로 높은 산은 지리산으로 높이는 약 1,915m이고, 국립공원 면적은 483.022km²으로 남한의 국립공원들 중 가장 넓다.

또한 2002년 12월 16일 유네스코가 기후 및 생물 다양성의 생태계적 가치를 인정하여 제주도를 생물권 보전지역으로 지정하였다. 가파도뿐만 아니라 한라산, 성산 일출봉, 거문오름 용암동굴계가 학술·문화·관광·생태 등의 가치와 중요성을 인정받아 2007년 6월 '제주 화산섬과 용암동굴'이라는 이름으로 세계자연유산에 등록되었다. 2010년 10월 3일 유네스코 세계지질공원네트워크(GGN)가 제주도 지역에 세계지질공원을 인증했다(〈위키백과〉, '제주도').

통계청의 전국 지역별 인구통계에 따르면 제주도의 인구는 1970년 365,522명, 1980년 462,755명, 1990년 514,608명, 2000년 543,323명, 2010년 571,255명, 2020년 697,349명으로 증가했다. 2009-2019년의 10년 사이의 변화를 보면, 인구는 무려 21만 명 정도가 늘어났고, 관광객은 650만 명 수준에서 1500만 명 수준으로 폭증했다. 물가는 19%가 넘게 올랐는데, 특히 외식·숙박은 33% 정도나 올랐다. 이와 함께 주택 건설이 급증했는데, 단독 196.3%, 아파트 17.5%, 연립 958.9%, 다세대 257.5%로 폭증했다. 이렇게 인구가 급증하자 범죄와 폐기물이 모두 급증했다(통계청, 2020).

인구의 증가와 산업의 성장은 당연히 개발의 확대를 수반한다. 1980년대에 제주시는 신제주로, 서귀포는 중문으로 확대됐다. 현재 제주특별자치도는 제주시와 서귀포시의 두 행정시로 양분되어 있으며, 두 곳에서 많은 개발사업들이 계속 시행되고 있다. 제주도는 그야말로 전면적인 도시화의 상태에 있는 것이다. 그런데 2020년 현재 제주도의 산업구조는 1차 산업 11.7%, 2차 산업 18.1%, 3차 산업 70.2%로 전국 평균에 비해서 1차와 3차의 비중이 높은 편이다. 이에 대응해서 제주도는 4차 산업혁명에 적극 대응하는 계획을 수립했다(제주특별자치도, 2020).

그런데 그 동안 제주도에서도 지역 혁신이 활발히 추진되었으나 결과는 다른 곳과 비슷하게 별 성과가 없는 상태이다. 사실 지역 혁신을 둘

그림 4   제주도의 생활권 및 인구배분 계획

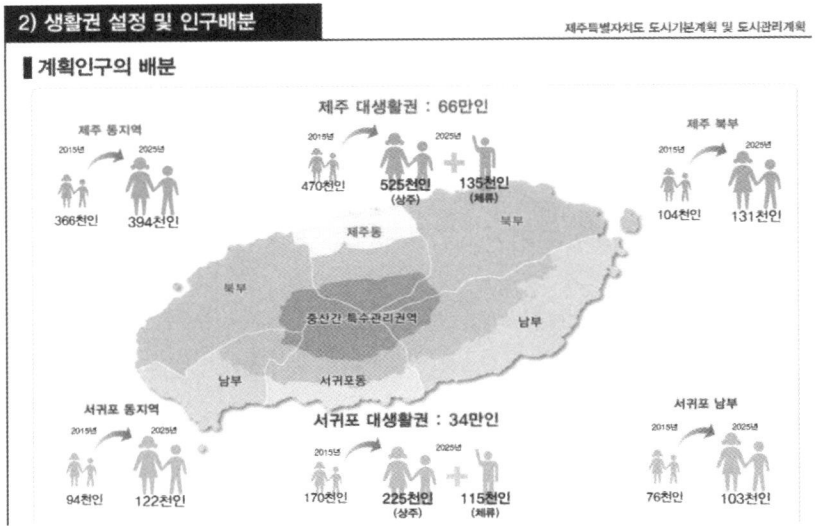

출처: 제주특별자치도(2017)

러싼 이론과 정책의 혼란이 제주도에서 가장 심하게 나타났다. 제주 혁신도시(서귀포), 제주 지역혁신체계, 제주 지역혁신협의회, 제주 창조경제혁신센터, JDC 제주혁신성장센터 등 지역 혁신에 관한 정책들이 이어졌으나, 2006년의 '지역혁신 지수'에 이어 2019년의 '지역 혁신성장 역량'에서도 제주도는 전국 16개 광역시·도 중에서 '최하위'로 평가되었다.[15]

　　제주도를 대표하는 것은 혁신이 아니라 개발인 것 같다. 제주도는 대규모 개발사업이 끊이지 않는 '개발의 섬'이 되어 버렸다(제주연구원, 2018; 제주특별자치도, 2018). 그러나 개발은 자연을 파괴하는, 그 결과 생활

---

15   이 조사연구는 산업연구원에서 수행했다. '지역혁신 지수' 제주지역 전국 '꼴찌'', 〈제주 투데이〉 2006.3.28. '지역 혁신성장 역량 '1위' 대전, '최하위'는 제주', 〈전자신문〉 2019.12.25.

의 기반을 파괴하는 문제를 안고 있다. 이 때문에 제주도민들도 끊이지 않는 대규모 개발사업들에 대해 큰 우려를 갖게 됐다.[16] 지난 몇 년 동안 가장 큰 논란이 된 것은 '오라 관광단지 개발계획'으로 이 계획은 초거대규모로 중산간 지대를 개발해서 심각한 자연 파괴 문제를 낳을 수 있는데다가 심각한 비리와 특혜의 의혹이 계속 제기되었다.

사실 제주도의 난개발 문제에 대해 여러 전문가들과 운동가들은 이미 오래 전부터 제주도의 개발이 이미 제주도의 환경수용능력을 넘어섰다고 지적해 왔다. 이와 관련해서 1991년에 제정된 '제주도 개발 특별법'을 전면적으로 개정해야 할 필요가 강력히 제기되었다(문상빈, 2017). 이처럼 이미 오래 전부터 생태적 전환이 촉구되었으나 섭지코지 개발, 강정 해군기지 건설, 비자림 파괴, 제주시 38층 초고층 건물[17] 건설 등 대규모 개발사업이 계속 시행되었다. 여기에 '제주 제2공항'의 신설이 추

---

16 '제주도민 절반 "대규모 개발사업 갈등 심각하다"-제주도, 도정·개발사업 여론조사…"환경과 조화 필요"-대규모 개발사업, 제주 발전 기여 '부정적 의견' 높아', 〈한겨레〉 2020.1.15. 이런 여론을 바탕으로 제주도의회는 "앞으로 대규모 개발사업 정책이 '도민의 복리증진'과 청정 환경 보전 등 '지속가능한 제주발전'이라는 가치를 최우선 순위에 두는 패러다임으로 전환된다"고 발표했다. '제주도의회 '지속가능 제주발전' 가치 최우선 순위 패러다임 전환'. 〈일간 제주〉 2020.3.2. "지속가능 제주발전" 가치 최우선 순위 패러다임 전환', 〈제주 도민일보〉 2020.3.2.

17 '초고층 및 지하연계 복합건축물 재난관리에 관한 특별법'에서 '초고층 건축물'은 '층수가 50층 이상 또는 높이가 200미터 이상인 건축물'로 규정되어 있다. 건축법은 '고층 건축물'을 '층수가 30층 이상이거나 높이가 120미터 이상인 건축물'로 규정하고 있고, 그 시행령은 '초고층 건축물'을 '층수가 50층 이상이거나 높이가 200미터 이상인 건축물'로, '준초고층 건축물'을 '고층 건축물 중 초고층 건축물이 아닌 것'으로 규정하고 있다. 따라서 38층 건물은 법으로는 '준초고층'에 해당된다.

진되면서 제주도의 난개발이 극단화되는 것에 대한 우려가 증폭되었다.

그런데 2020년에 들어와서 큰 변화가 나타나기 시작했다. 2020년 1월 제주도의회는 '지속가능발전'을 최우선 가치로 두는 패러다임 전환을 선언했다. 이어서 10월 제주특별자치도는 '청정제주 송악선언'을 발표해서 '제주의 자연은 모든 국민이 누릴 권리가 있는 대한민국의 소중한 자산'이라는 사실을 천명하고 제주도의 난개발을 종결시키고 청정과 공존을 이룰 것을 약속했다. 이 선언에 이어서 제주특별자치도는 송악산 관광단지 개발계획과 오라 관광단지 개발계획을 종결했다. 이런 변화는 제주도의 진정한 발전을 위해 대단히 다행스러운 것이다.

그러나 이런 변화에 대해 신뢰는 약하고 의혹은 큰 상태이다. 우선 2017년 4월에 발표된 〈2025 제주도 도시기본계획〉은 2025년 제주도의 인구를 무려 100만 명으로 설정했다. 불과 8년 사이에 30만 명이 넘는 인구가 늘어나는 것이고, 2020년 제주도 인구의 45% 정도가 더 늘어나는 것이다. 제주특별자치도는 그야말로 폭발적인 인구 증가를 목표로 추구하고 있다. 또한 제주특별자치도는 다수의 도민들이 반대하는 것으로 밝혀진 '제주 제2공항'을 계속 강행하려 하고 있다. '제주 제2공항'은 해당 지역의 대대적인 파괴는 물론이고 제주도 전체를 극심하게 훼손하게 될 것이다.[18] 이처럼 제주도는 난개발 대재앙 속으로 빠질 큰 위험에 처

---

18 2021년 2월 15-17일에 제주도와 제주도의회의 요청으로 실시된 제주 제2공항 제주도민 여론조사에서 반대가 더 많은 것으로 나타났다. 제2공항이 들어설 성산읍 지역은 찬성이 더 많은 것으로 나타났지만, 공항이 들어설 피해 마을들은 단연코 반대하고 주변의 수혜 마을들이 찬성하고 있다. 3월 10일 원희룡 지사가 여론조사 결과를 무시하고 제2공항을 강행하겠다는 뜻을 밝혀서 '민의 역행'이라는 비판이 쏟아지는 것과 동시에 지역 내의 갈등이 더욱 격화되었다. 심각한 공간 불의가 자행되고 있다.

지도 9   2025 제주도 개발계획도

주: 이 지도는 관련 업자들이 각종 계획들을 취합해서 제작·판매하는 것임.

해 있다.

　　혁신은 지식과 기술로 개발의 문제를 넘어서 지속적 성장을 추구하는 것이다. 기술적 혁신을 기본으로 문화적-생태적 혁신을 추구하는 것은 현대 사회의 보편적 발전과제가 되었다. 이 점에서 제주도는 급속한 성장과 함께 심각한 퇴행을 겪고 있다. 제주도는 세계적인 해양 유산과 생태문화를 간직한 곳이지만 수십년 간 계속되고 있는 대대적 개발로 크게 가치를 잃었다. 제주도는 전반적인 인구 감소 추세에 맞게, 그리고 생태적 수용력을 올바로 지켜서, 도시기본계획을 재정립할 필요가 있다. 나아가 제주도는 '수눌음'의 전통을 잘 살려서 공동체와 그 문화를 보호하고 확산하는 사회적 혁신의 모범이 될 수 있을 것이다(최현 외, 2016 ㄱ과ㄴ, 2017, 2019).

6. 생태문화사회(Eco-Culture Society)를 위해

본래 문화사회는 1980년대 초에 독일의 노동운동에서 새로운 사회 발전의 목표로 제시된 개념이다. 당시 독일을 비롯해서 서구는 복지국가의 위기를 겪고 있었는데, 이에 대해 자본 쪽은 신자유주의를 적극 추구했고, 이에 맞서 노동은 힘든 방어 투쟁을 전개해야 했다. 이런 상황에서 독일의 노동운동은 노동시간을 줄이고 일자리 공유를 통해 문제를 해결하는 방안을 제시했다. 노동시간을 줄이는 만큼 임금을 줄이되 자유시간을 늘려서 내적 만족을 위한 문화 생활을 확대하자는 것이었다. 이런 점에서 문화사회 구상은 포스트 모던(post-modern), 즉 '탈근대'의 구상이었다.[19]

그러나 문화사회 구상은 여전히 생태위기의 문제를 고려하지 않고 복지국가의 변형을 추구한 것이었고, 이런 점에서 그것은 결코 완전한 '탈근대'의 구상이 아니었다. 근대는 무엇보다 공업에 의해 형성되고 작

그림 5   생태위기의 위험성

---

19   근대가 노동권을 중심으로 이루어졌다면, 탈근대는 이로부터 벗어나야 한다.

동되는 시대이다. 착취국가와 복지국가의 차이는 공업을 전제로 해서 의미가 있는 것이다. 그런데 생태위기는 공업의 한계를 뜻한다. 공업은 오염과 고갈의 양 면에서 결코 장기적으로 지속될 수 없다. 지구 가열-기후 위기는 이 사실을 잘 보여준다. 지구 가열-기후 위기는 지구 전체를 생명 절멸의 상태로 몰아넣을 수 있다.

지구 가열-기후 위기는 세계의 모든 해양 유산에 전면적이고 치명적인 손상을 가하고 있다. 바다에 이산화탄소가 너무 많이 녹아들어가서 호주의 대보초가 대대적으로 파괴되고 있고, 해수면 상승으로 나우루와 몰디브 등의 섬나라들은 없어질 지경이며, 베니스를 필두로 수많은 해양도시들도 이 상태로는 머지않아 바다에 잠기고 말 것이다. 그러나 우리가 생태위기를 직시하고 자연을 존중하는 생태문화사회를 추구한다면, 인류사의 새로운 발전이 도도히 시작될 것이다. 생태문화사회는 생태적인 문화사회를 뜻한다. 그것은 자연을 존중하며 활용하는 문화사회다. 위험-사고사회의 문제를 극복하고, 복지국가의 한계를 극복하고, 지역의 쇠퇴/소멸을 극복하는 길이 여기에 있다(홍성태, 2017, 2018). 이런 사실을 잘 보여주는 세계적인 사례로 '순천만'을 들 수 있다.

순천만은 오폐수가 흘러들고 쓰레기가 버려져서 아주 더러운 곳으로 매립되어 없어질 처지에 놓였었다. 그러나 2003년 순천만이 국내 유일의 흑두루미 도래지로서 습지보호지역으로 지정되고, 이에 대응해서 순천시가 순천만의 생태관광을 시작하자 놀라운 일이 벌어졌다(순천시, 2020). 순천은 한국 최고의 관광도시가 되었고, 세계 최고의 관광도시를 추구하게 되었다.[20] 순천의 영향으로 갯벌을 되살리기 위한 '역간척'

---

20 순천만의 관광객은 2003년 10만 명, 2010년 300만 명, 2019년 600만 명 수준으로 급성장했다. 2019년 순천시 전체의 관광객은 1천만 명을 넘어섰고, 순

사진 3 순천만의 전경

출처: 순천시

　도 더욱 힘을 얻게 되었다. 낙동강, 영산강, 금강 등의 하구언을 모두 철거하고, 새만금 방조제의 전면 해수유통을 실현해서 천혜의 서해 갯벌을 크게 되살려야 한다.

　생태위기를 이기는 진정한 발전의 길, 즉 생태문화사회를 만드는 것은 결코 어렵지 않다. 해양 유산은 생태문화사회의 중요한 기반이다. 해양 유산을 잘 지키는 것이 생태문화사회를 만드는 핵심이다. 나아가

천은 전남의 최고 관광도시가 되었다. 그런데 순천의 이런 놀라운 변화는 단순히 순천만의 보호와 생태관광만으로 이루어진 것이 아니다. 2003년에 순천은 기적의 도서관을 사업을 시행했다. 정기용 선생의 첫번째 '기적의 도서관'이 순천에 지어졌다. 이에 이어서 2005년에 순천은 정기용과 함께 문화도시 연구를 진행했다. 2006년에 문화부는 처음으로 문화공간 조성 지원사업을 시행했는데, 순천은 이 사업에도 적극 참여해서 순천의 근대 공간을 지키고자 했다. 이런 노력들이 쌓여서 순천의 성공이 이루어진 것이다. 요컨대 자치체가 훌륭한 전문가와 함께 시민들을 설득해서 생태문화도시를 만들고자 오랜 시간에 걸쳐 올바로 애써야 비로소 큰 성과를 거두게 되는 것이다.

'해양 생태문화사회'는 육지 중심 사고에서 '육지-해양 연계 사고'로, 한반도 중심 사고에서 '한반도-주변 바다 연계 사고'로 우리의 인식을 확장한다. 이로써 '해양 생태문화사회'는 동북아의 평화를 더욱 촉진하게 될 것이고, 그 결과 더욱 자유롭고 풍요로운 삶을 추구하게 될 것이다.

참고자료

관계부처 합동(2015), 〈제4차 국가환경종합계획〉
김정수(2014), '한국 바닷속 미세 플라스틱 오염 세계 최고 수준', 〈한겨레〉 2014/4/15
송경은(2018), '플라스틱 쓰레기, 돌고돌아 결국 식탁까지 위협', 〈동아 사이언스〉 2018/4/23
순천시(2020), '순천만 보전역사', https://scbay.suncheon.go.kr/wetland/
심원준(2019), '해양 플라스틱 쓰레기의 오염실태와 문제점', 한국해양과학기술원·한국해양수산개발원 공동주관, 〈해양쓰레기의 효율적 관리를 위한 토론회〉, 2019.8.8.
정기용(2008ㄱ), 『사람 건축 도시』, 현실문화
정기용(2008ㄴ), 『기적의 도서관』, 현실문화
제주연구원(2018), 〈제주특별자치도 발전계획 (2018~2022)〉
제주특별자치도(2017), 〈2025 제주특별자치도 도시기본계획〉
제주특별자치도(2018), 〈제주특별자치도 도시재생 전략계획〉
제주특별자치도(2020), 〈제주특별자치도 4차 산업혁명 촉진 기본계획〉
주경철(2007), 『문명과 바다』, 산처럼
최현 외(2016ㄱ), 『공동자원의 섬 제주 1 : 땅 물 바람』, 진인진
최현 외(2016ㄴ), 『공동자원의 섬 제주 2 : 지역 공공성의 새로운 지평』, 진인진
최현 외(2017), 『공동자원론, 오늘의 한국 사회를 묻다』, 진인진
최현 외(2019), 『제주사회의 변동과 공동자원』, 진인진

kbs1(2015), '중국, 원전 23기 추가 건설…한반도 안전은?', 2015.4.17.
통계청(2020), 〈통계로 본 제주의 어제와 오늘〉, 2020.12.
해수부(2014), '어항청소선으로 깨끗한 어항 만든다', 2014.3.3.
홍성태(2007), 『개발주의를 비판한다』, 당대
홍성태(2011), 『토건국가를 개혁하라』, 한울
홍성태(2017), 『사고사회 한국』, 진인진
홍성태(2018), 『생태복지국가를 향하여』, 진인진

Moore, Charles(2011), 이지연 옮김(2013), 『플라스틱 바다』, 미지북스

제15장 북한의 바다와 지속가능성

1. 북한과 바다

북한은 동과 서의 양 면이 바다에 접해 있다. 서해는 중국과 국경을 이루고, 동해는 일본, 러시아와 국경을 이룬다. 북한의 동해는 남한의 동해와 같은 것이고, 북한의 서해는 남한의 서해와 같은 것이다. 동해는 금방 수심이 깊어지는 맑은 바다이고, 서해는 갯벌이 발달한 흐린 바다이다.

분단으로 남한은 북쪽 육지가 막혔고, 북한은 남쪽 바다가 막혔다. 남한에 바다가 중요한 것처럼 북한에도 바다가 중요하다. 북한도 다양한 용도로 바다를 이용하고 있고, 이 과정에서 많은 문제가 발생하고 있기도 하다. 이용은 어업, 운항, 간척 등으로 살펴볼 수 있고, 문제는 오염, 파괴, 고갈 등으로 살펴볼 수 있다.

지도 1   북한의 행정구역
북한 행정 구역

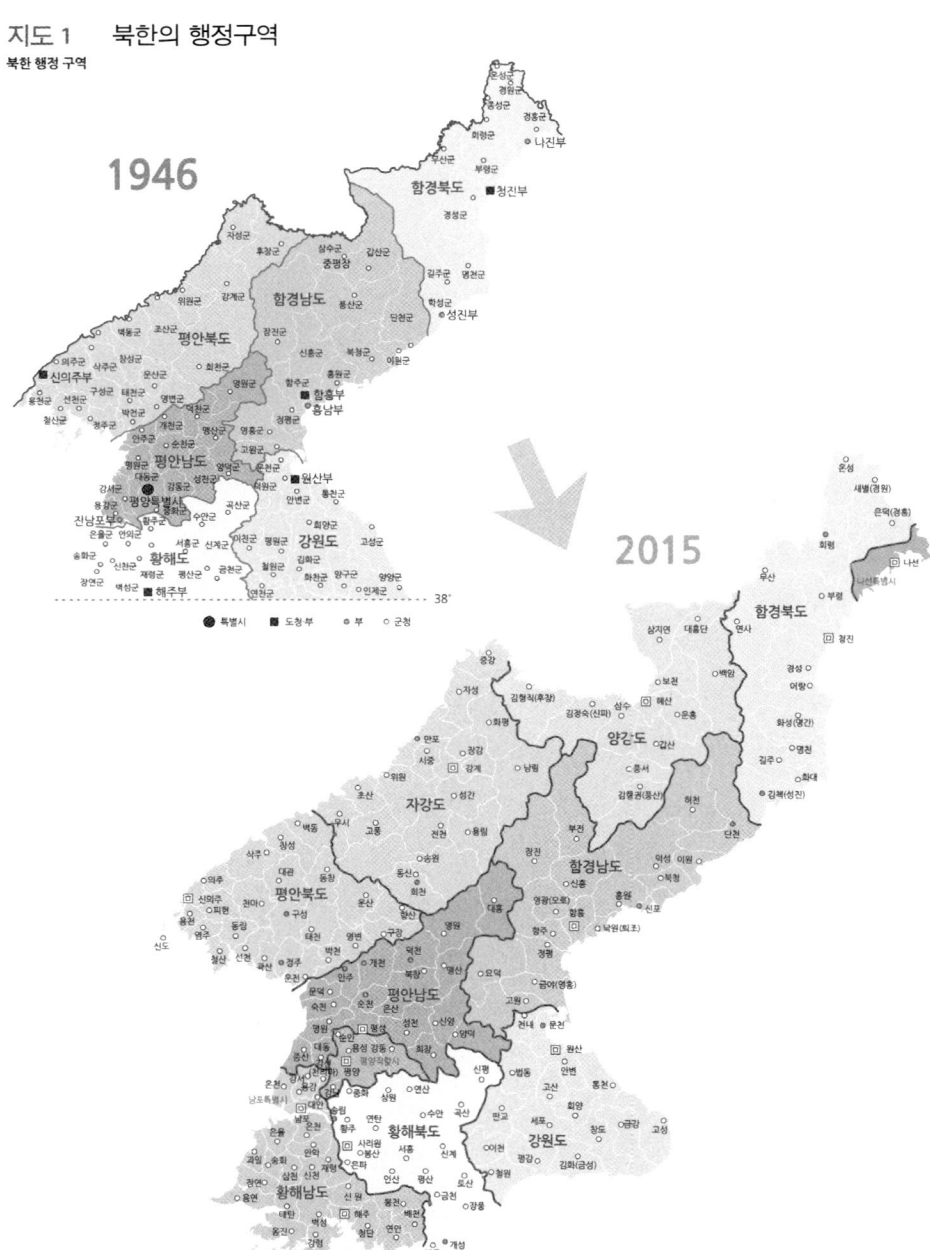

출처: 대한민국 국가지도집(http://nationalatlas.cafe24.com/)

2. 북한 바다의 개발

남한처럼 북한도 바다를 활발히 이용하고 있다.[1] 가장 기본적인 것은 어업이다(김종화, 2019). 북한은 수산정책의 기본방향으로 "바다로부터 인민의 식량을 공급받고, 한편으로는 외화벌이의 중요한 산업으로 이를 장려하며, 이 목적을 달성하기 위하여 어장의 확대, 수산의 과학화, 생산의 극대화를 추진한다"고 밝히고 있다. 동해에서는 멸치, 명태, 오징어 등의 어획이 활발하고, 서해에서는 조기, 민어, 삼치 등의 어획이 활발하다. 또한 굴, 조개, 김, 미역 등의 양식업도 활발하다. 2016년의 수산물 생산량은 남한이 325.7만 톤인데 비해 북한은 100.9만 톤으로 추정됐다(《통일부 북한정보포털》의 '수산업'). "현재 북한은 방대한 수산자원을 보유하고 있지만 기술, 자금, 설비 부족으로 인하여 생산가능 수산물에 비해 훨씬 적은 양을 생산하고 있"는 것으로 평가된다(홍민지, 2020).

어업과 함께 운항은 바다를 이용하는 기본이다. 북한에는 8개 무역항, 5개 원양수산기지항, 30여개의 어항이 있는 것으로 알려졌다. 2015년 현재, 북한의 항만 하역능력은 4,156만 톤 정도로서 11억 4,092만 톤이었던 남한의 항만 하역능력의 4%에 불과했다. 이 중에서 가장 큰 항만인 8개 무역항은 서해에 남포, 해주, 송림 등의 3개 항이 있고, 동해에 선봉, 나진, 청진, 흥남, 원산 등의 5개 항이 있다. 이 중 가장 큰 것은 남

---

[1] 사회주의/공산주의에서는 자연과 인공의 차이를 떠나서 생산수단의 사적 소유(개인 소유, 공동 소유)는 인정되지 않는다. 모든 생산수단은 국가 소유이고, 그 이용은 국가에 의해 결정된다. 남한은 바다는 국가 소유이지만 그 이용은 수산조합과 어촌계를 통해 개인에게 허가된다. 사회주의/공산주의에서도 자유주의에서처럼 마을이나 집단이 공동자원을 소유하고 이용하는 것처럼 보이지만 실제로는 국가가 허가하는 것이다. 여기서 국가의 정치적 실체는 권력을 장악하고 있는 당(사회당 또는 공산당)이다.

포항이다. 8개 무역항의 전체 하역능력이 3,570만 톤인데, 남포항의 하역능력이 1,351만 톤으로 전체의 30%를 넘는다. 두번째로 큰 항만은 동해의 청진항으로 하역능력이 800만 톤이다. 남포항은 대동강 하류에 위치해 있으며 평양에서 45km 정도 떨어져 있다. 이곳의 원활한 운영을 위해 15km 떨어진 대동강 하구에 서해갑문(남포갑문)을 설치했다. 남한은 물론 미국, 유럽 등의 지원물자도 거의 모두 이곳으로 들어간다(〈통일부 북한정보포털〉의 '항만').

    바다를 이용하는 중요한 방식은 바닷가를 개발하는 것이다. 가장 전면적인 것은 갯벌을 매립해서 육지를 만드는 간척이다. 한반도의 서해와 남해는 세계적인 갯벌 해안으로서 이미 삼국시대부터 간척을 해 왔지만 일본의 강점 시기에 대대적인 간척이 적극 행해지게 되었다. 그 뒤 1960년부터 남한과 북한이 모두 서해의 대규모 간척을 본격화했다. 그 명목은 바다를 매립해서 국토를 넓히고 농지를 늘린다는 것이었다. 북한이 해방 이후 최근까지 간척한 서해의 갯벌 면적은 500km^2 정도에 이르는 것으로 추정된다. 김일성 주석은 1963년에 '자연개조론'[2]을 제창했고, 1976년에 '자연개조 5대 방침'[3]을 발표했는데, 5번째 방침이 바로 '간석

---

[2] 이것은 저 악명높은 소련의 독재자 스탈린(1878~1953)의 '자연 대개조'(the Great Transformation of Nature, великое преобразование природы)를 따라 한 것이다. 이것은 1948년 10월 소련 공산당 중앙위에서 의결되었으며, 이에 따라 시행된 중앙아시아 지역의 대규모 관개사업으로 아랄 해가 없어지게 되었다. 아랄 해는 세계에서 4번째로 큰 호수였으며 전체 면적은 스리랑카와 비슷한 크기였다. 이 사건은 사회주의의 무모성과 불모성을 생생히 입증한 역사적 증거이다. 1930년대 미국의 중남부에서도 비슷한 난개발 문제가 있었는데, 초원의 난개발과 대가뭄으로 1930-36년 동안 대초원 지대가 거대한 황진 지대(Dust Bowl)로 변했던 것이다. 그러나 미국은 이 심각한 문제에 올바로 대응해서 1940년대 초에 본래의 모습을 되찾았다.

[3] 5대 방침은 밭 관개사업의 완성, 다락밭(계단식 밭)의 건설, 토지정리와 토

지 개간'이다(최성원, 2017).

3. 북한 바다의 문제

남한과 마찬가지로 북한의 바다도 여러 문제들을 안고 있다. 가장 기본적인 문제는 오염이다. 생활하수, 각종 오폐수, 각종 쓰레기 등이 바다로 들어간다. 각종 어구 쓰레기도 많다. 어선, 화물선, 여객선 등 각종 배들의 운항에 의한 오염도 크다. 오늘날 바다의 오염에서 가장 큰 문제는 플라스틱 오염을 들 수 있다. 세계의 모든 해안과 해양과 해저가 플라스틱으로 오염되어 있다. 2015년 2월 미국의 과학지 〈사이언스〉에 '육지에서 바다로 가는 플라스틱 쓰레기'라는 제목의 논문이 실렸다. 세계 192개 해안 국가들에서 바다로 가는 플라스틱 쓰레기를 조사한 연구의 결과였다. 이에 따르면 남한은 모범국에 속하는 것으로, 북한은 세계 전체의 1%로 19위를 차지하는 것으로 추정되었다(임화섭, 2015). 그런데 2015년 4월에 발표된 해안의 미세 플라스틱 오염에 관한 조사에서 남한은 거의 세계 최고 수준인 것으로 드러났다.[4] 바다로 그냥 버려지는 플라스틱 쓰레기는 북한이 세계 최고 수준이고, 해안의 미세 플라스틱 오염에서는 남한이 세계 최고인 것이다(남재현, 2015).

동해에서는 산소 부족 문제가 오래 전부터 제기되고 있는데, 북한의 동해도 이 문제가 상당할 것으로 추정된다. 이 문제는 지구 고온화의 기후 위기에 의한 것이라서 더욱 더 심각하다. 2018년 1월에 유네스

지개량사업의 실시, 치산치수사업의 실시, 간석지의 개간 등이다.

[4] 이 결과에 따르면 저 〈사이언스〉의 논문은 잘못된 것이고, 이것이 우리의 경험에도 부합되는 것이다.

코의 정부간 해양학위원회(IOC)의 실무그룹인 '지구 해양 산소 네트워크'(GO_2NE)가 〈사이언스〉에 발표한 논문에 따르면, 1950년 이후 산소가 완전히 고갈된 '죽음의 바다'(Dead zone)는 4배 이상 늘어났고, 산소가 부족한 상태의 연안 바다는 10배 이상 늘어났다(김정수, 2018). 이와 함께 동해는 해안 침식의 문제가 심각하다. 남한 쪽 강원도의 동해안을 조사한 결과에 따르면, 대부분의 해안에서 침식 문제가 나타나서 북한도 마찬가지 상황일 것으로 추정되었다. 2018년 2월에는 남한 쪽 강원도 동해안의 40개소에 1조178억 원의 연안정비 사업 수요가 있는 것으로 조사되었다(박영서, 2018). 고성-원산의 도로/철로를 만드는 것과 함께 이 지역의 해변을 제대로 지키는 것도 적극 실행되어야 한다.

　　서해에서는 간척에 의한 해양과 해안의 훼손 문제가 가장 심각하다. 간척은 생태적으로는 물론 경제적으로도 좋지 않아서 가능한 한 하지 않는 게 좋다. 그러나 북한의 간척은 김일성 주석의 '교시'를 지키는 것이라는 성격을 갖고 있어서 중단하는 것이 대단히 어렵다. 남한에서도 '역간척', 즉 간척된 땅을 다시 갯벌로 돌리는 것이 강력히 제기되고 있으나 북한에서는 '역간척'이 전혀 논의되지 않고 있는 것으로 보인다. 앞으로 남북 교류가 활성화되고 새만금의 비극이 잘 알려진다면 북한에서도 간척을 전면적으로 재검토하게 될 수 있을 것이다. 룡매도, 대계도, 홍건도 등의 대규모 간척사업을 바다의 파괴라는 관점에서 재평가해야 한다.

4. 지속가능성의 전망

지속가능성(sustainability)은 1987년에 유엔이 발표한 『우리 공동의 미래』라는 보고서를 통해 세계적으로 확산된 개념이다.[5] 이 보고서에서 유엔

5　유엔의 세계환경발전위원회(UN World Committee for Environment and

은 '지속가능한 발전'(sustainable development)을 인류가 추구해야 할 과제로 제시했고, 그 핵심을 미래 세대의 관점에서 현재 세대의 욕구를 추구하는 것으로 제시했다(WCED, 1987). 이 '지속가능한 발전'은 1992년에 브라질의 리우 데 자네이루에서 열린 '유엔 환경정상회의'에서 각국이 추구해야 할 목표로 채택되었다. 그 뒤 2002년에 남아프리카공화국의 요하네스버그에서 열린 '지속가능한 발전 세계정상회의'에서는 사회통합, 경제성장, 자연보호를 지속가능한 발전의 3대 축으로 제시했다. 2012년에 다시 리우에서 열린 '유엔 지속가능발전회의'에서 유엔은 2015-30년에 걸쳐 17개의 '지속가능발전 목표들'을 추진하기로 결정했다. 이 목표들에서 11~15번의 다섯 개가 자연보호에 해당되며, 바다와 직접 관련된 것은 14번의 수자원 보호와 15번의 생태계 보호이다.

2018년 9월 26일 미국 뉴욕의 유엔 본부에서 열린 제73차 유엔총회에서 문재인 대통령은 연설을 통해 "나는 지속가능한 발전이라는 유엔의 꿈이 한반도에서 실현되기를 진심으로 바랍니다"고 밝혔다. 오늘날 '지속가능한 발전'은 다소 복잡한 개념이 되었지만 그 핵심에 자연보호가 놓여 있다는 것은 다시 말할 필요가 없다. 북한의 자연 상태는 아직 잘 확인되지 않고 있다(박지연, 2017). 그러나 공업화와 난개발에 따른 여러 환경문제들이 상당히 심각한 상태에 있다는 것은 분명하다. 문재인 대통령이 유엔의 연설에서 단순히 남북한의 평화와 번영이 아니라 '지속가능한 발전'을 말했다는 것은 상당히 의미가 깊다. 남한과 북한은 모두 '지속가능한 발전'을 추구해야 하며, 북한에 대한 남한의 지원도 이 기조 위에서 이루어져야 한다.

Development)가 5년 동안 작성했는데, 그 의장이 노르웨이의 최초 여성 총리였던 그로 할렘 브룬트란트(1939~)였기에 '브룬트란트 보고서'로도 불린다.

이런 점에서 북한이 간척(干拓)을 많이 하고 있지만 간석(干潟)[6]을 유지하고 있는 것은 중요하다. 남한의 시화호 매립과 새만금 매립이 잘 보여주었듯이 갯벌이 땅보다 훨씬 더 큰 생산력을 갖고 있을 뿐만 아니라 대규모 매립은 갯벌은 물론 주변의 바다를 크게 훼손하는 문제를 안고 있다. 그런데 북한은 매립한 곳을 '간척지'가 아닌 '간석지'로 만들어서 양식장도 운영하고 있다고 한다(이동훈, 2016). 이런 접근이 더욱 확대되어야 한다. 북한의 바다는 이미 보호와 복원의 노력을 크게 요청하고 있다. 여기서 관광이 더욱 중요하게 부각된다. 그러나 해운대가 잘 보여주듯이 관광도 과잉개발/훼손의 중요한 동력이 될 수 있다. 명사십리로 유명한 원산의 관광 개발이 해운대의 전철[7]을 밟아서는 안 될 것이다.

참고자료

김정수(2018), "'죽음의 바다' 1950년 이후 4배 늘었다', 〈한겨레〉 2018.1.5.
김종화(2019), '북한 수산업 현황 및 남북교류 활성화 방안'. 충남연구원, 〈현안과제 연구 ISSUE Report〉 2019.4.30.
남재현(2015), '단독-"한국 미세 플라스틱 오염 최고"…km^2당 입자 55만개', MBC뉴스 2015.4.5.
박영서(2018), '동해안 해안침식 심각…연안정비에 1조178억원 필요', 〈연합뉴스〉 2018.2.27.

---

6 간척은 둑을 쌓고 매립을 해서 바닷물/강물에 잠기는 갯벌을 잠기지 않게 하는 것이고, 간석은 바닷물/강물이 드나들게 해서 갯벌의 상태를 상당한 정도로 유지하는 것이다. 潟은 '갯벌 석'이다.

7 해운대는 많은 고층/초고층 건물들의 난개발로 그 아름다운 모습을 모두 잃었을 뿐만 아니라 거대한 비리들로 부산을 넘어서 아예 나라를 크게 어지럽혔다.

박지연(2017), '유엔의 지속가능개발목표(SDGs)와 북한 개발협력', 한국수출입은행, 〈수은 북한경제〉 2017년 겨울호

이동훈(2016), '홍건도 간석지 1단계 건설 완료로 본 북한의 간척 사업', 〈자주시보〉 2016.10.26.

임화섭(2015), '플라스틱 쓰레기 해양오염 극심…한국 최고 모범, 북한 최악', 〈연합뉴스〉 2015.2.13.

최성원(2017), '북한 간석지 개간사업의 현황 및 시사점', 한국교통연구원, 〈동북아 북한 교통물류 이슈페이퍼 18호〉, 2017.9.20.

홍민지(2020), '북한의 어업산업 현황', kotra 해외시장뉴스, 2020.10.27.

WCED, 조형준·홍성태 옮김(1994), 『우리 공동의 미래』, 새물결

제16장 　접경지역과 한반도 혁신

1. 분단 문제의 해결

남한과 북한은 한 민족의 한 나라였으나 미국과 소련의 2차 세계대전 종전 정책에 의해 한 민족의 두 나라로 분리되고 말았다. 2차 세계대전은 독일, 이탈리아, 일본이 일으킨 전쟁으로 독일의 히틀러, 이탈리아의 무솔리니, 일본의 히로히토 등이 3대 주범이다. 2차 세계대전은 독일, 이탈리아, 일본의 패배로 끝났다. 이에 따라 이 세 나라가 저지른 극악무도한 전쟁범죄가 철저히 처벌되고 그 피해국들과 피해자들은 철저히 보상받았어야 했다.

　그러나 현실은 정의를 올바로 구현하지 않는 쪽으로 전개되고 말았다. 미국과 소련은 독일을 분할점령했던 것처럼 일본을 분할점령해야 했으나 어처구니없게도 일본의 최대 피해국인 한국을 분할점령해 버렸다. 이로써 잘못은 일본이 저질렀으나 책임은 한국이 떠안는 꼴이 되고 말았다. 세계사상 가장 억울하고 분노해야 할 불의가 한국을 대상으로 저질러졌다. 이 불의는 그 뒤에도 계속 자행되어 한국은 여전히 분단된 상태로 있고, 일본은 미국의 보호 아래 엄청난 부와 힘을 갖게 되었다.[1]

한국의 분단이 자행된 것은 미국과 소련의 대립이 직접적인 원인이다. 미국은 소련을 막기 위해 일본을 확보하는 것과 함께 한국을 분단시켜 남쪽을 확보하는 정책을 강행했던 것이다. 이에 대해 소련은 일단 한국의 분할점령으로 시작해서 전쟁으로 한반도 전체를 장악할 계획을 추진했다. 1948년 8월 15일 남한 정부의 수립과 1948년 9월 9일 북한 정부의 수립으로 분단이 확립됐다.[2] 이로부터 채 2년이 되지 않은 1950년 6월 25일에 북한의 남침으로 시작된 한국전쟁은 희대의 내전으로서 역사상 최대의 동족 상잔 비극이었다.

한국전쟁으로 분단이 고착화되었다. 이로써 '천만 이산가족'은 서로의 생사도 모르는 채 생이별의 참혹한 고통을 겪어야 했다. 당시의 한반도 인구로 보자면 '천만 이산가족'은 사실상 모든 한민족이 분단의 고통과 연관되어 있는 것을 뜻했다.[3] 나아가 양쪽의 독재 정권은 이산가족을

---

[1] 히틀러는 자살했고, 무쏠리니는 처형됐다. 그러나 히로히토(1901-1989)는 어떤 처벌도 받지 않고 '천황'으로서 계속 부귀영화를 누리다가 아흔 살에 죽었다.

[2] 남한의 공식 국호는 '대한민국'으로 1919년 4월 11일 상해 임시정부의 결정을 이어받은 것이며, 북한의 공식 국호는 '조선 민주주의 인민공화국'으로 '조선'을 내세워서 일본에 강점되어 망한 조선을 이어받는 것 같은 인상을 보이고 있다.

[3] 1945년 8월 15일 해방 직후의 한반도 인구는 남한 1,600만 명, 북한 900만 명 정도로 추정된다. 당시 외국 거주 한민족은 중국 170만 명, 일본 210만 명, 소련 20만 명, 미주 3만 명 등 약 400만 명 정도로 추정된다. 그 뒤 귀환민과 피난민의 정착으로 남한의 인구는 급증해서 1960년에 2,500만 명에 이르렀다. 2020년 현재, 남한의 인구는 약 5,000만 명, 북한의 인구는 약 2,500만 명, 외국 거주 동포는 700만 명(미국 255만 명 정도, 중국 246만 명 정도, 일본 82만5천 명 정도) 정도로 집계된다. 국가기록원의 '인구정책-어제와 오늘', 위키백과의

악용하고 괴롭혀서 정권의 안정을 꾀하는 만행을 끝없이 저질렀다. 분단과 전쟁을 배경으로, 남한은 이승만-박정희-전두환/노태우의 44년 독재가 이어졌고, 북한은 왕조를 방불케 하는 김일성-김정일-김정은 세습 독재가 이어지고 있다.

남한은 독재와 부패에 맞서 민주화 운동이 끈질기게 전개된 결과로 민주주의와 경제 성장에 모두 성공하고 선진국에 진입했다. 그러나 분단의 고통은 아직도 지속되고 있다. 한반도의 평화 정착과 남북한의 번영을 위해서 남북한의 교류 활성화가 무엇보다 중요하다. 남한과 북한의 교류 활성화를 위해서는 남한과 북한이 더욱 적극적인 자세로 임해야 할 뿐만 아니라 미국이 북한과 종전협정을 체결하고 수교를 정상화해야 한다. 대단히 어려운 과제이지만 반드시 이루어져야 할 과제이다.

분단 상태에서도 남북은 자유롭게 교류할 수 있다. 이것을 가로막는 것은 한국전쟁이 여전히 종전이 아닌 휴전, 즉 전쟁이 지속되고 있는 상태에 있기 때문이다. 남한과 북한의 큰 차이 때문에 통일은 너무나 어려운 과제가 되었다. 지금 가능하고 필요한 과제는 남한과 북한이 다른 국가들의 관계처럼 자유롭게 오가고 교류하는 것이다. 남북한의 평화 정착과 교류 활성화는 남북한의 번영을 넘어 세계의 번영에 크게 이바지할 것이다.

2. 금강산 관광의 가치

남북한의 교류 활성화는 1998년 2월에 김대중 정부가 출범하고 본격 시

'재외한인' 등을 참고.

작되었다. 김대중 정부는 흔히 '햇볕정책'이라고 불리는 '대북 화해협력 정책'을 추진했다. 그 결과 1998년 10월에 분단 이후 처음으로 남한 국민들의 '금강산 관광'이 시행되었다. 이어서 2000년 3월 9일 베를린 선언, 6월 13-15일 평양에서 '남북 정상회담'과 '6.15 남북 공동성명' 발표 등 중대한 변화가 이루어졌다. 2000년 8월에는 '개성공단' 사업이 시작되었다. 그러나 2008년 7월 금강산 관광객 사살 사건을 계기로 이명박 비리 정권은 금강산 관광을 중단했고, 2016년 2월 박근혜 비리 정부는 갑자기 '개성공단'을 폐쇄해서 남북 관계를 완전히 경색시켜 버렸다.

문재인 대통령은 남북한의 교류 활성화를 위해 적극 나섰다. 그 결과 2018년 4월[4], 5월, 9월에 세 번의 남북 정상회담이 열렸다. 이와 함께 2018년 6월 싱가포르에서, 2019년 2월 베트남의 하노이에서 김정은과 트럼프의 북미 정상회담이 열렸다. 북미 종전협정은 남북의 평화정착을 위한 가장 중요한 제도적 과제이다. 김정은과 트럼프는 이 역사적 과제를 이룰 것 같았으나 결국 벽을 넘지 못했다. 특히 트럼프의 무능과 변덕, 그리고 미국의 전쟁세력의 준동 등으로 북미 종전협정은 체결되지 못하고 말았다. 우리는 더욱 더 노력해서 하루빨리 남북 평화정착과 교류 활성화를 이루어야 한다.

금강산 관광은 이를 위한 중요한 실질적 계기가 될 것이다. 금강산 관광은 '햇볕정책'의 상징과 같은 남북 교류 사업이었다. 금강산 관광이 하루빨리 재개되어야 할 뿐만 아니라 북한 관광이 북한 전역을 대상으로 확대되기를 바란다.

---

4   4월 27일 판문점에서 열렸으며, '판문점 선언'이 채택되었다. 일체 적대행위를 전면 금지하고 항구적인 한반도 평화체제를 구축하기로 합의했다. 이에 따라 '비무장지대' 안의 초소들이 철거됐고, 경원선과 동해선의 복원 공사가 시작됐다.

첫째, 북한 관광이 중단된 것은 한반도 평화를 위해서나 남북의 경제를 위해서나 안타까운 일이며, 금강산 관광으로 대표된 북한 관광은 한반도의 평화와 발전을 위한 실질적인 출발로 대단히 중요하다. 관광은 사람들이 어느 지역으로 가서 하는 활동이다. 관광에는 반드시 사람들의 교류가 따르게 되며, 관광을 통해 편하게 서로를 알게 될 수 있다. 우리는 관광을 하며 그 지역에 대해서만 관심을 갖게 되는 것이 아니라 그 지역에 살고 있는 사람들에 대해서도 관심을 갖게 된다. 관광은 비정상적 폐쇄 상태의 해소에 대단히 유용한 기능을 할 수 있다.

둘째, 기존의 북한 관광이 거둔 성과를 무효화해서는 안 되고 그 안정과 성장을 적극 추진해야 한다. 북한에서 남한의 금강산 관광 투자를 모두 압류하고 대부분 시설들을 철거한 것은 분명히 잘못이다. 그러나 이 잘못된 조치들은 남북 관계의 단절을 포고한 것이기보다는 오히려 남북 관계의 확대를 촉구한 것으로 평가되었다. 그리고 기존의 시설들이 미관과 이용의 면에서 문제가 많아서 전면적인 재개발을 추진한 것으로 평가되기도 했다. 이런 점에서 더욱 적극적으로 금강산 관광을 재개할 필요가 있다. 경제적으로 보더라도, 평화는 가장 큰 자원이고, 북한은 대단히 큰 시장이다.

셋째, 북한 관광은 정치-군사적 긴장과 별개로 계속 시행되어야 하고, 이를 위해 남-북-미의 전문가들이 상설 협의체를 운영할 필요가 있다. 한반도에서 전쟁은 절대 일어나서는 안 된다. 종전이 공식적으로 이루어지지 않았다는 이유로 곧 전쟁이 일어날 것처럼 압박하는 비정상 상태를 하루빨리 끝내야 한다. 남한과 북한은 완전히 불필요한 군사적 대립 상태를 이어가는 데 너무나 많은 자원을 낭비하고 소모하고 있다.[5]

---

5   2020년 현재, 남북한의 군인 수는 55.5만 명과 128만여 명으로 전체 인구에

사진 1   북한의 '조선 관광 홈페이지'

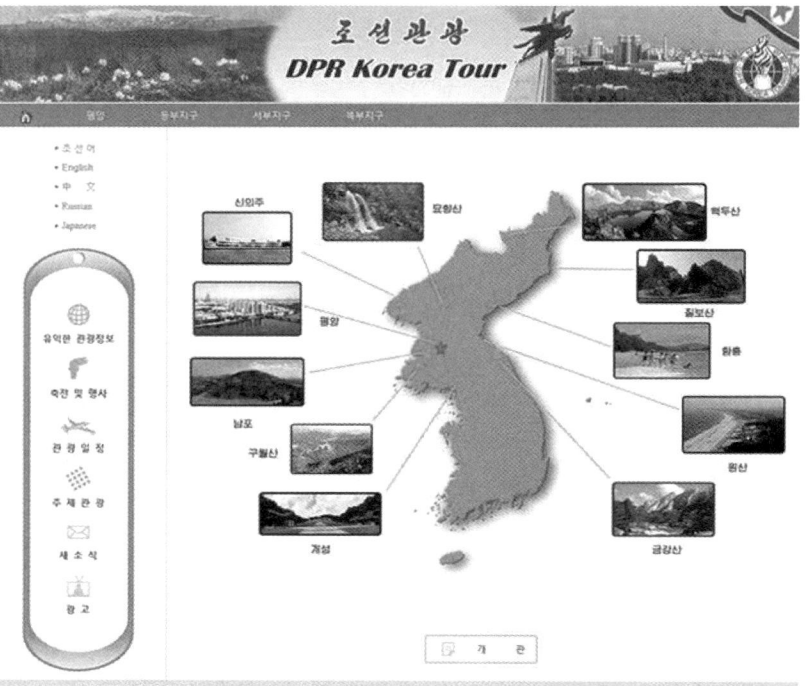

주: 북한도 관광사업을 적극 추진하고 있다. 관광을 기본으로 경제 교류의 활성화가 남북 평화의 정착을 위한 첩경이다.
출처: 〈자유아시아방송〉, 2017.7.19.

금강산을 필두로 북한 관광을 활성화하는 것은 잘못된 군사적 대립 상태를 끝내고 남북한의 번영과 세계의 평화를 증진하는 데 크게 기여할 것이다.

서 남한은 1.1%, 북한은 5.1%가 군인이다. 그것도 최상의 육체적 상태에 있는 20대 남성들이 대부분이다. 국방비는 남한은 440억 달러(9위), 북한은 16억 달러(74위)이다. 남북한은 그야말로 미친 수준의 국방력과 국방비를 유지하고 있다. 남북 평화의 정착은 그 자체로 최상의 선일 뿐만 아니라 경제적으로도 그 어떤 것도 비할 수 없이 큰 가치를 갖고 있다.

북한이 관광사업에 적극 나선 것은 북한이 정상국가가 되기 위한 역사적 변화를 시작한 중요한 증거이다. 관광사업의 확대는 개방을 적극 추진하는 것으로 기존의 자폐적 상태에서 벗어나는 것이다. 이 역사적 변화를 적극 촉진해서 북한이 조속히 정상국가를 이룰 수 있도록 해야 한다. 이것은 남북 평화의 정착을 위해서, 따라서 남한의 번영을 위해서 가장 기본적인 과제가 아닐 수 없다.

3. 한반도 혁신

나는 세 가지를 희망한다. 금강산 관광의 재개를 시작으로 북한 관광의 확대는 한반도의 혁신으로 이루어질 것이다. 그것은 한반도를 넘어서 동북아의 안정과 번영에, 다시 동북아를 넘어서 세계의 안정과 번영에 이바지할 것이다.

첫째, 북한 관광이 하루빨리 전면적으로 활성화되어 금강산은 물론 백두산, 묘향산, 개마고원, 평양, 개성, 원산, 함흥, 두만강, 압록강 등을 두루 다 갈 수 있게 되기를 희망한다. 자연과 역사의 관광이 우선 이루어질 수 있겠지만 바로 도시 관광으로 확대되기를 바란다(박원호, 2019). 사실 역사 관광은 도시 관광과 밀접히 연결되어 있다. 평양, 개성, 함흥 등은 북한의 대표적인 역사 도시들로서 북한의 역사를 보기 위해서 꼭 가야 할 도시들이다. 우선 '금강산 수학여행'을 할 수 있게 되기를 바란다. 어려서 어른들께 일본의 강점기 때 청량리에서 원산으로 가는 기차를 타고 금강산으로 수학여행 다녀온 얘기를 들었다.[6] 하루빨리 다시 그렇

---

[6] 1918년 용산-원산의 경원선이 개통됐고, 1931년 경원선에서 갈라지는 철

게 되기를 바란다.

둘째, 248km에 이르는 '비무장지대'(DMZ)가 생태관광지대로 거듭나기를 희망한다. '비무장지대'는 사실상 '중무장지대'이고, 이 때문에 아시아의 최대 자연지대가 되었다. 이 전쟁의 땅이 평화의 땅으로, 이 파괴의 땅이 생태의 땅으로 영원히 지켜지길 바란다. 이곳은 한반도 최고의 생태관광 자산이다. 나아가 남북 평화가 정착되면 이곳은 한반도의 허파이자 생태 기지로서 막중한 가치를 갖게 될 것이다. '비무장지대' 전체를 유네스코의 자연유산으로 지정해서 유엔 차원에서 보호하고 관리하게 해야 한다.[7] 물론 일부 구간은 철도와 도로를 건설하고 건물과 시설도 건축해야 하겠지만 최대한 생태적 형태와 관리로 자연의 훼손을 최소화해야 한다.

셋째, 남북의 철도와 도로가 연결되어 남한이 사실상의 '섬' 상태를 벗어나서 유라시아 대륙의 동쪽 관문으로 비약하기를 희망한다. 남북한의 철도와 도로가 연결되면 한반도의 평화가 굳건해질 것이고, 남북한은 유라시아 대륙의 동쪽 관문으로 비약적 발전을 이루게 될 것이다. 한일 해저터널은 그 자체로 황당한 것일 뿐만 아니라 일본을 섬 나라에서 유라시아 대륙의 관문으로 만드는 극히 잘못된 것이다. 일본은 조선에게 명을 정벌하러 갈 테니 길을 내놓으라며 '임진왜란'(1592~98)을 일으켰다. 한일 해저터널은 일본의 숙원을 해결해 주고 한반도를 일본에 내주

원-금강산의 철도가 개통됐다(손길신, 2020).

[7] 정부는 오래 전부터 '비무장지대'를 유네스코의 생물권 보전지역(Biosphere Reserves)으로 지정하는 방안을 추진해 오고 있다. 자연유산(Natural Heritage)은 자연의 가치를 존중하고 보호하는 것이라면, 생물권 보전지역은 자연을 존중하되 인간과 자연의 공존을 추구하는 것이다. '비무장지대'를 제대로 보호하기 위해서는 유네스코의 자연유산으로 지정해야 한다.

는 것이다. 우리에게 필요한 것은 이렇게 완전히 잘못된 한일 해저터널을 건설하는 것이 아니라 남북의 철도와 도로를 연결하고 남북의 평화 정착을 이루는 것이다.

 남북의 평화 정착은 남한이 사실상의 '섬 국가'에서 세계 최대 유라시아 대륙의 '관문 국가'로 비약하는 것을 뜻한다. 또한 남북한의 인구를 합하면 7700만 명에 이르러 세계 20위가 된다. 남북의 평화 정착은 반드시 이루어야 하는 과제이고, 그 의미는 민족사적 차원을 넘어서 세계사적 차원으로 직결된다. 이런 거시적 차원에서 북한 관광과 남북 평화의 의미를 더욱 더 널리 알려야 한다. 이를 위해 문화적 접근을 강화하는 것이 대단히 중요하다. 남북한의 관광산업을 넘어서 문화콘텐츠 산업이 활발히 교류하고, 북한에 관한 좋은 문화콘텐츠가 활발히 제작될 필요가 있다.

 '접경지역'은 '비무장지대'에 인접해 있거나 근처에 있는 지역으로서 현재는 가장 강력히 통제되는 지역이지만 앞으로는 한반도 혁신의 중심 지역으로 우뚝 서게 될 것이다. '한반도 신경제지도 구상'에서 접경지역이 환황해 벨트, 환동해 벨트와 함께 3대 지역으로 제시된 것은 이 때문이다. 그런데 이 지역은 '비무장지대'의 특성을 잘 지키고 살리는 쪽으로 개발되어야 한다. 자연을 보호하고 존중하는 '생태문화적 개발'(eco-cultural development)이 그것이다(홍성태, 2019). '비무장지대'가 세계적인 생태지역인 만큼 접경지역의 도시와 마을은 세계적인 생태 도시와 마을로 확립될 수 있다. 이 중요한 사실을 올바로 인식하고 활용해야 한다.

자료 1　한반도 DMZ 일원의 공간 구성

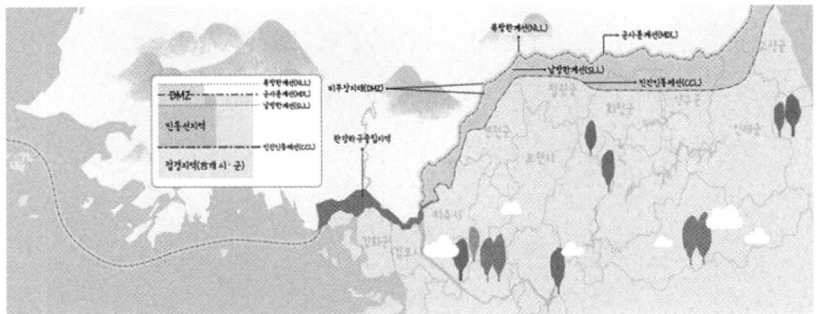

출처: dmz.gg.go.kr/gg_dmz-intro/공간으로-보는-dmz

- DMZ 일원은 통상적으로 정전협정[8]에 의해 설정된 DMZ, 군사시설보호법에 의한 민통선지역, 접경지역지원특별법에 의한 접경지역을 포함합니다. 길이 103km(총 248km의 41.5%, 이 중 강원도가 145km), 넓이 153km^2(남측 453km^2의 33.8%, 이 중 강원도가 300km^2)에 이르는 지역입니다.
- DMZ(Demilitarized Zone): 한국전쟁이 종전(終戰) 아닌 정전(停戰)으로 마무리되고 육상의 군사분계선인 MDL(MilitaryDemarcation Line)을 중심으로 남북으로 각각 2km씩 양국의 군대를 후퇴시키기로 약속하면서 만들어진 지역입니다. 임진강 하구인 경기도 파주시 정동리에서 동해안인 강원도 고성군 명호리까지 총 248km, 1,292개 표지판으로 이어져 있습니다.
- 민통선 지역: 민통선(민간인 통제선, CCL: Civillian Control Line)은 군사분계선으로부터 약 10km밖에 설정된 경계선을 말합니다. 민통선과 군사분계선 사이 10km에 이르는 공간은 민간인통제구역으로, 민통선지역 또는 민북지역이라고 합니다.

8　흔히 '휴전협정'이라고 하지만 정식 명칭은 '정전협정'으로 되어 있다. '국제연합군 총사령관을 일방으로 하고 조선인민군 최고사령관 및 중국인민지원군 사령원을 다른 일방으로 하는 한국 군사 정전에 관한 협정'이 정식 명칭이다. 휴전은 전쟁을 중단하는 것이고, 정전은 전투를 중단하는 것이다. 1951년 7월 10일 인도의 제안으로 '휴전협정'이 논의되기 시작했으나 1953년 7월 27일에 '정전협정'의 체결로 끝났다. 하루빨리 종전협정과 평화협정을 체결해서 남북 평화의 정착과 남북 관계의 정상화를 이루어야 한다.

- 접경 지역: '접경지역 지원 특별법'에 따라 규정된 지역으로[9], DMZ 또는 NLL과 잇닿은 시군과 민통선 이남의 지역 중 민통선과의 거리 및 지리적 여건 등을 기준으로 정한 시군, DMZ 내 집단취락지역을 가리킵니다. 행정구역상 인천광역시(강화군, 옹진군), 경기도(고양시, 김포시, 동두천시, 양주시, 파주시, 포천시, 연천군), 강원도(춘천시, 고성군, 양구군, 인제군, 철원군, 화천군)의 15개 시군이 해당됩니다. (cf. '접경지역 지원 특별법', '접경지역 발전 종합계획')
- 한강 하구 중립지역: 육상 DMZ 이외에 임진강 하구로부터 강화도 말도에 이르는 지역은 한강하구중립지역(Neutral Zone, Hangang River Estuary)으로서 남북 공용의 특수지역으로 설정되어 있습니다.
- NLL(Northern Limit Line: 북방한계선): 유엔군 사령부는 1953년 8월 30일 동해와 서해에 남한의 해군·공군 초계 활동을 한정 짓기 위한 군사통제선으로 북방한계선인 NLL을 설정했습니다. 실질적인 해상 경계선으로, 동해는 지상군사분계선의 연장으로, 서해는 서해 5도(우도-연평도-소청도-대청도-백령도)와 북한지역 중간선을 기준으로 설정했습니다.

---

9 '접경지역 지원 특별법'에 의해 세 종류의 지역으로 규정되어 있다(www.dmz.go.kr/).

자료 2   2007년 10월 2-4일 남북정상회담 때 노무현 대통령이 김정일 위원장에게 제안한 지도

- 노무현 대통령이 NLL을 포기했다는 것은 한나라당의 완전한 왜곡이었다. 노무현 대통령은 NLL의 전제 위에서 서해 지역의 평화와 교류를 위한 여러 방안들을 제시했다.
- 노무현 대통령은 파주와 개성의 사이에 '평화생태공원'을 조성해서 이 지역을 남북 교류의 특구로 만들고자 했다.

자료 3   'DMZ 평화의 길'

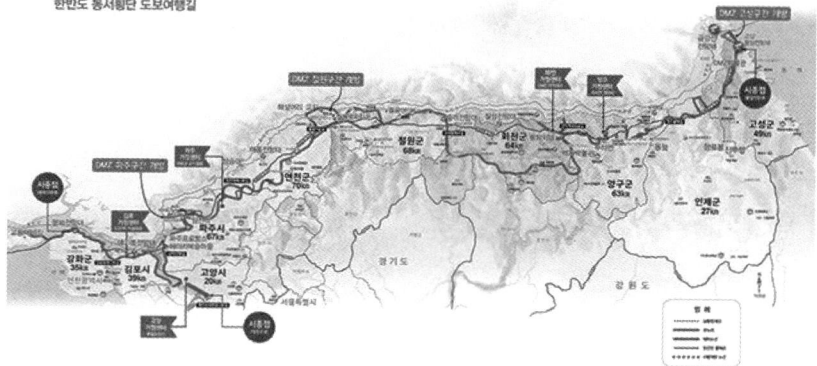

출처: 행정안전부(2019)

- DMZ 지역을 알리기 위한 '평화둘레길'이 'DMZ 평화의 길'로 이름을 바꾸었고, 2019년 4월부터 파주, 철원, 고성의 세 지역에서 DMZ 안으로 들어가서 폐쇄된 GP와 GOP를 방문할 수 있게 되었다. 'DMZ 평화의 길'은 '남북평화 촉진 및 접경지역 경제 활성화를 위해 인천시 강화군에서 강원도 고성군까지 총 526km에 걸쳐 세계적인 명품 도보여행길을 조성하는 사업'이다.
- GP: 휴전선 감시 초소(休戰線監視哨所, guard post, GP)는 군사분계선(MDL)에서부터 남북으로 각각 2km 범위에 군사충돌을 방지하기 위한 완충지대로 설정되어 있는 한반도의 비무장 지대(DMZ)에 위치한 감시 초소.
- GOP: 일반전초(一般前哨, general outpost, GOP)는 군사작전 시 사용되는 전술부대의 한 형태로서 주력부대의 전방에 배치돼 적정을 관측하거나 적군의 기습에서 아군을 보호하는 부대나 진지로서 사단의 경계부대를 칭하기도 한다.

자료 4   '원산-금강산 국제관광지대' 조성

- 2014년 5월 북한은 원산을 금강산과 연계된 국제 관광지로 만드는 '원산-금강산 국제관광지대'를 발표했다. 금강산 관광이 재개되면 금강산-통천-원산-마식령의 여행을 할 수 있을 것이다. 이 지대는 원산 지구, 마식령 스키장 지구, 울림폭포 지구, 석왕사 지구, 통천 지구, 금강산 지구 등으로 이루어진다(조정훈, 2014).
- 정부는 이미 2000년에 설악산과 금강산을 연결한 '설악-금강 관광개발계획'을 발표했고, 강원도는 그 실현을 위해 계속 노력하고 있다.

금강산 관광 안내 전도

주: 아래부터 해금강, 삼일포, 구룡연, 만물상 코스. 고성의 통일전망대에서는 저 앞으로 해금강이 잘 보인다. 고성의 건봉사는 금강산의 본사로서 금강산 비로봉을 향한 산행의 출발점이 될 수 있다.

원산의 갈마 반도 현황

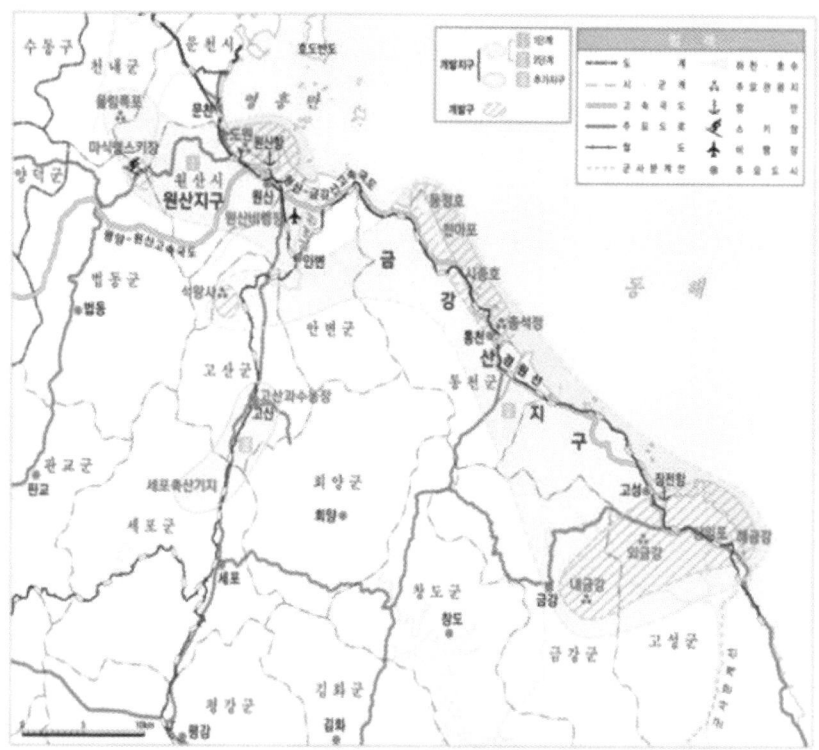

출처: 조선 중앙통신-연합뉴스, 2018.5. 출처: 조선 중앙통신-mbc, 2020.4.
주: 갈마 반도는 원산항 앞쪽 바다로 길게 뻗어서 원산항을 지키는 구실을 한다. 이 때문에 갈마 반도는 중요 군사지역이었으나 북한의 정책 변화로 국제 관광지역으로 변신했다.

자료 5   남북 철도 복원

- 정부는 2020년 4월에 동해북부선의 복원 계획을 발표했고, 2020년 8월에 경원선의 복원 착공을 발표했다(국토교통부, 2020ㄱ, 2020ㄴ).
- 경의선, 경원선, 금강산선이 모두 복원되면, 열차를 타고 개성, 평양, 의주, 원산, 금강산 등을 편하게 다녀올 수 있다. 경의선은 2007년에 북한의 판문역까지 연결되었으나 2008년 11월에 폐쇄되었다.

경원선의 복원 계획

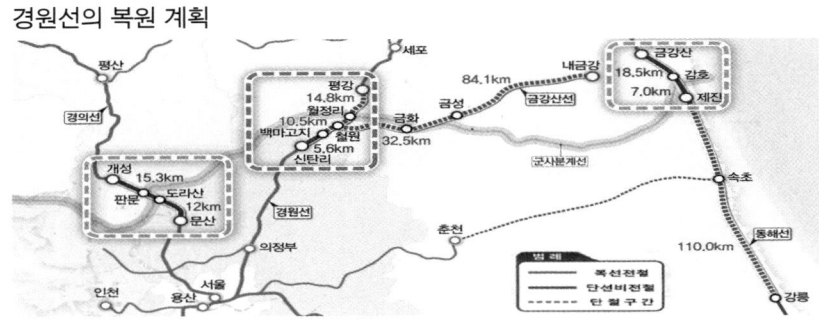

동해북부선의 복원 계획

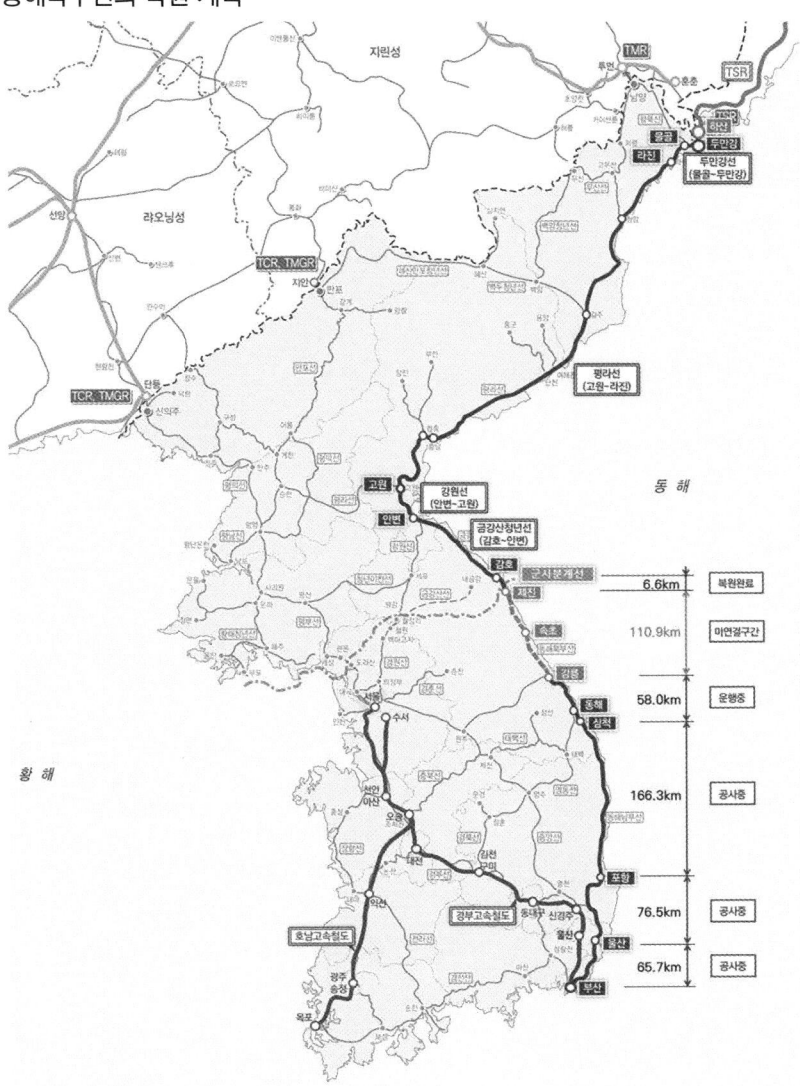

자료 6   남북-유라시아 대륙 철도와 도로

남북-유라시아 대륙 철도

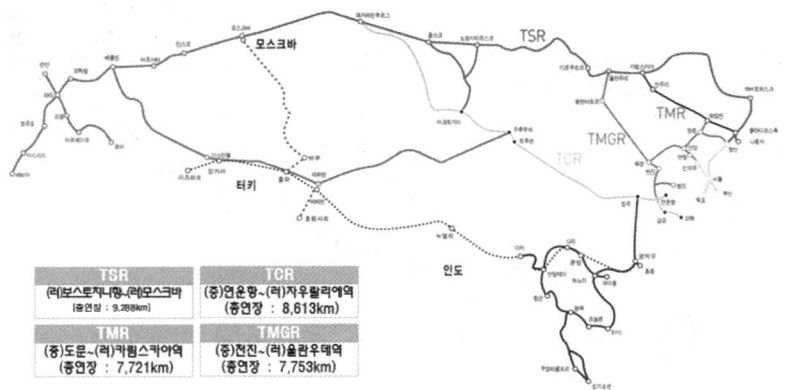

출처: 국가철도공단, '남북-유라시아 철도'

남북-유라시아 대륙 도로

자료 7   한반도 신경제지도 구상

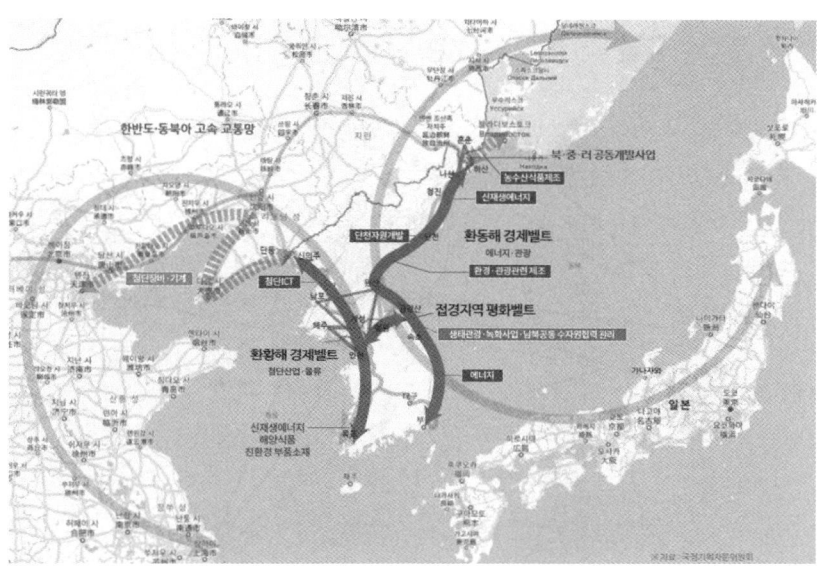

구분	주요 내용	개념도
3대 벨트	· 동해권 에너지·자원벨트 　- 금강산, 원산·단천, 청진·나선 남북 공동개발 · 서해안 산업·물류·교통벨트 　- 수도권, 개성공단, 평양·남포, 신의주 서해안 경협벨트 건설 · DMZ 환경·관광벨트 　- 설악산, 금강산, 원산, 백두산 연결 관광벨트 구축 　- DMZ 생태·평화안보 관광지구 개발	
하나의 시장	· 민·관 협력네트워크를 통해 남북한 하나의 시장 협력방안 마련 · 여건 조성 시 남북 시장협력을 단계적으로 실행하며 생활공동체 형성	

출처: 이현주(2018)

참고자료

국토교통부(2020ㄱ), '동해북부선 53년만에 복원 - 대륙철도망 연결의 길 열려', 2020.4.24.
국토교통부(2020ㄴ), '경원선 남측구간 철도복원 공사 착공', 2020.8.4.
남정호 외(2005), 『서해연안 해양평화공원 지정 및 관리방안 연구(Ⅰ)』, 한국해양수산개발원
박원호(2019), 『북한의 도시를 미리 가 봅니다』, 가람기획
삼성증권 북한투자전략팀(2018), 〈북한투자전략 보고서-한반도 'CVIP'의 시대로〉, 2018.6.12.
손길신(2020), '손길신의 철길 따라⑬ 금강산 가던 철길', 〈하비엔〉 2020.10.5.
육동한 외(2018), 〈북강원도의 중심, 원산의 재조명〉, 강원연구원
이현주(2018), '한반도 신경제지도 구상과 자원개발에서의 남북협력', 남북교류협력지원협회, 〈북한 자원 뉴스레터〉, 2018 봄호.
조정훈(2014), '北, '원산-금강산국제관광지대' 공식 발표', 〈통일뉴스〉 2014.6.12.
홍성태(2019), 『생태복지국가를 향하여』, 진인진

제17장 **생태복지국가를 향하여**

1. 생태위기의 문제

매년 여름마다 역사상 가장 더운 날이 갱신되는 것 같다. 7월 하순이 되면 폭염으로 전국이 큰 고통에 시달린다. 폭염은 한국만의 문제가 아니라 세계적인 문제이다. 미국의 캘리포니아에서는 매년 더 큰 산불이 발생하고 있고, 그리스에서도, 인도네시아에서도, 호주에서도, 아마존에서도 거대한 산불이 발생했다. 폭염은 그 자체로 큰 고통을 안겨주지만 산불이 일어나기 쉽게 해서 더욱 더 큰 고통을 안겨준다. 전문가들은 인류가 지구 가열[1]의 문제를 생생히 겪고 있는 것이라고 지적한다. 지구 가열

---

[1] 지구 온난화(global warming)는 사실을 오도할 수 있어서 이제 사용하지 않고 지구 가열(global heating)이라고 한다. 기후 변화(climate change)라는 말도 마찬가지 이유로 기후 위기(climate crisis)로 바뀌었다. 지구 가열에 따른 지구적 차원의 기후 위기가 현재 진행되고 있는 지구적 생태위기(eco-crisis)의 핵심이다. 관련 정책에 대해서는 '기상청 기후정보포털'(http://www.climate.

은 지구 생태계의 붕괴 위기를 뜻하는 생태위기의 가장 중요한 예이다.

말 그대로 보자면, 지구 온난화는 지구가 따뜻해지는 것을 뜻한다. 그래서 이렇게 말하면 지구가 따뜻해지니 좋은 것이 아니냐고 묻는 사람들도 있다. 아니다. 지구 온난화는 좋은 것이 아니라 아주 나쁜 것이다. 지구는 45억 년 전에 생겨났다. 그 뒤 5억 년 정도의 시간이 흐르면서 진행된 우주적-지구적 변화의 결과로 지구에 생명이 생겨났다. 이로써 지구는 '생태계', 즉 생물과 비생물이 어우러진 복잡한 체계를 이루게 되었다. 현재의 지구 생태계는 40억 년에 걸친 공진화의 산물이다. 40억 년의 시간이 흐르면서 지구의 지질과 기후가 안정되었고, 그 결과 마침내 인류의 탄생과 문명의 발전이 이루어지게 되었다. 사실 지구 온난화는 지구의 기후가 급격히 불안정해지는 것을 뜻한다. 그 결과 폭염, 태풍, 홍수, 가뭄, 붕괴, 산불, 해수면 상승, 바다 산성화, 생물종 멸종 등의 문제가 커지고, 상황이 계속 악화되면 결국 문명의 몰락과 인류의 멸종도 초래될 수 있게 된다. 유엔의 '기후 변화에 관한 정부간 위원회'(IPCC)는 2007년 말에 〈4차 IPCC 보고서〉를 발표했는데, 이에 따르면 지구 온난화로 21세기 말에 지구는 죽음의 별이 될 수도 있다.

지구 가열의 직접적인 원인은 공업에 따른 이산화탄소의 대대적인 방출이다. 1776년에 영국의 제임스 와트(James Watt, 1736~1819)가 증기기관을 개량해서 '공업혁명'의 문을 활짝 열었다.[2] 이로써 인류는 엄청난

---

go.kr/home/cooperation/lpcc.php)을 참고.

2   Industrial Revolution(1760~1840)은 보통 '산업혁명'으로 번역되지만 정확히는 '공업혁명'이라고 해야 한다. 산업은 크게 농어업의 1차 산업, 광-제조업의 2차 산업, 서비스업의 3차 산업으로 나뉜다. 1차 산업은 자연의 산물을 사실상 그대로 쓰는 것이고, 2차 산업은 자연의 산물을 가공해서 자연에 없는 것을 만드는 것이고, 3차 산업은 인간의 정신과 활동을 제공하는 것이다. 광업은 자

생산의 증대를 이룰 수 있게 되었다. 이 변화는 1870년대에 미국에서 시작된 석유의 사용으로 이어졌고, 이로써 인류는 더욱 더 엄청난 생산의 증대를 이룰 수 있게 되었다. 그 결과 지난 250년 동안 인류의 수는 10억 명 정도에서 70억 명을 넘는 정도로 크게 늘어났고, 인류가 사용하는 물자의 양은 더욱 더 엄청나게 늘어났다. 그런데 석탄과 석유는 머나먼 옛날 수많은 식물과 동물이 지구의 작용으로 압축된 것으로서 그 연소는 이산화탄소의 방출을 야기한다. 따라서 석탄과 석유의 사용으로 대표적인 온실 기체인 이산화탄소의 방출이 급격히 늘어났고, 이에 따라 '공업혁명' 이래로 계속 지구 가열이 진행되었는 데, 20세기에 들어와서 폭증하게 되었다. 1950년을 기준으로 50년 동안 지구 표면의 온도는 0.8도 정도 높아졌고, 현재의 추세로는 21세기 말에 5도 이상 높아질 수 있다.

연의 산물을 채취하는 것이지만 대체로 제조업의 원료로 쓰이기에 제조업과 묶어서 2차 산업으로 분류한다. '공업혁명'은 보통 1760~1840년 동안 진행된 것으로 파악된다. 영국에서 시작되어 미국, 프랑스, 독일 등으로 퍼져나갔고, 19세기 후반에는 러시아와 일본으로 퍼져나갔다. 1760년 영국 의회가 운하법을 시행한 것이 '공업혁명'의 시작으로 제시되는 데, 이것은 이미 17세기 말에 연료로 확립된 석탄의 사용과 공장의 가동을 촉진하기 위한 것이었다. 이렇게 시작된 '공업혁명'을 더욱 촉진한 것은 제임스 와트의 증기기관 개량이었다. 와트는 1769년에 이에 대한 특허를 받았고, 1776년에 그 첫 증기기관을 발표했다. 영국은 제임스 와트의 업적을 기려서 그의 성인 '와트(Watt, W)'를 전력의 단위로 정했다. 제임스 와트의 발명으로 영국은 '공업혁명'을 확실히 선도하며 급속히 성장하게 되었다. 그러나 '공업혁명'은 그 이름처럼 급속히 퍼지지는 않았다. 당시에는 빠른 교통 수단도 통신 수단도 없었기 때문이다. 세계 최초의 증기 기차는 1804년에 만들어졌다고 할 수 있지만, 1814년에 조지 스티븐슨(George Stephenson, 1781~1848)이 개량한 것이 실질적인 최초의 증기 기차라고 할 수 있고, 1825년에 그는 '로코모션' 호를 만들어서 본격적인 증기 기차의 시대를 열었다. '공업혁명'은 영국에서 바다를 건너 프랑스와 독일로 퍼져갔고, 1840년은 '공업혁명'이 프랑스와 독일에 모두 전파된 때이다.

그림 1   지난 1만 년의 인구 증가

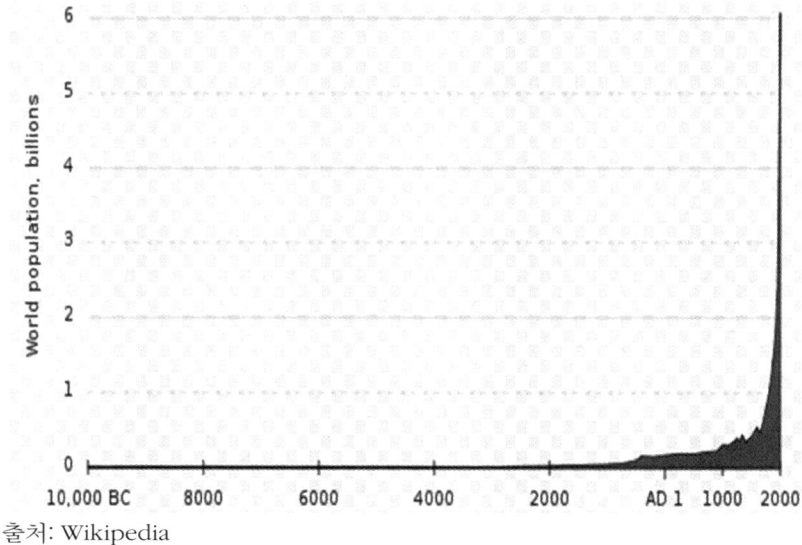

출처: Wikipedia

이산화탄소의 방출은 1800년 0.3억 톤, 1950년 60억 톤, 2015년 360.18억 톤으로 계속 크게 늘어났다. 20세기의 지구적 공업화가 문제를 빠르게 악화시켰다.

    지구 가열은 유엔이 그 완화와 적응을 위해 최대의 노력을 기울이고 있는 인류 최대의 위기이다. 이 명백한 과학적 사실을 여전히 부정하는 자들은 대부분 사기꾼들이다. 실제로 인터넷에서는 이런 사기꾼들을 쉽게 볼 수 있는데, 그 뒤에는 이산화탄소의 방출=지구 온난화로 큰 이익을 거두는 석탄-석유 세력이 있다. 생태위기는 자연의 파멸 위기이지만 그 원인은 자연적인 것이 아니라 인위적인 것이다. 따라서 인간의 노력으로 극복할 수 있는 위기이다. 인류는 생존을 위해 반드시 생태위기를 극복해야 한다.

    지구 가열은 생태위기의 가장 중대한 증상이고, 중금속, 화학물질, 플라스틱, 비닐 등에 의한 오염, 어디서나 시행되는 개발 파괴 등도 생태

그림 2   지난 2천 년의 생산 증가

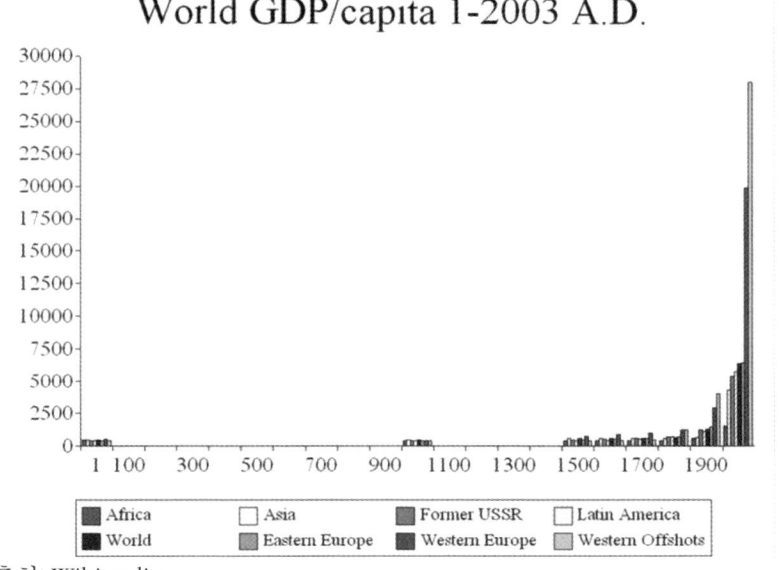

출처: Wikipedia

위기의 중요 증상들이다. 공장과 도시만이 아니라 농업, 목축, 어업도 심각한 생태위기의 원인이다. 생태위기는 I=PAT의 공식으로 파악될 수 있다. I는 Influence로 생태위기의 상황을 뜻하고, P는 Population으로 인구 증가, A는 Affluence로 성장을 추구하는 사회 상태, T는 Technology로 자연을 가공-파괴할 수 있는 인간의 능력이다. 핵발전소가 잘 보여주듯이 기술의 발달로 인류는 지구를 완전히 파괴해 없앨 수 있는 상태에 이르러 있다. 또한 생태위기의 원인은 물리적 원인과 사회적 원인의 둘로 크게 나누어 살펴볼 수 있다. 물리적 원인은 직접 자연을 훼손-파괴하는 오염과 개발을 뜻하고, 사회적 원인은 이런 물리적 원인이 마구 자행될 수 있게 하는 사회적 상태를 뜻한다. 마치 자본주의만 문제이고 사회주의는 그렇지 않은 것처럼 주장하는 자들이 있는 데, 이런 주장은 완전한 무지이거나 완전한 사기이다. 소련은 아랄 해의 소멸과 체르노빌

그림 3   지난 150년의 지구 가열

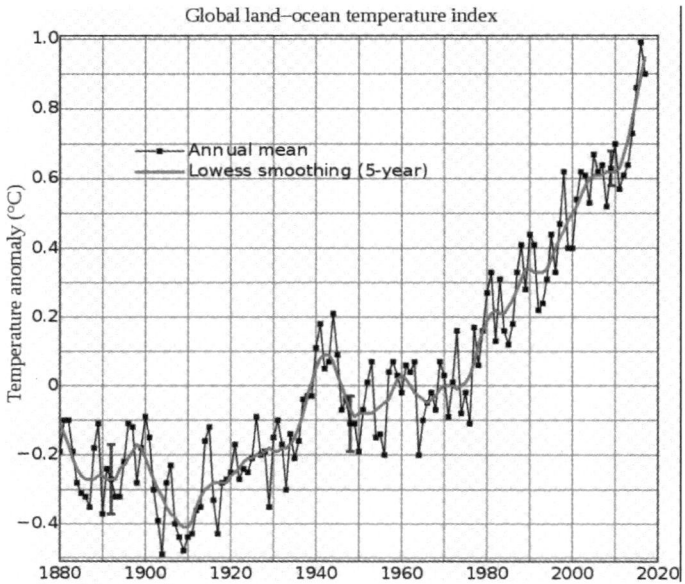

www.catf.us/climate/

그림 4   지난 250년의 CO_2 방출 증가

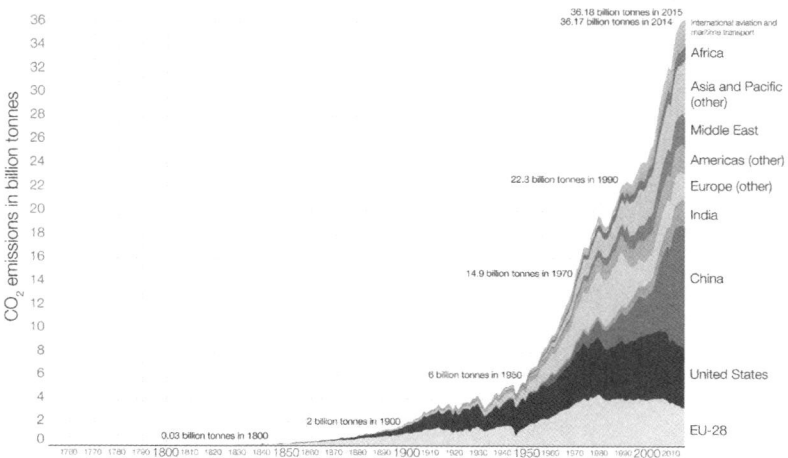

ourworldindata.org/co2-and-other-greenhouse-gas-emissions

핵발전소 폭발 사고를 일으켰고, 중국은 산샤댐을 지었고 세계 최대 이산화탄소 배출국이 되었다. 서구의 복지국가들이 세계에서 가장 생태적인 국가들이다.

2. 생태복지국가

생태위기를 어떻게 극복할 수 있을까? 이를 위해 우리는 우선 생태위기의 원인을 올바로 인식해야 한다. 생태위기는 공업의 산물이다. 공업은 자연을 대대적으로 파괴-변형-가공해서 물자를 생산하는 산업이다. 생태위기를 자본주의의 산물로 보는 것은 잘못이다. 생태위기는 사회주의에 의해서도 크게 악화되었다. 소련의 아랄해 파괴와 체르노빌 핵발전소 폭발 사고는 그 단적인 예이다. 자본주의와 사회주의는 공업을 운용하는 두 가지 사회 방식이며, 둘 다 공업을 통한 성장과 개발을 핵심으로 한다. 그런데 사회주의는 독재를, 자본주의는 자유를 기반으로 한다. 이 때문에 자본주의는 사회주의를 이기게 되었다.

한편 자유는 민주주의를 향하게 된다. 모든 사람들이 자유를 누리기에 모든 사람들이 통치하게 되는 것이다. 민주주의는 복지국가를 이루게 되었다. 복지국가는 모든 구성원에게 인간다운 삶을 보장하는 국가를 뜻한다. 그 출발은 18세기 영국의 구빈법이었고, 19세기 말 독일의 사회보험정책, 1910년대 스웨덴의 노령연금정책, 1930년대 미국의 사회보장정책 등을 거쳐, 1942년 12월 영국의 보수당 정부가 역사상 최초의 '복지국가'(welfare state)를 선언했다. 복지국가는 사회주의나 공산주의를 추구하는 좌파에 의해 이루어진 것이 아니라 처칠 수상의 영국 보수당 정부에 의해 이루어졌다. 영국에서 최초로 복지국가가 형성되어 인류의 보편적 발전과제로 확립되었다.

　　복지국가는 인류가 이룩한 가장 위대한 사회적 성과이다. 복지국가는 국가 유형을 뜻하지만 사실 그것을 넘어서 그 기반인 사회 체제의 변화도 수반한다.[3] 복지국가는 부자들에게 많은 세금을 거둬서 빈자들에게 퍼주는 국가가 아니다. 사람은 누구나 복지를 누리고 살 권리를 갖고 있고, 복지국가는 이것을 실현하는 국가이다. 이런 점에서 복지국가는 국가의 차원에서 실현된 공동체이다. 이 때문에 복지국가는 내적 안정성을 확보하고 강한 경쟁력을 가지게 된다. 그런데 복지국가는 결국 세금으로 작동되며, 당연히 부자일수록 더 많은 세금을 낸다. 소득세와 재산세가 복지국가의 기본 재원이다. 그리고 복지국가는 세금의 징수와 사용을 철저히 투명하게 해서 공익을 이룬다. 복지국가는 비리가 거의 없고, 따라서 사회적 자본인 신뢰가 아주 많다.

　　청렴과 신뢰는 복지국가의 필요조건이나 충분조건은 아니다. 복지국가는 많은 세금을 필요로 하며, 이를 위해서는 경제가 계속 활성화되어야 하고, 다시 이를 위해서는 구성원들이 경쟁력을 갖추고 열심히 일해야 한다. 실제로 선진 복지국가는 가장 청렴하고, 가장 경제력이 강하고, 가장 기술과 지식이 발달한 국가이다. 이렇듯 우리는 복지국가를 청렴도, 경제력, 기술-지식 등의 세 면에서 파악해야 한다. 그런데 고전적

---

[3]　이것을 '복지주의'(welfarism)라고 부를 수 있다. 복지주의는 자유를 전제로 하되 민주주의의 확대를 통해 자유를 규제하고 평등을 강화한다. 인간은 사회를 통해 그 생존과 생활을 누릴 수 있는 사회적 존재이다. 그런데 사회 속에서 우리는 자신의 자유를 마음대로 추구할 수 없다. 사회 속에서 나의 자유는 다른 사람의 자유를 침해하지 않아야 한다. 이 때문에 모든 사회는 개인의 자유를 규제한다. 그 정도와 방식은 사회마다 다 다를 수 있다. 복지주의는 성적 자유와 같은 개인의 자유는 최대한 보장하나 투기, 사기, 오염 등과 같은 사회와 자연을 해치는 비리는 강력히 처벌한다.

인 복지국가는 사실 역사적으로 보아서 제3세계의 자연과 노동에 대한 이중의 착취를 통해 이루어졌다. 1950년대에 미국 정부가 주도한 '제3세계 근대화'=지구적 공업화로 서구는 복지국가를 강화했으나 제3세계의 전근대 공동체 상태는 급격히 파괴되었고 지구 전역에서 생태위기가 빠르게 진행되게 되었다.

절박한 생태위기의 현실에 비추어 보았을 때, 고전적인 복지국가는 더 이상 유지될 수 없다. 복지국가의 생태적 개혁과 전환이 이제 인류의 가장 긴요한 보편적인 발전과제가 되었다. 이와 관련해서 나는 다음과 같이 현대 사회의 변화 방향을 이념형적으로 제시했다.[4]

① 신자유주의 사회: 현대 거대사회체계의 추수. 경제주의와 과학주의의 지배. 무한경쟁의 논리가 개인과 집단의 운영원리로 확고히 작동. 소비사회의 내부 계층화 진행. 물질적 소유의 상한선은 물론 하한선도 폐지.
② 물질적 복지국가: 현대 거대사회체계의 추수. 경제주의와 과학주의의 지배. 경제적 평등과 자유의 원리를 조화시키기 위한 국가적 개입. 대중 소비사회의 실현. 물질적 소유의 상한선은 사실상 없으며 하한선 설정.
③ 생태적 복지국가: 현대 거대사회체계의 변화 모색. 노동사회에서 문화사회로 변화 추구. 물질적 대중 소비사회에서 문화적 대중 소비사회로 변화 모색. 물질적 소유의 상한선 및 하한선 설정.
④ 자족적 공생사회: 현대 거대사회체계에서의 이탈을 통한 그 해체의 추구. 노동사회에서 문화사회로. 문화적 대중 소비사회에서 문화적 다중 소비사회로. 물질적 소유의 상한선 및 하한선 설정.

---

[4] '생태위기와 생태론적 전환-새로운 생태사회를 향한 전망', 〈문화과학〉 16호/1998년 12월. 『생태복지국가를 향하여』, 진인진, 2019에 수록.

여기서 ①과 ②는 지속될 수 없는 반생태적 유형이다. 인류가 진정 '지속가능 발전'을 추구한다면, ①과 ②는 하루빨리 폐기되지 않으면 안 된다. ③과 ④는 생태적 유형인데, ③이 현대 사회의 생태적 개혁과 전환을 추구하는 것이라면, ④는 '생태공동체'로 대표되는 것으로 비현실성의 문제가 크다.

2009년에 미국의 행정학자 엘리너 오스트롬(Elinor Ostrom, 1933~2012)이 공동체의 생태적-경제적 지속성에 관한 오랜 연구로 노벨 경제학상을 수상했다. 이것을 계기로 세계적으로 공동체의 가치와 역할에 대한 관심이 크게 커졌고, 심지어 공동체가 국가와 시장을 대체해서 인류의 새로운 발전을 이끌 것이라는 주장도 곳곳에서 강력히 제기되게 되었다. 그러나 여기에는 심각한 문제가 있다. 엘리너 오스트롬이 40년에 걸친 연구로 '입증'한 것은 공동체의 자치로 자연의 보존적 이용을 지속할 수 있다는 사실이다. 그런데 공동체는 그 자체로 한계가 아주 클 뿐만 아니라 그것이 놓여 있는 사회적 조건에 따라 쉽게 무력화될 수 있다. 이명박 비리 정권의 4대강 죽이기로 수백년 동안 존속했던 여러 마을들이 삽시간에 영원히 멸실된 것은 그 좋은 예이다. 공동체를 위해서도 국가와 사회를 올바로 세우고 지키는 것이 결정적으로 중요하다.

우리는 복지국가라는 인류의 가장 위대한 사회적 성과를 지켜야 한다. 이를 위해서도 그 반생태성을 하루빨리 개혁하지 않으면 안 된다. 존 케인즈(John Keynes, 1883~1946)는 국가의 적극적 개입을 통한 국민의 소득 향상이 경제적으로도 옳은 것이라고 강력히 제기해서 복지국가의 경제적 기반을 다졌다. 윌리엄 비버리지(William Beveridge, 1879~1963)[5]는

---

5   윌리엄 비버리지는 영국의 경제학자로 처칠 정부의 요청을 받고 복지국가에 관한 연구를 이끌었다. 이 때문에 그의 연구진이 작성한 최초의 복지국가 연

국가가 모든 국민에게 요람에서 무덤까지 인간다운 삶을 보장해야 국가가 발전할 수 있다는 복지국가의 이론을 확립했다. 케인즈와 비버리지는 경제는 물론 정의의 관점에서 복지국가의 필요성과 정당성을 제시해서 복지국가의 확립을 이끌었다. 그러나 생태위기의 현실에 비추어서 복지국가는 크게 개혁되지 않으면 안 된다. 이제 복지국가가 아니라 생태복지국가(Eco-Welfare State)가 인류의 보편적 발전과제로 제시되어야 한다.

고전적 복지는 사람들의 물질적 요구를 충족하는 물질적 복지에 초점을 맞추었다. 물질적 만족이 보장되는 복지국가에서 살게 되는 것은 단순히 빈곤의 공포에 떨지 않게 되는 것을 넘어서 그야말로 지옥에서 벗어나서 천국에서 살게 되는 것과 같은 것이었다. 그러나 이를 위해 지구가 대대적으로 훼손되고 말았다. 그 결과 인류는 커다란 고통을 겪게 되었으며, 이대로는 지구가 아예 죽음의 별이 될 것으로 예측되고 있다. 이 무서운 상황에서 벗어나기 위해 우리는 복지의 개념을 근원적으로 재검토하고 개정해야 한다. 복지(福祉)는 사실 사람들이 건강하게 만족하며 사는 것을 뜻한다.[6] 물질적 풍요는 그것을 위한 중요한 조건일 뿐이다. 사람들이 건강하게 만족하며 살기 위해 가장 필요한 것은 바로 건강한 자연이다. 물질적 풍요에 앞서 생태적 안정이 복지를 위한 더욱 근

구 보고서를 '비버리지 보고서'라고 부른다. 이 보고서에서 '복지국가', '요람에서 무덤까지' 등의 말이 비롯되었다.

6   이 때문에 welfare는 후생(厚生), 즉 삶을 두텁게 한다는 말로 번역되기도 했다. welfare에 관한 최초의 경제학 연구서는 영국 케임브리지 대의 아서 피구(Arthur Pigou, 1877~1959)의 *The Economics of Welfare*, 1920이다. 이 책은 『후생 경제학』으로 번역되었다. 케인즈와 피구는 신고전파의 정초자 알프레드 마셜(Alfred Marshall, 1842~1924)의 제자인데, 마셜은 피구를 자신의 케임브리지 대 경제학과의 후임으로 지명했고, 케인즈는 마셜의 주장을 비현실적인 것으로 비판했다.

원적인 조건이다. 아무리 많은 재산과 물자를 갖고 있어도 지구가 죽음의 별이 되어 버리면 아무런 소용이 없지 않나?

절박한 생태위기의 현실에서 '물질 복지'는 '생태 복지'를 전제로 하는 것으로 재정의되지 않으면 안 된다. 경제학에서 환경문제는 보통 '외부 불경제'[7]로 다루어지는데, 이것은 알프레드 마샬과 그의 수제자였던 아서 피구에 의해 제시되었다. 마샬이 1890년 『경제학의 원리들』에서 처음 '외부성'의 개념을 제시했고, 피구가 1920년 『복지 경제학』에서 이 개념을 다듬어서 '환경세' 정책을 제시했다. 물론 환경정책은 단지 경제적 차원만이 아니라 정의의 차원에서 시행되었다. 인간은 자연의 한 존재이므로, 자연을 지키는 것은 정의를 지키는 것의 핵심이다. 이제 여기서 훨씬 더 나아가 환경정책은 생존의 차원에서 크게 강화되어야 한다. 인간은 자연의 한 존재이므로, 생태위기는 결국 인간의 생존위기이다. 지금

---

[7] 어떤 경제적 거래가 그 외부에 끼치는 영향을 외부성(externality) 또는 외부효과(external effect)라고 부른다. 긍정적인 것과 부정적인 것이 있고, 전자는 외부 경제로, 후자는 외부 불경제(external diseconomy)로 부른다. 마샬이 1890년에 Principles of Economics에서 처음 제기했고, 피구가 1920년에 *The Economics of Welfare*에서 재론했다. 피구는 세금으로 외부성을 촉진-규제할 것을 제안해서 이 세금을 '피구세'(Pigouvian tax)라고 부른다. 이에 대해 시카고 대 법대의 경제학자였던 로날드 코스(Ronald Coase, 1910~2013)는 1960년에 '사회적 비용의 문제'라는 논문을 발표해서 외부성의 당사자들이 직접 합의해서 해결하는 방안을 제시했다. 코스는 '거래비용 경제학'의 주창자인데, 1960년의 논문으로 1991년에 노벨 경제학상을 수상했다. 시카고 대 경제학과의 1982년 노벨 경제학상 수상자인 조지 스티글러(George Joseph Stigler, 1911~1991)는 강력한 신자유주의자로 마치 코스가 모든 정부의 규제를 부정한 것처럼 널리 퍼트렸으나 코스는 결코 그렇게 주장하지 않았다. 코스는 정부의 규제 필요를 전혀 부정하지 않았고, 당사자들의 직접 합의로 비용을 줄이고 이익을 늘릴 수 있다는 것을 제시했다. '탄소 배출권 거래제'가 바로 코스의 거래비용 경제학에 바탕을 두고 고안된 것이다.

인류는 참으로 무서운 상태에 놓여 있다.

'생태 복지'의 내용은 '생태계 서비스'[8]와 관련해서 다양하게 검토될 수 있다. 그러나 가장 중요한 것은 자연의 한 존재인 인간의 건강과 생명을 지키는 것이다. 이런 점에서 '생태 복지'는 가장 근원적이고 보편적인 복지이다. '생태 복지'의 핵심에 이를테면 '환경 보건'이 놓여 있다. 자연을 지키는 것은 인간을 지키는 것이다. 일본의 미나마타(水俣) 병과 같은 세계 최악 공해병/환경병들이 잘 보여주었듯이, 자연의 건강은 인간의 건강을 위한 가장 기본적인 조건이다. 세계적으로 자연의 훼손에 따른 각종 환자가 매년 수백만 명씩 발생하고, 이로 인한 의료비 지출이 매년 수십조 원씩 발생한다. 자연의 건강을 지키면 이런 환자가 발생하지 않고, 여기에 쓰는 의료비를 빈곤 퇴치와 교육-문화를 위해 쓸 수 있다. '생태 복지'는 '물질 복지'도 더욱 강화할 수 있는 것이다.

복지국가는 국가 유형을 가리키는 한 개념으로 볼 수 있지만 인류의 보편적 발전과제로 인식되면서 20세기 중반 이후 세계의 변화를 이끌게 되었다. 개념은 현실을 추상한 것이지만 현실의 이해를 촉진하고 그 개혁을 촉발할 수 있다. 현재의 절박한 생태위기를 극복하기 위해 단지 생태위기를 강조하는 것만으로는 충분하지 않다. 나아가야 하는 목표가 제시되면 해결해야 하는 과제가 더욱 분명히 이해될 수 있다. 환경운동단체들이, 환경정치세력들이, 생태복지국가를 인류의 보편적 발전과제로 제시해야 한다. 복지운동단체들과 복지정치세력들도 생태위기의

---

[8] 생태계는 생물과 비생물이 어우러져 있는 자연의 상태를 뜻하는 데, 인간은 생태계의 한 존재로서 궁극적으로 생태계에 의해 그 생존이 결정된다. 인간의 관점에서 생태계는 인간의 생존과 생활을 위해 다양한 서비스를 제공한다. '생태계 서비스'는 이것을 뜻한다. 생태계를 잘 지키는 것은 바로 인간을 잘 지키는 것이다.

현실을 직시하고 생태복지국가를 올바른 복지국가의 발전태로 적극 추구해야 한다.

3. 한국의 과제

생태복지국가는 인류가 추구해야 할 보편적 발전과제이지만 그 실제적인 경로는 국가마다 다르게 마련이다. 각국은 저마다 다른 역사적-문화적 특수성을 갖고 있기 때문이다. 한국은 어떤 경로를 가야 할까? 한국의 과제는 어떤 것인가?

한국은 의료, 교육, 실업, 노령 등 모든 면에서 상당한 정도의 복지를 이루었지만 스웨덴으로 대표되는 가장 발전된 복지국가에 비해서는 여전히 미흡한 복지국가로 분류된다. 여기서 특히 강조되는 것은 세금을 더 많이 거둬야 한다는 것, 특히 부자들을 대상으로 세금을 더 많이 거둬야 한다는 것이다. 이 주장은 당연히 옳다. 특히 이명박-박근혜 비리 정권에서 계속 '부자 감세'가 강행된 사실에 비추어 보자면 더욱 더 그렇다. 그러나 가장 심각한 것은 재벌을 비롯한 특부층의 탈세이다. 따라서 증세는 무엇보다 이 문제에 초점을 맞춰서 추진되어야 한다. 재벌을 비롯한 특부층은 탈세로 쌓은 막대한 부로 나라 자체를 좌지우지하며 나라를 망치는 온갖 문제들을 계속 일으키고 있다.

그런데 이보다 더 중요한 것은 비리의 문제이다. 몇 년 전부터 세계에서 가장 행복한 나라 덴마크에 대한 선전이 활발히 이루어졌다. 요컨대 덴마크가 대표적인 복지국가여서 그렇다는 것이다. 그러나 이 선전에는 문제가 많다. 덴마크가 대표적인 복지국가인 것은 특부층은 물론 모든 국민들을 대상으로 강력한 세금 징수 정책을 펼치고 있기 때문이며,

이런 세정이 시행될 수 있는 것은 덴마크가 비리를 철저히 처벌해서 극히 청렴한 상태를 이루고 있기 때문이다. 가장 행복한 나라 덴마크의 기반은 가장 청렴한 나라 덴마크이다. 덴마크만이 아니라 스웨덴와 핀란드도 그렇고, 독일도 그렇다. 이에 비해 한국은 명백히 비리가 만연된 나라이다. 이 문제는 이명박-박근혜 비리 정권에서 그 심각성이 여실히 입증됐다. 정권 차원에서 엉터리로 세금을 거두고 쓸 수 있으니 사람들은 정부와 세정을 믿지 않는다. 요컨대 한국에서 복지를 강화하기 위해서는 우선 비리의 척결을 적극 추구해야 한다.[9]

생태복지의 면에서 보자면 문제는 더욱 더 심각하다. 이미 매년 수만 명이 미세먼지, 녹조, 비닐/플라스틱, 라돈, 핵발전, 난개발, 강 죽이기, 산 죽이기 등 여러 환경문제로 큰 고통을 겪고 있지만 생태 복지는 아직도 제대로 논의되지 않고 있다. 한국의 경제력은 세계 10위권이지만, 청렴도는 세계 30위권이며,[10] 환경 질은 세계 100위권이다. 한국의 경제력은 온갖 비리를 저지르고 자연을 극도로 파괴해서 이루어진 것이

---

[9] 비리는 법을 무시하거나 법의 미비를 악용해서 부정부패를 자행하는 것이다. 독재 때는 독재자를 정점에 두고 비리 카르텔이 형성되어 비리가 자행되나, 민주화 이후에는 수사권과 기소권을 독점한 희대의 비정상 상태인 검찰을 정점에 두고 비리 카르텔이 형성되었다. 검찰을 중심으로 검판변 법비 카르텔이 형성되었고, 독재의 확성기였던 언론들이 민주주의를 악용해서 언비 카르텔을 형성했다. 이렇게 해서 법비와 언비가 나라를 망치는 극심한 비리를 저지르는 최고 주역이 되었다.

[10] 2020년 한국의 청렴도는 세계 33위였다. 박근혜 비리 정부 때인 2016년은 세계 52위였다. 문재인 정부가 한국의 청렴도를 크게 개선했으나 여전히 경제력에 크게 미치지 못하는 것은 법비, 언비, 그리고 토비의 3대 비리 세력이 강고하기 때문이다. 토비는 불필요한 대규모 개발사업을 잘못된 방식으로 끝없이 강행해서 국토를 파괴하고 극심한 개발투기의 부패를 자행하는 토건 비리 세력을 뜻한다. 토비는 법비와 언비의 물적 기반이다(홍성태, 2007, 2010, 2011, 2019).

아닌가? 이런 삭막한 상황에서 삶의 질이 개선되기는 어렵지 않은가? 삶의 질이 개선되기 위해서는 사회 질과 환경 질이 개선되지 않으면 안 된다. 생태복지국가는 삶의 질이라는 면에서 이미 우리의 절실한 과제이다. 경제의 성숙한 성장을 위해서도 생태복지국가는 이미 우리의 현실적 과제이다.

생태복지국가를 이루기 위해서 그것을 헌법에 명기하는 것도 좋을 것이다. 사실 이미 우리의 헌법에는 이와 관련된 조항들이 있다. 제34조, 제35조, 제120조, 제122조 등이 그 조항들이다.

> 제34조 ①모든 국민은 인간다운 생활을 할 권리를 가진다.
>
> 제35조 ①모든 국민은 건강하고 쾌적한 환경에서 생활할 권리를 가지며, 국가와 국민은 환경보전을 위하여 노력하여야 한다.
>
> 제120조 ①광물 기타 중요한 지하자원·수산자원·수력과 경제상 이용할 수 있는 자연력은 법률이 정하는 바에 의하여 일정한 기간 그 채취·개발 또는 이용을 특허할 수 있다.
> ②국토와 자원은 국가의 보호를 받으며, 국가는 그 균형있는 개발과 이용을 위하여 필요한 계획을 수립한다.
>
> 제122조 국가는 국민 모두의 생산 및 생활의 기반이 되는 국토의 효율적이고 균형있는 이용·개발과 보전을 위하여 법률이 정하는 바에 의하여 그에 관한 필요한 제한과 의무를 과할 수 있다.

이 조항들을 적극 실행해도 생태복지국가를 이룰 수 있을 것 같다. 그러나 전문을 "우리들과 우리들의 자손의 안전과 자유와 행복을 영원히 확보하기 위해 생태복지국가를 이룩할 것을 다짐하면서"로 개정하거나, 제34조를 "①모든 국민은 인간다운 생활을 할 권리를 가지며, 이를 위해 국가는 생태복지국가를 이루어야 한다"로 개정하면 더욱 좋을 것이다(홍성태 외, 2017).

　가장 중요한 것은 정부의 조직과 재정을 개혁하는 것이다. 국가 개혁의 핵심은 권력 구조의 개혁과 정부의 개혁이다. 정부의 개혁은 정부의 조직과 재정을 개혁하는 것이 핵심이다. 예컨대 환경부를 부총리 부서로 승격하고, 개발공사들을 모두 축소통폐합하고, 막대한 규모의 불필요한 토건 재정을 복지-교육-문화 재정으로 바꾸는 것이다. '공공 선택론' 또는 '공적 선택론'(public choice theory)[11]을 바로 떠올리지 않을 수 없을 정도로, 개발독재의 유산인 개발공사들이 공익을 내걸고 사익을 추구하는 문제는 정말로 극심한 지경에 이르렀다. 생태복지국가는 국가에 관한 구체적인 제도의 개혁으로 이루어질 수 있다.[12] 사회 복지는 담당자들이 국민들에게 그것을 전달해야 한다. 생태 복지는 자연을 지켜서 자연의 일부인 사람들의 건강과 생명을 지키는 것이 핵심이다. 생태 복지에서 자연은 복지의 내용이자 전달체계이다. 이것은 자명한 사실이기에 따로 말할 필요가 없는 것이다. 문제는 그것을 이루기 위한 국가 개혁

11　1960년대 초 미국에서 제시된 경제학 이론으로 공익을 추구해야 하는 정치와 정부가 사실 그 구성원의 사익에 의해 지배되는 것으로 설명한다(이정전, 2005). 이 이론은 '작은 정부'를 강력히 주장해서 신자유주의의 기본으로 비판되지만 공적 부문의 주체들이 공적 부문의 권한을 이용해서 자신들의 사익을 추구하는 문제는 명백한 것이다. 철저한 감찰과 수사로 엄벌해야 하는 것은 물론이고 그 사명을 다한 공적 조직들은 폐지해 없애야 공적 비리를 실제로 관리할 수 있다.

12　나는 1998년 겨울에 앞의 논문을 발표한 이래 2003년 경부터 생태복지국가를 위한 여러 제도의 개혁을 계속 제기했다. 그러나 그 성과는 사실 미미했다. 아니, 거의 없던 것 같다. 2021년 3월에 큰 논란을 빚은 LH(한국토지주택공사)의 개발투기 문제는 이미 오래 전부터 알려져 있던 것이었다. 그러나 진보를 내세운 학계, 언론, 운동, 정책 등 모든 곳에서 이 심각한 문제에 대해 사실상 무시해 왔다.

과 정부 개혁의 과제이다.[13]

    여기서 공동체의 가치와 과제에 대해 다시 생각해 볼 필요가 있다. 공동체는 한계가 크지만 그 구성원들이 생활을 통해 굳게 연결될 수 있고, 여러 공동체들이 호혜와 상생의 관계를 통해 넓게 연결될 수 있다. 국가나 기업이 모든 것을 다하는 것은 불가능하다. 초기의 근대화 연구들이 주장했던 것처럼 공동체는 근대화와 함께 사라지는 존재가 아니다. 발달된 교통과 통신의 기술을 이용해서 공동체는 더욱 더 활성화될 수 있다. 이런 점에서 공동체의 복귀는 국가와 기업이 지배한 근대화의 문제를 극복하는 탈근대화의 중요한 양상으로 파악될 수 있다. 새로운 공동체는 민주성과 개방성을 기초로 국가와 기업을 민주화하고 그 한계와 문제를 보완할 수 있다. 이런 점에서 공동체의 활성화는 중대한 국가적-사회적 과제이다. 이를 위해 공동체의 물적 기초인 공동자원을 적극 보호하는 정책이 대단히 중요하다. 공동체를 지키기 위해서는 공동자원을 지키고 늘려야 하며, 이를 위해서는 무엇보다 마구잡이 난개발을 강력히 규제해야 한다(최현 외, 2017, 2019).

    좋은 사회는 단지 좋은 말을 하는 것으로 이루어지지 않는다. 생태위기는 단지 그 문제를 알리는 것으로 극복되지 않는다. 우리가 이루어

---

13 2008년에 어느 신문사의 기자 공부 모임에 초대되어 생태복지국가에 대해 강의했다. 내 강의의 요점은 토건국가를 폐기하면 복지국가의 강화를 넘어서 생태복지국가로 나아갈 수 있다는 것이었다. 한국은 개발국가의 병적 상태인 토건국가로서 매년 100조원 이상의 세금을 써서 전국의 자연을 계속 대대적으로 파괴하고 부패와 투기를 만연시키고 있기 때문이다. 강의가 끝나고 한 기자가 질문을 했다. 생태 복지의 '전달체계'는 어떻게 되느냐는 것이었다. 나는 이 질문을 듣고 잠시 당황했다. 내 강의의 요점과 거의 무관한 것이었기 때문이다. 나는 토건국가의 개혁을 중심으로 정부 조직과 재정의 개혁을 주로 말했으나 이에 대해서 별 관심이 없는 것 같았다. 한국의 환경운동도 별 관심이 없는 것 같다.

야 하는 목표가 올바르고 분명하게 제시될수록 문제가 더욱 명확히 이해될 수 있고 해결의 노력도 더욱 강화되기 쉽다. 나는 생태복지국가를 절박한 생태위기의 시대에 인류가 추구해야 하는 가장 보편적인 발전과제로 생각한다. 한국에서 이 과제가 제대로 추구되기 위해서는, 사실 그냥 복지국가를 강화하기 위해서도, 막대한 세금을 퍼먹기 위해 생명의 원천인 강들을 해친 이명박-박근혜 비리 세력을 확실히 엄벌해야 한다. 특히 이 희대의 비리를 과학의 이름으로 정당화하는 '과학 사기' 또는 '지식 사기'를 저지른 '학자'들을 철저히 처벌해야 한다. '지식사회'의 면에서 '과학 사기' 또는 '지식 사기'는 사회를 비정상의 나락으로 빠트리는 최악의 범죄이다. 선진화는 정상화에 의해서만 이루어질 수 있다.

참고자료

이정전(2005), 『경제학에서 본 정치와 정부』, 박영사
최현 외(2017), 『공동자원론, 오늘의 한국 사회를 묻다』, 진인진
최현 외(2019), 『공동자원의 영역들』, 진인진
홍성태(2007), 『개발주의를 비판한다』, 당대
홍성태(2010), 『생명의 강을 위하여』, 현실문화
홍성태(2011), 『토건국가를 개혁하라』, 한울
홍성태(2019), 『생태복지국가를 향하여』, 진인진
홍성태 외(2017), 『공동자원론, 생태헌법을 제안한다』, 진인진

기상청 기후정보포털, http://www.climate.go.kr/home/cooperation/lpcc.php